Yale Language Series

YIDISH AF YIDISH

Gramatishe, leksishe, un shmues-materyaln
farn tsveytn un dritn lernyor

David Goldberg

Yale University Press
New Haven and London

ייִדיש אויף ייִדיש

גראַמאַטישע, לעקסישע, און שמועס־מאַטעריאַלן
פֿאַרן צווייטן און דריטן לערניאָר

דוד גאָלדבערג

ייֵיל־אוניווערסיטעט־פּרעס
ניו־הייוון און לאָנדאָן

Printed in the United States of America by Hamilton Printing Co., Castleton, New York.

Library of Congress Cataloging-in-Publication Data
Goldberg, David, 1944–
Yidish af Yidish : gramatishe, leksishe, un shmues-materyaln farn tsveytn un dritn lernyor / David Goldberg.
p.   cm. — (Yale language series)
Text in Yiddish; introd. in English.
Added title page title: Yidish oyf Yidish.
ISBN 0-300-06414-4 (cloth : alk. paper)
1. Yiddish language—grammar.   I. Title.   II. Title: Yidish oyf Yidish   III. Series.
PJ5115.G57   1996 <Hebr>
437'.947—dc20   95–50613
                                                   CIP
                                                   HE

אינהאַלט א

גראַמאַטישע און לעקסישע ענינים און לייען־מאַטעריאַלן

איבערחזר־מאַטעריאַלן

איבערחזר־מאַטעריאַלן

איבערחזר־מאַטעריאַלן

איבערחזר־מאַטעריאַלן

vi

viii

אינהאַלט ב

שמועס-פֿונקציעס

x

קאַפּיטל נײַן

קאַפּיטל צען

קאַפּיטל עלף

INTRODUCTION

Yidish af yidish takes as its foundation the two-volume workbook, Arbetbukh far yidish in mitlshul, written by the Yiddish grammarian and lexicographer Yudl Mark. Mark's workbooks, published in New York in at least three editions between 1939 and 1949, were designed to serve the needs of students in the Workmen's Circle Yiddish schools of the time: that is, they were written for students in daily contact with family members who were fluent in Yiddish. Today's students are more likely to absorb Yiddish from written than from oral sources. Yidish af yidish addresses this situation by increasing students' opportunities to speak—and hear Yiddish spoken—in a colloquial and idiom-rich form.

Scholars of language acquisition have come to recognize that language learning begins with the interpretation and negotiation of meaning. Adding to Mark's exercises, and to his understanding of language learning, Yidish af yidish provides materials that promote the collaborative development of meaning in both structured and open-ended contexts. Each chapter offers opportunities to both replicate and originate meaningful language. There are brief dialogues which can be read dramatically: most provide options at various points along the way so that the student can make choices as to how the conversation will proceed. Open-ended conversation exercises provide roleplay situations or supply materials for students to analyze or respond to. In most conversation exercises, appropriate vocabulary and expressions are provided in the paragraph of instructions and in boxes of "useful words and phrases." Words that may be new to the student are glossed on the page where they first appear; many words are glossed in this manner more than once in the course of the book, to help students incorporate them into active vocabulary.

Some dialogues and role-play exercises in Yidish af yidish provide options from a range of registers, so that students can begin to learn to distinguish between, for instance, formal as opposed to casual, or frank as opposed to more indirect modes of discourse. Conversation exercises also provide guided practice in a variety of communicative functions, such as listening; asking and answering questions; narrating; building on another's narration; defending opinions; making or challenging assertions; expressing disbelief; demanding clarity; repeating information to corroborate understanding; taking turns or interjecting oneself in a group discussion; organizing information in collaboration with others; deflecting unwelcome questions; and so on. Many of these communicative functions are introduced in Yidish af yidish in conversation exercises that focus on personal experiences. This is because such conversations are easier for the intermediate-level student to sustain; once learned, communicative functions can be readily introduced into conversations of more intellectual substance.

Conversations about abstractions are more difficult to construct than exchanges of concrete information. Although both kinds of talk are called for in every chapter of Yidish af yidish, the student should bear in mind that exercises demanding the expression of abstract ideas may not provide the same ready evidence of progress as those conversations built around factual exchanges. Just a few minutes may be time enough for some conversations about ideas. In fact, even simple exchanges of information need not always last too long. Not every conversation between even the most competent language-users is guaranteed to get off the ground; brief exchanges and partial exchanges can become opportunities to practice disengaging from conversation. Most people maintain a personal lexicon, including options for a variety of contexts, for this kind of normal verbal activity. נו! מסתמא גענוג גערעדט.

The models and suggestions for conversation offered here can be expanded on by teachers and students at every opportunity. The same conversation exercise tried by different configurations of student-pairs or threesomes can produce different results and multiply opportunities for practice. Teachers will surely introduce reading materials around which conversation can be structured. And every assignment or grammatical or lexical discussion should provide a script for a brief exchange over the author's intent and the students' objectives. Such questions as טאָ וואָס דאַרפֿן מיר איצט טאָן should become second-nature to student-pairs as they prepare for each day's exercises: planning, clarifying, and commenting on the task at hand. These task-focused conversations may be among the most useful exercises that the language learner can engage in. Even the simple translation and cloze (fill-in) exercises in <u>Yidish af yidish</u> can be talked about and completed orally, in groups or pairs.

The discussion of grammar in <u>Yidish af Yidish</u> begins with an extended review of much of the material that the well-prepared student will have already studied in Uriel Weinreich's <u>College Yiddish</u>. A variety of selected topics in Yiddish grammar and lexicography are then introduced, including an extended discussion of verbal prefixes and complements. Here I have again drawn on the work of Yudl Mark, primarily his <u>Gramatik</u> (1978) and the completed volumes of the <u>Groyser verterbukh fun der yidisher shprakh</u>. Throughout, grammatical material is presented in such a way as to expand the students' lexical range. Grammatical discussions and drills are combined with vocabulary-building, writing, and conversation exercises so that students can develop these connected skills simultaneously. Thus, <u>Yidish af yidish</u> is more a four-skills, second-year language curriculum and workbook than a descriptive grammar. There are three grammar texts currently available that the intermediate-level student will want to consult for a more complete description of the language. They are Dovid Katz's <u>Grammar of the Yiddish Language</u> (Duckworth, 1987), Mordkhe Schaechter's <u>Yidish tsvey</u> (second edition, 1994), and Yudl Mark's <u>Gramatik fun der yidisher klal-shprakh</u> (1978).

The classroom model that will support the objectives of <u>Yidish af yidish</u> is student-centered: a great deal of class-time will have to be available for students to pair off and talk to each other if this book is to have its desired effect. While much learning will still depend on the teacher modeling language by engaging with individual students, or lecturing, explicating, or reading from literature (or magazine ads, for that matter), this book will often suggest a different arrangement. <u>Yidish af yidish</u> calls on students to listen for each others' meanings and to make themselves understood. Students will hear themselves and others making mistakes as well. Eventually, language learners need to learn to recognize mistakes in their own speech before they make them. If there are ample opportunities to work at acquiring a solid foundation in the grammar of the language, and if enough correct and comprehensible language is available through reading and listening, students' usage will benefit from frequent exposure to the language of other students, however imperfect, as well as from their own experimental efforts to use the language to communicate. The work of the teacher in the student-centered class is certainly to model and guide appropriate usage and to teach grammar, but she or he will also probably spend more time than in any other kind of language class listening rather than speaking.

At least three distinct approaches to language teaching are interwoven in this book. Yudl Mark wrote at a time when the approach that has come to be known as *grammar-translation* was more or less universally practiced in the language classroom. The grammar drills and cloze and translation exercises that I have included from Mark's workbooks will be readily recognized by students who have studied languages from older textbooks or in other decades. These exercises still have their place. In many instances in which I expanded on Mark's materials, and in as many instances where I prepared entirely new materials, I was guided by the concept of *functional-notional* language learning, which focuses on communicative *functions* that learners at a specific level should be able to master (narrating, asking and answering, interrupting, etc.) and *notions* or meanings that learners at a certain level should be able to convey (ranging from indications of time or tense to the most abstract ideas). The third approach to language learning represented here is eclectic, combining descriptive grammar, lexicography, goals and methods of communicative language learning, and creative (as distinguished from communicative) roleplay and wordplay. The creative approach to language practice asks the student to play with language in imaginative ways—as child or poet does—combining words on the basis of the way they interact with each other.

My own Yiddish has been shaped and enriched through reading Yiddish literature and in conversation with a sadly limited number of literate native speakers. The language of this book owes much to two of those speakers, Itche Goldberg and Chava Lapin Reich, who generously gave me much of their time by reading the manuscript and correcting errors and infelicities in my American-made Yiddish, as well as answering countless inquiries on usage and style. I am very grateful to them. My father has for two decades been a most generous and patient language teacher. I have also enjoyed the advice of two knowledgeable and gifted editors at various stages in the preparation of the manuscript: Dovid Braun and Jeffrey Salant both labored long and carefully to prepare the typescript and offered countless suggestions from which the book has greatly benefited. Brukhe Lang and Eddy Portnoy gave time and care helping with the preparation of the glossary. I thank also Zachary Baker, Elizabeth Bernhardt, Pamela Brumberg, Judith Calvert, Hershl Glasser, Susan Goldberg, Mikhl Herzog, Dorothy James, Claire Kramsch, Barbara Kirshenblatt-Gimblett, Avrom Nowersztern, Peter Patrikis, and Mordkhe Schaechter; each offered important help of one kind or another along the way. I am particularly grateful to Muni Mark for permission to edit and reprint parts of his father's work. Errors in <u>Yidish af yidish</u> are of course my own, and I will be grateful for any suggestions or corrections that readers might offer.

This book could not have been prepared without financial assistance. The bulk of the work of editing and expanding on Mark's workbooks was completed under a grant from the Consortium for Language Teaching and Learning at Columbia and Yale Universities in 1990-91. Since 1991 I have continued to add my own materials and to refine and reorganize the results of the original project. This later work was supported in part through the generosity of the Zhitlovsky Foundation and (again) the Consortium for Language Teaching and Learning in 1993, and the Zuckerman Fund: the National Program for Yiddish Culture of the Workmen's Circle in 1994. The Littauer Foundation generously supported the final preparation of the manuscript and the composition of the glossary. I am extremely grateful to these organizations; it is also my pleasure to thank each of their representatives for their personal support and friendship as well.

<u>Yidish af yidish</u> is a gift to my family: my mother and father, Rita and Zoë, Susan and Janet and Nana.

די צונג איז נישט אין גלות

– פֿאָלקסווערטל

קאַפּיטל אײנס

◆ דער עבֿר

חוץ דער איצטיקער צײַט װערן אַלע צײַטן פֿון װערב אין ייִדיש צונױפֿגעזעצט פֿון צװײ טײלן. דער ערשטער טײל איז אַ הילפֿסװערב. הילפֿסװערבן שפּילן זײער אַ גרױסע ראָלע בײַם שאַפֿן די פֿאַרשײדענע צײַטן. די גרױסע ראָלע װאָס עס שפּילן די הילפֿסװערבן איז אַ כאַראַקטעריסטישער שטריך פֿון דער ייִדישער שפּראַך. אין ייִדיש זײַנען הילפֿסװערבן נאָך מער פֿאַרשפּרײט װי אין ענגליש. די פֿאַרגאַנגענע צײַט אין ייִדיש איז מעגלעך נאָר מיט אַ הילפֿסװערב. אױב איר האָט געלערנט פֿראַנצײזיש אָדער דײַטש, קענט איר אױך אײַנזען, אַז הילפֿסװערבן זײַנען אין ייִדיש אָפֿטער װי אין די דערמאָנטע צװײ שפּראַכן.

אָבער מע דאַרף קענען ניצן די ריכטיקע הילפֿסװערבן!

באַמערקט אינעם װײַטערדיקן ליד װו דער מחבר ניצט האָבן און װו ער ניצט זײַן. באַמערקט אױך װי ער שאַפֿט אָריגינעלע אַדיעקטיװן און אַדװערבן.

> אײַנזען – to realize
> אָריגינעל – original
> באַמערקן – to notice
> דערמאָנען – to mention
> **דער הילפֿסװערב** – auxiliary verb
> װײַטערדיק – following
> **דער עבֿר** [O'VER] – the past
> פֿאַרשײדן – various, different
> פֿאַרשפּרײט – widespread
> צונױפֿזעצן – to compose
> שאַפֿן – to create
> **דער שטריך** – feature, aspect

דער רבי אלימלך

פֿון משה נאַדיר (1943-1885)

אַז דער רבי אלימלך
איז געװאָרן זײער פֿרײלעך,
איז געװאָרן זײער פֿרײלעך אלימלך,
האָט ער אױסגעטאָן די תּפֿילין
און האָט אָנגעטאָן די ברילן
און געשיקט נאָך די פֿידלערס די צװײ.

און די פֿידלדיקע פֿידלערס
האָבן פֿידלדיק געפֿידלט,
האָבן פֿידלדיק געפֿידלט האָבן זײ. (2x)

און אַז דער רבי אלימלך
איז געװאָרן נאָך מער פֿרײלעך,
איז געװאָרן נאָך מער פֿרײלעך אלימלך,
האָט ער אָפּגעמאַכט הבֿדלה
מיטן שמש ר׳ נפֿתּלי
און געשיקט נאָך די פּײַקלערס די צװײ.

און די פּײַקלדיקע פּײַקלערס
האָבן פּײַקלדיק געפּײַקלט,
האָבן פּײַקלדיק געפּײַקלט האָבן זיי. (2x)

און אַז דער רבי אלימלך
איז געוואָרן גאָר שטאַרק פֿריילעך,
איז געוואָרן גאָר שטאַרק פֿריילעך אלימלך,
האָט ער אויסגעטאָן דעם קיטל
און האָט אָנגעטאָן דאָס היטל
און געשיקט נאָך די צימבלערס די צוויי.

און די צימבלדיקע צימבלערס
האָבן צימבלדיק געצימבלט,
האָבן צימבלדיק געצימבלט האָבן זיי. (2x)

און אַז דער רבי אלימלך
איז געוואָרן גאָר שטאַרק פֿריילעך,
איז געוואָרן גאָר שטאַרק פֿריילעך אלימלך,
האָט ער געטאָן אַ גוטן גענעץ
און געזאָגט: מע דאַרף שוין מיין ניט! [מיין ניט = מער ניט]
און געשיקט די קאַפּעליע אַהיים.

די שיכּורע קאַפּעליע פֿון רבין מלך־אליה,
האָט אויסגעשטעלט דעם דלות אַ פֿײַג.
די פֿריילעכע קאַפּעליע
האָט געהאָפּקעט ביז דער סטעליע
און זיך פֿאַרביטן מיטן קלאַפּער־געצײַג:

די פֿידלדיקע פּויקער
האָבן צימבלדיק געפֿידלט,
און בראָנפֿנדיק געגאָסן זיך מיט ווײַן.
די לוסטיקע קלעזמאָרים
מיט פֿלעשער אונטערן אָרעם,
האָבן געהוליעט ביז אין העלן טאָג אַרײַן.

אויסשטעלן אַ פֿײַג – to make a gesture with one's thumb between the second and third finger of one's fist, indicating derision, or that nothing will come of efforts under discussion.
אײַנזען – to realize, to recognize
אָפּמאַכן הבֿדלה – to complete the ceremony of *havdole*
דער גענעץ – yawn
דער דלות [DA'LES] – poverty
דערמאָנען – to refer to
האָפּקען – to hop
הוליען – to carouse
העל – bright
פֿאַרבײַטן זיך מיט – to trade
דאָס קלאַפּער־געצײַג – paraphernalia

◆ דאָס זײַנען די ווערבן וואָס בייגן זיך מיט זײַן אין דער פֿאַרגאַנגענער צײַט:

בלײַבן	זיצן	קומען	שטיין
גיין	לויפֿן	קריכן	שלאָפֿן
געשען[1]	ליגן	רײַטן	שפּרינגען
וואַקסן	פֿאַלן	רינען	
ווערן	פֿאָרן	שווימען	
זײַן	פֿליִען	שטאַרבן	

◆ אַז מע שטעלט צו פּרעפֿיקסן צו די אָ ווערבן, בויט מען די פֿאַרגאַנגענע צײַט (דעם עבֿר) בײַ זיי נאָך אַלץ מיט זײַן.

אַלע אַנדערע ווערבן שאַפֿן זייער פֿאַרגאַנגענע צײַט מיט האָבן.

גענייטונג 1

טראַכט צו זאַצן ווו עס זאָלן זײַן אין יעדער זאַץ לכל־הפּחות צוויי ווערבן מיט זײַן אין דער פֿאַרגאַנגענער צײַט, למשל: „ער איז געשפּרונגען און [איז] געפֿאַלן‟; „איך בין געבליבן אין דער היים און געזעסן אַ גאַנצן טאָג און געלייענט‟; „די ביימלעך זײַנען אויסגעוואַקסן און [זײַנען] געוואָרן גרויסע פֿאַרצווײַגטע ביימער‟. פּרוווט די גענייטונג בעל־פּה מיט אַ צווייטן, דערגאַנצנדיק איינער דעם אַנדערנס האַלבע זאַצן. בײַט זיך בײַ ווען עס הייבט אָן דעם זאַץ און בײַ ווען עס דערגאַנצט אים.

◆ באַמערקט אַז אַ סעריע ווערבן דאַרף האָבן נאָר איין הילפֿסווערב בײַם אָנהייב – אַפֿילו אַז אין דער סעריע געפֿינען זיך ווערבן וואָס פֿאָדערן האָבן אַנשטאָט זײַן.

each other – איינער דעם אַנדערן
to build – בויען
to take turns (at) – בײַטן זיך (בײַ)
orally – [BALPE'] בעל־פּה
exercise – די גענייטונג
to complete – דערגאַנצן
at least – [LEKhO'L-(H)APO'KhES] לכל־הפּחות
to try – פּרוּוון
to require, to demand – פֿאָדערן
to think up – צוטראַכטן
to add, to provide – צושטעלן

[1] זעלטן אין דער איצטיקער צײַט (עס געשעט אַ מאָל – it happens sometimes)

גענִיטונג 2

ווו קומט דאָ אַ פֿאָרמע פֿון זײַן און ווו אַ פֿאָרמע פֿון האָבן?

די מלוכה פֿון די פֿוילע

אַ מאָל, אַ מאָל _____ געווען אַ מלוכה פֿון פֿוילע. וואָס פֿוילער עמעצער _____ געווען, אַלץ מער אָנגעזען _____ ער געווען און דער פֿוילסטער פֿון אַלעמען _____ געווען דער מלך. ער _____ גאָר ניט געפֿירט זײַן מלוכה, זי _____ זיך געפֿירט אַליין און דעריבער _____ אַלע געווען גליקלעך.

_____ דער מלך לאַנג געלעבט, קיינער _____ קיין רעוואָלוציע ניט געמאַכט, קיינער _____ ניט געוואָלט טאָן שלעכטס דעם מלך, און דער מלך _____ געזעסן אין זײַן פּאַלאַץ און _____ זיך געפֿוילט.

אָבער איין אַרבעט _____ אויך דער מלך פֿון די פֿוילע געמוזט דורכפֿירן. פֿאַרן טויט _____ ער געדאַרפֿט אויסקלײַבן דעם סאַמע פֿוילסטן בירגער פֿון זײַן לאַנד און אים באַשטימען פֿאַר זײַן יורש און דעם צווייט פֿוילסטן באַשטימען פֿאַרן הויפּט-מיניסטער. ווען דער אַלטער מלך פֿון די פֿוילע _____ געפֿילט אַז ער דאַרף באַלד שטאַרבן, _____ ער טיף אָפּגעזיפֿצט – ניט איבער דעם באַלדיקן טויט, נאָר איבער דעם וואָס ער דאַרף אָפּטאָן אַזאַ שווערע אַרבעט, און ער _____ זיך געלאָזן אין וועג אַרײַן.

ער _____ געגאַנגען פֿון איין דאָרף אין צווייטן, אָבער ער _____ צווישן זײַנע פֿוילע בירגער ניט באַגעגנט דעם פֿוילסטן. אַלע _____ געווען כמעט גלײַך פֿויל. בײַ אַלעמען _____ די באַלעבאַטישקייט געווען אָפּגעלאָזן, די דעכער פֿון די הײַזער _____ געווען דורכגעלעכערט, די הויפֿן _____ געווען באַוואַקסן מיט ווילדגראָז, די קינדער _____ אַרומגעלאָפֿן שמוציקע, און אַלע _____ זיי געווען אָרעם און זייער גליקלעך.

ער _____ געגאַנגען און _____ מיד געוואָרן און _____ זיך צוגעזעצט בײַם לעצטן הײַזל פֿון אַ דאָרף זיך אָפּרוען. ווי ער _____ געזעסן, _____ ער באַמערקט, אַז אויף דער זון _____ געלעגן דרײַ מענטשן און _____ זיך געוואַרעמט. _____ דער מלך געוואָלט אויספּרוּוון, אפֿשר וועט ער צווישן זיי געפֿינען דעם פֿוילסטן פֿון זײַן מלוכה. _____ ער געוואָרפֿן אַ בײַטל פֿול מיט גאָלדענע מטבעות און _____ זיך געווענדט צו די דרײַ בירגער פֿון זײַן לאַנד: „ווער עס הייבט אויף דאָס געלט, דעם [צו אים] געהערט עס".

איינער פֿון די פֿוילע _____ אויסגעשטרעקט זײַן האַנט. דאָס בײַטל _____ אָבער געלעגן צו ווײַט, _____ ער זיך געפֿוילט אויפֿצוהייבן. ער _____ בלויז אַ מאַך געטאָן מיט דער האַנט – און גאָר.

_____ דער מלך צוגעשטאַנען צו זיי און ער _____ אַ צווייט און דריט מאָל זיי געזאָגט וועגן בײַטל. _____ דער צווייטער ניט אויסגעהאַלטן און _____ אַרויסגעזאָגט: „שטער אונדז ניט, לאָז אונדז ליגן".

דער מלך _____ אָבער נאָך אַ פֿערטן און פֿינפֿטן מאָל דערמאָנט וועגן בײַטל. דער דריטער _____ אָבער די גאַנצע צײַט געשוויגן. ער _____ זיך ניט אומגעקוקט, ער _____ געבליבן ליגן אויף דער זון ווי קיינער וואָלט דאָ גאָר ניט געווען.

_____ דער מלך פֿון די פֿוילע געזען אַז ער דאַרף מער ניט זוכן. ער _____ שוין געפֿונען זײַן יורש און אויך דעם נײַעם הויפּט-מיניסטער.

ווער זשע _____ געוואָרן דער נײַער מלך פֿון די פֿוילע?

באַמערקט:

– ער איז געזעסן – he sat
– ער האָט זיך צוגעזעצט – he sat himself down

– ער איז געשטאַנען – he stood
– ער איז צוגעשטאַנען – he "stuck to his guns," he insisted

אויסהאַלטן – to hold out
אויספּרוּוון – to test
אויסקלײַבן – to select
אויסשטרעקן – to stretch out
אַלץ מער – all the more
אַ מאַך טאָן מיט דער האַנט – to wave, to gesture
אָנגעזען – respectable, distinguished
אָפּגעלאָזן – neglected, abandoned
אָפּזיפּצן – to heave a sigh
אָפּטאָן – to complete
אָפּרוען זיך – to rest
אויפֿהייבן – to lift
אויפֿהייבן זיך – to get up
באַוואַקסן – overgrown
באַלדיק – soon, impending
די באַלעבאַטישקייט – household
באַשטימען – to designate
דער/דאָס בײַטל – purse
דער בירגער – citizen
גאָר – no more (elsewhere: very)
גלײַך – equally
גליקלעך – happy

געהערן – to belong
דאָס דאָרף – village
דורכגעלעכערט – full of holes
דורכפֿירן – to carry out, to conduct
דעכער (דער דאַך) – roofs
דעריבער – therefore
הויפֿן (דער הויף) – yards
וואַרעמען זיך – to warm oneself
ווײַט – far, distant
דאָס ווילדגראָז – weeds
ווענדן זיך – to turn
דער יורש [YO'YRESh] – heir
לאָזן זיך אין וועג אַרײַן – to set out
מטבעות [MATBE'YES] (די מטבע)– coins
מיד – tired
סאַמע – most
פֿויל – lazy, זיך פֿוילן – to laze around
פֿירן – to lead (transitive)
פֿירן זיך – to behave, to lead, to conduct oneself (intransitive)
צושטיין צו – to insist
שטערן – to disturb

צום שמועסן 1

אַרבעט בשותּפֿות מיט אַ צווייטן. דערציילט וועגן דער מלוכה פֿון די פֿוילע אין די אייגענע ווערטער. בשעת איינער דערציילט, זאָל דער צווייטער אים אָדער איר אַרײַנפֿאַלן אין די רייד, איבעררײַסן מיט אַלערליי פֿראַגעס. דער ציל איז נישט נאָר צו קריגן ענטפֿערס דווקא אויף די צען ווײַטערדיקע פֿראַגעס, נאָר צו העלפֿן דעם ערשטן (אָדער דער ערשטער) ער (אָדער זי) זאָל גוט דערציילן.

1. צי האָט דער מלך ליב געהאַט צו פֿירן זײַן מלוכה?
2. צי איז דער מלך געווען פֿויל? ווי ווייסט מען?
3. וואָס האָט דער מלך געטאָן אין זײַן פּאַלאַץ?
4. וואָס פֿאַר אַ בירגער האָט דער מלך געוואָלט אויסקלײַבן פֿאַר זײַן יורש?
5. וואָס האָט דער מלך געזען ווען ער איז געגאַנגען פֿון איין דאָרף אין צווייטן? באַשרײַבט די הײַזער, די הויפֿן און די קינדער.
6. וואָס האָט דער מלך געטאָן ווען ער איז מיד געוואָרן?
7. וואָס האָט דער מלך געוואָלט אויספּרווון בײַ די דרײַ מענטשן?
8. ווי האָט דער מלך אויסגעפּרווט די דרײַ מענטשן?
9. צי זײַנען די דרײַ מענטשן געווען גלײַך פֿויל? ווי אַזוי ווייסט מען?
10. פֿאַר וואָס איז דער מלך צוגעשטאַנען צו די דרײַ מענטשן? פֿאַר וואָס האָט ער זיי געשטערט?

איבעררײַסן – to interrupt
אַלערליי – all kinds of
אַרײַנפֿאַלן [אימעצן] אין די רייד (אויך: איבערשלאָגן) – to interrupt
בשותּפֿות [BEShU'TFES] – in partnership, together
בשעת [BEShA'S] – while, during
דווקא [DA'FKE] – necessarily
דער ציל – goal

ווי פֿאַלט מען אימעצן אין די רייד אַרײַן?

זײַט מוחל – excuse me
אַנטשולדיקט – excuse me
אַ מינוטקעלע – excuse me for a minute
אָבער זאָגט מיר...
הערט! – listen!
נו, גוט, אָבער...

און אַז מען פֿאַרשטייט נישט:

איך כאַפּ [דאָס] נישט. – I don't get it.
וואָס מיינט איר? – What do you mean?
ווי? – What?

גענײטונג 3

◘ נאָך אַ מאָל: זײַן און האָבן אין דער פֿאַרגאַנגענער צײַט

איר האָט דאָ װערטלעך, אידיאָמאַטישע (פֿיגוראַטיװע) אױסדרוקן. זײ זײַנען דאָ אין דער איצטיקער צײַט. פּרוּװט זײ אין דער פֿאַרגאַנגענער צײַט.

1. ער שװימט װי אַ פֿיש אין װאַסער (ד״ה: זיך פֿילן אין אַ הײמישער סיטואַציע)
2. ער פֿאַלט װי אַן אונטערגעשאָסענער (ד״ה: פּלוצלינג פֿאַלן)
3. ער זיצט װי אַ צוגעשמידטער (ד״ה: זײַן שאָקירט, נישט קענען זיך רירן, נישט קענען אױפֿשטײן)
4. ער פֿליט װי אַ װינט (ד״ה: לױפֿן גיך, טאָן עפּעס גיך)
5. ער שפּרינגט פֿון דער הױט (ד״ה: אַרײַנפֿאַלן אין אַ מוראדיקן כּעס; װערן אױפֿגעשרױפֿט)
6. מע שטײט קאָפּ אױף קאָפּ (ד״ה: אַ סך מענטשן אין אַן ענג אָרט)
7. ער װאַקסט אױס װו מע זײט אים ניט (ד״ה: to turn up unexpected and unwanted)
8. ער פֿליט פֿײַל פֿון בױגן (ד״ה: גײן גיך)
9. ער אַנטלױפֿט װי דער שװאַרצער פֿעפֿער װאַקסט (ד״ה: נעלם װערן װו קײנער װעט אים נישט געפֿינען)
10. ער גײט אַרום (װי) אַן אַ קאָפּ (ד״ה: נישט װיסנדיק װאָס צו טאָן)
11. עס װערט מיר פֿינצטער אין די אױגן (ד״ה: עס איז מיר געװאָרן זײער שלעכט)
12. ער ליגט װי אַ מאָנאַרך (ד״ה: עס איז אים גוט)
13. ער שטײט װי אַ זעלנער פֿאַר דער טיר (ד״ה: שטײן אומגעלומפּערט, ניט װיסן װאָס צו טאָן מיט זיך)
14. ער דרײט זיך אַרום פֿראַנק און פֿרײַ (ד״ה: without a care in the world; free as a bird)

דער אױסדרוק – expression
אױפֿשרױפֿן – to unscrew, to upset
אומגעלומפּערט – clumsy, clumsily
אונטערשיסן – to shoot down
ד״ה (=דאָס הײסט) – i.e.
נאָך א מאָל – once again
צושמידן – to nail to the spot

צום שמועסן 2

שאַפֿט פֿראַגעס פֿון די אױבן דערמאָנטע דערצײלזאַצן אין דער פֿאַרגאַנגענער צײַט. אַ משל: צי ביסטו (צי זײַט איר) אַ מאָל אַרומגעגאַנגען װי אָן אַ קאָפּ (נ׳ 10)? קענסט (צי קענט איר) מיר עפּעס דערצײלן װעגן דעם? פֿאַר װאָס ביסטו (זײַט איר) אַזױ אַרומגעגאַנגען? ענטפֿערס קענען זײַן כּלערלײ, אָבער דערצײלט מיט פּרטים װעגן װי און װען. דערצײלט מיט אַן אָנהײב, אַ מיטן, און אַ סוף.

דער דערצײלזאַץ – declarative sentence
כּלערלײ [KO'LERLEY] – **אַלערלײ**, of all kinds, all kinds of
פּרטים [PRO'TIM] (**דער פּרט** [PRAT]) – details

◆ אַז מע רעדט װעגן צײַט, זײַנען די װײַטערדיקע װערטער ניצלעך:

אַ מאָל – sometimes
אָפֿט – often
געװײנטלעך – usually
קײן מאָל ניט – never
תּמיד – always

◘ די פֿאַרגאַנגענע צײַט מיט פּעריפֿראַסטישע ווערבן

זי האָט אָפּט מיט איר מסכּים געווען.
איך האָב אים אַ מאָל מקנא געווען.
ער האָט מיך קיין מאָל ניט מוחל געווען.
איך האָב זיך געוויינטלעך מיט איר שואל-עצה געווען.

מסכּים [MA'SKEM] **זײַן (מיט)** – to agree (with)
מקנא [MEKA'NE] **זײַן – (קומט מיטן אַקוזאַטיוו)** to be jealous
מוחל [MO'YKhL] **זײַן – (קומט מיטן דאַטיוו)** to forgive
שואל-עצה [SHOY'EL-EY'TsE] **זײַן זיך מיט** – to seek advice from, to take counsel with

איך האָב [זיך][1]	תּמיד / אַלע מאָל / אָפּט מאָל / געוויינטלעך / אַ מאָל / קיין מאָל ניט	מיט	אים / איר	שואל-עצה געווען / מסכּים געווען .

אויב מען ניצט נישט קיין פּרעפּאָזיציע מיטן ווערב, בײַט מען געוויינטלעך דעם סדר:

איך האָב	איר / אים	תּמיד / אַלע מאָל / אָפּט מאָל / געוויינטלעך / אַ מאָל / קיין מאָל ניט	מקנא געווען[2] / מוחל געווען .

באַמערקט:

ער איז אין כּעס אויף מיר
ער איז ברוגז מיט/אויף מיר

ער איז אויף מיר אין כּעס געוואָרן
ער איז אויף מיר ברוגז געוואָרן

אין כּעס [KAS] – angry
ברוגז [BRO'YGEZ] – sore, sullen

[1]דער 'זיך' ניצט מען דאָ נאָר מיט שואל-עצה זײַן.

[2]באַמערקט אַז ס'איז ניטאָ קיין באַזונדערער עקוויוואַלענט פֿאַרן ענגלישן וואָרט "of" אין דער פֿראַזע „זײַן אימעצן מקנא.“

צום שמועסן 3

איצט פֿרעגט כּלערליי פֿראַגעס בײַ אימעצן אין קלאַס וועגן אַן אַלטן פֿרײַנד. פֿרעגט וועגן הסכּמה, אָדער מסכּים זײַן, וועגן קינאה, אָדער מקנא זײַן, וועגן בעטן עצות אָדער שואל־עצה זײַן זיך, וועגן מחילה, ד״ה – וועגן מוחל זײַן (מע קען אויך רעדן וועגן בעטן מחילה), און וועגן רוגזה, ד״ה – וועגן ווערן ברוגז אָדער אין כּעס. זאָל דער צווייטער צום שמועס דערציילן צום סוף וועגן אַ געשעעניש וואָס איז געווען אָדער גאָר טיפּיש אָדער גאָר נישט טיפּיש. געדענקט די סעריע:

תּמיד [אָדער] אַלע מאָל – געוויינטלעך – אָפֿט (מאָל) – אַ מאָל – קיין מאָל ניט

דאָס געשעעניש – event
די הסכּמה [HASKO'ME] – agreement
טיפּיש – typical
די מחילה [MEKhI'LE] – forgiveness
די קינאה [KI'NE] – envy
די רוגזה [RU'GZE] – fury, anger

סוכאָוואָליע, אַן ערך 1908

געניטונג 4

האָט אָדער איז? האָבן אָדער זײַנען?

מײַן אַלטער חבֿר שמואליק _____ צו מיר געקומען און מיר _____ אַוועקגעפֿאָרן אין שטאָט. מיר _____ דאָרטן פֿאַרבראַכט דעם גאַנצן טאָג. מיטן סאָבוויי _____ מיר געפֿאָרן אין שטאָטישן מוזיי און מיר _____ באַקוקט די אויסשטעלונג פֿון מאָדערנע מאָלערס. מײַן חבֿר _____ שוין דאָרטן פֿרי:ער געווען און ער _____ מיר אויף אַ סך שיינע בילדער אָנגעוויזן. מיר _____ געגאַנגען פֿון איין זאַל אין צווייטן און מיר _____ פֿאַרבליבן מער ווי אַנדערט האַלבן שעה. לסוף _____ מיר אַרויסגעגאַנגען, ווײַל די אויגן _____ שוין געווען אָנגעשטרענגט. נאָך דעם _____ בײַ אונדז געבליבן צײַט צו פֿאָרן צום ברעג טײַך. מיר _____ גענומען אַ טאַקסי און אין צוואַנציק מינוט אַרום _____ מיר אָנגעקומען אַהין. צײַטנווײַז _____ מיר געגאַנגען און צײַטנווײַז _____ מיר געשטאַנען און _____ באַוווּנדערט די שיינקייט פֿון דעם טײַך און פֿון דער נײַער בריק. מיר _____ געוואָרן הונגעריק און עס _____ שוין געווען שפּעט. מיר _____ געפֿאָרן צוריק אַהיים. מיר _____ צוזאַמען געגעסן וועטשערע און שמואליק _____ געבליבן שלאָפֿן בײַ אונדז. אויף מאָרגן _____ שמואליק זייער פֿרי אויפֿגעשטאַנען און _____ גלײַך אַוועקגעפֿאָרן צו זיך אַהיים.

- אַוועקרײַסן זיך – to tear oneself away
- די אויסשטעלונג – exhibit
- אָנגעשטרענגט – strained
- אַנדערט האַלבן – one and a half
- אָנווײַזן – to show
- אָנקומען – to arrive
- באַוווּנדערן – admire
- באַקוקט – to examine, to look at
- בילדער (דאָס בילד) – paintings
- די בריק – bridge
- ברעג טײַך – riverside, shore
- די וועטשערע – supper
- דער זאַל – אַ גרויסער צימער
- לסוף – in the end
- דער מאָלער – painter
- דער מוזיי – museum
- פֿאַרבלײַבן – to remain to
- פֿאַרברענגען [פֿאַרבראַכט] – to spend (time)
- צײַטנווײַז – part of the time

צום שמועסן 4

אַן אינטערוויו

אינטערוויויִרט אימעצן אין קלאַס וועגן אַ טאָג מיט אַ חבֿר. אויב זי/ער הערט אויף צו דערציילן אין מיטן שמועס קענט איר איר/אים פֿרעגן „וואָס איז דערנאָך געשען?“.

מע קען רעדן וועגן: זיצן אין פּאַרק, גיין אויף אַ ספּאָרטפּאַרמעסט, גיין אין קינאָ (זען אַ פֿילם), גיין אײַנקויפֿן, גיין זיך טרעפֿן מיט אַנדערע מענטשן.

מאַכט נאָטיצן (ד״ה: פֿאַרצייכנט פּרטים, פֿאַרשרײַבט דעטאַלן) בשעתן אינטערוויו. פֿרעגט כדי צו זײַן זיכער, אַז די פּרטים זײַנען פּינקטלעך און ריכטיק. שפּעטער באַשרײַבט בכתבֿ דעם אינטערוויו.

- אויפֿהערן – to stop
- באַשרײַבן – to describe
- בכתבֿ [BIKSA'V] – געשריבענערהייט, in writing

גענִיטונג 5

אין די ווײַטערדיקע שורות פֿון י.ל. פּרצעס „משיחס צײַטן״, קלײַבט אויס די ריכטיקע פֿאָרמע און מעקט אויס דאָס איבעריקע וואָרט. איר וועט מסתּמא דאַרפֿן ניצן אַ ווערטערבוך צו פֿאַרשטיין אַלע ווערטער.

דאָס שטעטל, ווו מײַנע עלטערן (האָבן, זײַנען) געוווינט און איך (האָב, בין) איבערגעלעבט מײַנע קינדער־יאָרן, (האָט, איז) געווען אַ פֿעסטונג, וואָס (האָט, איז) געווען אַרומגעצוימט מיט גריבער וואַסער, וואַלן און הויכע מויערן. אויף די מויערן (האָבן, זײַנען) געשטאַנען האַרמאַטן, און זעלנער מיט ביקסן (האָבן, זײַנען) זיי געהיט. קוים (האָט, איז) צוגעפֿאַלן די נאַכט, (האָט, איז) מען אויפֿגעהויבן די אײַזערנע בריק איבערן וואַסער, (האָט, איז) מען פֿאַרשלאָסן אַלע טויערן און מע (האָט, איז) אָפּגעריסן דאָס שטעטל פֿון דער רעשט וועלט ביז אין דער פֿרי. בײַ יעדער פֿאַרמאַכטן טויער (האָט, איז) געשטאַנען אַ וואַך וואָס (האָט, איז) געווען באַוואָפֿנט פֿון קאָפּ ביז פֿוס.

ערשט נישט לאַנג, בײַ טאָג, (האָבן, זײַנען) מיר אַלע פֿרײַ געווען. מע (האָט, איז) געגאַנגען אַרויס און אַרײַן, מע (האָט, איז) זיך געבאָדן אין טײַך הינטער דער שטאָט. קיינער (האָט, איז) פֿאַר דעם קיין שלעכט וואָרט ניט געזאָגט. (האָט, איז) עמעץ אַפֿילו ניט צוריקגעקומען, (האָט, איז) מען אויף אים נישט געפֿרעגט. נאָר בײַ נאַכט (האָט, איז) מען געוואָלט, זאָל זײַן שטיל אין שטעטל.

אויסמעקן – to cross out, to erase
אויסקלײַבן – to select
איבעריק – superfluous

גענִיטונג 6

איר געפֿינט אין יעדער ריי פּאַרטיציפּן וואָס קומען מיטן הילפֿסווערב זײַן אויף צו שאַפֿן די פֿאַרגאַנגענע צײַט: שטרײַכט אַזעלכע פּאַרטיציפּן אויס!

1. געבויגן, געהויבן, גענומען, געזויגן, געפֿלויגן.
2. געבראָטן, געוואָרן, געגראָבן, געטראָגן, געשלאָגן.
3. געבאָדן, געמאָלן, געלאָזן, געלאָפֿן, געטאָן.
4. געקראָכן, פֿאַרלאָרן, גענאָסן, געגאָסן, געשלאָסן.
5. געגעבן, געגעסן, געזעסן, פֿאַרגעסן, געבעטן.
6. געשטאַנען, געבאַקן, געוואַשן, געהאַלטן, געבלאָזן.
7. געפֿאַנגען, געפֿאַלן, געשאַפֿן, געגעבן, געליטן.
8. געשטאָרבן, געשאָרן, געשוואָרן, געמאָסטן, געריסן.
9. געפֿונען, געוווּנען, געזונגען, געטרונקען, געשווומען.
10. געביסן, געבליבן, געריסן, געשוויגן, געקליבן.
11. געדונגען, געשלונגען, געהויבן, געקומען, גענומען.
12. געוועזן, פֿאַרלאָרן, געשאָכטן, געשוויגן, געבויגן.

אויסשטרײַכן – to cross out
די ריי – line

ווּ קומען דאָ פֿאָרמעס פֿון האָבן און פֿאָרמעס פֿון זײַן?

ניצט אויס אײַער ווערטערבוך צו געפֿינען אַלע אומבאַקאַנטע ווערטער.

אַ זיבעציק־יאָריקער שלאָף

אַן אַלטע פֿאָלקס־מעשׂה

עס _____ געווען אַ מאָל אין ירושלים אַ גרויסער צדיק. געהייסן _____ ער חוני המעגל. איין מאָל _____ ער געגאַנגען אין וועג, _____ ער דערזען, ווי איינער פֿלאַנצט אַ באָקסערבוים.[1] _____ ער אים געפֿרעגט: „אין וויפֿל יאָר אַרום וועט דער באָקסערבוים אָנהייבן צו געבן פֿרוכט?"

– „אין זיבעציק יאָר אַרום", _____ געענטפֿערט דער מענטש וואָס _____ געפֿלאַנצט דעם בוים.

– „ביסטו דען זיכער אַז דו וועסט נאָך לעבן זיבעציק יאָר און אַליין געניסן פֿון דעם בוים?", _____ חוני ווידער געפֿרעגט.

– „וואָס מאַכט עס אויס? _____ יענער געענטפֿערט, אַז איך _____ געקומען אויף דער וועלט, _____ איך שוין געפֿונען באָקסערביימער. מײַנע עלטערן _____ געפֿלאַנצט פֿאַר מיר און איך פֿלאַנץ פֿאַר מײַנע קינדער און אייניקלעך".

_____ חוני זיך געזעצט עפּעס צו עסן און זײַן אייזל _____ ער געלאָזן זיך פּאַשען אין פֿעלד. ווי ער _____ אַזוי געזעסן _____ אים באַפֿאַלן אַ דרימל און ער _____ אײַנגעשלאָפֿן. עס _____ אויסגעוואַקסן אַרום אים אַ פֿעלדז און _____ אים פֿאַרשטעלט פֿון דער גאַנצער וועלט. און חוני _____ געשלאָפֿן. אַזוי _____ ער אָפּגעשלאָפֿן ניט אַ טאָג און ניט צוויי, נאָר גאַנצע זיבעציק יאָר.

ווען פֿולע זיבעציק יאָר _____ פֿאַרבײַ, _____ חוני אויפֿגעשטאַנען פֿון זײַן שלאָף. ווי נאָר ער _____ זיך אַוועקגעשטעלט אויף די פֿיס, _____ דער פֿעלדז צערונען געוואָרן אין דער לופֿט. _____ חוני זיך אַרומגעקוקט און _____ דערזען ווי איינער קלײַבט באָקסערן. ער _____ דערקענט דעם זעלביקן אָרט ווו ער _____ געשטאַנען איידער ער _____ אײַנגעשלאָפֿן. _____ ער זיך געווענדט צום מענטשן וואָס _____ געקליבן די באָקסערן.

– „דו _____ דעם בוים געפֿלאַנצט?"

–„ניין, _____ יענער געענטפֿערט, מײַן זיידע _____ פֿאַרפֿלאַנצט דעם בוים".

אַ פּנים, אַז איך _____ אָפּגעשלאָפֿן זיבעציק יאָר, _____ זיך חוני געטראַכט. ער _____ זיך נאָך אַ מאָל אַרומגעקוקט. _____ ער דערזען לעבן זיך אויפֿן פֿעלד אַ סך אייזלען און אייזעלעך, וואָס _____ געשטאַמט פֿון זײַן אייזל וואָס _____ געבליבן אויפֿן פֿעלד ווען ער _____ אײַנגעשלאָפֿן.

_____ חוני אַוועקגעגאַנגען צוריק אַהיים. ווען ער _____ געקומען אין שטאָט, _____ ער זי (די שטאָט) ניט דערקענט: נײַע גאַסן, נײַע מענטשן. _____ ער געגאַנגען איבער די גאַסן און _____ אָנגעהויבן זיך נאָכצופֿרעגן: „ווּ וווינט דאָ חוני המעגלס זון?" _____ אַ סך מענטשן _____ שוין געהאַט פֿאַרגעסן וועגן אַ חוני המעגל, אָבער אַ סך _____ נאָך געוווּסט דעם נאָמען פֿונעם גרויסן צדיק

---

[1] באָקסער – St. John's Bread

און זיי _____ געענטפֿערט: „זײַן זון _____ שוין לאַנג אויף דער וועלט ניטאָ, אפֿשר אַן אייניקל זײַנס לעבט נאָך".

_____ חוני געזאָגט צו די מענטשן: „איך בין דאָס חוני המעגל". _____ קיינער אים ניט געוואָלט גלייבן. מע _____ מאָדנע אים אָנגעקוקט און מע _____ אוועקגעלאָפֿן פֿון אים. _____ חוני אַרומגעגאַנגען אַ טרויעריקער איבער די גאַסן פֿון ירושלים ביז ער _____ געקומען אין בית־מדרש, ווו עס _____ געזעסן די חכמים און _____ געלערנט. ער _____ אַרײַנגעגאַנגען און _____ זיך צוגעהערט. _____ ער דערהערט ווי איינער פֿון די חכמים _____ געגעבן אַ זאָג: „דער ענין איז אַזוי קלאָר ווי אין יענע צײַטן פֿונעם גרויסן חוני המעגל". _____ חוני זיך מער ניט געקענט אײַנהאַלטן, _____ ער אויפֿגעשטאַנען און _____ געזאָגט: „דאָס בין איך חוני המעגל".

קיינער _____ אים אָבער ניט געגלייבט, קיינער _____ אויף אים זיך ניט אומגעקוקט. _____ חוני געזען, אַז ער _____ פֿאַרפֿאַלן, אַז קיינער וועט ניט גלייבן אַז ער _____ אָפּגעשלאָפֿן זיבעציק יאָר, אַז פֿאַר אַלעמען _____ ער שוין לאַנג געשטאָרבן. _____ ער עס ניט געקענט אויסהאַלטן און _____ אויסגעבעטן אויף זיך דעם טויט.

צום שמועסן 5

שמועסט צוזאַמען מיט אַ צווייטן אין קלאַס. חזרט איבער די מעשׂה. פּרוּווט געדענקען אַלע פּרטים, כּדי צו דערציילן די מעשׂה ווי עס דאַרף זײַן. אויב אײַער מיטשמועסער פֿאַרגעסט עפּעס, פֿאַלט אים/איר אַרײַן אין די רייד:

אָבער פֿריִער...
אָבער פֿאַר דעם...
אָבער פֿאַרגעסט נישט ווי...
אָבער דאָס איז געווען שפּעטער. פֿריִער...

וואָס דערציילט אונדז די מעשׂה? ווי וואָלט עס אײַך געפֿעלן אָפּצושלאָפֿן זיבעציק יאָר און נאָך דעם צוריקצוקומען? וואָס וואָלט איר געפֿונען פֿון אײַער לעבן, פֿון אײַערע צײַטן? אײַערע ענטפֿערס אויף די לעצטע פֿראַגעס דאַרפֿן נישט זײַן קיין לאַנגע.

קאַפּטיל צוויי

◇ פּאַרטיציפּן אויף ־ט און ־ן (־ען)

פּאַרטיציפּן וואָס ענדיקן זיך אויף ־ט

אָט האָבן מיר עטלעכע שפּריכווערטער ווו מיר טרעפֿן פּאַרטיציפּן. (איר וועט דאָ באַמערקן אַז דער פּאַרטיציפּ טרעפֿט זיך אַ מאָל אָן קיין הילפֿסווערב.)

1. פֿריִער געמאַכט און נאָך דעם געטראַכט האָט שוין ניט איינעם פֿיל צרות געבראַכט.
2. מער ליכט פֿאַרברענט ווי געלט פֿאַרדינט.
3. וואָס מער געוואַרט אַלץ מער גענאַרט.
4. געבענטשט זײַנען די הענט וואָס טוען אַליין.
5. דאָס פּעלצל איבערגעדרייט, אָבער דעם מזל קען מען ניט איבערדרייען.

דאָ ענדיקן זיך אַלע פּאַרטיציפּן אויף ט. אַזוי ענדיקן זיך די גרעסטע מערהייט פּאַרטיציפּן.

איבערדרייען – דאָ: to turn inside out, to reverse
וואַרטן – to wait
טרעפֿן – to find, to guess
טרעפֿן זיך – to occur, to be found
די מערהייט – majority
ענדיקן זיך – to end (intrans.)
דאָס פּעלצל – fur, pelt
פֿאַרברענען – to burn
פֿאַרדינען – to earn
דאָס שפּריכוואָרט – proverb

צום שמועסן 6

אַרבעט צוזאַמען מיט אַ צווייטן. דערקלערט וויפֿל פֿון די שפּריכווערטער עס איז אײַך מעגלעך. אײַערע דערקלערונגען דאַרפֿן נישט זײַן קיין לאַנגע. אפֿשר קענט איר אויך באַשרײַבן אַ סיטואַציע, צי דערציילן אַ מעשׂה, אײַער שותּף זאָל פּרווון טרעפֿן וועלכעס שפּריכוואָרט קען דינען ווי אַ מוסר־השׂכּל.

דינען – to serve
דער מוסר־השׂכּל [MUSER-HA'SKL] – moral
דער שותּף [SHU'TEF] – partner

גענִיטונג 8

ווי איר ווייסט מסתּמא שוין גוט, איז די מערהייט פּאַרטיציפּן געשאַפֿן פֿונעם פּרעפֿיקס גע־ מיט דער דריטער פּערזאָן איינצאָל פֿון דער איצטיקער צײַט. דאָ אונטן וועט איר נישט געפֿינען קיין סורפּריזן. דערגאַנצט די מוסטערן שטילינקערהייט (נישט בעל־פּה, נישט אויף אַ קול).

מע (=מען) רעדט — מע האָט ______________

זי ווענדט זיך — זי האָט זיך (to turn to) ______________ (קען אויך זײַן געוואָנדן)

ער טרייסט — ער האָט (to comfort) ______________

מע הוסט — מע האָט (to cough) ______________

זי יאָגט — זי האָט (to chase) ______________

ער יאָמערט — ער האָט (to lament) ______________

מע היט — מע האָט (to guard) ______________

זי טראַכט — זי האָט ______________

ער פֿרייט זיך — ער האָט זיך (to be glad) ______________

ער קריגט זיך — ער האָט זיך (to argue) ______________

בעל־פּה [BALPE'] — **אויף אַ קול**, orally
דערגאַנצן — to complete
אויף אַ קול — out loud, orally
דער מוסטער — example
שטילינקערהייט = **אין זיך** — to yourself

צום שמועסן 7

טראַכט אויס אַ תּירוץ פֿאַר וואָס איר זײַט נעכטן ניט געווען ווו איר האָט געזאָלט זײַן. מע האָט אײַך פֿאַרבעטן, אָדער מע האָט זיך גערעכנט אַז איר וועט זײַן, און איר זײַט נישט געווען. ניצט עטלעכע פֿון די נאָר וואָס דערמאָנטע ווערבן זיך צו פֿאַרענטפֿערן. זאָל דער צווייטער צום שמועס באַווײַזן אַז ער/זי איז אָדער צופֿרידן אָדער ניט צופֿרידן מיטן תּירוץ.

אויסטראַכטן — to think up, to invent
באַווײַזן — to demonstrate, to show
זאָלן — ought, should
פֿאַרענטפֿערן זיך — to apologize
צופֿרידן — satisfied
ריכטן זיך — to expect
דער תּירוץ [TE'RETs] — excuse
אַ תּירוץ פֿאַר די בענטשליכט — an excuse that doesn't hold water

ניצלעכע אויסדרוקן:

זײַט מיר מוחל ... — forgive me
(איך וויל) זיך פֿאַרענטפֿערן — (I want) to apologize
איך האָב געהאַט אין זינען צו זײַן ... — I meant to be
איך וואָלט געוואָלט [מיט אינפֿיניטיוו] — I would have liked...
ניט גערדאגהט! [GEDA'YGET] — Don't worry!
איך האָב זיך ניט גערעכנט אַז — I didn't expect that...
הערט זיך צו! — Listen!
קוקט זיך צו! — Look!
וואָס דרייסטו מיר אַ קאָפּ? — What are you bothering me for?

◊ פּאַרטיציפּן וואָס ענדיקן זיך אויף ־ן אָדער ־ען

לאָמיר דאָ באַטראַכטן די פּאַרטיציפּן אין ווײַטערדיקן פֿאָלקסליד:

אַ מאָל איז געווען אַ מעשׂה,
די מעשׂה איז גאָר ניט פֿריילעך
די מעשׂה הייבט זיך אָנעט [=אָן]
מיט אַ ייִדישן מלך

אַ מאָל איז געווען אַ מלך,
דער מלך האָט געהאַט אַ מלכּה
די מלכּה האָט געהאַט אַ ווײַנגאָרטן
ליולינקע מײַן קינד...

רעפֿרען: ליולינקע, מײַן פֿייגעלע,
ליולינקע, מײַן קינד,
כ'האָב אָנגעוווירן אַזאַ ליבע,
ווי איז מיר און ווינד!

אין ווײַנגאָרטן איז געווען אַ ביימעלע
דאָס ביימעלע האָט געהאַט אַ צווײַגעלע
אויפֿן צווײַגעלע איז געווען אַ נעסטעלע
אין נעסטעלע האָט געלעבט אַ פֿייגעלע

דער מלך איז אָפּגעשטאָרבן,
די מלכּה איז געוואָרן פֿאַרדאָרבן,
די צווײַג איז אָפּגעבראָכן,
דאָס פֿייגעלע פֿון נעסט אַנטלאָפֿן...

ווו נעמט מען אַזאַ לייטער
לאַנג פֿון טויזנט איילן
ווו נעמט מען אַזאַ חכם
ער זאָל קאָנען די שטערן ציילן

ווו נעמט מען אַזאַ חכם
ער זאָל קאָנען מײַנע ווונדן ציילן
ווו נעמט מען אַזאַ דאָקטער
ער זאָל קאָנען מײַן האַרץ היילן.

דער אייל – ell, cubit
אָנווערן – to lose
אָפּברעכן – to break off
אָפּשטאַרבן – דאָ: to die
דער ווײַנגאָרטן – vineyard
דער לייטער – ladder
פֿאַרדאָרבן – corrupted

פֿאַראַן אַ געוויסע צאָל פּאַרטיציפּן וואָס ענדיקן זיך אויף ־ן (אָדער ־ען). אָט די פּאַרטיציפּן האָבן אַ מאָל פֿאַרשיידענע באַזונדערקייטן אין פֿאַרגלײַך מיטן ווערב אין דער איצטיקער צײַט אָדער אין פֿאַרגלײַך מיטן אינפֿיניטיוו. דווקא אַזעלכע ווערבן וואָס עס קומט אויס זיי אָפֿט צו נוצן האָבן באַזונדערקייטן אין פּאַרטיציפּ.

אויסקומען – דאָ: to transpire, to happen
די באַזונדערקייט – peculiarity, irregularity
פֿאַראַן – עס איז דאָ, there is, there exists
דער פֿאַרגלײַך – comparison

גענִיטונג 9

ווי בויט מען די פּאַרטיציפּן? דערגאַנצט זיי שטילינקערהייט:

גיין, מע גייט, מע איז ______________

זײַן, מע איז, מע איז ______________

ווערן, מע ווערט, מע איז ______________

שטיין, מע שטייט, מע איז ______________

ליגן, מע ליגט, מע איז ______________

זיצן, מע זיצט, מע איז ______________

עסן, מע עסט, מע האָט ______________

לויפֿן, מע לויפֿט, מע איז ______________

◆ מסתמא ווייסט איר שוין: אַלע ווערבן וואָס פֿאָדערן דעם הילפֿסווערב זײַן האָבן פּאַרטיציפּן וואָס ענדיקן זיך מיט ־ן.

צום שמועסן 8

פֿרעגט פֿראַגעס בײַ אימעצן אין קלאַס וועגן נעכטן {אין דער פֿרי / אין אָוונט} ניצנדיק { ווען / ווו / וואָס / ווי לאַנג }.

ניצט די אויבן דערמאָנטע פּאַרטיציפּן וואָס ענדיקן זיך מיט ־ן.

– איז דערצייל זשע מיר וועגן נעכטן אין ...?

◆ איז (נישט קיין ווערב) און זשע מאַכן דאָ דעם זאַץ אינטענסיווער און אינטימער. איז דערצייל זשע איז ענלעך צו דער ענגלישער פֿראַזע "so let's hear it", "so what's the story".

אויב איר ווילט ניט ענטפֿערן אויף אַזעלכע פֿראַגעס (אפֿשר זײַנען אַזעלכע ענינים צו פּריוואַט, צו אינטים), קענט איר זיי (די פֿראַגעס) אָפּקערן.

צו אַ פֿרײַנד זאָגט מען: זײַ אַזוי גוט, טשעפּע זיך אָפּ, ס'איז נישט דײַן עסק...

צו אַ פֿרעמדן קען מען זאָגן: זײַט זשע מיר מוחל, לאָמיר רעדן וועגן עפּעס אַנדערש.

אָפּקערן – to deflect
טשעפּע זיך אָפּ – leave me alone
אַ דאַנק פֿאַרן פֿרעגן – thanks for asking
ס'איז ניט דײַן עסק [E'YSEK] – none of your business
אַ לעבן אויף דיר – bless you (i.e., I'm so glad you're interested)

זאָל דער וואָס פֿרעגט מאָנען (ד"ה, אינטענסיוו בעטן) נאָך און נאָך מער פּרטים – „איז זאָג מיר עפּעס וועגן ___________," „אָבער ווו (אָדער וואָס, אָדער ווען, אָדער ווי לאַנג) ___________?" „איז וואָס איז דערנאָך געשען?" – ביז דער (אָדער די) וואָס ענטפֿערט זאָל מוזן ווײַזן אַז ער/זי קען ווײַטער נישט אויסשטיין.

אויסשטיין – to put up with

גענিטונג 10

אַז איר וועט דאָ פֿאַרבײַטן דעם אינפֿיניטיוו אויף דעם געהעריקן פּאַרטיציפּ, וועט זיך באַקומען אַ שפּריכוואָרט – אַן אַלט ווערטל. קוקט אַרײַן אין דער צווייטער זײַט (the next page) אויב איר זײַט ניט זיכער ווי צו שאַפֿן דעם פּאַרטיציפּ.

1. בעסער שלעכט (פֿאָרן) איידער גוט (גיין).
2. מוט (פֿאַרלירן) – אַלץ (פֿאַרלירן).
3. אַז מע האָט נעכטן (עסן) איז מען הײַנט ניט זאַט.
4. ניט פֿיל (טראַכטן) אַבי גוט (מאַכן).
5. אַ ייִד געבאָרן – אַ ייִד (פֿאַרלירן).
6. אַ מאָל זײַנען מלאָכים (גיין) באָרוועס, הײַנט גייען זיי אין שיך.
7. אָרעם איז גלײַך ווי (שטאַרבן), אָבער רײַך איז נאָך ניט (לעבן).
8. אַז דער שלימזל איז שוין (קומען) איז שווער אים אַרויסצוטרײַבן.
9. בעסער צען מאָל (פֿאַרדאַרבן) איידער איין מאָל (שטאַרבן).

צום שמועסן 9

רעדט זיך אַדורך מיט אימעצן וועגן דעם עמאָציאָנעלן תּוך אָדער געמיט פֿון די ווערטלעך, די שפּריכווערטער. צי זײַנען טייל אָפּטימיסטיש, פּעסימיסטיש, ביטער, איראָניש, רעאַליסטיש? וואָס שפּיגלען זיי אָפּ פֿון ייִדישן אָדער מענטשלעכן לעבן? דערקלערט אַזוי פֿיל פֿון די ווערטלעך ווי איר קענט. צי זײַנען דאָ ווערטלעך וואָס זײַנען אײַך אין תּוך גאָר ניט קלאָר?

to have a talk with – (אַ)דורכרעדן זיך מיט
to reflect – אָפּשפּיגלען
to chase out – אַרויסיאָגן
correct, appropriate – געהעריק
mood, spirit – דאָס געמיט
saying – דאָס ווערטל
full, sated – זאַט
some – טייל – דאָ:
courage, boldness – דער מוט
substance, core – דער תּוך

ניצלעכע פֿראַזעס:

- עפּעס פֿאַרשטיי איך נישט וועגן...
- איך כאַפּ נישט דעם תּוך פֿון...
- עפּעס לייגט זיך מיר נישט אויפֿן שׂכל וועגן... – Something doesn't make sense to me about...
- איר דאַרפֿט מיר נישט אַרײַנלייגן קיין פֿינגער אין מויל... – You don't have to explain the obvious to me
- אָבער וואַרט (אַ מינוטקעלע) – but hold on (a minute)

די פֿולע רשימה פּאַרטיציפּן אויף ־ן (־ען)

ווען איר דאַרפֿט ניצן דעם פּאַרטיציפּ און איר זײַט ניט זיכער צי איר ווייסט אים – קוקט נאָך! ווען איר געפֿינט דאָרט ניט דעם ווערב, ווייסט איר אַז דער פּאַרטיציפּ איז אויף ־ט און שאַפֿט זיך גאַנץ פּשוט.

די רשימה [REShI'ME] – list

באָדן	געבאָדן
באָטן	געבאָטן
באַפֿעלן	באַפֿוילן
באַקן	געבאַקן (אויך: געבאַקט)
בייגן	געבויגן (אויך: געבייגט [אין גראַמאַטיק])
בײַטן	געביטן
בײַסן	געביסן
בינדן	געבונדן
בלאָזן	געבלאָזן (אויך: געבלאָזט)
בלײַבן	געבליבן
בעטן	געבעטן
בראָטן	געבראָטן
ברעכן	געבראָכן
גיין	געגאַנגען
גילטן	געגאָלטן
גיסן	געגאָסן
גלײַכן	געגליכן (אויך: געגלײַכט)
געבאָרן	געבאָרן
געבוירן	געבוירן
געבן	געגעבן
געניסן	גענאָסן
געראָטן	געראָטן
געווינען	געוווּנען
געלינגען	געלונגען
געפֿינען	געפֿונען
געפֿעלן	געפֿעלן
געשען	געשען
גראָבן	געגראָבן
דינגען	געדונגען
דרינגען	געדרונגען
האַלטן	געהאַלטן
היטן	געהיטן (אויך: געהיט)
הייבן	געהויבן
הייסן	געהייסן
העלפֿן	געהאָלפֿן
הענגען	געהאַנגען
וואַקסן	געוואַקסן
וואַרגן	געוואָרגן
וואַרפֿן	געוואָרפֿן
וואַשן	געוואַשן
ווײַזן	געוויזן
ווינטשן	געוווּנטשן (אויך: געווינטשט)
ווינקען	געוווּנקען (אויך: געווינקט)
וועגן	געווויגן (אויך: געוועגט)
ווערגן	געוואָרגן
ווערן	געוואָרן
זייגן	געזויגן (אויך: געזייגט)
זײַן	געווען (אויך: געוועזן)
זינגען	געזונגען
זינקען	געזונקען
זיצן	געזעסן (מעגלעך: געזיצן)
זען	געזען
טאָן	געטאָן
טון	געטון
טראָגן	געטראָגן
טרײַבן	געטריבן
טרינקען	געטרונקען
טרעטן	געטראָטן (אויך: געטרעטן)
טרעפֿן	געטראָפֿן
לאַדן	געלאַדן
לאָדן	געלאָדן
לאָזן	געלאָזן (אויך: געלאָזט)
לויפֿן	געלאָפֿן
ליגן	געלעגן
לײַדן	געליטן
לײַען	געליִען (מעגלעך: געליגן, געלײַט)
לעשן	געלאָשן (אויך: געלעשט)
מאָלן	געמאָלן (אויך: געמאָלט)
מעלדן	געמאָלדן (קען זײַן: געמעלדט)
מײַדן	געמיטן

מעסטן	געמאָסטן
ניסן	גענאָסן
נעמען	גענומען (מעגלעך: גענעמען)
עסן	געגעסן
פֿאַלן	געפֿאַלן
פֿאַנגען	געפֿאַנגען
פֿאַרבאָרגן	פֿאַרבאָרגן
פֿאַרגינען	פֿאַרגונען
פֿאַרגעבן	פֿאַרגעבן
פֿאַרגעסן	פֿאַרגעסן
פֿאַרדאַרבן	פֿאַרדאָרבן
פֿאַרדריסן	פֿאַרדראָסן
פֿאַרלירן	פֿאַרלאָרן (אויך: פֿאַרלוירן)
פֿאָרן	געפֿאָרן
פֿאַרשווינדן	פֿאַרשווונדן
פֿליסן	געפֿלאָסן (אויך: געפֿליסט)
פֿליִען	געפֿלויגן
פֿלעכטן	געפֿלאָכטן
פֿרירן	געפֿראָרן (אויך: געפֿרוירן)
פֿרעסן	געפֿרעסן
צוואָגן	געצוואָגן (אויך: געצוואָגט)
צינדן	געצונדן
ציִען	געצויגן
קוועלן	געקוואָלן (אויך: געקוועלט)
קומען	געקומען (אויך: געקומט [געלט])
קלײַבן	געקליבן
קלינגען	געקלונגען
קנײַפּן	געקניפּן (אויך: געקנײַפּט)
קנעטן	געקנאָטן (אויך: געקנעטן, געקנעט)
קריגן	געקראָגן, געקריגן
קריכן	געקראָכן
ראָטן	געראָטן (אויך: געראָט)
רופֿן	גערופֿן
רײַבן	געריבן
רײַטן	געריטן
רײַסן	געריסן
רינען	גערונען
שאַפֿן	געשאַפֿן
שווײַגן	געשוויגן
שווימען	געשווומען
שוועלן	געשוואָלן
שווערן	געשוואָרן (אויך: געשוווירן)
שטאַרבן	געשטאָרבן
שטויסן	געשטויסן
שטײַגן	געשטיגן (אויך: געשטײַגט)
שטיין	געשטאַנען
שטינקען	געשטונקען
שטעכן	געשטאָכן
שטרײַטן	געשטריטן
שטרײַכן	געשטראָכן (אויך: געשטריכן, געשטרײַכט)
שיטן	געשאָטן (אויך: געשיט)
שילטן	געשאָלטן
שינדן	געשונדן
שיסן	געשאָסן
שלאָגן	געשלאָגן
שלאָפֿן	געשלאָפֿן
שלינגען	געשלונגען
שליסן	געשלאָסן
שמײַסן	געשמיסן
שמעלצן	געשמאָלצן
שנײַדן	געשניטן
שעכטן	געשאָכטן
שעלטן	געשאָלטן
שענקען	געשאָנקען (אויך: געשענקט)
שערן	געשאָרן (אויך: געשוירן)
שפאַלטן	געשפאָלטן
שפײַען	געשפיגן
שפינען	געשפונען (אויך: געשפינט)
שפרינגען	געשפרונגען
שרײַבן	געשריבן
שרײַען	געשריִען (אויך: געשריגן)
שרעקן	געשראָקן

◆ אַן אַנאַליז פֿון די פּאַרטיציפּן מיט ־ן (־ען)

קוקט דורך די רשימה פּאַרטיציפּן און געפֿינט דאָרטן:

א) פּאַרטיציפּן וואָס זיי שיידן זיך אונטער פֿון אינפֿיניטיוו בלויז מיטן פּרעפֿיקס גע־, למשל: האַלטן – געהאַלטן, גראָבן – געגראָבן.

ב) פּאַרטיציפּן וואָס פֿאַלן זיך צונויף אין זייער פֿאָרעם מיטן אינפֿיניטיוו, למשל: פֿאַרגעסן – פֿאַרגעסן, געבוירן – געבוירן.

ג) פּאַרטיציפּן וואָס האָבן אָ בעת דער אינפֿיניטיוו איז מיט ע, למשל: ווערן – געוואָרן, שרעקן – געשראָקן.

ד) פּאַרטיציפּן וואָס האָבן י בעת דער אינפֿיניטיוו איז מיט ײַ, למשל: בײַסן – געביסן, שנײַדן – געשניטן.

ה) אַנדערע טיפּן שינויים.

אונטערשיידן זיך – to differ
בעת [BEYS] (**= בשעת**) – while
דער טיפּ – type
צונויפֿפֿאַלן זיך – to coincide
די שינוי [ShI'NE], **שינויים** [ShINU'IM] – change(s)

צום שמועסן 10

כאַפּט אַ קורצן שמועס מיט אימעצן וועגן פּאַרטיציפּן. וועלכע טיפּן פּאַרטיציפּן קענט איר דערמאָנען? פֿרעגט פֿראַגעס און שאַפֿט ענטפֿערס.

למשל:

– זאָגט מיר. אין וועלכער קאַטעגאָריע פּאַרטיציפּן געפֿינט זיך דער ווערב צינדן?
– זאָל איך וויסן פֿון בייז!
– קוקט אין דער רשימה.
– גוט! צינדן איז פֿון דעם טיפּ ווערב בײַ וועלכן עס געפֿינט זיך אַ י אין אינפֿיניטיוו בעת ס'איז דאָ אַ ו אין פּאַרטיציפּ.

זאָל איך וויסן פֿון בייז! – How should I know?
(May I know as much about evil [as I know about that.])

◘ פֿאַרטיציפּן מיט פּרעפֿיקסן און פֿאַרטיציפּן מיט ווערבאַלע צוגאָבן

◆ ווי איר געדענקט, ווען אַ ווערב הייבט זיך אָן מיט אַ פּרעפֿיקס (למשל: באַ אָדער דער אָדער פֿאַר), קומט ניט צו צום ווערב קיין גע־ אין פֿאַרטיציפּ. ווען אַ ווערב אָבער האָט אַ ווערבאַלן צוגאָב (למשל: אָפּ אָדער איבער אָדער אָן אָדער אויס אָדער אויף אָדער פֿונאַנדער), קומט פֿריִער דער צוגאָב, נאָך דעם דער פּרעפֿיקס גע־ און נאָך דעם דער ווערב גופֿא.

גופֿא [GU'FE] – itself
דער ווערבאַלער צוגאָב – verbal complement

איצטיקע צײַט:	פֿאַרברענט	באַצאָלט	רעכנט אָפּ	דרייט איבער	קומט אָן
פֿאַרטיציפּ:	פֿאַרברענט	באַצאָלט	אָפּגערעכנט	איבערגעדרייט	אָנגעקומען
אינפֿיניטיוו:	פֿאַרברענען	באַצאָלן	אָפּרעכענען	איבערדרייען	אָנקומען

פֿאָרמולירט דאָ דעם פֿאַרטיציפּ:

ער באַרעדט — **ער האָט** (to gossip about) ____________
זי דעריאָגט — **זי האָט** (to catch up with) ____________
מע היט אָפּ — **מע האָט** (to keep, to cherish, to observe) ____________
ער נאַרט אָפּ — **ער האָט** (to trick) ____________
זי פֿאַרנודיעט — **זי האָט** (to bore to tears) ____________
מע רעדט זיך אויס (פֿאַר) — **מע האָט** (to confide in) ____________
ער לעבט איבער — **ער האָט** (to experience, to survive, to outlive) ____________
זי טשוכעט זיך אויס — **זי האָט** (to come to one's senses, to wake up completely) __________
ער אַרבעט זיך איבער — **ער האָט** (to overwork oneself) ____________
מע שאַצט איבער/אונטער — **מע האָט** (to over/underestimate) ____________
ער היט אויף — **ער האָט** (to save) ____________
זי פּלאָנטערט פֿונאַנדער — **זי האָט** (to unravel) ____________

צום שמועסן 11

דערציילט אימעצן אין קלאַס וועגן אַ קרובֿ אָדער אַ קרובֿה אָדער אַ פּאָרפֿאָלק וואָס איר געדענקט פֿון די קינדער־יאָרן. ניצט וויפֿל פֿון די נאָר וואָס דערמאָנטע ווערטער איר קענט.

געדענקט אַז עס זײַנען פֿאַראַן אַ פּאָר פּאַרטיציפּן וואָס ענדיקן זיך אויף ־ט און האָבן געוויסע באַזונדערקייטן. זאָלן די ווערטער זײַן אַ טייל פֿון אײַער שמועס:

האָבן – געהאַט, וועלן – געוואָלט, וויסן – געוווּסט און ברענגען – געבראַכט (עס מעג אויך זײַן געברענגט).

אויב אײַער שותּף האָט נישט וואָס צו זאָגן – העלפֿט אונטער:

צי קענט איר דערציילן ווײַטער?
וואָס נאָך איז דאָ צו דערציילן?
וואָס נאָך געדענקט איר?

to help a little – אונטערהעלפֿן
characteristics, peculiarities – באַזונדערקייטן
anything וואָס – דאָ:
just, just now, just recently – נאָר וואָס
a (married) couple – דאָס פּאָרפֿאָלק
relative – [KO'REV/KROY'VE] קרובֿ/קרובֿה
עס זײַנען פֿאַראַן – עס זײַנען דאָ

פֿאַרצייכנט (פֿאַרשרײַבט) פּרטים פֿון אײַער שמועס. פֿרעגט צו זײַן זיכער אַז איר האָט פּינקטלעך פֿאַרשריבן. נאָכן שמועס, שרײַבט אַ קורצן פּאַראַגראַף וועגן אײַער שותּפֿס קרובֿ, און גיט עס אים/איר, ער/זי זאָל עס לייענען און אפֿשר פֿאַרריכטן.

accurately – פּינקטלעך
to correct – פֿאַרריכטן
to write down – פֿאַרשרײַבן

גראָדנע, אַן ערך 1922

◘ פּאַרטיציפּן לויטן שפּראַך־קאָמפּאָנענט

צי קענט איר די ווײַטערדיקע ווערטער? זוכט זיי אויף אין אַ ווערטערביכל, און באַמערקט דאָרטן אַלע פּאַרטיציפּן.

מסרן	האָרעווען
פּועלן	בלאָנדזשען
שיכּורן	הוידען זיך
דאגהן	פּראַצעווען
גנבֿע(נע)ן	זשאַלעווען
סודען זיך	גריזשען
הרגע(נע)ן	מוטשען
חבֿרן זיך	כראָפּען
באַגזלען	קוויטשען

אין דער ערשטער קאָלומנע זײַנען דאָ ווערטער פֿון לשון־קודשדיקן קאָמפּאָנענט אין ייִדיש; אין דער צווייטער זײַנען דאָ ווערטער פֿון סלאַווישן קאָמפּאָנענט. וואָס פֿאַר אַן אויספֿיר קען מען מאַכן וועגן פּאַרטיציפּן פֿון אַזעלכע ווערבן? (אויב אײַער אויספֿיר איז אַ ריכטיקער, וועט איר איצט קענען שאַפֿן פּאַרטיציפּן פֿאַר זייער אַ סך ווערבן.)

> inference – דער אויספֿיר
> to look up – אויפֿזוכן
> such – אַזעלכע
> column – די קאָלומנע – דער שפּאַלט,

צום שמועסן 12

אַ מאָל איז עס שווער צו זײַן אין גאַנצן פּאָזיטיוו. באַשרײַבט אַ שכן (אָדער אַ שכנה אָדער אַ פּאָרפֿאָלק בײַ אײַך אין בנין אָדער אין געגנט) וואָס געפֿעלט אײַך לחלוטין ניט. וואָס טוט ער (זי/וואָס טוען זיי)? וואָס מיינט איר וועגן אים (איר/זיי)? זאָל דער/די צווייטע(ר) צום שמועס זיך אײַנשפּאַרן אַז עס מוז זײַן אַ פּאָזיטיווע זײַט בײַם שכן. צי איז דאָ עפּעס וואָס געפֿעלט אײַך יאָ וועגן אים (איר/זיי)? ניצט ווערטער פֿון דער רשימה אויבן. אײַער שמועס דאַרף נישט זײַן וועגן אמתע מענטשן. ער דאַרף נישט זײַן ערנצט. איר קענט מגזם זײַן. געדענקט אַז איינע(ר) בײַם שמועס דאַרף פּרוּוון פֿאַרטיידיקן דעם שכן (אָדער די שכנה, אָדער דאָס פּאָרפֿאָלק).

> above – אויבן
> to insist – אײַנשפּאַרן זיך
> neighborhood – דער/די געגנט
> absolutely – [LAKhLU'TN] לחלוטין
> to exaggerate – מגזם [MEGA'ZEM] זײַן
> serious – ערנצט
> to defend – פֿאַרטיידיקן
> neighbor – [ShO'KhN, ShKhEY'NE] דער שכן, די שכנה

ניצלעכע פֿראַזעס:

– אָבער הערט:
– אָבער וואַרט אַ מינוט:
– ס'איז שווער צו גלייבן אַז...
– און אפֿשר זײַט איר מגזם?

◘ הייבן – געהויבן, בייגן – געבויגן

◆ עס איז דאָ אַ מין ווערב בײַ וועלכן מען שאַפֿט דעם פּאַרטיציפּ מיט וי, און דעם אינפֿיניטיוו און אַלע אַנדערע פֿאָרמעס פֿון ווערב – מיט צוויי יודן (יי).

וואָס קומט דאָ: יי אָדער וי?

1. יעדער אָנה...ב איז שווער.
2. אָנגעה...בן – מוז ווערן פֿאַרענדיקט.
3. זיי האָבן מאַרשירט פֿאָרויס מיט געה...בענע קעפּ.
4. מיט אַ געב...געגעם רוקן האָט ער געאַרבעט אַ גאַנצן טאָג.
5. פֿון אײַנב...גן זיך טוט דער קאָפּ ניט וויי.
6. מיר זײַנען געגאַנגען אין די בערג, מיר האָבן זיך געה...בן אַלץ העכער און העכער.
7. אויף אַן אײַנגעב...געגעם בוים שפּרינגען אַלע ציגן.
8. מיר האָבן אַ חשובֿן, אַ געה...בענעם גאַסט.
9. ה...ב ניט, עס איז צו שווער פֿאַר דיר.

צום שמועסן 13

עטלעכע פֿון די זאַצן אויבן זײַנען שפּריכווערטער וועלכע קענען דינען פֿאַר עצות. עצהט אימעצן אין קלאַס מיט איינעם פֿון די שפּריכווערטער. דערקלערט אײַער עצה, ד״ה חזרט עס איבער מיט די אייגענע ווערטער. און אַז מען עצהט אײַך – רופֿט זיך אָפּ, אָדער נעגאַטיוו, אָדער פּאָזיטיוו. (אויב איר ווילט זיך מאַכן פֿאַר אַ טאַטן צי אַ מאַמען וואָס עצהט אַ קינד וועגן זײַן שטאָלץ, וועט איר אויבן געפֿינען אַלערליי ניצלעכע ווערטער און פֿראַזעס.)

אָפּרופֿן זיך (אויף) – to respond (to)
ד״ה – דאָס הייסט, i.e.
דינען – to serve
מאַכן זיך פֿאַר – to pretend to be
די עצה [EY'TsE] – advice
עצהן – to advise
שטאָלץ – proud

ניצלעכע ווערטער און אויסדרוקן פֿאַר עצה־געבערס:

טוט מיר אַ טובֿה... – do me a favor
טוט זשע מיר אַ טובֿה... – do me a favor (more intensive)
טוט מיר צו ליב... – do what I ask
הערט!... – listen!

און ווי רופֿט מען זיך אָפּ אויף עצות?

אַ דאַנק, איך דאַרף נישט קיין עצות ...
מיט עצות בין איך שוין פֿאַרזאָרגט! – I've got all the advice I need! (i.e., can you do something concrete?)
זײַ מיר נישט קיין פֿעטער און קויף מיר נישט קיין שיך!
דער שמש קלאַפּט „אין שול אַרײַן״ און לייגט זיך אַליין שלאָפֿן!
אַ דאַנק, איך נעם אָן / איך בין מסכּים.

געניטונג 11

פֿאַרבײַט דאָ דעם אינפֿיניטיוו וואָס שטייט אין רינגעלעך אויף דעם געהעריקן פּאַרטיציפּ:

פֿאַרבײַטן – to exchange, to replace
געהעריק – appropriate

„מע וועקט"

פֿון ה. ד. נאָמבערג

פֿעסט (אַרומנעמען) פֿון דער נאַכט, שווײַגט שטיל די וועלט, אַ שטייגער זי וואָלט מורא (האָבן) אַ מויל צו עפֿענען פֿאַר דער שיינער מעכטיקער נאַכט-קעניגין. נאָר דער שטאָטזייגער איז ניט (איבערשרעקן). ער קלינגט אָן און גיט איבער דער נאַכט אַ קורצן באַריכט, ווי שפּעט עס איז.

עס האָט פֿיר (שלאָגן). נאָר די נאַכט, ווי זי וואָלט קיין זייגער-לשון ניט (פֿאַרשטיין), בלײַבט שטיל, רויִק און מאַיעסטעטיש. מענטשן שלאָפֿן שוין לאַנג. אויף אַלע פּנימער ליגט (אויסגיסן) עפּעס אַ מין צופֿרידנקייט, און מיט די נעזער שנאָרכן זיי אויס אַ לויבליד דעם באַשעפֿער וואָס האָט (באַשאַפֿן) פֿאַר זיי אַזאַ מין גוטע נאַכט.

עס האָט פֿינף (שלאָגן). די נאַכט האָט אין גאַנצן אַ ציטער (געבן), ווי זי וואָלט זיך (שרעקן) פֿאַר איר סוף. עס האָט זיך (דערהערן) אַ לאַנג (אויסציִען) פֿײַפֿן פֿון דער פֿאַבריק. דאָס פֿײַפֿן האָט זיך (ציִען) דורך דער לופֿט, זיך (באַוועגן) אין דער לענג און אין דער ברייט און (אַרײַנדרינגען) דורך די פֿענצטער אין די שטיבער און (וועקן): „שטייט אויף, מענטשן! שטייט אויף צו דער אַרבעט!"

יונגע מענטשן האָבן (וואַשן) זיך אײַלנדיק, (אַרײַנלייגן) אין די טאַשן דאָס ברויט, וואָס איז (ליגן) (אָנגרייטן) אויף די טישן פֿון נעכטן.

די לופֿט אין דרויסן איז ווידער שטיל (ווערן). נאָר דער קירכנגלאָק האָט איצט (אָנהייבן) זיך צו באַוועגן. און דאָס קלינגען האָט זיך (טראָגן) אין דער לופֿט, (גנבֿענען זיך) דורך די פֿענצטער אין די שטיבער אַרײַן און (וועקן): „שטייט אויף, מענטשן, אין קירך אַרײַן!"

אויף דער גאַס האָט (אָנהייבן) זיך צו רירן. עס האָבן זיך (באַווײַזן) מענטשלעכע פֿיגורן – אַלטע און יונגע. מענער און ווײַבער האָבן זיך (אײַלן) אין צוויי זײַטן: די יונגע אין דער פֿאַבריק און די אַלטע אין דער קירך.

אין אַ צײַט אַרום האָט דער שטאָטזייגער (קלינגען) זיבן און האָט (דערציילן), אַז באַלד וועט די זון זיך באַווײַזן. פֿון הינטער די נידעריקע הײַזער איז (אויפֿגיין) די זון און האָט (צעשיקן) אין אַלע זײַטן ליכטיקע שטראַלן. און די שטראַלן האָבן (דורכוועבן) מיט מאָרגנליכט די לופֿט און דורך די שטיבער (אַרײַנשלאָגן) און (וועקן): שטייט אויף, מענטשן, שטייט אויף צו דינען זיך גופֿא! הייליק איז דער מענטש!

נאָר די שטראַלן האָבן שוין קיינעם אין בעט ניט (טרעפֿן). מענטשן האָבן שוין לאַנג (דינען) – ווער בײַ לײַטן, ווער בײַ גאָט.

די זון האָט אַ בייזן בליק (וואַרפֿן) אויף דער ערד און (זיך באַהאַלטן) הינטער אַ שווערן וואָלקן.

אויסגיסן – to pour out
אויסציִען – דאָ: to draw out
איבערשרעקן – to frighten
אײַלן זיך – to hurry
אײַלנדיק – hurriedly
אָנגרייטן – to prepare
אַרײַנדרינגען – to penetrate
באַווײַזן זיך – to appear
באַוועגן זיך – to move
דער באַריכט – report
גנבֿענען זיך – to sneak

דורכוועבן – to weave through
דער וואָלקן – cloud
די/דער טאַש – די קעשענע
דאָס לויבליד – song of praise
מאַיעסטעטיש – majestic
מעכטיק – powerful
נידעריק – low
די פֿאַבריק – factory
פֿײַפֿן – to whistle
די צופֿרידנקייט – satisfaction
ציטער – tremble

ציִען – to pull, to extend
די קירך – church
דער קירכנגלאָק – church bell
די קעניגין – queen
רירן זיך – to move (intrans.)
שווײַגן – to be silent
דער שטאָטזייגער – town clock
אַ שטייגער – for instance, as if
דער שטראַל – ray
שנאָרכן – to snore

צום שמועסן 14

באַשרײַבט אַ ספּעציעלן פֿרימאָרגן וואָס איר געדענקט. זאָל דער צוהערער איבערשלאָגן מיט פֿראַגעס וועגן כּלערליי פּרטים – ווי האָט אַלצדינג אויסגעזען, ווי איז געווען דער וועטער, ווער איז בײַגעווען, וואָס איז געשען אָדער ניט געשען?

– אָבער זאָג(ט) מיר. ווי איז געווען...
– איך פֿאַרשטיי נישט.
– וואָס מיינסטו? (מיינט איר)
– איך כאַפּ דאָס נישט!

און אַז מע האָט נישט ליב ווען מע שלאָגט איבער די רייד:
– וואַרט אַ מינוט!
– הער[ט] אויף. איכ׳ל אײַך (דיר) באַלד זאָגן.

איבערשלאָגן (די רייד) – to interrupt
בײַזײַן – to be present
מאָנען – to demand
דער פֿאַרגלײַך – comparison; **אין פֿאַרגלײַך מיט** – in comparison to
די קלאָרקייט – clarity

צום שמועסן 15

א. בײַם סוף פֿון ה.ד. נאָמבערגס באַשרײַבונג פֿונעם פֿרימאָרגן אין שטאָט ווערט די זון אין כּעס. פֿאַר וואָס? וואָס וויל דער מחבר זאָגן וועגן פֿאַבריקפֿײַפֿל און קירכנגלאָק אין פֿאַרגלײַך מיט די שטראַלן פֿון דער זון? זאָל דער צוהערער נאָך אַ מאָל איבערשלאָגן די רייד, מאָנען קלאָרקייט.

ב. אַ טשיקאַווע זאַך: נאָמבערג באַשרײַבט דאָ אויף ייִדיש – ד״ה, פֿאַרן ייִדישן לייענער – אַ שטאָט אין וועלכער עס זײַנען אַ פּנים ניטאָ קיין ייִדן. ווי וואָלט איר דאָס דערקלערט?

קאַפּיטל דרײַ

◆ די ערשטע און די צווייטע קאָניוגאַציע

לאָמיר באַטראַכטן די ווערבן אין דרײַ שפּריכווערטער:

1. דער וואָס פֿרעגט בלאָנדזשעט ניט.

מיר האָבן דאָ צוויי ווערבן: פֿרעגט, בלאָנדזשעט ביידע זײַנען זיי אין דער דריטער פּערזאָן איינצאָל. אָבער אין צווייטן פֿאַל האָבן מיר פֿאַר דער ענדונג ־ט אַן ע. אָט דער ע איז פֿאַראַן אין אַלע פּערזאָנען: איך בלאָנדזשע̲, דו בלאָנדזשע̲סט, זי בלאָנדזשע̲ט, מיר בלאָנדזשע̲ן, איר בלאָנדזשע̲ט, זיי בלאָנדזשע̲ן.

נאָך אַ בײַשפּיל:

2. אַז עס איז ניטאָ קיין פֿלייש גריזשעט מען ביינער.

אַ דריטער בײַשפּיל:

3. האָרעווען קאָן מען אַ גאַנץ לעבן און סײַ ווי שטאַרבן אַן אָרעמאַן.

בייגט אין אַלע פּערזאָנען: איך גריזשע..., איך האָרעווע...

אומעטום	everywhere
איז פֿאַראַן = געפֿינט זיך	is present
דער אָרעמאַן	poor man
דריטער פּערזאָן איינצאָל	third person singular
באַטראַכטן	to consider
בייגן	to conjugate
דער בײַשפּיל	example
בלאָנדזשען	to wander, to be off the track
גריזשען	to gnaw
דער וואָס	he who
האָרעווען	to work hard
די ענדונג	ending
סײַ ווי	anyway, nonetheless
דער פֿאַל	instance
פֿאָרזיכטיק	carefully
קאָנטראָלירן	to check

◆ אָט די ווערבן וואָס האָבן אַן ע אין אַלע פּערזאָנען פֿון דער איצטיקער צײַט געהערן צו דער צווייטער קאָניוגאַציע. אַלע אַנדערע ווערבן געהערן צו דער ערשטער קאָניוגאַציע. אויב אין דער דריטער פּערזאָן איינצאָל איז דאָ אַן ע פֿאַרן ט, דאַרף מען פֿאָרזיכטיק קאָנטראָלירן אין ווערטערבוך – קען זײַן אַז מיר מוזן שוין האָבן דעם ע אומעטום, ווײַל דער ווערב געהערט צו דער צווייטער קאָניוגאַציע.

באַמערקט: זע, זעט – געהערט צו דער ערשטער קאָניוגאַציע.

געהערן	to belong
פֿאָרזיכטיק	carefully
קאָנטראָלירן	to check

גענִיטונג 12

קוקט זיך צו צו די ווערבן און באַשטימט צו וואָסער קאָניוגאַציע זיי געהערן:

אויפֿן בוזעם פֿון ים (אַן אויסצוג)

פֿון מאָריס ראָזענפֿעלד

עס טרעשטשעט דער מאַסטבוים, דער זעגל – ער ציטערט,
דאָס רוישיקע וואַסער איז מוראדיק טיף.
עס קעמפֿן מיט צאָרן, עס שטרײַטן פֿאַרביטערט
אויף טויט און אויף לעבן דער ים מיט דער שיף.

עס ליאַרעמט דער ווינט און עס הייבן זיך כוואַליעס.
עס הודזשעט, עס פּילדערט מיט שרעק און מיט גרויל.
דער שטורעם דער גזלן וויל אומברענגען אַלעס,
דער תּהום עפֿנט אויף זײַן פֿאַרשאָלטענע מויל.

עס ליאַרעמט דאָס וואַסער, די וועלן – זיי זשומען.
עס וווֹיעט, עס מיאַוקעט משונה דער ווינט.
עס סאָפּעט דער קעסל, עס הודזשעט דער קוימען.
דאָך אונטן די צוויי,[1] זעט, זיי שווײַגן אַצינד.

דער אויסצוג – excerpt	דער מאַסטבוים – mast
אומברענגען – to destroy, to kill	מוראדיק – frightfully
באַשטימען – to decide, to determine	מיאַוקען – to mew
דער גרויל – horror, shudder	משונה [MEShU'NE] – weird(ly)
האָרעווען – to labor	סאָפּען – to gasp, to pant
הודזשען – to drone, to hum	פּילדערן – to make a racket
וווֹיען – to howl	פֿאַרשאָלטן – cursed
די וועלן – זע: כוואַליע	דער צאָרן – wrath
דער זעגל – sail	דער קוימען – chimney
זשומען – to hum, to buzz	דער קעסל – boiler
טרעשטשען – to crack	שטרײַטן – to quarrel
די כוואַליע – wave	דער תּהום [T'HOM] – abyss
ליאַרעמען – to be noisy	

צום שרײַבן

עס איז אַ משונהדיקע רשימה ווערטער! אין וואָס פֿאַר אַ קאָנטעקסט אַחוץ אַ באַשרײַבונג פֿון אַ שטורעם אויפֿן ים וואָלט מען אַזעלכע ווערטער געקענט ניצן? טראַכט אויס נאָך אַזאַ מין קאָנטעקסט און שרײַבט אָן אַ קורצן פּאַראַגראַף וואָס שילדערט אים (דעם קאָנטעקסט).

אויסטראַכטן – to think up
אַחוץ – (=חוץ) besides
דער קאָנטעקסט – context
שילדערן – to depict

---

[1] די „צוויי“ זײַנען צוויי ייִדן וואָס זיי פֿאָרן צוריק קיין רוסלאַנד ווײַל מע האָט זיי נישט אַרײַנגעלאָזט אין אַמעריקע.

גענִיטונג 13

דאָ פֿעלן ווערבן פֿון דער צווייטער קאָניוגאַציע. זיי זײַנען אויסגערעכנט אונטן. שרײַבט זיי אַרײַן אין די פּאַסיקע פֿאָרמעס.

אויסרעכענען – to enumerate
פּאַסיק – appropriate

1. דאָס קינד וויינט ביטער און ______________ אָן אַן אויפֿהער.
2. דער אַלטער שלאָפֿט און ______________ איבער דער גאַנצער שטוב.
3. דער אָרעמאַן מאַטערט זיך, ער ______________ נעבעך.
4. ער איז אַ מיאוסער מענטש: ער ______________ און גזלט.
5. וואָס איז מיט דיר? וואָס שרײַסטו? וואָס ______________?
6. דער קאַרגער פֿאַרגינט זיך ניט, ער ______________ דעם גראָשן.
7. די קינדער וויגן זיך און ______________ זיך און האָבן הנאה.
8. הערט זיך צו ווי עס קלאַפּט, ווי עס ______________.
9. דער ווינט רוישט, קלאַפּט, פֿײַפֿט, און ______________ ווי אַ ביייזע חיה.
10. וואָס זשע דרייסטו זיך אַרום, וואָס ______________ אַרום אָן שום ציל?

אָן שום – devoid of, utterly without
אַרומבלאָנקען – to ramble, to wander
גנבֿענען – to steal
הוידען – to swing
וויִען – to howl
זשאַלעווען – to spare
זשאַלעווען זיך – to begrudge
טראַסקען – to crack
כליפּען – to sob
כראָפּען – to snore
מאַטערן זיך – to slave, to suffer
מוטשען זיך – to suffer
פֿאַרגינען זיך – to not begrudge oneself, to indulge or allow oneself
דער ציל – purpose, goal
קוויטשען – to squeal, to squeak

צום שמועסן 16

אַן אַלטער פֿרײַנד אײַערער איז געקומען צו אײַך צו גאַסט פֿון אַ ווײַטער שטאָט. שוין צוויי וואָכן וואָס ער וווינט בײַ אײַך אין הויז, און עס ווערט אַ ביסל ענג אין שטוב: ער קריכט אײַך אויף די נערוון. דערקלערט אײַער מצבֿ צו אַ צווייטן אין קלאַס. דער גאַסט אײַערער איז אַן אַנשיקעניש. ער האָט שלעכטע מידות. זאָל דער וואָס הערט זיך צו נישט וועלן גלייבן. „איך גלייב עס ניט", „ס'איז שווער צו גלייבן", „וואָס איך הער!" זאָל דער ערשטער אײַנרעדן דעם צווייטן אַז ער איז נישט מגזם, אַז ער רעדט דעם ריינעם אמת. איר וועט אויף זײַטן 29 און 30 געפֿינען כלערליי ווערטער מיט וועלכע צו שילדערן אײַער גאַסט.

אײַנרעדן – convince
דאָס אַנשיקעניש – nuisance
ווײַט – distant
מגזם [MEGA'ZEM] זײַן – to exaggerate
מידות [MI'DES] (די מידה) – habits
דער מצבֿ [MATsEV] – condition, situation
ענג – crowded
קומען צו גאַסט – to visit
קריכן (אימעצן) אויף די נערוון – to get on one's nerves
ריין – clean, pure

◘ די צוויי קאָניוגאַציעס און די דרײַ קאָמפּאָנענטן פֿון ייִדיש

ייִדיש פֿאַרמאָגט ווערטער וואָס שטאַמען:

1. פֿון אַמאָליקן דײַטש, דאָס הייסט, פֿון מיטלדײַטשישע דיאַלעקטן,
2. פֿון לשון־קודש און אַרמיש,
3. פֿון סלאַווישע שפּראַכן.

די ווערבן פֿון אַמאָליקן דײַטש געהערן אַלע צו דער ערשטער קאָניוגאַציע.
די ווערבן פֿון לשון־קודש קענען געהערן אָדער צו דער ערשטער אָדער צו דער צווייטער קאָניוגאַציע.
די ווערבן פֿון סלאַווישע שפּראַכן געהערן צו דער צווייטער קאָניוגאַציע.

איצט קענט איר מסתּמא אײַנטיילן די ווײַטערדיקע ווערבן אין דרײַ גרופּעס נאָך זייער אָפּשטאַם נאָך:

בינדט	הענגט	חבֿרט זיך	מסרט	קוילעט
בלאָנדזשעט	הרגעט	חנפֿעט	משפּט	קליידט זיך
גזלט	וווּיעט	חתמעט	סודעט זיך	קנײַפּט
גנבֿעט	וועגט	טענהט	פּועלט	שיכּורט
גריזשעט	ווענדט זיך	יאָגט	פּטרט	שמידט
דאגהט	זידט	כליפּעט	פּראַצעוועט	שענקט (מתּנות)
האָרעוועט	זעט	כראָפּעט	פֿרעגט	שרײַבט
הוידעט זיך	זשאַלעוועט זיך	מוטשעט	קוויטשעט	

אײַנטיילן – to divide
דער אָפּשטאַם – origin
אַרמיש [ARA'MISh] – Aramaic
געהערן – to belong
דאָס לשון־קודש [LO'ShN-KOY'DESh] – Hebrew

צום שמועסן 17

אַרבעט צוזאַמען מיט אימעצן אין קלאַס. זײַט זיכער אַז איר פֿאַרשטייט אַלע ווערטער. (ניצט דעם ווערטערבוך.) באַשרײַבט אַן אידעאַל קינד, לויט אײַערע סטאַנדאַרדן, ניצנדיק פּאַסיקע ווערטער פֿון דער רשימה. (איר וועט מסתּמא וועלן ניצן אַנדערע ווערטער אויך.) דערקלערט וואָס דאָס קינד טוט און וואָס עס טוט ניט. פֿאַרצייכנט וויכטיקע ווערטער פֿונעם מיטשמועסערס אידעאַל. לייענט אײַערע נאָטיצן צו אים/איר און זײַט זיכער אַז אַלע פּרטים זײַנען ריכטיק. אין דער היים, שרײַבט אַ פּאַראַגראַף וועגן דעם צווייטנס אידעאַלן קינד.

דער מיטשמועסער – interlocutor
פֿאַרצייכענען – to note down

ניצט ווען מעגלעך ווערטער פֿון דער סעריע:

כּסדר – אָן אויפֿהער – אַ מאָל – ווען ניט ווען (= פֿון צײַט צו צײַט) – כּמעט ווי קיין מאָל ניט

כּסדר – constantly
אָן אויפֿהער – ceaselessly
אַ מאָל – sometimes
ווען ניט ווען – occasionally
כּמעט ווי קיין מאָל ניט – almost never

◆ ווערבן וואָס גיבן איבער אַ קלאַנג

ווען מע וויל שאַפֿן אַ ווערב וואָס גיט איבער אַ קלאַנג, לייגט מען געוויינלעך צו צום סוף פֿון קלאַנגוואָרט אַ ק. אַזאַ ווערב געהערט צו דער צווייטער קאָניוגאַציע.

1. אַ הון איידער זי לייגט אַן איי גייט זי אַרום און גיט אַרויס קלאַנגען ענלעך צו קוואָ־קוואָ. אַ הון קוואָקעט.
2. ווען אַ הינטל בילט, זאָגט מען אַז עס מאַכט האַוו־האַוו. אַ הינטל האַווקעט.
3. אַ ציג מאַכט מע, אַ ציג ________.
4. אַ קאַץ מאַכט מיאַו, אַ קאַץ ________.
5. אַ קראָ מאַכט קראַ, אַ קראָ ________.
6. אַ פֿראָש מאַכט קוואַ, אַ פֿראָש ________.
7. אַ טויב מאַכט וואָר, אַ טויב ________.
8. ווען עס קלאַפּט, עס פּילדערט, הערט מען קלאַנגען ענלעך צו טראַס, טראַס. עס ________.
9. ווען אַ קינד שטייט צו צו דער מוטער און בעט רק און האַלט אין איין זאָגן נו, נו, הייסט עס דאָס קינד ________.
10. ווען עמעצער מאַכט בע, דאָס הייסט, ער רעדט ניט קיין קלאָרע דיבורים, בעקעט ער!

צום שמועסן 18

צי זײַנען דאָ וועלטפֿירערס אָדער אַנדערע באַקאַנטע פּאַרשוינען וואָס דערמאָנען אײַך אין געוויסע חיות? צו וואָסערע חיות זײַנען זיי ענלעך? וואָסערע קלאַנגען מאַכן זיי אַז זיי רעדן? ווי אַזוי זעען זיי אויס? באַשרײַבט זיי. זאָל דער צווייטער צום שמועס אונטערהעלפֿן: בעטן אָדער צוגעבן פּרטים און ציִען ווײַטער דעם פֿאַרגלײַך.

באַמערקט אַז מע דאַרף ניט זאָגן אַז אַ מענטש איז גענוי אָדער אין גאַנצן אָדער בפֿירוש ענלעך צו אַ חיה – ער קען אויך זײַן (אָדער אויסזען) עפּעס ענלעך צו אַ חיה, אין אַ געוויסן זין ענלעך.

אונטערהעלפֿן – to help, to support, to assist
אין אַ געוויסן זין – in a certain way
באַקאַנט – known
בפֿירוש [BEFE'YRESh] – explicitly
געוויינ(ט)לעך – usually
געוויס – certain
דיבורים – ווערטער
דערמאָנען – to remind
דער וועלטפֿירער – world leader
ענלעך – similar
עפּעס – אין אַ געוויסן זין, somewhat
דער פּאַרשוין – person, individual
צוגעבן – to add
צולייגן – to add
צושטיין צו – to stick to, to insist
דער קלאַנג – sound
רק [RAK] – constantly

◘ די טאָפּעלע פֿאַרניינונג

ניט – קיין, קיין – ניט, קיינער ניט, קיין מאָל ניט, ניטאָ קיין

א. לאָמיר באַטראַכטן די טאָפּעלע פֿאַרניינונג אין די ווײַטערדיקע שפּריכווערטער:

1. עס ניט קיין ביינער, וועלן דיר ניט ווי טאָן די ציינער.
2. עס איז ניטאָ קיין מיאוסע כּלה און קיין שלעכטער חתן.
3. קיינער ווייסט נישט וועמעס מאָרגן עס איז.
4. פֿון מעשׂיות דערציילן קאָכט מען קיין וועטשערע ניט.

◆ באַמערקט אַז קיין בייגט מען ניט און בײַט מען ניט: קיין מאַן, קיין פֿרוי, קיין קינד, קיין מענער, קיין פֿרויען, קיין קינדער. קיינער, אָבער, בייגט מען יאָ: בײַ קיינעם ניט.

בייגן – to decline
בײַטן – to change
טאָפּל – double
די פֿאַרנייגונג – negation

ב. איצט באַטראַכט די טאָפּעלע פֿאַרניינונג אין צוויי אויסצוגן פֿון
י. ל. פּרצעס דערציילונג „משיחס צײַטן":

1. אַזוי ווי אין אַלע ייִדישע שטעט און שטעטלעך פֿון גאַליציע, איז אויך געווען אין דער קהילה ווו מײַנע עלטערן האָבן געוווינט אַ משוגענער. ווי געוויינלעך, האָט דער משוגענער פֿאַר קיינעם קיין מורא ניט געהאַט. הגם דער אָרעמער משוגענער האָט צו קיינעם ניט גערעדט קיין שלעכט וואָרט, קיינעם נישט אָנגערירט מיטן מינדסטן פֿינגער, האָבן אַלע אויף אים געשריִען, אַנדערע האָבן אים געשלאָגן און די גאַסניונגען פֿלעגן אים נאָכוואַרפֿן בלאָטע און שטיינער.

אָנרירן מיטן מינדסטן פֿינגער – to lay a finger on
די בלאָטע – mud
גאַסניונגען – street kids
הגם [HAGA'M] – although
נאָכוואַרפֿן – to throw at a departing target

2. – וואָס טוסטו דאָ? – איך שלאָף קיין מאָל נישט אין שטאָט...
– און ווי וועט מען משיחן דערקענען? – יעדערער וועט אים דערקענען. ער וועט נישט האָבן קיין חיילות, ער וועט נישט רײַטן אויף קיין פֿערד, און אַ שווערד וועט אים נישט הענגען אויף די לענדן – פֿליגל וועט ער האָבן!

דערקענען – to recognize
חיילות [KhAYO'LES] (דאָס חיל [KhA'YIL])– אַרמייען
לענדן (די לענד) – loins
דער שווערד – sword

ג. און ווײַטער, בײַ שלום-עליכמס „בערל אײַזיק":

אין אַמעריקע לאָזט מען דעם אָרעמאַן אויך ניט ליגן ניט קיין באַהאַלטענעם. מע מאַכט אַ לוויה אָן געלט, עס קאָסט אים ניט קיין סענט אַפֿילו. אַוודאי איז דאָס אַ טרויעריקע לוויה. קיין שום צערעמאָניעס, קיין סימן פֿון קיין פֿערד און פֿון קיין „רעווערענטן", און אין דרויסן ליאַפּעט...

אַוודאי [AVA'DE] – certainly
ליאַפּעט – עס גיסט אַ רעגן
רעווערענטן (דער רעווערענט) – clerics

ד. און בײַם פֿאָלקסליד:

וואָלט איך געווען אַ רבֿ, קען איך ניט קיין תּורה,
וואָלט איך געווען אַ סוחר, האָב איך ניט קיין סחורה;
וואָלט איך געווען אַ שוחט, האָב איך ניט קיין חלף,
וואָלט איך געווען אַ מלמד, קען איך ניט קיין אַלף.

slaughterer's knife – [KhA'LEF] **דער חלף**
merchant – [SO'YKhER] **דער סוחר**
merchandise – [SKhO'YRE] **די סחורה**
slaughterer – [ShO'YKhET] **דער שוחט**

גענייטונג 14

ווו דאַרף דאָ זײַן: ניט, ניט קיין, ניטאָ קיין, קיינער, קיינעם?

1. אַז עס העלפֿט ________ ________ פּאַטש, מוז מען נעמען די בײַטש.
2. אַז עס איז ________ ________ פֿלייש, גריזשעט מען ביינער.
3. אַלע רימען זיך מיטן אמת און ________ האָט אים ________.
4. אַז מע האָט ________ ________ פֿינגער קען מען ________ פֿײַג ________ שטעלן.
5. אַלץ באַקומט מען פֿאַר געלט, נאָר ________ שׂכל ________.
6. ווען נייט אַ שנײַדער אומזיסט? ווען ער מאַכט ________ קניפּל ________.
7. פֿאַר אַ געשלאָגענעם הונט טאָר מען ________ שטעקן ________ ווײַזן.
8. ________ ווייסט ________ ווען דער שוך קוועטשט.
9. ________ שרײַט נישט „אוי!“ אַז עס טוט ________ וויי.
10. אַז עס איז ________ געלט איז טאַקע אויס וועלט.
11. אַ קאַץ אין הענטשקעס קען ________ מײַז ________ כאַפּן.
12. וואָס טויגן שפּאָרן אַז עס איז ________ ________ פֿערד?
13. אויף פֿײַער זאָל מען ________ בוימל ________ גיסן.
14. אַ נאַר טאָר מען ________ האַלבע אַרבעט ________ ווײַזן.

olive oil – **דער בוימל**
the whip – **די בײַטש**
gloves – **הענטשקעס (די הענטשקע)**
what's the use of, what good is/are – **וואָס טויג(ן)**
knot, savings sewn or knotted into cloth – **דאָס קניפּל**
boast – **רימען זיך**
"give the finger," a ficus, a fig – **שטעלן אַ פֿײַג**
spurs – **שפּאָרן (דער שפּאָר)**

צום שמועסן 19

וואָסערע אויספֿירן קען מען דרינגען וועגן ייִדישן לעבן פֿון די אָ שפּריכוועטער? צי גיבן זיי אַ פֿולשטענדיק בילד פֿון ייִדישן לעבן, נאָך אײַער מיינונג נאָך, צי אַ ניט-פֿולשטענדיקס?

inference – דער אויספֿיר
to deduce – דרינגען
as you see it – נאָך אײַער מיינונג נאָך
complete – פֿולשטענדיק

צום שמועסן 20

קלײַבט אויס איינס פֿון די שפּריכווערטער און דערקלערט עס פֿאַרן קלאַס. גיט אַ משל וואָס זאָל אײַך העלפֿן דערקלערן.

illustration – [MO'ShL] דער/דאָס משל

געניטונג 15

זעצט איבער אויף ייִדיש. געדענקט וועגן דער טאָפּעלער פֿאַרניינונג.

1. No summer is cold, no rose is green, no child is ugly.
2. I don't see *anything* beautiful here.
3. *Nobody* could find *anything*.
4. *Nobody* has seen him (for) the last three days.
5. You don't find anything hard (שווער) in this exercise.
6. I see *nobody* in the room.
7. I did not read any newspapers yesterday.
8. I shall not make any mistakes here.
9. No one reads *the* book.
10. I didn't make *this* mistake.
11. Who knows? Nobody knows.
12. I absolutely cannot give you my book.

שמועסט מיט אימעצן אין קלאַס וועגן אײַערע האָפֿענונגען פֿאַר דער צוקונפֿט, בנוגע דעם וואָס איר האָפֿט וועט ניט זײַן אויף דער וועלט (וואָס איז איצט נאָך אַלץ דאָ), און אויך וועגן וואָס איר האָפֿט וועט יאָ זײַן. דער שמועס דאַרף ניט זײַן קיין לאַנגער, אָבער עס דאַרף יאָ זײַן אַן אויסבײַט פֿון אידעען – ביידע צום שמועס זאָלן רעדן וועגן האָפֿענונגען, ספֿקות, און פּחדים.

דער אויסבײַט – exchange
בנוגע [BENEGE'YE] – with reference to
פּחדים [PKhO'DIM] (דער פּחד [PA'KhED]) – fears
ספֿקות [SFE'YKES] (דער ספֿק [SO'FEK]) – doubts

למשל: איך האָף אַז עס וועט מער ניט זײַן קיין ________; אַז מענטשן וועלן ניט ________.

ניצלעכע אויסדרוקן:

אם־ירצה־השם (מירצעשעם/מירטשעם) – God willing
אָפּטימיסטיש, פּעסימיסטיש, רעאַליסטיש
אַרויסקוקן אויף – to look forward to
גאָר – very
האָפֿנטלעך וועט... – hopefully
הלוואַי וועט [HALEVA'Y] – would that
פֿון דײַן מויל אין גאָטס אויערן – from your mouth to God's ears
(אַזוי רעאַגירט מען אויף אַ גאָר גוטן געדאַנק אָדער ווונטש.)

איך וואָלט – דו וואָלטסט: דער קאָנדיציאָנאַל

מיר האָבן שוין געזען אַן אויסצוג פֿונעם אומעטיקן ליד פֿון אַ בעל־עגלה, אַ פֿורמאַן:

וואָלט איך געווען אַ רבֿ,
קען איך ניט קיין תּורה.
וואָלט איך געווען אַ סוחר,
האָב איך ניט קיין סחורה.

וואָלט איך געווען אַ שוחט,
האָב איך ניט קיין חלף.
וואָלט איך געווען אַ מלמד,
קען איך ניט קיין אַלף.

און די רעדער דרייען ניט,
און די פֿערד גייען ניט,
און די ווײַב שילט זיך,
אַ טרונק בראָנפֿן ווילט זיך –
זיץ איך אויף אַ שטיין
און וויין און וויין און וויין.

דער בעל־עגלה [BAL-AGO'LE] – פֿורמאַן, wagon driver
עס ווילט זיך מיר – I yearn for
שילטן זיך – to curse (intrans.)

- די תּנאַי־קאָנסטרוקציע אָדער דעם קאָנדיציאָנאַל קען מען צונויפֿשטעלן פֿונעם הילפֿסווערב (איך וואָלט, דו וואָלסט...) מיטן פּאַרטיציפּ:

אויב איך וואָלט הײַנט געקומען, וואָלסט אויך בײַגעווען?

- מיט אַזאַ קאָנסטרוקציע קען מען אויך אויסדריקן אַן אומדרייסטע בקשה:

אפֿשר וואָלט איר זיך מטריח געווען און געבראַכט אָט דאָס פּעקל מײַן פֿרײַנד?

to express – אויסדריקן
diffident – אומדרייסט
to be present – בײַזײַן
to take the trouble – זײַן זיך [MATRI'EKh] מטריח
to compose – צונויפֿשטעלן
conditional – די תּנאַי־קאָנסטרוקציע

צום שמועסן 22

דער בענקענדיקער ציוניסט

אוי, ווי גוט עס איז צו זיצן אויף
אַן אייגן שטיקל ערד!

אָט האָט מען אַ סאַטירישן קאַריקאַטור פֿון 1910. וואָס האָבן ציוניסטן אין 1910 געמיינט וואָלט געווען בעסער אויב זיי וואָלטן געהאַט „אַן אייגן שטיקל ערד"? וואָס האָט געמיינט, להיפּוך, דער וואָס האָט געשאַפֿן דעם קאַריקאַטור?

to the contrary, in contrast – [LEHE'YPEKh] להיפּוך

צום שרײַבן

באַטראַכט דעם אונטערשייד צווישן זאַץ 1 און זאַץ 2:

1. אויב עס רעגנט מאָרגן וועט מען די פֿאַרמעסטונג אָפּלייגן.
2. אויב עס וואָלט ניט גערעגנט, וואָלט די פֿאַרמעסטונג פֿאָרגעקומען.

1. ווען איך האָב געלט, לײַ איך דיר.
2. ווען איך וואָלט געהאַט געלט, וואָלט איך דיר געליִען.

אָפּלייגן — to postpone
לײַען — to lend
פֿאַרמעסטונג — sports event, competition
פֿאָרקומען — to take place

קלערט צו פֿאָרלעך זאַצן נאָך אָט די מוסטערן נאָך, אַזוי אַז אין איין זאַץ זאָל זײַן אַ תּנאַי, וואָס קען פּאַקטיש (אויף אַן אמת) זײַן, און אין אַ צווייטן זאַץ אַ תּנאַי וואָס קען שוין ניט געמאָלט זײַן ווײַל אין דער אמתן איז געווען אַנדערש. אין ערשטן זאַץ דאַרף מען ניט וואָלט, אין צווייטן דאַרף מען יאָ וואָלט. פּרוווט עס פֿיר מאָל, אויסצודריקן:

1. אַ תּנאַי
2. אַ השערה
3. אַ פֿאַרלאַנג, אַ ווונטש, אָדער אַן עצה
4. אַן איידעלע אָדער אומדרייסטע בקשה

אומדרייסט — shy, diffident
איידל — דאָ: דיפּלאָמאַטיש
די בקשה [BAKO'ShE] — request
געמאָלט: ניט קענען געמאָלט זײַן — to be inconceivable
די השערה [HAShO'RE] — supposition
נאָך אָט די מוסטערן נאָך — following these models
צוקלערן — to think up
דער תּנאַי — באַדינג, condition

ווענדט זיך צו אַ צווייטן אין קלאַס מיט אַ בקשה: ער זאָל אײַך לײַען אַ פֿינפֿערל (פֿינף דאָלאַר), אָדער אַן אויטאָ, אַ ווערטערבוך, אַ זייגערל. דער בײַ וועמען מען פרוווט לײַען זאָל צוריקוווענדן מיט אַ תּנאַי – איידער ער וועט נאָכקומען די בקשה, וויל ער עפּעס פֿריִער. נאָכן שמועס, דערקלערט אַ דריטן אין קלאַס וואָס איר האָט געוואָלט לײַען, און וואָס פֿאַר אַ תּנאַי איר האָט געדאַרפֿט באַפֿרידיקן. איר האָט אוונטן אַ משל פֿון אַזאַ שמועס.

to accommodate, to satisfy – **באַפֿרידיקן**
to turn to, to solicit – **ווענדן זיך**
to lend – **לײַען**
to grant a request – **נאָכקומען אַ בקשה**
to respond – **צוריקוווענדן**

אַ משל (מיט כלערליי מעגלעכקייטן)

<u>תּלמיד 1</u>

{ זײַט אַזוי גוט / טוט זשע מיר אַ טובֿה / העלפֿט מיר זיך אַרויסצודרייען פֿון אַ צרה }, { צי וואָלט איר מיר / וואָלטסט מיר } געקענט לײַען אַ פֿינפֿערל?

<u>תּלמיד 2</u>

{
אַדרבא [A'DERABE] on the contrary (often used in the sense of "But of course", Certainly")
מיטן גרעסטן פֿאַרגעניגן with pleasure
אַ שאלה / אַ קשיא! פֿאַרשטייט זיך! of course, no question
אפֿשר
מסתּמא
}

אָבער { פֿריִער / קודם־כּל [KO'YDEM-KOL] / ראשית־כּל [RE'YSHES-KOL] } { וואָלטסט / וואָלט איר } מיר עפּעס אַ טובֿה געטאָן?

<u>תּלמיד 1</u>

{ למשל? for instance / דהײַנו? [DEHA'YNE] such as }

<u>תּלמיד 2</u>

{ זאָג(ט) מיר צו אַז / לײַ(ט) מיר / גיב/גיט מיר / ווײַז(ט) מיר } [די בקשה – זי זאָל זײַן פֿיל־ווייניק אַ לאָגישע, אַ פּאַסיקע]

to extricate oneself – **אַרויסדרייען זיך**
possibility – **די מעגלעכקייט**
more or less, approximately – **פֿיל־ווייניק**
first of all, [RE'YShES-KOL] **ראשית־כּל** – [KO'YDEM-KOL] **קודם־כּל**
before that – **פֿריִער**

דוגמאָות און שמועס־מאַטעריאַלן

דוגמאָות [DUGMO'ES] – examples

א. פּרוווט דערקלערן עטלעכע פֿון די ווערטלעך. פּרוווט דערציילן אַ מעשׂהלע, אימעצער זאָל טרעפֿן וועלכעס שפּריכוואָרט זאָל דינען פֿאַר אַ מוסר־השׂכּל.

1. ווען עס וואָלט ניט געווען מײַן נאַר, וואָלט איך אויך געלאַכט.
2. זײַן וואָרט זאָל זײַן אַ בריק, וואָלט איך מורא געהאַט אַריבערצוגיין.
3. ווען אַלע מענטשן וואָלטן געצויגן אויף איין זײַט, וואָלט די וועלט זיך איבערגעקערט.
4. די קאַץ זאָל האָבן פֿליגלען, וואָלט זי אַלע פֿייגעלעך אויסגעוואָרגן.
5. פֿון וואָלט איך און „זאָלט" איך קומט גאָרנישט אַרויס. („זאָלט" זאָגט מען נאָר פֿאַרן גראַם.)

אויסוואָרגן – to strangle to death
איבערקערן – to turn over

ב. דערקלערט דעם הומאָר פֿון די ווײַטערדיקע שורות פֿון שלום־עליכמס מאָטל פּייסע דעם חזנס. וואָס איז דאָ קאָמיש?

מײַן ברודער אליע לערנט מיך זאָגן קדיש. ער איז טאַקע אַ געטרײַער ברודער, אָבער נישט קיין גוטער רבי. ער איז אַ כּעסן, ער שלאָגט זיך! ער חזרט איבער מיט מיר נאָך אַ מאָל און נאָך אַ מאָל, פֿון אָנהייב ביזן סוף, און הייסט מיר אַז איצט זאָל איך שוין זאָגן אַליין. איך זאָג אַליין אָבער עס גייט ניט. ער נעמט מיך אָן פֿאַרן אויער און זאָגט, אַז דער טאַטע זאָל אויפֿשטיין און זען וואָס פֿאַר אַ זון ער האָט...

– וואָלט איך פֿאַרשפּאָרט זאָגן קדיש!...

אַזוי זאָג איך צו מײַן ברודער אליע און כאַפּ פֿון אים אַ געשמאַקן פּאַטש.

אויפֿשטיין – to rise up
דער אָנהייב – beginning
אָננעמען – to grab
געטרײַ – loyal
דער כּעסן [KA'YSN] – person with a temper
פֿאַרשפּאָרן – to not need to, to spare

ג. דערקלערט דאָס ליד, אָדער בכּתבֿ, אָדער בעל־פּה.

רויז, רויז, ווי ווײַט ביסטו?
וואַלד, וואַלד, ווי גרויס ביסטו?
וואָלט די רויז ניט אַזוי ווײַט געווען,
וואָלט דער וואַלד ניט אַזוי גרויס געווען.

שכינה, שכינה, ווי ווײַט ביסטו?
גלות, גלות, ווי לאַנג ביסטו?
וואָלט די שכינה ניט אַזוי ווײַט געווען,
וואָלט דער גלות ניט אַזוי לאַנג געווען!

דער גלות [GO'LES] – the Jewish exile
די שכינה [ShKhI'NE] – the Divine Presence

גענিটונג 15

זעצט איבער אויף ייִדיש (דאָ דאַרף זיך באַקומען וואָלט):

1. They would certainly come if they could.
2. I know that they would gladly (מיט פֿאַרגעניגן) do it.
3. Would you come if you were permitted (דערלויבן) to (=if they [מען] let you)
4. If we had not been able to come we would have written to you.
5. They would have done it if they had been compelled (צווינגען) .
6. I should like (וועלן) to speak Yiddish as well as my friend (does).
7. I should have (געדאַרפֿט) invited him earlier, then he would have been able (פֿאַר אים מעגלעך) to come today.
8. The fox said: "I wouldn't eat the grapes (ווײַנטרויבן) even if I could reach (דערגרייכן) them."
9. Would you be able to help us out with (אין) our work?
10. If I were rich I would keep on traveling (האַלטן אין איין אַרומפֿאָרן) all my life.

צום שמועסן 24

א. מיטן קאַנדיטיציאָנאַל קען מען פֿרעגן און ענטפֿערן אויף אַזעלכע פֿראַגעס:

וואָס וואָלט איר געטאָן, אויב איר ווערט פּלוצעם זייער רײַך? וואָס וואָלט איר געטאָן, אויב איר ווערט דער פּרעזידענט פֿון די פֿאַראייניקטע שטאַטן? וואָס וואָלטן געדאַרפֿט טאָן די פֿאַרטיידיקערס פֿון ירושלים, ווען די רוימער האָבן באַלאַגערט די שטאָט? פּרובירט פֿרעגן און ענטפֿערן אויף עטלעכע אַזעלכע פֿראַגעס. הייבט אָן אײַערע ענטפֿערס מיט אַן איבערחזרונג פֿון דער פֿראַגע: „וואָס וואָלט איך געטאָן...?"

באַלאַגערן – to lay seige to
וואָס וואָלט איר געטאָן? – what would you do?
פֿאַרטיידיקערס (דער פֿאַרטיידיקער) – defenders

ב: זאָגט אַרויס אײַער דעה וועגן:

1. דעם אויסגאַנג פֿון עפּעס אַ וויכטיקן ספּאָרטפֿאַרמעסט וואָס דאַרף אין גיכן פֿאָרקומען;
2. ווי אַזוי מע זאָל אײַנאָרדענען אַ שׂימחהלע פֿאַרן קלאַס;
3. אַ הײַנטצײַטיקער פּאָליטישער פֿראַגע.

דער אויסגאַנג – outcome
אײַנאָרדענען – arrange
אין גיכן – soon
די דעה [DE'YE] – מיינונג, opinion
הײַנטצײַטיק – contemporary, current
דער פֿאַרמעסט – competition

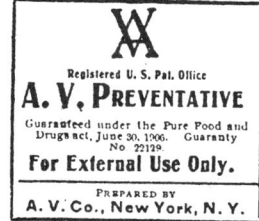

די וויכטיגסטע פון אַלע וויכטיגע פראַגען

די וויכטיגסטע פון אַלע וויכטיגע פראַגען

„אַך, ווען איך וואָלט געוווסט...“ אַן אַנאָנס פֿאַר אַ פּראָפֿילאַקטישער מעדיצין פֿון אַן אַמעריקאַנישער ייִדישער צײַטונג פֿון 1909.

קאַפּיטל פֿיר

◘ די ענדונגען פֿון אַדיעקטיוון
דער מענלעכער מין

◆ געדענקט אַז די ענדונג פֿון אַדיעקטיוו אין נאָמינאַטיוו, מענלעך, אײנצאָל, איז ־ער.

ווען מען שטעלט צו די ענדונג פֿון אַדיעקטיוו אין נאָמינאַטיוו, מענלעך, אײנצאָל – באַקומט מען אַ שפּריכוואָרט.

1. אַ גוט____ שכן איז בעסער ווי אַ ווײַט____ קרובֿ.
2. בעסער אַן אַלט____ טאָפּ אײדער אַ נײַ____ שאַרבן (שאַרבן – אַ שטיק פֿון אַ צעבראָכענער כּלי).
3. דער ערגסט____ מאָנער איז דער אײגענ____ מאָגן.
4. אַ גוט____ מאָנער איז אַ שלעכט____ צאָלער.
5. אַ פֿרעמד____ נאַר איז אַ געלעכטער, אַן אײגענ____ נאַר איז אַ שאַנד.
6. דער גרעסט____ נאַר איז פֿאַר זיך קלוג.
7. אַ גאַנצ____ נאַר איז אַ האַלב____ נבֿיא.
8. אַ פֿויל____ שליח געפֿינט אַלע תּירוצים.
9. בעסער אַ רײַכ____ שכן אײדער אַן אָרעמ____ באַלעבאָס (=בעל־הבית).
10. עס איז ניטאָ קײן מיאוסע כּלה און עס איז ניטאָ קײן שלעכט____ חתן.

אײדער – דאָ: (rather) than
אײנצאָל – singular
דאָס געלעכטער – a laugh, a cause for laughter
דער טאָפּ – pot
די כּלי [KE'YLE] – vessel
דער מאָגן – stomach
דער מאָנער – dunner
מיאוס – ugly
דער מין – gender, type
מענלעך – masculine
פֿרעמד – someone else's, foreign
דער צאָלער – payer
די שאַנד – disgrace
דער שליח [ShELI'EKh] – messenger
דער תּירוץ [TE'RETs] – excuse, pretext

צום שמועסן 25

דערקלערט עטלעכע פֿון די שפּריכווערטער צו אימעצן אין קלאַס. נאָך דעם זאָל יעדער פּאָר תּלמידים זיך צוגרייטן (פֿאַרשטייט זיך, אויף ייִדיש) און דעמאָלט דערקלערן צוזאַמען איין שפּריכוואָרט מיט אַ מעשׂהלע (אָדער אַ משל) פֿאַרן גאַנצן קלאַס.

ניצלעכע פּראַזעס:

אויב מען דאַרף ...	if you need
ווען מען מוז ...	when you have to
אַז מען וויל ...	if you want
עס איז לײַכטער/גרינגער ...	it's easier
עס איז בעסער ...	it's better

◆ חוץ דעם נאָמינאַטיוו האָט דער אַדיעקטיוו מענלעך נאָך צוויי בייגפֿאַלן וואָס זײַנען בעצם (=אין תּוך) אידענטיש – אַקוזאַטיוו און דאַטיוו. טייל גראַמאַטיקערס רופֿן זיי מיט איין נאָמען: דער אָביעקטיוו.

דער אָביעקטיוו קען זײַן { אָדער אַקוזאַטיוו: איך זע אים / אָדער דאַטיוו: איך גיב עס אים }

דער אָביעקטיוו ענדיקט זיך אויף ־ן, ־ען, ־עם.

דער בייגפֿאַל – case (of a declension)
בעצם [BEE'TsEM] – essentially

געניטונג 16

שטעלט אַרײַן די ענדונג פֿון אָביעקטיוו מענלעך: ־ן, ־ען אָדער ־עם.

1. אַ גוט וואָרט ברענגט אַ גוט__ ענטפֿער.
2. דעם אמת קען מען זאָגן אַפֿילו דעם אייגענ__ טאַטן.
3. לעבן אַ פֿעט__ טאָפּ איז גוט זיך צו רײַבן.
4. פֿאַר אַ געשלאָגענ__ הונט טאָר מען קיין שטעקן ניט ווײַזן.
5. אַן אַלטער שאַרבן לעבט איבער אַ נײַ__ טאָפּ.
6. בײַ אַ פֿויל__ וואַקסט דער וועג אונטער די פֿיס.
7. מיט אַ מיטגעבראַכט__ לאַבן ברויט איז מען אומעטום אַ גוטער אורח.
8. קעגן אַ היימיש__ גנבֿ קען מען זיך ניט אײַנהיטן.
9. אויף אַן אײַנגעבויגענ__ בוים שפּרינגען אַלע ציגן.
10. אין אַ גרויס__ טײַך כאַפּט מען גרויסע פֿיש.

אומעטום – everywhere
דער אורח [O'YREKh] – visitor (usually from afar), guest
אײַנגעבויגן – bent
אײַנהיטן – to guard
געשלאָגן – beaten
טאָר ניט – must not
דער לאַבן – loaf
מיטגעבראַכט – something brought
רײַבן זיך – to rub against, to hang out (often with **צווישן**)
דער שאַרבן – shard

געניטונג 17

שטעלט צו די ענדונדען פֿון די אַדיעקטיוון. געדענקט אַז נאָכן ווערב זײַן קומט געוויינטלעך דער נאָמינאַטיוו, ווי אינעם זאַץ „יאָסל איז ניט דער שטילסטער". געדענקט אויך אַז פֿיר ענדונגען זײַנען מעגלעך פֿאַרן מענלעכן אַדיעקטיוו: ־ער, ־ן, ־ען, ־עם.

די דרײַ רינגען

ווען דער באַרימט___ סולטאַן סאַלאַדין האָט געהערשט אין מיזרח, האָט אין ירושלים געלעבט אַ רײַכ___ און חשובֿ___ ייִד וואָס דאָס פֿאָלק האָט אים גערופֿן נתן דער חכם. סאַלאַדין האָט גערודפֿט אי ייִדן אי קריסטן. איין מאָל האָט סאַלאַדין גערופֿן צו זיך נתנען און געזאָגט צו אים: „מע זאָגט אַז דו ביסט אַ גרויס___ חכם. טאָ זאָג זשע מיר, וואָסער גלויבן איז דער ריכטיק___: דער מחמדאַניש___, דער ייִדיש___ אָדער דער קריסטלעכ___?"

נתן דער חכם האָט אַ ווײַלע זיך פֿאַרקלערט, האָט ער פֿאַרשטאַנען אַז ער און זײַנע ייִדן זײַנען אין געפֿאַר, אויב ער ענטפֿערט אַז דער ייִדיש___ גלויבן איז דער ריכטיק___. האָט דער קלוג___ נתן געזאָגט: „מײַן האַר, איידער איך ענטפֿער אויף אײַער פֿראַגע, הערט אויס אַ מעשׂה:

מיט אַ סך יאָרן צוריק האָט געלעבט אַ מענטש וואָס האָט פֿאַרמאָגט אַ ווונדערלעכ___ רינג. דער רינג איז געווען אַ פֿאַרכּישופֿט___. ווער עס האָט דעם ווונדערלעכ___ רינג געטראָגן און געגלייבט אין זײַן כּוח, איז געווען באַליבט בײַ גאָט און בײַ לײַט. אָט דער מאָדנ___ רינג איז פֿון דור צו דור איבערגעגאַנגען אין דער זעלביקער משפּחה, פֿון פֿאָטער צום זון. און אויב אַ פֿאָטער האָט געהאַט מער ווי איין זון, פֿלעגט דעם טײַער___ רינג באַקומען דער באַליבטסט___ זון.

אָבער דער מענטש האָט געהאַט דרײַ זין און ער האָט זיי אַלע דרײַ ליב געהאַט. האָט ער ניט געוווּסט וואָס ער זאָל טאָן מיטן פֿאַרכּישופֿט___ רינג. האָט ער גערופֿן צו זיך דעם בעסט___ גאָלדשמיד און געהייסן אים מאַכן נאָך צוויי רינגען, וואָס זאָלן זײַן פּונקט ווי זײַן טײַער___ רינג. ווען דער גאָלדשמיד האָט אין אַ פּאָר טעג אַרום געבראַכט אים דרײַ רינגען, דעם ווונדערלעכ___ רינג און די צוויי נאָכגעמאַכטע רינגען, האָט דער פֿאָטער אַליין מער ניט געקענט אונטערשיידן זײַן אייגענ___ רינג פֿון די איבעריקע. און ווען דער אַלט___ פֿאָטער האָט געהאַלטן בײַם שטאַרבן, האָט ער גערופֿן זײַנע דרײַ זין. יעדער___ באַזונדער האָט ער אַרײַנגערופֿן צו זיך, יעדער___ באַזונדער האָט ער געגעבן אַ שיינ___ רינג און זײַן ברכה. נאָך דעם ווי זייער פֿאָטער איז געשטאָרבן, האָט יעדער___ פֿון די זין געטענהט, אַז ער האָט עס געירשנט דעם עכט___ רינג און די אַנדערע האָבן פֿאַלשע רינגען. יעדערער האָט זיך געשוואָרן: „מיר האָט ער געגעבן דעם אמת___, דעם ווונדערלערכ___ רינג, ווײַל איך בין געווען זײַן באַליבטסט___ זון". האָבן זיך די ברידער געקריגט, ביז זיי זײַנען אַוועק צו אַן אַלט___ און קלוג___ ריכטער. האָט דער אַלט___ ריכטער געפֿרעגט איטלעכ___ פֿון די זין: „וועמען פֿון דײַנע ברידער האָסטו ליבער?" קיינ___ פֿון די זין האָט קיין וואָרט ניט געענטפֿערט. האָט דער קלוג___ ריכטער פּלוצלינג אַ זאָג געטאָן:

„קיינ___ פֿון אײַך האָט ניט דעם עכט___ רינג, ווײַל יענ___ ווונדערלעכ___ רינג האָט דעם כּוח צו מאַכן זײַן באַזיצער באַליבט בײַ גאָט און בײַ לײַט".

אויף דעם האָבן די ברידער זיך ניט געריכט. זײַנען זיי ווי אָפּגעשמיסענע געשטאַנען פֿאַר דעם קלוג___ ריכטער. האָט דער ריכטער ווײַטער געזאָגט: „איך קען ניט פּסקענען, וואָסער רינג איז דער עכט___, איך קען אָבער אײַך געבן אַן עצה. דער אמת___ רינג האָט דאָך דעם ווונדערלעכ___ כּוח באַליבט צו מאַכן דעם באַזיצער, וואָס גלייבט אין זײַן קראַפֿט. טאָ גייט אַהיים, זאָל יעדער___ זײַן אַ

גוט___ און אַן איידעל___ מענטש. אין אַ סך טויזנטער יאָרן אַרום וועט זײַן אַ קליגער___ ריכטער, וועט ער אפֿשר קענען פּסקענען, וואָסער רינג איז דער עכט___."

„וואָסער גלויבן איז דער ריכטיקער: דער ייִדיש___, דער מחמדאַניש___ אָדער קריסטלעכ___? איטלעכ___ גלויבן איז דער ריכטיק___, כּל־זמן מע גלייבט אין אים און מע לעבט נאָך אים נאָך״.

סולטאַן סאַלאַדין איז זייער געפֿעלן געוואָרן נתן דעם חכמס ענטפֿער. דער סולטאַן און נתן דער חכם זײַנען געוואָרן גוטע פֿרײַנד. און דער סולטאַן האָט זינט דעמאָלט ניט גערודפֿט מער, ניט קיין ייִדן, ניט קיין קריסטן. ער איז געוואָרן טאָלעראַנט און פֿרײַנדלעך צו אַלע גלויבנס.

(על־פּי לעסינגס נאַטאַן דער ווײַזע – „נתן דער חכם״)

אויסהערן – to hear something in its entirety
אונטערשיידן – to distinguish
אי ... אי ... – both... and...
איבערגיין – to pass (along)
איבעריקע – the remaining
אָפּשמײַסן – to beat
דער באַזיצער – possessor, **דער פֿאַרמאָגער** – **דער וואָס פֿאַרמאָגט**
באַליבט – beloved
באַרימט – famous
די ברכה [BRO'KhE] – blessing
דער גאָלדשמיד – goldsmith
דער גלויבן – faith
די געפֿאַר – danger
האַלטן בײַ – to be about to
הייסן – to order, to request
הערשן – to rule
די ווײַלע – while
זשע – [intensifier, follows verb]
חשובֿ [KhO'ShEV] – important, respected
טענהן [TA'YNEN] – to claim, to argue
ירשענען [YA'RShENEN] – to inherit
כּל־זמן [KOLZMA'N] – as long as
לײַט – people
מאָדנע – strange, curious
מחמדאַניש [MAKhMEDA'NISh] – Mohammedan
נאָך אים נאָך – accordingly
נאָכגעמאַכט – modeled after, in imitation
נתן [NO'SN] – Nathan
עכט – genuine
על־פּי [A'LPI] – according to, after the model of
פּונקט – exactly
פּסקענען [PA'SKENEN] – to judge
פֿאַרכּישופֿט [FARKI'ShEFT] – bewitched, magic (adj.)
פֿאַרמאָגן – to possess
פֿאַרקלערן זיך – to consider
די קראַפֿט – power
קריגן זיך – to quarrel
רודפֿן [RO'YDEFN] – to persecute
ריכטן זיך – to expect
דער ריכטער – judge
שווערן – to swear

צום שמועסן 26

רעדט זיך אַדורך אַ ביסעלע מיט אימעצן אין קלאַס. וואָס מיינט איר וועגן ר׳ נתנס ענטפֿער? צי איז נתן געווען קלוג צי כיטרע? צי האָט נתן אָפּגענאַרט דעם סולטאַן, צי האָט ער אים עפּעס באמת אויפֿגעקלערט (=קלאָר געמאַכט)?

to clarify – אויפֿקלערן
to fool – אָפּנאַרן
really – באמת
crafty – כיטרע

ניצלעכע פֿראַזעס:

he wanted to show – ער האָט געוואָלט ווײַזן
he wanted to persuade, induce, prevail, convince (him) – ער האָט געוואָלט פּועלן [PO'YELN] (בײַ אים)... ער זאָל...

(so) tell me – (איז) זאָגט (זשע) מיר
if that's the case, why did he ... – אויב אַזוי, פֿאַר וואָס האָט ער ...
but when he ... – אָבער ווען ער האָט ...

צום שמועסן 27

דערציילט אַ מעשׂה (עס דאַרף ניט זײַן קיין אמתע) אימעצן אין קלאַס וועגן ווי איר האָט אַ מאָל עפּעס (אָדער אימעצן) פֿאַרלוירן און געפֿונען. איר קענט רעדן, למשל, וועגן:

1. אַן אַלטן פֿעטער
2. אַ צעפֿאַלענעם טשעמאָדאַן (a tattered suitcase)
3. אַ קליינעם חבֿרה־מאַן (fellow, brat)
4. אַ גאָלד פֿינגערל (= רינג)
5. אַן איין־און־איינציקן עקזעמפּליאַר
6. אַ נײַעם לעדערנעם גאַרטל

זאָל דער צווייטער צום שמועס איבעררײַסן מיט פֿראַגעס וועגן ווו, ווען, ווי אַזוי, און פֿאַר וואָס.

ניצלעכע ווערטער:

to lose – פֿאַרלירן, אָנווערן (אָנגעוווירן)
to find – געפֿינען, אָפּזוכן, דערטאַפּן (=פּלוצעם געפֿינען)
to search everywhere – זוכן מיט ליכט
to disappear – נעלם ווערן, פֿאַרפֿאַלן ווערן
everywhere – אומעטום, אויף שריט און טריט, ווײַט און נאָענט, וווּ ניט ווו, ווו עס זאָל ניט זײַן
gone off (lost) to the ends of the earth, completely out of reach, out of sight – אַוועקגעלאָפֿן (פֿאַרפֿאַלן) ווו דער שוואַרצער פֿעפֿער וואַקסט

◘ דער מיטעלער מין

◆ די ענדונג פֿון אַדיעקטיוו אין מיטעלן אָדער נייטראַלן מין איז אָפּהענגיק פֿונעם אַרטיקל. דער אַרטיקל קען זײַן אָדער באַשטימט אָדער אומבאַשטימט.

indefinite – אומבאַשטימט
dependent – אָפּהענגיק
definite – באַשטימט
neutral – נייטראַל

באַטראַכט די אַדיעקטיוון אין די ווײַטערדיקע צוויי פֿאָלקסלידער:

1.

איך גיי אַרויס אויפֿן גאַניקל
דאָס שטעטעלע באַקוקן.
קומט צו פֿליִען אַ קליין פֿייגעלע
און טוט זיך צו מיר בוקן.[1]

to bow – בוקן זיך

ניט אַזוי דאָס קליינע פֿייגעלע –
ווי איר שיין פֿליִען,
זי וואַרפֿט אַראָפּ אַ קליין בריוועלע,
איך טו עס צו זיך ציִען.[1]

איך לייען איבער דאָס ערשטע שורהלע –
דער געליבטער איז פֿאַרדאָרבן;
איך לייען איבער דאָס צווייטע שורהלע –
דער געליבטער איז געשטאָרבן!

פֿאַרדאָרבן – דאָ: קראַנק

קלײַבט צונויף אַלע מײַנע חבֿרטעס,
אַלעמען אין איינעם.
ווער ס'האָט נאָר אַ ליבע געפֿירט
זאָל מיר העלפֿן וויינען!

to be involved in a romance – פֿירן אַ ליבע

2.

די מאַמע איז געגאַנגען
אין מאַרק אַרײַן נאָך קוילן,
האָט זי מיר געבראַכט
אַ ייִנגעלע פֿון פּוילן.
אוי איז דאָס אַ ייִנגעלע
אַ שיינס און אַ פֿײַנס,
מיט די שוואַרצע אייגעלעך –
קעצעלע דו מײַנס!

די מאַמע איז געגאַנגען
אין מאַרק אַרײַן נאָך קרויט,
האָט זי מיר געבראַכט
אַ ייִנגעלע פֿון בויד.
אוי איז דאָס אַ ייִנגעלע
אַ שיינס און אַ פֿײַנס,
מיט די ווײַסע ציינדעלעך –
קעצעלע דו מײַנס!

איך האָב געגעסן מאַנדלען,
איך האָב געטרונקען ווײַן,
איך האָב געליבט אַ ייִנגעלע,
איך קאָן אָן אים ניט זײַן.
אוי איז דאָס אַ ייִנגעלע
אַ שיינס און אַ פֿײַנס,
מיט די שוואַרצע הערעלעך –
קעצעלע דו מײַנס!

---

[1] טאָן ציִען זיך און טאָן בוקן זיך זײַנען פּעריפֿראַסטישע ווערבן פֿון אַ טיפּ וואָס געפֿינט זיך אָפֿט אין תּחינות (תּפֿילות געשריבן ספּעציעל פֿאַר ייִדישע פֿרויען). דער באַטײַט איז פֿיל־ווייניק דער זעלבער וואָס בײַ דער געוויינטלעכער פֿאָרעם פֿון ווערב.

מיר האָבן דאָ אָנגעטראָפֿן דרײַ פֿאַרשיידענע ענדונגען: 1) ־ע, 2) ־ס, 3) – [גאָר קיין ענדונג ניט].

ווען האָבן מיר געהאַט די ענדונג ־ע אין אַדיעקטיוון וואָס זײַנען אין מיטעלן מין?
ווען האָבן מיר געהאַט די ענדונג ־ס אין אַדיעקטיוון וואָס זײַנען אין מיטעלן מין?
ווען האָבן מיר דאָ גאָר ניט קיין ענדונג בײַ אַדיעקטיוון אין מיטעלן מין?

◆ אויב פֿאַרן אַדיעקטיוו קומט דער באַשטימטער אַרטיקל דאָס, איז די ענדונג פֿון אַדיעקטיוו ־ע.
אויב פֿאַרן אַדיעקטיוו קומט דער אומבאַשטימטער אַרטיקל, אָדער גאָר קיין אַרטיקל ניט, – האָט דער אַדיעקטיוו קיין שום ענדונג ניט, ווען ער שטייט פֿאַר אַ סובסטאַנטיוו פֿון מיטעלן מין. ווען אָבער דער אַדיעקטיוו שטייט נאָכן סובסטאַנטיוו פֿון מיטעלן מין („קינד מײַנס"), האָט ער די ענדונג ־ס.
דאָס רעדט זיך וועגן דעם נאָמינאַטיוו און אַקוזאַטיוו פֿון דעם אַדיעקטיוו אין מיטעלן מין.

◆ אין מיטעלן מין זײַנען דער אַקוזאַטיוו און נאָמינאַטיוו שטענדיק גלײַך.

◆ אין דאַטיוו נאָכן באַשטימטן אַרטיקל קומען ענדונגען גלײַך ווי אינעם מענלעכן מין אין אַקוזאַטיוו און דאַטיוו. אָבער די מעשׂה ווערט דאָ אַ ביסל קאָמפּליצירט. דעסקריפּטיווע גראַמאַטיקערס באַווײַזן אַז ייִדיש האָט צוויי מעגלעכע פֿאָרמעס ווען פֿאַרן אַדיעקטיוו קומט דער אומבאַשטימטער אַרטיקל אין דאַטיוו.

אָדער דער אַדיעקטיוו קען בלײַבן אָן אַ סופֿיקס – ווי אין נאָמינאַטיוו און אַקוזאַטיוו:
אין אַ פֿרעמד לאַנד
בײַ אַ קליין פֿאָלק.

אָדער דער אַדיעקטיוו קען האָבן אַן ענדונג, ווי בײַם מענלעכן מין אין אַקוזאַטיוו און דאַטיוו:
אין אַ פֿרעמדן לאַנד
בײַ אַ קליינעם פֿאָלק.

אוריאל ווײַנרײַך אין זײַן קאַלעדזש ייִדיש און יודל מאַרק אין זײַן גראַמאַטיק פֿון דער ייִדישער כּלל שפּראַך רעקאָמענדירן אַז מע זאָל ניצן די פֿריערדיקע ברירה – דאָס הייסט אַז מען זאָל ניצן די פֿאָרמע בײַ וועלכער מע ניצט קיין שום ענדונג ניט. איר קענט ניצן וואָסער פֿאָרמע איר ווילט – אָבער קלײַבט אויס איינע און פּרוווט זײַן קאָנסעקווענט.

באַווײַזן – to show, to demonstrate
די ברירה [BRE'YRE] – alternative, choice
קאָמפּליצירט – complicated
קאָנסעקווענט – consistent
קיין שום ____ ניט – absolutely no ____, no ____ at all
רעקאָמענדירן – עצהן
שטענדיק – תּמיד, always

א. זעצט איבער אויף ייִדיש:

1. Where is the old book? Give me the old book. Put it (לייג עס אַרײַן) in the old book.
2. I love the new child. The new child is clever. You can depend on (זיך פֿאַרלאָזן אויף) the new child.
3. I have the white paper. The white paper is (ליגט) on the desk. Write it on the white paper.
4. She bought the first dress she saw. The first dress was pretty. There is a spot (פֿלעק) on the pretty dress.
5. I am looking for an old book. Give me a pretty dress. You must not write it on his papers.

ב. שטעלט אַרײַן דעם פּאַסיקן בייגפֿאַל פֿון דער פֿראַזע „דאָס פֿריילעכע ליד".

declension – דער בייגפֿאַל

1. הילכיק זאָל קלינגען ____________
2. מיר געפֿעלט זייער שטאַרק ____________
3. עס קלינגט מיר אין די אויערן דער ניגון פֿון ____________
4. איך האָב זיך אויסגעלערנט ____________
5. מיט ____________ אויף די ליפּן איז מען געגאַנגען איבער די גאַסן.

ג. שטעלט אַרײַן דעם פּאַסיקן בייגפֿאַל פֿון דער פֿראַזע „אַ קליין ייִדעלע":

1. עס האָט געלעבט אַ מאָל ____________.
2. אַמאָליקע צײַטן פֿלעגט אַ ייִדיש ייִנגעלע שוין זײַן ____________.
3. וואָס פֿאַר אַ כּוח קען שטעקן אין ____________?
4. אין גוף פֿון ____________ קען זײַן אַ גרויסע נשמה.

ד. שטעלט אַרײַן דעם פּאַסיקן בייגפֿאַל פֿון דער פֿראַזע „אַ יונג קינד"

1. ____________ איז ווי אַ יונגער בוים.
2. בײַ ____________ קען מען אַ סך פּועלן.
3. פֿון ____________ קען מען נאָך אַלצדינג מאַכן.
4. ____________ איז ער געווען ווען ער איז געקומען אַהער.
5. אויף ____________ איז מער רחמנות ווי אויף אַ דערוואַקסענעם.

ה. שטעלט אַרײַן דעם פּאַסיקן בייגפֿאַל פֿון דער פֿראַזע „דאָס בלאָע קלייד"

1. מיר געפֿעלט ניט ____________
2. פֿאַר וואָס זאָלסטו ניט אָנטאָן ____________?
3. די שיך פּאַסן זיך ניט צו ____________
4. עס זײַנען אַ ביסל צו לאַנג די אַרבל פֿון ____________.

זאָל דער גאַנצער קלאַס אויסטראַכטן אַ מעשׂהלע וועגן אַ וואָלעכל (ד״ה, אַ לעבעדיקן ניגון, אַ פֿאָלקס־מעלאָדיע) וואָס מע האָט עס איבערגעגעבן אין אַ משפּחה אָדער אַ שטעטל פֿון דור צו דור, אָנהייבנדיק אין אַכצעטן יאָרהונדערט. דאָס וואָלעכל קען געהערט ווערן בײַ אַ חזן, אַ בעל־מלאָכה, אַ מאַמע בײַם וויגל, אַ קינד אין גאַס, אַ תּלמיד־חכם בײַם לערנען אין בית־מדרש און אַזוי ווײַטער. יעדער אין קלאַס זאָל דערציילן פֿיר־פֿינף זאַצן פֿון דער מעשׂה. זײַט זיכער אַז דאָס וואָרט וואָלעכל האָט אַלע מאָל פֿאַר אים אַן אַדיעקטיוו: מען קען רעדן וועגן אַ לעבעדיק וואָלעכל, אַ טרויעריק וואָלעכל, אַ טײַער וואָלעכל, אַ שיין וואָלעכל, צי אפֿילו – צוריק גערעדט – אַ זלידנע אָדער אַ נודנע וואָלעכל. אַ מאָל איז געווען...

(י. ל. פּרץ האָט געשריבן אַזאַ מעשׂה. זי הייסט „אַ גילגול פֿון אַ ניגון״.)

איבערגעבן – to pass along
אָנהייבנדיק – beginning
זלידנע[1] – annoying
טרויעריק – sad
לעבעדיק – lively
נודנע[1] – boring
דער ניגון [NI'GN] – melody
צוריק גערעדט – on the other hand

[1]באַמערקט אַז דער ע איז אַ טייל פֿונעם אַדיעקטיוו, און נישט קיין ענדונג.

◘ ענדונגען פֿון אַדיעקטיוון אין מערצאָל אָדער אין ווײַבלעכן מין

וועלכע סובסטאַנטיוון זײַנען פֿון ווײַבלעכן מין?

1. אַ נײַער בעזעם קערט גוט.
2. צו איטלעכן נײַעם ליד קען מען צופּאַסן אַן אַלטן ניגון.
3. אַ טרײַען פֿרײַנד דערקענט מען, ווען דער פֿאַלשער קערט זיך אָפּ.
4. אַ בייזע צונג איז ערגער ווי אַ שלעכטע האַנט.
5. אַז די נאַסע ביימער ברענען, וואָס זאָלן שוין די טרוקענע זאָגן?
6. בעסער אין גוייִשע הענט איידער אין ייִדישע מײַלער.
7. דאָס בעסטע פֿערד דאַרף האָבן אַ בײַטש און דער קליגסטער מענטש – אַ ווױלע עצה.
8. גיס ניט אויס דאָס אומריינע וואַסער כּל־זמן דו האָסט ניט דאָס ריינע.
9. אַ מאָל איז די גרעסטע חכמה ניט רעדן קיין נאַרישקייטן.
10. אַן אייזל דערקענט מען אין די לאַנגע אויערן, אַ נאַר אין דער לאַנגער צונג.
11. מזל אָן שׂכל איז ווי אַ לעכערדיקע קעשענע.

דער אייזל	donkey
אָפּקערן זיך	to turn away
אומריין	unclean
די בײַטש	whip
דער בעזעם	broom
דרינגען	to deduce, to learn
ווויל	good
ווײַבלעך	feminine
טרוקן	dry
כּל־זמן [KOL-ZMA'N]	as long as
לעכערדיק	full of holes
מײַלער	מערצאָל פֿון מויל
די מערצאָל	plural
נאַס	wet
דער סובסטאַנטיוו	noun
צופּאַסן	to fit
קערן	to sweep
די קעשענע	pocket
ריין	clean
דאָס רעטעניש	riddle

◆ אין נאָמינאַטיוו און אין אַקוזאַטיוו ענדיקט זיך דער אַדיעקטיוו וואָס געפֿינט זיך אין פֿאַרבינדונג מיטן ווײַבלעכן סובסטאַנטיוו אויף ־ע ווי איר געדענקט, אין דאַטיוו ענדיקט זיך אַזאַ אַדיעקטיוו אויף ־ער. די מערצאָל פֿון אַדיעקטיוון איז זייער פּשוט – די איין־און־איינציקע ענדונג איז ־ע.

איין־און־איינציק	one and only
די פֿאַרבינדונג	connection

געניטונג 19

אָט האָט איר פֿערצן שפּריכווערטער און ווערטלעך אין וועלכע עס פֿעלן אויס ענדונגען בײַ די אַדיעקטיוון. שטעלט צו אַלע ענדונגען.

1. אַז אָך און וויי איז צו דעם גערעכט___.
2. אויף אַן אײַנגעבויגענ___ בוים שפּרינגען אַלע ציגן.
3. אַזאַ גליקלעכ___ קינד ווערט שוין געבאָרן אין אַ זײַדענ___ העמדעלע.
4. אַ בלינד___ איז געגליכן צו אַ טויט___.
5. לייג נישט קיין געזונט___ קאָפּ אין אַ קראַנק___ בעט.
6. אַן אָקס האָט אַ לאַנג___ צונג און קען קיין שופֿר ניט בלאָזן.
7. אויף אויסגעטראָטענ___ וועגן איז גרינג צו גיין.
8. דאָס בעסט___ מילכיקס איז אַ שטיקל פֿלייש.
9. די בעסט___ הון קען אויך ניט אויסזיצן צוויי הינדעלעך פֿון איין איי.
10. דער בעסט___ שפּאַציר איז פֿאַר דער אייגענער טיר.
11. די בעסט___ עפּעלעך קומען אָן דעם חזיר.
12. איידער צו בעטן בײַם בעסט___ איז בעסער צו געבן דעם ערגסט___ .
13. אַכילה איז די בעסט___ תּפֿילה.
14. דאָס ערגסט___ לעבן איז בעסער פֿאַרן בעסט___ טויט.

אויסגעטראָטן – well worn
אויסזיצן – to hatch
די אַכילה [AKhI'LE] – food
אָנקומען (+דאַטיוו) – דאָ: to fall to (= are gotten by)
גערעכט – fair, just, right
גרינג – easy
זײַדן – silk
זײַן געגליכן צו – to resemble

צום שמועסן 29

שמועסט מיט אימעצן אין קלאַס וועגן די ווערטלעך אין געניטונג 19.

– מיט וועלכן שפּריכוואָרט וואָלט עס געווען פּאַסיק אימעצן צו טרייסטן?
– מיט וועלכן וואָלט איר אימעצן מתרה געווען?
– מיט וועלכן וואָלט איר אימעצן געזאָגט מוסר?
– מיט וועלכן וואָלט איר אויסגעדריקט רחמנות?
– מיט וועלכן וואָלט איר געקענט אויסדריקן נחת?

אפשר קען מען אויך רעדן וועגן ווערטלעך וואָס זײַנען שׂכלדיק, ציניש, ביטער, פּעסימיסטיש, רעאַליסטיש, ניט ריכטיק, ווונדערלעך קלוג, צווייטײַטשיק, שאַרף אָדער צו שאַרף אָדער ניט גענוג קלאָר.

זאָלן די רייד גיין הין און צוריק. גיט אײַער סבֿרא – פֿרעגט פֿאַר וואָס און ווי – דערקלערט.

to express – **אויסדריקן**
back and forth – **הין און צוריק**
to comfort – **טרייסטן**
to moralize –[MU'SER] **מוסר זאָגן**
מתרה זײַן [MA'SRE] – **וואָרענען**
satisfaction, pleasure – [NA'KhES] **נחת**
conjecture, **מיינונג** – [SVO'RE] **די סבֿרא**
amiguous – **צווייטײַטשיק**
discourse, talk, conversation – **די רייד**
wise, clever, **קלוג** – [SE'YKhLDIK] **שׂכלדיק**

ניצלעכע פֿראַזעס אַז מען איז ניט מסכּים אָדער מסכּים:

I think it is exactly the opposite [of what you say] – מיר דאַכט זיך אַז עס איז פּונקט פֿאַרקערט
You've got it all wrong, You've got it all backwards – איר האָט עס [אין גאַנצן] משה־קאַפּויער
That's it! – אמת ווי גאָלד!
That's it precisely – דאָס איז עס גענוי
That's exactly what I think – דאָס איז בפֿירוש אַזוי ווי איך מיין

◘ פּאָסעסיווע פּראָנאָמען

פֿאַראַן זיבן פּאָסעסיווע פּראָנאָמען: מײַן, דײַן, זײַן, איר, אונדזער, אײַער, זייער.

◆ די פּאָסעסיווע פּראָנאָמען בײַטן זיך ניט אין איינצאָל ווען זיי קומען פֿאַרן סובסטאַנטיוו.

to change	בײַטן זיך –
	פֿאַראַן – עס איז/זײַנען דאָ

למשל:
איך וועל זיך זען מיט דײַן ברודער; דײַן באָבע איז דאָ געווען; דײַן קינד גייט אַרום נאַקעט און באָרוועס; וואָס ווילסטו פֿון מײַן קינד?

◆ אין מערצאָל האָבן די פּאָסעסיווע פּראָנאָמען די ענדונג ־ע, ווי אַלע אַדיעקטיוון: מײַנע ברידער, דײַנע חבֿרטעס, אירע ביכער.

אָבער:
◆ ווען די זעלביקע (=זעלבע) פּראָנאָמען קומען נאָכן סובסטאַנטיוו – דעמאָלט בײַטן זיי זיך ווי געוויינטלעכע אַדיעקטיוון, אַחוץ אין פֿאַל פֿון מיטעלן מין. דער אַדיעקטיוו (אָדער דער פּראָנאָם) וואָס קומט נאָכן סובסטאַנטיוו פֿון מיטעלן מין באַקומט אַ ־ס ענדונג.

למשל:
ווו ביסטו, ברודער מײַנער? איך גיי צום ברודער מײַנעם; טײַער קינד מײַנס; טײַערע קינדער מײַנע

באַמערקט: פּראָנאָמען קענען זײַן פֿון צוויי מינים: פּראָנאָמען־סובסטאַנטיוון: (איך, דו, ווער) און פּראָנאָמען־אַדיעקטיוון. די פּאָסעסיווע פּראָנאָמען זײַנען אַדיעקטיוון, פּאָסעסיווע אַדיעקטיוון.

און נאָך אַ זאַך:

אַ ברודער מײַנער } one of my brothers
מײַנער אַ ברודער }

למשל:
איך בין געגאַנגען מיט מײַנעם אַ ברודער.

to see each other	זען זיך –
gender, type, kind	דער מין (מינים) – דאָ:

א. פֿרעגט די ווײַטערדיקע פֿראַגעס, און בײַם ענטפֿערן קערט איבער דעם סדר פֿון די ווערטער אַזוי אַז דער פּאָסעסיוּוער אַדיעקטיוו זאָל שטיין נאָכן סובסטאַנטיוו. פֿאַרלענגערט יעדן שמועס מיט עטלעכע זאַצן, דער ענין (ד"ה, די מעשׂה) זאָל זײַן אַ קלאָרער פֿאַר אַלע.

איבערקערן / איבערשטעלן { to reverse, to invert, to turn over
דער סדר – order
דער ענין [I'NYEN] – matter, case, affair
פֿאַרלענגערן – to prolong

למשל:
– זי חבֿרט זיך מיט מײַן ברודער?
– זי חבֿרט זיך מיטן ברודער דײַנעם!

1. ס'איז שוין געקומען צו פֿאָרן אײַער גאַסט? (דער גאַסט)
2. וואָס זאָגט איר צו אונדזער אומגליק? (דאָס אומגליק)
3. עס גייט זיי אויף זייער מזל! (דאָס הייסט, דאָס מזל ווערט בעסער בײַ זיי.)
4. ווי זי פֿאַרנעמט זיך מיט איר הינטעלע! (דאָס הינטעלע)
5. ווען וועט מען שוין פּטור ווערן פֿון זייער שרײַען? (דאָס שרײַען)
6. צי האָסטו שוין געהערט פֿון אײַער מומע?
7. ווי קען ער זיך ניט פֿאַרלאָזן אויף זײַן זיידן?

פֿאַרלאָזן זיך אויף – to depend on
פֿאַרנעמען זיך מיט – to take care of, to occupy oneself with

ב. ניצנדיק די פּאָסעסיווע אַדיעקטיוון, פֿירט דורך אַ שמועס מיט אַ צווייטן וועגן באַקאַנטע אָדער קרובֿים זײַנע וואָס וווינען אין אַנדערע לענדער. פֿרעגט וועגן לכל־הפּחות פֿיר ערטער.

למשל:
– צי האָסטו באַקאַנטע אָדער קרובֿים אין אַרגענטינע (ישׂראל, אייראָפּע)?
– יאָ, די מומע מײַנע וווינט אין אַרגענטינע.
– דערצייל מיר עפּעס וועגן דער מומע דײַנער אין אַרגענטינע.
– די מומע מײַנע איז אַ ...

ג. ניצט פּאַסיקע פֿראַזעס פֿון די זאַצן אין (א) אויבן אָנצוהייבן אַ שמועס אַזוי ווי איר וואָלט געווען צוויי מאַמעס וואָס רעדן וועגן קינדער. דער שמועס דאַרף נישט זײַן קיין לאַנגער.

ניצלעכע פֿראַזעס:
גאָט מײַנער!
קיין עין־הרע! / קיין בייז אויג נישט! { said to fend off possible evil when mentioning the name of a loved one

◘ אַדיעקטיוון וואָס בײַטן זיך קײן מאָל ניט

מסתּמא געדענקט איר וועגן דעם אומגעוויינטלעכן פֿאַל פֿון געאָגראַפֿישע אַדיעקטיוון:

דער ניו־יאָרקער אײַנוווינער
דער אַמעריקאַנער בירגער
פֿון אַ וואַרשעווער ייִדן
בײַ דעם ניו־יאָרקער אײַנוווינער

די ניו־יאָרקער אײַנוווינערין
די אַמעריקאַנער בירגערין
בײַ דער ניו־יאָרקער אײַנוווינערין
פֿאַר דער אַמעריקאַנער בירגערין

דאָס ניו־יאָרקער לעבן
דאָס אַמעריקאַנער קינד
אַ וואַרשעווער געסל
אין דעם וואַרשעווער געסל

די ניו־יאָרקער אײַנוווינערס
די אַמעריקאַנער קינדער
די וואַרשעווער ייִדן
מיט די וואַרשעווער ייִדן

דער אײַנוווינער – resident
דער בירגער – citizen

◆ דער כּלל איז אַזאַ: אַדיעקטיוון וואָס ענדיקן זיך אויפֿן סופֿיקס ־ער און שאַפֿן זיך פֿון נעמען פֿון שטעט אָדער לענדער בײַטן זיך ניט.

גענিטונג 20

דאָ טוט זיך עפּעס חושך. מען האָט דאָ פֿאַרפּלאָנטערט די אָביעקטן אין די זאַצן, אַז דער פּאַסיקער אָביעקט פֿון יעדן זאַץ געפֿינט זיך איצט בײַ אַ צווייטן. צי קענט איר דאָ מאַכן אַ שטיקל אָרדענונג, אַז אַלע זאַצן זאָלן זיך לייגן אויפֿן שׂכל?

1. דער ליבער זיידע האָט אונדז געבראַכט אַ געפֿערלעכן טיגער.
2. דער שלעכטער מלך האָט פֿאַרטריבן אַ פֿופֿציק־פֿונטיקן פֿיש.
3. דאָס קליינע קעצעלע האָט אויפֿגעגעסן דעם אַנטלאָפֿענעם אַרעסטאַנט.
4. דער אַלטער פֿישער האָט געכאַפּט אַן אומבאַקאַנטן שבֿט.
5. דער מין ווערעם האָט געפּטרט דעם הייליקן נבֿיא.
6. דער גענিטער יעגער האָט געכאַפּט דעם אויסגעצייכנטן עסיי.
7. דער פֿלינקער פּאָליציאַנט האָט דעריאָגט אַ ווײַסן קעז.
8. דער ווילער תּלמיד האָט אָנגעשריבן דעם שלאָפֿעדיקן באַלעבאָס.
9. דער געטרײַער הונט האָט געראַטעוועט דעם גרינעם בוים.
10. דער געדולדיקער פֿאָרשער האָט אַנטדעקט דעם שיינעם פּאָרטרעט פֿון אַ ייִדישן שרײַבער.

אויסגעצייכנט – outstanding
אויפֿעסן – עסן אין גאַנצן
אַנטדעקן – to discover, to uncover
אַנטלויפֿן – to escape, to run away
אָנשרײַבן – to write (down) (perfective)
די אָרדענונג – order
דער אַרעסטאַנט – prisoner
געדולדיק – patient
געניט – experienced, proficient
געפֿערלעך – dangerous
דעריאָגן – to catch
ווערעם (דער וואָרעם) – worms

דער טיגער – tiger
דער יעגער – hunter
לייגן זיך אויפֿן שׂכל – to make sense
דער נבֿיא [NO'VI] – prophet
עס טוט זיך חושך – it's total chaos
פּטרן [PA'TERN] – to ruin, to waste
פֿאַרטרײַבן – to drive out/off
פֿאַרפּלאָנטערן (אויך: צעפּלאָנטערן) – to muddle, to confuse
דער פֿאָרשער – researcher
פֿופֿציק־פֿונטיק – fifty-pound
ראַטעווען – to save
דער שבֿט [ShE'VET] – tribe

צום שמועסן 31

דערקלערט ווי אַזוי איר האָט באַשטימט איינעם פֿון אײַערע ענטפֿערס.

ניצלעכע פֿראַזעס בײַם דערקלערן:

עס איז נישט געווען לאָגיש אַז ... זאָל ...
עס האָט זיך נישט געלייגט אויפֿן שׂכל אַז ... זאָל ...
על־פּי שׂכל דאַרף אַ ... – logically speaking, a ... has to ...
קוקט זיך צו! – look!
הערט! – listen!
אַ ... קען ניט דעריאָגן (אָדער שרײַבן אָדער פֿאַרטרײַבן) אַ ...
בין איך געקומען צום אויספֿיר אַז – so I inferred that ...
פֿון דעם איז געדרונגען ... – from that, one infers; so you (have to) conclude ...

קאַפּיטל פֿינף

◘ ווערטער לאָזן זיך שאַפֿן

עס זײַנען דאָ כלערליי אופֿנים צו שאַפֿן סובסטאַנטיוון.

◆ לאָמיר דאָ באַטראַכטן, למשל, ווי אַזוי דער אַדיעקטיוו ווערט אַליין דער סובסטאַנטיוו: ער (דער אַדיעקטיוו) פֿאַרבײַט דעם סובסטאַנטיוו. אַזאַ סובסטאַנטיוו קומט מיטן אַרטיקל אָבער ער קריגט די געוויינלעכע ענדונגען פֿון אַדיעקטיוון:

to replace – **פֿאַרבײַטן**

1. דער קראַנקער מענטש ליגט אין בעט ← דער קראַנקער ליגט אין בעט.
2. ער העלפֿט דעם קראַנקן מענטש(ן) ← ער העלפֿט דעם קראַנקן.
3. איך זע די קראַנקע פֿרוי ← איך זע די קראַנקע.
4. איך גיב עס דער קראַנקער פֿרוי ← איך גיב עס דער קראַנקער.

געניטונג 21

שטעלט צו די געהעריקע (= פּאַסיקע) ענדונגען:

to furnish, to provide – **צושטעלן**

1. אַ קאַרג___ ליגט אויף דעם געלט ווי אַ הונט אויף אַ ביין.
2. אַ קראַנק___ פֿרעגט מען, אַ געזונט___ גיט מען.
3. אַ שעמעוודיק___ קען זיך ניט אויסלערנען.
4. אַ שעמעוודיק___ פֿאַרזעט מען.
5. בעסער האָבן אַ נאָענט___ חבֿר איידער אַ ווײַט___ ברודער.
6. בעסער מיט אַ קלוג___ צו פֿאַרשפּילן איידער מיט אַ נאַריש___ צו געווינען.
7. דער פֿויל___ ווערט פֿלײַסיק ווען אַנדערע גייען שלאָפֿן.
8. אַז דער קלוג___ באַנאַרישט זיך בלײַבט ער אויך אַ נאַר.
9. פֿאַר אַ בלינד___ לייג ניט קיין שטיין אין וועג.
10. אַ טויט___ באַווייַנט מען זיבן טעג, אַ נאַר דאָס גאַנצע לעבן.
11. אַ משוגענ___ מעג אַלצדינג טאָן.
12. ביז דער פֿעט___ ווערט מאָגער, גייט דער מאָגער___ אויס.
13. הייבט זיך ניט אָן מיט אַ משוגענ___ .
14. אַ קלוג___ פֿאַרשטייט אויפֿן ווונק, אַ פֿויל___ מוז מען ווײַזן דעם שטעקן, אַ נאַר מוז מען געבן מיטן שטעקן.

15. דער זאַט___ פֿאַרשטייט ניט דעם הונגעריק___ .

16. אַ בלינד___ איז קראַנק אויף די אויגן, אַ שטומ___ איז קראַנק אויפֿן מויל, אַ נאַר איז קראַנק אויף אַלע אבֿרים.

17. מע גלײַכט צו אַ בלינד___ צו אַ געשטאָרבענ___ .

18. אַ רײַכ___ וויל יעדערער העלפֿן, אַ נויט־באַדערפֿטיק___ פֿאַרזעט מען.

אבֿרים [E'YVRIM] **(דער אבֿר) – גלידער**
to die – **אויסגיין**
to cry over, to mourn for – **באַוויינען**
to make a fool of oneself – **באַנאַרישן זיך**
appropriate – **געהעריק, פּאַסיק**
healthy – **געזונט**
full, sated – **זאַט**
skinny – **מאָגער**
example, fable – **דער משל**
needy – **נויט־באַדערפֿטיק**
to overlook – **פֿאַרזען**
to catch on quickly – **פֿאַרשטיין אויפֿן ווונק**
to lose (in a game) – **פֿאַרשפּילן**
industrious – **פֿלײַסיק**
fat – **פֿעט**
to compare – **צוגלײַכן**
cheap – **קאַרג**
crooked, crippled – **קרום**
bashful – **שעמעוודיק**

צום שמועסן 32

א. דאָס רובֿ פֿון די זאַצן אין געניטונג 21 זײַנען שפּריכווערטער. אַרבעט בשותּפֿות מיט אַ צווייטן. בעט בײַ אײַער שותּף/שותּפֿטע, ער/זי זאָל דערקלערן איינס פֿון די שפּריכווערטער וואָס איז אײַך ניט קלאָר. דערקלערט פֿאַר וואָס עס איז אײַך ניט קלאָר. זאָל דאָס ווערטל דערקלערט ווערן מיט אַ משל, אָדער אפֿשר אַ בײַשפּיל פֿון דער הײַנטצײַטיקער פּאָליטיק.

ב. קלײַבט אויס איינס פֿון די שפּריכווערטער מיט וועלכן איר זײַט ניט מסכּים צי איינס וואָס געפֿעלט אײַך עפּעס ניט. דערקלערט און פֿאַרטיידיקט אײַער מיינונג לגבי דעם שפּריכוואָרט. זאָל דער צווייטער צום שמועס דערקלערן – אויב מעגלעך – פֿאַר וואָס דאָס ווערטל איז אים/איר צום האַרצן.

בשותּפֿות [BEShU'TFES] – in partnership, together
דרינגען – to deduce
האַרצן: זײַן (אימעצן) צום האַרצן – to be to one's liking
הײַנטצײַטיק – current
לגבי [LEGA'BE] – with reference to
עפּעס – something, somewhat, somehow
פֿאַרטיידיקן – to defend
דאָס רובֿ [ROV] – די מערהייט, majority
דער שותּף/די שותּפֿטע [ShU'TEF] – partner

ניצלעכע פֿראַזעס:

עס לייגט זיך מיר נישט אויפֿן שׂכל אַז...
עס איז נישט לאָגיש צו זאָגן אַז...
ס'איז נישט אמת אַז אַלע...
ווי קען מען מיינען אַז...
הערט! אַפֿילו אויב... טאָר מען נישט דרינגען אַז...

ג. טייל פֿון די ווערטלעך שפּיגלען אָפּ באַקאַנטע ווערטן פֿון ייִדישן לעבן, אַנדערע זײַנען לאַוו־דווקא ייִדיש. וואָסערע (ד״ה, וועלכע) ווערטן קען מען דערקענען אין די שפּריכווערטער?

אָפּשפּיגלען – to reflect
באַקאַנט – דאָ: known
דערקענען – to identify, to recognize
די/דער ווערט – value

געניטונג 22

זאָל דאָ דער אַדיעקטיוו מיטן אַרטיקל פֿאַרבײַטן דעם אַדיעקטיוו מיטן סובסטאַנטיוו (אָדער די לענגערע פֿראַזע). אַ מאָל וועט איר פֿאַרלירן דורך דעם אַ טייל פֿון דעם טײַטש, למשל, אויב איר מאַכט פֿון די אַלטע באַנדיטקע ← די אַלטע.

1. דער וואָס איז פֿויל האָט ניט אין מויל. ← דער פֿוילער האָט ניט אין מויל.
2. דער וואָס איז שטום מוז נעבעך ברומען. ← ______________________

____

3. דער וואָס איז שמוציק זאָל זיך ניט וווּנדערן וואָס מע רוקט זיך אָפּ פֿון אים. ← ______________________

____

4. אַ קראַנקן מענטש פֿרעגט מען, אַ געזונטן מענטש גיט מען. ← ______________________

____

5. אַ משוגענער מענטש ברעכט אויס נאָר יענעמס שויבן. ← ______________________

____

6. דער שעמעוודיקער גאַסט בלײַבט הונגעריק. ← ______________________

____

7. אַ פֿרעמדער דורכגייער האָט זיך דאָ אָפּגעשטעלט. ← ______________________

____

8. אַ פֿוילן מענטש זאָל מען בעסער ניט שיקן קיין גאַנג. ← ______________________

____

9. דער אַלטער בעטלער שטרעקט אויס די האַנט נאָך אַ נדבֿה. ← ______________________

____

10. ווען עס קומט דער באַשערטער יונגער־מאַן וועט די כּלה מן־הסתם זײַן אַ צופֿרידענע. ← ______

____

to knock out and break – אויסברעכן
to move away – אָפּרוקן זיך
predestined – באַשערט
to mumble, to roar – ברומען
to serve – דינען
מן־הסתּם [MINESTA'M] – מסתּמא
alms – [NEDO'VE] די נדבֿה
poor unfortunate (interjection) – נעבעך
foreign – פֿרעמד
window panes – שויבן (די שויב)
dumb – שטום
to send on an errand – שיקן אַ גאַנג
dirty – שמוציק

צום שמועסן 33

דערציילט וועגן דעם לעצטן מאָל ווען איר האָט געזען אימעצן מיט וועמען איר זײַט גוט באַקאַנט, דאָס הייסט, אַ באַקאַנטן. ניצט אַ סובסטאַנטיוו געמאַכט פֿון אַן אַדיעקטיוו אַנשטאָט זײַן אָדער איר נאָמען. מע קען, למשל, רעדן וועגן:

1. אַ געדולדיקן
2. אַ קראַנקן
3. אַ צעלאָזענעם
4. אַ נײַ־געקומענעם
5. אַ שטילן
6. אַ משוגענעם
7. אַ האָנעראָוון אָדער שפּירעוודיקן
8. אַ בנימוסדיקן

רעדט און פֿרעגט וועגן ווו, ווען, און פֿאַר וואָס איר האָט זיך געזען. מע קען אָנהייבן אַזוי: איך האָב אַ האָנעראָווע (אַ שטילע, אַ בלינדע) חבֿרטע. דאָס לעצטע מאָל וואָס איך האָב גערעדט מיט דער האָנעראָווער (דער שטילער, בלינדער)... זאָל דער צווייטער צום שמועס אונטערהעלפֿן מיט פֿראַגעס, נאָכפֿרעגן נאָך פּלערליי פּרטים: „איז ווו האָסטו געזען די האָנעראָווע?" אָדער „איז ווו האָסטו זי געזען, די האָנעראָווע?"

to be acquainted – **זײַן באַקאַנט**
polite – [BENI'MESDIK] **בנימוסדיק**
to see one another – **זען זיך [מיט אימעצן]**
to inquire after – **נאָכפֿרעגן נאָך**
spoiled (of a child) – **צעלאָזן**
touchy, **שפּירעוודיק – האָנעראָווע**

◆ דער שנײַדער מיט דער שנײַדערקע

לאָמיר זיך איצט פֿאַרנעמען מיט שאַפֿן פֿרויען־נעמען פֿון די מענער־נעמען פֿאַר פֿאַרשיידענע פֿאַכן. די דאָזיקע ווערטער קענען האָבן צוויי באַטײַטן:

1) דאָס ווײַב פֿונעם מאַן, למשל, די שנײַדערקע – דאָס ווײַב פֿונעם שנײַדער.
2) די פֿרוי וואָס פֿאַרנעמט זיך מיטן פֿאַך, למשל, די שנײַדערקע – דאָס הייסט, די פֿרוי וואָס פֿאַרנעמט זיך מיט שנײַדערײַ.

> דאָס ווײַב – קען אויך זײַן: די ווײַב
> occupation – דער פֿאַך
> to engage in – פֿאַרנעמען זיך מיט
> tailoring, sewing – דאָס שנײַדערײַ

גענײטונג 23

טייל ווערטער שאַפֿן ווײַבלעכע פֿאָרמעס מיט ־קע. אַנדערע ניצן די סופֿיקסן ־ין און ־טע. שטעלט דאָ צו די פֿרויען־נעמען, נאָכן פֿאָרגעלייגטן מוסטער (according to the suggested example):

־קע	־ין	־טע
שנײַדער – שנײַדערקע	לערער – לערערין	פּויער – פּויערטע
שוסטער – ______	פֿישער – ______	קצבֿ – ______
שטריקער – ______	שנײַדער – ______	סוחר – ______
שרײַבער – ______	שרײַבער – ______	גנבֿ – ______
לערער – ______	טענצער – ______	באַלעבאָס – ______
טענצער – ______	מאָלער – ______	
בעטלער – ______	קעלנער – ______	
קרעמער – ______	וועבער – ______	

באַמערקט: שנײַדערקע איז אַ וואָרט מיט צוויי באַטײַטן: דאָס ווײַב פֿון שנײַדער, די פֿרוי וואָס פֿאַרנעמט זיך מיט שנײַדערײַ. אָבער אַ טענצערקע איז ניט די פֿרוי פֿון אַ טענצער נאָר זי טאַנצט אַליין, אַ גנבֿטע איז ניט די פֿרוי פֿון אַ גנבֿ אאַז״וו. הייסט עס, פֿאַראַן דאָ ווערטער וואָס האָבן נאָר איין באַטײַט. באַמערקט אויך אַז בײַ די פּראָפֿעסיעס קענען מאַן און פֿרוי האָבן דעם זעלביקן טיטל: דאָקטאָר, אַדוואָקאַט, אינזשעניר (אָבער אויך: דאָקטאָרשע, דענטיסטקע).

און וואָס טוט מען הײַנט אַז אַ פֿרוי פֿאַרנעמט זיך מיט חזנות אָדער רבנות? די פֿרוי פֿון אַ רבין אָדער אַ רבֿ איז אַ רביצין, די פֿרוי פֿון אַ חזן – אַ חזנטע. אַ פֿרוי וואָס פֿאַרנעמט זיך מיט רבנות הײַנט קען מען רופֿן אַ ראַבינערטע אָדער אַ ראַבינערשע. אַ פֿרוי וואָס פֿאַרנעמט זיך מיט חזנות אָבער מוז מען רופֿן אַ חזנטע – אַזוי האָט מען געזאָגט אין דער טראַדיציאָנעלער וועלט, למשל, אויף „די אָדעסער חזנטע".

געדענקט ווי מען מאַכט די ווײַבלעכע פֿאָרמעס (איינצאָל און מערצאָל) פֿון די מענלעכע אין ווערטער וואָס שטאַמען פֿון לשון־קודש:

1. תּלמיד	תּלמידה	תּלמידים	תּלמידות
2. שכן	* ______	______	______
3. זקן	______	______	______
4. יתום	______	______	______
5. מלך	______	______	______

* אויך: שכנטע

◘ דער פֿאַך און דער וואַרשטאַט: דער סופֿיקס ־ערײַ

צווישן ייִדן זײַנען שטענדיק געווען אַ סך בעל־מלאָכות. אָט זײַנען די נעמען פֿון פֿופֿצן מינים בעל־מלאָכות. באַניצט זיך מיטן ווערטערבוך. וואָסער רוײוואַרג (רוי־מאַטעריאַלן) און מכשירים באַניצן אַזעלכע בעל־מלאָכות? קלײַבט צונויף אַ וואָקאַבולאַר־רשימה און פֿרעגט פֿראַגעס וועגן די מלאָכות בײַ אַלע אין קלאַס.

מאַליער (פֿאַרבט הײַזער) – ער ניצט (אָדער באַניצט זיך מיט) פֿאַרב, פענדזלען און לייטערס.

מוליער (מאַכט מויערן)

שמוקלער (מאַכט שפּיצן)

גראַווירער (מאַכט גראַוויור)

קירזשנער (גרייט צו פעלצן)

שלאָסער (מאַכט שלעסער)

בלעכער (דעקט דעכער מיט בלעך)

שנײַדער (מאַכט קליידער)

שוסטער (מאַכט שיך)

שפּינער (מאַכט פֿאָדעם)

שטריקער (מאַכט אַ סוועטער)

גאַרבער (מאַכט לעדער)

רימער (מאַכט אַ זאָטל)

סטאָליער (מאַכט אַ טיש)

מעכאַניקער (מאַכט צו רעכט אָדער פֿאַרריכט מאַשינען)

◆ פֿונעם נאָמען פֿון בעל־מלאָכה קען מען מיטן סופֿיקס ־ערײַ (אָדער אַ מאָל בלויז מיט: ־ײַ) שאַפֿן אַ וואָרט וואָס געוויינטלעך האָט עס צוויי באַטײַטן:

1. דער פֿאַך פֿון בעל־מלאָכה: בעקערײַ האָט ער זיך אויסגעלערנט בײַם טאַטן, דעם בעקער.
2. דער וואַרשטאַט פֿון בעל־מלאָכה: די בעקערײַ איז פֿול מיט קונים.

באַמערקט אַז ווערטער מיטן סופֿיקס ־ערײַ געהערן צום ווײַבלעכן מין ווען זיי האָבן צו טאָן מיט אַן אָרט (אַ וואַרשטאַט אָדער אַ קראָם):
די בעקערײַ, די פֿאַרבערײַ. ווען זיי באַצייכענען אַ פֿאַך אָבער איז בעסער צו ניצן דאָס:

דאָס שלאָסערײַ איז אים שוין דערעסן. אָבער די שלאָסערײַ איז אין קעלער.

באַניצן	to consult, to use –
באַניצן זיך מיט	to consult, to use –
בעל־מלאָכות	craftsmen –
זײַן דערעסן	to be boring –
מכשירים [MAKhShI'RIM] **(דער מכשיר** [MA'KhShER])	tools –
צונויפֿקלײַבן	to gather, to put together –
קונים [KO'YNIM]	customers –
דאָס רוײוואַרג – רוי־מאַטעריאַלן	raw materials

גענִיטונג 24

שטעלט דאָ אַרײַן דער, די, דאָס.

1. ______ וועבערײַ איז צו קליין און צו ענג.
2. ______ וועבער האָט זיך געזעצט עסן.
3. ______ וועבערײַ קען זײַן אַן אינטערעסאַנטער פֿאַך.
4. ______ בעקער שוויצט בײַ דער אַרבעט.
5. ______ בעקערײַ איז ליידיק, דאָס גאַנצע ברויט איז אויספֿאַרקויפֿט.
6. ______ גאַרבערײַ קען זײַן שעדלעך פֿאַרן געזונט.
7. ______ מאַליער האָט אויסגעווײַסט דעם סופֿיט.
8. ______ שנײַדערײַ האָט ער בירושה פֿון טאַטן.
9. ______ פּײַפֿערײַ[1] פֿאַרדולט מיר דעם קאָפּ.
10. ______ שוסטערקע האָט אײַנגעקויפֿט אין קראָם לעדער.
11. ______ קרעמערקע האָט עס איר פֿאַרקויפֿט.
12. ______ באַרימער וועט ניט אויסזאָגן אַז מע האָט אים געשלאָגן.

דער באַרימער – braggart
בירושה [BEYERU'ShE] – as an inheritance
די טאַבעלע – chart
(אַ) לעבן לאַנג – all (his/her) life
פֿאַרדולן [אימעצן] דעם קאָפּ – to drive [someone] nuts

צום שמועסן 34

אין וואָסערע פֿאַכן אַרבעטן אײַערע קרובֿים? צי זײַנען דאָ (אָדער צי זײַנען געווען) בעל־מלאָכות אין אײַער משפּחה? בײַ וואָס פֿאַר אַ פֿאַך האָט געאַרבעט אײַער זיידע? אײַער באָבע? זאָל יעדער תּלמיד פֿרעגן בײַ אַלע אַנדערע אין קלאַס און שאַפֿן אַ מין טאַבעלע צו אָרגאַניזירן די אינפֿאָרמאַציע.

„דער זיידע איז געווען אַ שנײַדער. ער האָט אַ לעבן לאַנג געהאָרעוועט בײַם שנײַדערײַ. איך בין קיין מאָל נישט געווען בײַ אים אין וואַרשטאַט – אין דער שנײַדערײַ.“

[1] דאָ דינט דער סופֿיקס ־ערײַ צו שאַפֿן אַ סובסטאַנטיוו וואָס באַשרײַבט פּײַפֿן אין אַלגעמיין – נישט דאָס פּײַפֿן פֿון אַ געוויסן מאָמענט.

צום שמועסן 35

באַרימערײַ

לאָמיר געניטן זיך אין באַרימערײַ, אין באַרימען זיך פֿאַרן שכן. מאַכט זיך פֿאַר אַ בעל־מלאָכה, אָדער דערציילט וועגן אײַער בקיאות ווי אַ תּלמיד (אָדער דעם זיידנס בקיאות, אָדער דער מאַמעס). באַרימט זיך מיט אײַערע פֿעיִקייטן, מיט אײַער וואַרשטאַט, מיט אײַער געניטשאַפֿט אין אײַער פֿאַך צי בײַ דער אַרבעט. דאָ דאַרף מען נישט צו פֿיל זאָרגן וועגן דעם אמת, ד"ה, דער אמת דאַרף אײַך נישט אָנגיין.

to care about – אָנגיין (מיטן אַקוזאַטיוו)
to brag – באַרימען זיך
proficiency, skill – [BEKI'ES] דאָס בקיאות
to practice – געניטן זיך אין
skill(fulness) – די געניטשאַפֿט
to pretend to be a... – ...מאַכן זיך פֿאַר אַ
capability – די פֿעיִקייט

ניצלעכע ווערטער:

ניט צו פֿאַרגלײַכן! – incomparable
דער/די/דאָס בעסטע[ר]
דער סאַמע (very) פֿלינקסטער – most dextrous
פֿעיִקסטער
שפּאָרעוודיקסטער – most frugal, most thrifty
איר קענט זײַן אַ
מתמיד [MA'SMED] – diligent person
בקי [BO'KE] – expert (usually in an intellectual area, not a craft)
בריה [BE'RYE] – skillful person
מומחה [MU'MKhE] – specialist

ווי ענטפֿערט מען אויף באַרימערײַ? אויב עס מאַכט אַן אײַנדרוק זאָגט מען:
– אָ־וואָ! (ד"ה, מע גלייבט; עס מאַכט אַן אײַנדרוק)
– וואָס איך הער! (דאָס זעלבע ווי אויבן)

אויב מע גלייבט ניט, זאָגט מען:
– גיי שוין גיי! (go on!)
– הער אויף! (cut it out!)
– טשעפּע זיך אָפּ! (leave me alone!)
– עס הייבט זיך נישט אָן! (it doesn't begin! [to come near the truth])

זאָל די רייד גיין הין און צוריק. איינער באַרימט זיך – דער צווייטער רופֿט זיך אָפּ.

צום שמועסן 36

טראַכט אויס אַ באָבע־מעשׂה וועגן עפּעס טשיקאַוועס וואָס איר האָט געזען אין גאַס און דערציילט עס אימעצן אין קלאַס. זאָל דער צוהערער אָנווײַזן אַז ס'איז שווער צו גלייבן.

צי קענט איר דערקלערן די ווײַטערדיקע ווערטלעך און שפּריכווערטער:

1. אַ מלאָכה איז אַ מלוכה.
2. אַ בעל־מלאָכה שטאַרבט ניט פֿון הונגער.
3. ווען דער סטאָליער (אָדער דער קצבֿ) גייט אַוועק שפּרינגט דער הונט אויפֿן קלאָץ.
4. אַלע שוסטערס גייען באָרוועס.
5. ווען ניט דער רימער וואָלט דער פּריץ ניט געריטן.
6. אַ סך מלאָכות, ווייניק ברכות.

אײַנשטעלן זיך – ריזיקירן, to risk
דער בלעכער – tinsmith
די מלאָכה [MELO'KhE] – trade
די מלוכה [MELU'KhE] – state, kingdom
דער עדות [E'YDES] – witness
דער פּריץ [PO'RETS] – nobleman
דער קוימען־קערער – chimney sweep
דער רימער – harness maker

פּרוּווט דערקלערן אין איין זאַץ. אויב איר דערקלערט עפּעס קורץ און שאַרף קען מען אָנהייבן די דערקלערונג מיטן וואָרט בקיצור. אָט זײַנען ניצלעכע פֿראַזעס, אויב איר פֿאַרשטייט ניט די דערקלערונג.

אויב ס'איז דיר אַ קאַפּעטשקע מטושטש, ד״ה, די דערקלערונג איז אַ פֿאַרפּלאָנטערטע:

– זײַ אַזוי גוט, איך פֿאַרשטיי ניט, קענסט עס קלאָר מאַכן?
– ס'איז מיר (גאָר) נישט קלאָר.

אויב די דערקלערונג איז אַבסאָלוט נישט צו פֿאַרשטיין, קענט איר זאָגן:

– וואָס דרייסטו מיר אַ קאָפּ?! (you're making me crazy!)
– רעד קלאָרע דיבורים! (talk intelligibly!)

און אַז מען דערקלערט צום סוף אַזוי ווי עס דאַרף ווערן דערקלערט:
– אָט אַזוי! (now you got it! that's better!)

שפּאַרט זיך אײַן ביז דער וואָס דערקלערט זאָל דאָס ווערטל אײַך מאַכן קלאָר ווי דער טאָג אין איין פּשוטן זאַץ. נאָך דעם זאָל דער וואָס האָט געפֿאָדערט קלאָרקייט אַליין אויסקלערן אַ צווייט ווערטל ביז דער צוהערער איז לחלוטין צופֿרידן.

אויסקלערן – דערקלערן
אײַנשפּאַרן זיך – to be stubborn, to insist
בקיצור [BEKI'TsER] – in brief
לחלוטין – אַבסאָלוט, absolutely
מטושטש [METU'ShTESh] – vague
פֿאָדערן – to demand
פֿאַרפּלאָנטערט – confused, confusing
דער צוהערער – דער וואָס הערט זיך צו
אַ קאַפּעטשקע – a bit

◘ דער סופֿיקס ־קייט

◆ סובסטאַנטיוון לאָזן זיך שאַפֿן פֿון אַדיעקטיוון מיטן סופֿיקס ־קייט. אַלע אַזעלכע סובסטאַנטיוון זײַנען פֿון ווײַבלעכן מין.

אַדיעקטיוו ←	סובסטאַנטיוו
אומאיידל	אומאיידלקייט
אומשולדיק	אומשולדיקייט
איידל	איידלקייט
באַשיידן	באַשיידנקייט
ביטער	ביטערקייט
בלאַס	בלאַסקייט
ברייטהאַרציק	ברייטהאַרציקייט
גוט	גוטסקייט (באַמערקט אַז דאָ איז צוגעקומען אַ ס)
געדולדיק	געדולדיקייט
געטרײַ	געטרײַקייט
גראָב	גראָבקייט
דאַר	דאַרקייט
האַרציק	האַרציקייט
זלידנע	זלידנעקייט
חוצפּהדיק	חוצפּהדיקייט (געוויינטלעך: חוצפּה)
יחסניש	יחסנישקייט (געוויינטלעך: יחסנות)
לײַכטזיניק	לײַכטזיניקייט
נאַיִוו	נאַיִווקייט (אָדער נאַיִוויטעט)
עגאָיִסטיש	עגאָיִסטישקייט (אָדער: עגאָיִזם)
פֿויל	פֿוילקייט
צופֿרידן	צופֿרידנקייט
צוריקגעהאַלטן	צוריקגעהאַלטנקייט
צעלאָזן	צעלאָזנקייט
שאַרף	שאַרפֿקייט
שטיל	שטילקייט

אומאיידל – ניט איידל, גראָב, unrefined
אומשולדיק – innocent
באַשיידן – modest
בלאַס – pale
ברייטהאַרציק – generous
געטרײַ – loyal
גראָב – אומאיידל
זלידנע – annoying
יחסניש [YAKhSO'NISh] – aristocratic
לײַכטזיניק – frivolous, thoughtless
צוריקגעהאַלטן – aloof, reticent
צעלאָזן – spoiled (of a child)

צום שרײַבן

מיר האָבן שוין אַ ביסל גערעדט וועגן באַרימערײַ. אויב אימעצער גייט אַרום זייער שטאָלץ, זאָגט מען אַז ער בלאָזט זיך. מען קען זאָגן אַז אימעצער איז „אָנגעבלאָזן ווי אַן אינדיק.״ ס׳איז פֿאַראַן אַ ווערטל „דער עושר (ד״ה, דער רײַכער מאַן) בלאָזט זיך אָן און דער אָרעמאַן ווערט געשוואָלן.״ אין אַנדערע ווערטער, דער רײַכער בלאָזט זיך אָן פֿאַר שטאָלץ, און דער אָרעמאַן ווערט געשוואָלן פֿון הונגער.

שרײַבט אָן אַ פּאַראַגראַף צו דערקלערן דאָס ווערטל, און אויך אויסצוקלערן אײַער מיינונג וועגן דעם ווערטל. וואָס שילדערט עס אָפּ פֿון אַמאָליקן אָדער הײַנטצײַטיקן לעבן? צי איז עס דווקא אמת צי אפֿשר אַ קאַפּעטשקע איבערגעטריבן? ניצט ווו מעגלעך ווערטער פֿון דער רשימה אויבן – טייל וועלן קומען צו ניץ.

> **דער עושר** [O'YShER] – **רײַכער מאַן**
> **קומען צו ניץ** – to be useful

צום שמועסן 38

א. דערציילט אימעצן אין קלאַס וועגן אײַערע פֿרײַנד אָדער וועגן באַקאַנטע פּערזענלעכקייטן. זאָל יעדער תּלמיד דערציילן וועגן עטלעכע מענטשן. למשל:

איך וויל דערציילן וועגן ________.

זי איז אַ { שטילע / גוטע / ברייטהאַרציקע } .

איר { שטילקייט / גוטסקייט / ברייטהאַרציקייט } איז { מיר { ליב / טײַער } / ניט צום גלייבן / אין־לשער / נישט צו פֿאַרגלײַכן }

> **אין־לשער** [EYN-LEShA'ER] – enormous, boundless
> **ליב** – dear
> **נישט צום גלייבן** – unbelievable

אָדער:

מײַן פּלימעניק איז אַ { צעלאָזענער / חוצפּהדיקער / באַשיידענער / לײַכטזיניקער } – איר קענט זיך נישט פֿאָרשטעלן!

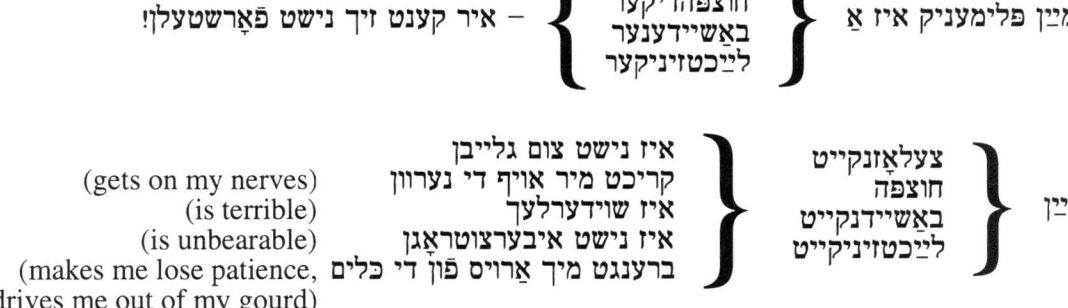

זײַן { צעלאָזנקייט / חוצפּה / באַשיידנקייט / לײַכטזיניקייט } { איז נישט צום גלייבן / קריכט מיר אויף די נערוון (gets on my nerves) / איז שוידערלעך (is terrible) / איז נישט איבערצוטראָגן (is unbearable) / ברענגט מיך אַרויס פֿון די כּלים (makes me lose patience, drives me out of my gourd) }

אפֿשר וועט איר וועלן ניצן טייל סובסטאַנטיוון מיט אָביעקטן, למשל:

די ביטערקייט אָדער גוטסקייט פֿון זײַן הומאָר, פֿון זײַן צוגאַנג אָדער באַציִונג צו מענטשן
די דאַרקייט פֿונעם קראַנקן
איר געטרײַקייט צו מענטשן, צום לאַנד, צום אידעאַל
די יחסנישקייט פֿון זײַן אויפֿפֿיר

העלפֿט אײַער מיטשמועסער מיט פֿראַגעס, ער/זי זאָל ניצן וואָס מערער פֿון די אויבן דערמאָנטע ווערטער און ווענדונגען. פֿרעגט וועגן פּאָזיטיווע און נעגאַטיווע אַספּעקטן. שמועסט מיט עטלעכע מענטשן אין קלאַס. נאָך יעדן שמועס, זעצט זיך אַנידער אויף צוויי־דרײַ מינוט און פֿאַרצייכנט אַזוי פֿיל פּרטים וועלכע איר קענט געדענקען. נאָכן פֿאַרשרײַבן, פֿרעגט זיך נאָך (=קאָנטראָלירט) בײַ אײַער מיטשמועסער צו זײַן זיכער אַז איר האָט אַלע פּרטים ריכטיק געשריבן. שרײַבט אַ פּאַראַגראַף וועגן סוביעקט פֿון איינעם פֿון אײַערע שמועסן, און גיט אים דעם מיט וועלכן איר האָט געשמועסט, ער זאָל עס קאָנטראָלירן.

דער אויפֿפֿיר – behavior
די ווענדונג – expression
נאָכפֿרעגן זיך – to check

ב. און אפֿשר גייט אײַך נישט אָן אַ געוויסע נעגאַטיווע באַזונדערקייט, ווײַל די פּאָזיטיווע זײַט פֿון אַ געוויסער פּערזענלעכקייט איז אײַך חשובֿ אָדער ליב. זאָל איינער צום שמועס דערציילן וועגן אַזאַ פֿאַל, בשעת דער צווייטער צום שמועס נעמט נישט אָן – ד״ה, דער צווייטער קען אַבסאָלוט נישט פֿאַרזען די נעגאַטיווע זײַט פֿונעם פּאַרשוין.

אַבסאָלוט – לחלוטין
אָננעמען – to accept
פֿאַרזען – to overlook

באַמערקט:

עס גייט מיך נישט אָן! – I don't care!
זײַן נאַיִווקייט גייט זי נישט אָן – She doesn't care about his naiveté
עס גייט מיר אין לעבן – I care very much about it

דער סופֿיקס ־עניש

◆ סובסטאַנטיוון לאָזן זיך שאַפֿן פֿון ווערבן מיטן סופֿיקס ־עניש.

דער אינפֿיניטיוו פֿון ווערב קען געניצט ווערן פֿאַר אַ סובסטאַנטיוו מיטן טײַטש: <u>דער פּראָצעס פֿון דער טוונג פֿון ווערב</u>. ס'איז געווען אַ גיין אין גאַס מיינט: מען איז געגאַנגען, מענטשן זײַנען געגאַנגען, די גאַס איז געווען פֿול מיט מענטשן און זיי זײַנען נישט געשטאַנען אויפֿן אָרט.

די טוונג — action, activity

אָפֿט מאָל קען מען צוגעבן דעם סופֿיקס ־עניש צום ווערב (אָן דעם נ אָדער דעם ען פֿון אינפֿיניטיוו) מיטן זעלבן רעזולטאַט: ס'איז געווען אַ גייעניש אין גאַס הייסט אַז אַ סך מענטשן זײַנען געגאַנגען, די גאַס איז געווען פֿול מיט מענטשן וואָס זײַנען געגאַנגען.

דאָס גייעניש האָט מיך צעטומלט.

בײַ געוויסע ווערבן גיט דער סופֿיקס צו אַ הומאָריסטישן אָדער איראָנישן אָדער גוזמאדיקן טאָן: אַ זינגעניש, אַ קושעניש, אַ שלאָפֿעניש — אַ סך (צו פֿיל) זינגען, אַ סך קושן אָדער אַ סך שלאָפֿן.

קוקט זיך צו צו די ווײַטערדיקע סובסטאַנטיוון (אַלע זײַנען לשון־נקבֿה — דאָס הייסט: ווײַבלעך, פֿעמינין):

אַ דרייעניש (פֿאַר די אויגן אָדער אין בויך), אַ פֿײַפֿעניש, אַ שטופּעניש, אַ זוכעניש, אַ הירזשעניש, אַ חנפֿעניש, אַ רייצעניש, אַ בילעניש, אַ קוועטשעניש, אַ יכלעניש, אַ כראָמטשעניש, אַ מאַנעווירעניש, אַ מוטשעניש, אַ לויפֿעניש.

בילן — to bark
גוזמאדיק [GU'ZMEDIK] — exaggerated
חנפֿענען [KhA'NFENEN] — to flatter
יכלען [YO'KhLEN] — to know one's stuff
כראָמטשען — to crunch
דאָס לויפֿעניש — a lot of running around
לשון־נקבֿה [NEKE'YVE] — feminine (gram.)
מאַנעווירן — to maneuver
מוטשען — to torment
רייצן זיך — to tease
דער רעזולטאַט — result
צעטומלט — confused

צום שמועסן 39

צי געדענקט איר דעם עסצימער פֿון אײַער מיטלשול? ניצט וויפֿל איר קענט פֿון די אויבן געגעבענע ווערטער אים (דעם עסצימער) צו באַשרײַבן פֿאַר אימעצן אין קלאַס. שאַפֿט אייגענע באַשרײַביקע (ד״ה, דעסקריפּטיווע) ווערטער אַזעלכע. פּרוווט אפֿשר באַשרײַבן נאָך אַזאַ טומלעניש. נאָכן שמועס, פֿאַרצייכנט אײַערע געדאַנקען. ניצט אײַערע נאָטיצן צו רעדן פֿאַרן קלאַס.

◘ דער סופֿיקס ־ערײַ

◆ דער סופֿיקס ־ערײַ צוגעגעבן צו אַ ווערב גיט בדרך־כּלל צו דעם באַטײַט פֿון געדויערנדיקער טוונג; אָפֿט מאָל דריקט אויס דער סופֿיקס ־ערײַ אומצופֿרידנקייט מיט דער טוונג. בײַ סובסטאַנטיוון געשאַפֿן מיטן סופֿיקס ־ערײַ קען מען ניצן אָדער דאָס אָדער די.

to express –	אויסדריקן
dissatisfaction –	די אומצופֿרידנקייט
generally –	בדרך־כּלל
lasting activity –	געדויערנדיקע טוונג

„איך בין געזעסן בײַם קאָנצערט. ס'האָט זיך אָנגעהויבן אַזאַ מין זינגערײַ, אַז נאָך פֿופֿצן מינוט האָב איך געוואָלט פֿאַרדעקן די אויערן."

אַ באַרימערײַ, אַ טענהערײַ (טענהן – to complain), אַ וויינערײַ (מען איז נישט אַזוי געריררט פֿון אַ וויינערײַ ווי פֿון אַ וויינעניש), אַ שילטערײַ (שילטן – to curse), אַ טאַנצערײַ, אַ מאָנערײַ (מאָנען – to demand), ספּעציאַליזירערײַ (אין דער הײַנטיקער מעדיצין), פֿאָלגערײַ (פֿאָלגן – to obey, to take advice), פֿאַרגלײַכערײַ (פֿאַרגלײַכן – to compare), קאַטשערײַ (קאַטשען זיך – to roll or wallow), אַ רעדערײַ.

צום שמועסן 40

באַשרײַבט אַן אָוונט מיט חבֿרים וואָס איז אײַך נישט געפֿעלן. ניצט ווי מעגלעך די אויבן דערמאָנטע ווערטער. אפֿשר איז דער אָוונט געווען אין אָנהייב (=תּחילת) נישט געפֿערלעך (ד"ה, פֿיל־ווייניק נישקשהדיק) אָבער שפּעטער געוואָרן שווער צו דערטראָגן. זאָל דער צווייטער צום שמועס רעאַגירן אויפֿן טענהן מיט אַן אייגענער טענה: צו פֿיל טענהן, צו פֿיל נעגאַטיווע ריידן! זאָלן די רייד גיין הין און צוריק, ביז איינער איז מודה, אַז דער צווייטער איז גערעכט.

ניצלעכע ווערטער און פֿראַזעס בײַ טענהערײַ:

אַנטוישט – disappointed
ס'איז מיר געוואָרן פֿינצטער אין די אויגן – I was miserable
איך בין אַזוי אָנגעברוגזט [O'NGEBROYGEST] – I got so angry
איך האָב זיך אַזוי געברוגזט אויף
איך בין געווען אַזוי אין כּעס אויף
עס האָט מיך אַזוי צעבייזערט
אוי!
טאַטע זיסער!

און צו טענהן וועגן טענהערײַ:

הער אויף!
וואָס זשע באַקלאָגט איר זיך אויף ________?
אָבער וואָס איז אײַך געווען יאָ צום האַרצן?
ניט געווען קיין פּאָזיטיווע זײַט?
גאָרנישט קיין גוטס?
גאָטעניו!

קאַפּיטל זעקס

◘ דער סופֿיקס ־יזם

אינטערנאַציאָנאַליזמען האָבן זיך זייערע אייגענע סופֿיקסן. אָט האָבן מיר אין וואָרט אינטערנאַציאָנאַליזם דעם סופֿיקס ־יזם. אָט דער סופֿיקס איז פֿאַראַן אין אַ סך אינטערנאַציאָנאַליזמען.

◆ דער געוויינטלעכער באַטײַט פֿון סופֿיקס ־יזם איז אַ גרופּע אידייען; אַ געוויסע סיסטעם אידייען; אַ שיטה. למשל: ראַדיקאַליזם איז די שיטה פֿון די ראַדיקאַלן, די אָנהענגערס פֿון גרונטיקע איבערבײַטן.

דער איבערבײַט – change
דער אָנהענגער – adherent
גרונטיק – basic, thorough
די שיטה [ShI'TE] – doctrine, school of thought

צום שמועסן 41

פּרווט דערקלערן די ווײַטערדיקע אינטערנאַציאָנאַליזמען. אַרבעט אין צווייען (ד״ה, צוויי מענטשן צוזאַמען) צו שאַפֿן קלאָרע דערקלערונגען.

1. ציוניזם איז די שיטה פֿון די וואָס ווילן (אָדער: גלייבן, אָדער מיינען, אָדער טענהן) אַז ___________.
2. מאָנאָטעיִזם איז דאָס גלייבן אין (אָדער: דאָס גלייבן פֿון די וואָס מיינען אַז) ___________.
3. סאָציאַליזם ___________.
4. ___________ הייסט די שיטה וואָס האַלט אַז אויף דער ייִדישער שפּראַך קען מען בויען אַ ייִדישע נאַציאָנאַלע קולטור. (וואָס ווייסט איר וועגן דער אָ שיטה?)
5. קאַפּיטאַליזם הייסט די סיסטעם פֿון דערווירטשאַפֿט (=עקאָנאָמיע) וואָס איז געבויט אויף ___________.
6. ___________ הייסט די מיינונג וואָס האַלט אַז ייִדן מוזן האָבן אַ טעריטאָריע. (צי ווייסט איר עפּעס וועגן דער געשיכטע פֿון דער שיטה אין צוואַנציקסטן יאָרהונדערט?)

◆ דער סופֿיקס ־יזם קען אויך צוגעבן אַנדערע באַטײַטן: אַ שטריך פֿון אַ כאַראַקטער; אַ באַשעפֿטיקונג; אַן אייגנקייט. למשל:

אידעאַליזם הייסט איבערגעגעבנקייט צו אַן אידעאַל.

די איבערגעגעבנקייט – devotion
די אייגנקייט – quality
די באַשעפֿטיקונג – pursuit, occupation
הייסן – denote
דער שטריך – aspect, feature

געניטונג 26

דערקלערט בכּתבֿ די ווײַטערדיקע. שרײַבט דרײַ־פֿיר זאַצן וועגן יעדעס וואָרט: עגאָיִזם, זשורנאַליזם, פֿאַנאַטיזם, פּאַציפֿיזם.

דער סופֿיקס ־יסט

◆ מיטן סופֿיקס ־יזם איז פֿאַרבונדן דער סופֿיקס ־יסט. ־יסט הייסט: דער אָנהענגער פֿון אַן אידעע, דער אָנטייל־נעמער אין אַ באַוועגונג, דער וואָס האָט אַ געוויסן כאַראַקטער־שטריך.

א. אויף אַזאַ אופֿן באַקומען זיך פּאָרן מיט ־יסט און ־יזם:

1. סאָציאַליזם	סאָציאַליסט
2. ________	אַנאַרכיסט
3. ציוניזם	________
4. ________	טעריטאָריאַליסט
5. נאַציאָנאַליזם	________
6. אידעאַליזם	________
7. ________	אַלטרויִסט
8. רעאַליזם	________
9. ________	זשורנאַליסט
10. פּעסימיזם	________

דער אָנטייל־נעמער – participant
די באַוועגונג – movement

◆ ניט שטענדיק (ד״ה, ניט אַלע מאָל) איז דאָ אַזאַ פּאָרל: ־יזם און ־יסט. דער מענטש וואָס פֿאַנאַטיזם איז אַ שטריך פֿון זײַן כאַראַקטער איז אַ פֿאַנאַטיקער. אָט זײַנען נאָך דרײַ אַזעלכע פּאָרלעך ווערטער וווּ עס איז ניטאָ קיין סעריע ־יזם, ־יסט:

1. אַז מע פֿאַרשטייט גרונטיק אַ מעכאַניזם (דאָס הייסט, נישט נאָר אַז מע פֿאַרשטייט, נאָר אַז מע איז אַן עקספּערט, אַ מומחה) איז מען אַ מעכאַניקער;
2. מע קען זײַן אַ ספּעציאַליסט אין אַ געוויסער ספּעציאַליטעט;
3. אַן אַקטיאָר איז אַן אַרטיסט, אָבער זײַן פּראָפֿעסיע הייסט ניט „אַרטיזם". ער שפּילט טעאַטער. דער וואָס מאָלט בילדער אָדער שפּילט פֿידל איז אויך אַן אַרטיסט.

צום שמועסן 42

כאַפּט אַ שמועס מיט אימעצן וועגן ־יסטן. איר האָט אויבן צען בײַשפּילן, און מסתּמא וועט איר קענען אויסטראַכטן אַנדערע. פֿאַרצייכנט און פֿאַרגלײַכט די מעלות און חסרונות פֿון לכל־הפּחות זעקס ־יסטן: דאָס הייסט, גלייבונגען אָדער כאַראַקטער־שטריכן.

◘ ווײַטער וועגן אינטערנאַציאָנאַליזמען: די סופֿיקסן ־ע און ־יע

◆ ־ע און ־יע זײַנען כאַראַקטעריסטישע ענדונגען פֿון אינטערנאַציאָנאַליזמען.

געניטונג 26

שטעלט דאָ צו דאָס ייִדישע וואָרט. (נאָר אין איין פֿאַל אונטן וועט איר דאַרפֿן צוגעבן יע און ניט ע.)

sum ____	opera ____	mode ____	poetess – פּאָעטעסע*
mask ____	algebra ____	blockade ____	electricity – עלעקטריע
palm – פּאַלמע	propaganda ____	race – ראַסע	hysteria ____
bomb – באָמבע	formula ____	brigade ____	hypothesis – היפּאָטעזע
group ____	dilemma ____	catastrophe ____	premium – פּרעמיע

*(אין דער הײַנטצײַטיקער שפּראַך וואָלט עס אפֿשר געווען אָנגעלייגטער צו רופֿן אַ פֿרוי וואָס שרײַבט פּאָעזיע אַ פּאָעט אָדער אַ דיכטער און נישט – ווי אַ מאָל – אַ דיכטערין.)

וואָסערע אויספֿירן קען מען דאָ מאַכן וועגן דער מיטשטימונג צווישן די ענדונגען אין די ענגלישע און די ייִדישע ווערטער?

conclusion – דער אויספֿיר
desirable – אָנגעלייגט
modern , current – הײַנטצײַטיק
agreement – די מיטשטימונג

◘ דער ענגלישער סופֿיקס ‎-y

◆ איר וועט געוויינטלעך ניט האָבן קיין טעות, אויב איר וועט אַנשטאָט (=אויפֿן אָרט פֿון) דער ענדונג y שטעלן ־יע. נאָך איין זאַך: אַנשטאָט דעם אות c דאַרף מען האָבן אַ ק, אויב ווײַטער קומט a, o, u, אָבער אַ צ, אויב נאָך c קומט e אָדער i.

געניטונג 27

גיט די ייִדישע פֿאָרמען פֿאַר אָט די ווײַטערדיקע אינטערנאַציאָנאַליזמען.

astronomy – אַסטראָנאָמיע	economy ____
company ____	energy ____
colony ____	irony – איראָניע
ceremony – צערעמאָניע	elegy ____
conservatory ____	anatomy ____
geometry ____	analogy ____
anomaly ____	artillery ____
category ____	tragedy ____

געדענקט אַז ־יע רעדט מען אַרויס ווי איין קלאַנג, און אַז אויף ייִדיש קומט געוויינטלעך דער טראָפּ (דער אַקצענט) אויפֿן פֿאַרלעצטן טראַף.

syllable – דער טראַף, זילב
penultimate – פֿאַרלעצט

◘ דער ענגלישער סופֿיקס -tion

◆ אַן אינטערנאַציאָנאַליזם וואָס ענדיקט זיך אויף ענגליש מיט -tion ענדיקט זיך אויף ייִדיש – ־ציע.

גענטונג 28

בכן איז זייער גרינג אין אַזאַ פֿאַל צו וויסן דאָס ייִדישע וואָרט!

production – **פּראָדוקציע**	information ______________	collection ______________
abstraction ______________	circulation ______________	expedition ______________
revolution ______________	aviation ______________	colonization ______________
resolution ______________	combination ______________	delegation ______________
evolution ______________	immigration ______________	nation ______________
assimilation ______________	isolation ______________	composition ______________
declaration ______________	emigration ______________	coronation ______________

בכן [BEKhE'YN] – **דערפֿאַר**, therefore

◘ -sion, -y, -th, ph

◆ אַן אינטערנאַציאָנאַליזם וואָס ענדיקט זיך אויף ענגליש מיט -sion ווערט אָדער ־זיע אָדער ־סיע: עס ווענדט זיך אין ווי מע רעדט אַרויס דעם s (ד״ה, צי איז ער ענלעך צו אַן s צי צו אַ z?). אויב איר געדענקט אַז ph איז פֿ, און th איז פּשוט ט, וועט איר געוויינטלעך ניט האָבן קיין טעות בײַ אַזעלכע אותיות!

גענטונג 29

illusion ______________	antipathy ______________	comedy ______________
profession ______________	commission ______________	stenography ______________
theory ______________	democracy – **דעמאָקראַטיע**	agitation ______________
geography ______________	television ______________	nation ______________

◘ ניט אַלע מאָל פֿאַלט צונויף דער באַטײַט פֿון וואָרט אין ענגליש מיטן באַטײַט פֿון וואָרט אין ייִדיש.

זײַט זשע פֿאָרזיכטיק:
ווי אַ באַזונדערש בולטער בײַשפּיל איז פּאַסיק דאָס וואָרט אַגיטאַציע. אין ייִדיש באַטײַט ניט אַגיטאַציע אויפֿרעגונג, טומלעניש, סומאַטאָכע. עס איז ניט בדרך־כּלל נעגאַטיוו. עס הייסט סך־הכּל „דאָס פֿאַרשפּרייטן אַן אידעע".

אויך פּראָדוקציע פֿאַלט ניט צונויף מיטן באַטײַט פֿון ענגלישן וואָרט production. אויף ייִדיש איז דער באַטײַט שמעלער, דאָס ענגלישע וואָרט production קומט אויס איבערצוזעצן ניט בלויז מיטן וואָרט פּראָדוקציע, נאָר אויך פּראָדוקט.

resolution האָט אַ סך אַ ברייטערן באַטײַט ווי דאָס ייִדישע וואָרט רעזאָלוציע, וואָס הייסט נאָר אַ באַשלוס פֿון אַ פֿאַרזאַמלונג – געוויינטלעך שריפֿטלעך פֿאָרמולירט.

און ניט אַלע מאָל איז בכלל פֿאַראַן אַ שותּפֿותדיק וואָרט, ווו מע וואָלט זיך געמעגט ריכטן אויף דעם. למשל פֿאַרן ענגלישן וואָרט competition האָבן מיר קאָנקורענץ און פֿאַר competitor – קאָנקורענט, און פֿאַר to compete – קאָנקורירן. דאָס ייִדישע וואָרט פֿאַר competition (as in sports event), דרך־אַגבֿ, איז פֿאַרמעסט.

particularly – באַזונדערש
in general – [BEDE'REKh-KLAL] בדרך־כּלל
vivid – [BO'YLET] בולט
example – דער בײַשפּיל
by the way – [DEREKhA'GEV] דרך־אַגבֿ
make a mistake – האָבן אַ טעות
be very careful – זײַט זשע פֿאָרזיכטיק
uproar, hubbub – סומאַטאָכע
all in all – [SAKhA'KL] סך־הכּל
appropriate – פּאַסיק
gathering – די פֿאַרזאַמלונג
to coincide – צונויפֿפֿאַלן
to expect – ריכטן זיך

צום שמועסן 43

קלײַבט אויס פֿון די דוגמאָות אײַערע אײגענע פֿראַגעס און ענטפֿערס כּדי אָנצוהייבן אַ שמועס וועגן קאָנקורירן. נאָך דעם ציט דעם שמועס ווײַטער. בײַ אַלע ענטפֿערס זאָל דער צוהערער איבערחזרן ווענדונגען וואָס זײַנען חידושיק און בעטן דערקלערונגען, פּרטים, סיבות:

„גיב מיר צו פֿאַרשטיין. פֿאַר וואָס...?"

פֿראַגעס ווי: { ווי פֿילסטו זיך וועגן קאָנקורירן?
צי האָסטו ליב צו קאָנקורירן?
ווי געפֿעלט דיר אַ פֿאַרמעסט?

ענטפֿערס:

קאָנקורירן {
געפֿעלט מיר זייער
איז מיר אַ מחיה [MEKhA'YE] } (a pleasure)
איז אַ פֿאַרגעניגן!
איז פֿאַר מיר אַ טערקישער גן־עדן [GANE'YDN] (a Turkish paradise)
אַרט מיך נישט (doesn't bother me)
צערודערט מיך (זייער) (upsets me a lot)

פֿראַגע: און ווי פֿילסטו זיך אַז דו שטעלסט זיך אַנטקעגן אַ קאָנקורענט?

ענטפֿערס:

איך פֿיל זיך {
געקאָוועט אויף אַלע פֿיר (like a horse with four good shoes)
אויפֿגעהײַטערט (exhilarated)
טרוקן ווי אַ פֿאַדעשווע (sole)
אַ קאַפּעטשקע נערוועז (nervous)

אָדער:

עס גייט מיר נישט אין לעבן (it doesn't bother me)
עס גייט מיר אַ סקרוך איבערן לײַב (it makes me shudder)

אַז מע רעדט וועגן פֿאַרמעסטן זיך, קען מען רעדן וועגן דעם אָנהייב, מיטן און סוף פֿון דער איבערלעבונג. מע קען אויך רעדן וועגן דעם טאָג פֿאַרן פֿאַרמעסט. און מען דאַרף נישט נאָר רעדן וועגן ספּאָרט. אפֿשר האָט איר איבערגעלעבט דאָס פֿאַרמעסטן זיך אין קלאַסצימער, צי אין ביוראָ, צי בײַם רעדן מיט געוויסע מענטשן.

איבערלעבן – to experience
די איבערלעבונג – experience
דער/דאָס ביוראָ – office
ווײַטער ציִען – to extend, to draw out
חידושדיק – surprising
די סיבה [SI'BE] – reason
דער פֿאַרמעסט – contest
פֿאַרמעסטן זיך = קאָנקורירן

◘ נעמען פֿון פֿעלקער און שפּראַכן

◆ נעמען פֿון שפּראַכן ענדיקן זיך אויף ־יש. געוויינטלעך קומט צו דער סופֿיקס ־יש צום נאָמען וואָס באַצייכנט צוגעהעריקייט צו אַ פֿאָלק:

ייִד – ייִדיש; רוס – רוסיש; טערק – טערקיש

אויב אָבער אַזאַ נאָמען ענדיקט זיך אויף ־ער אָדער ־יער, קומט דער סופֿיקס ־יש אויפֿן אָרט פֿון ־ער אָדער ־יער:

איטאַליענער – איטאַליעניש; שפּאַניער – שפּאַניש; האָלענדער – האָלענדיש

צום שמועסן 44

פֿירט אַ שמועס מיט אימעצן אין קלאַס וועגן כּלערליי געגנטן און נאַציאָנאַליטעטן אין אײַער שטאָט. וועלכע פֿעלקער וווינען אין וואָסערע געגנטן און וועלכע לשונות רעדן זיי? וואָס רעדן זיי אין דער היים, צווישן חבֿרים, בײַ עלטערע לײַט, אין קראָם, אין שול, בײַ דער אַרבעט? רעדט וועגן דעם געגנט אין וועלכן איר וווינט, און אויך וועגן דעם אין וועלכן איר אַרבעט. צייכנט אָן אַ מאַפּע, אַ פּלאַן פֿון שטאָט, כּדי צו באַווײַזן די פֿאַרשיידענע געגנטן. אַרבעט בשותּפֿות מיטן מיטשמועסער כּדי צו שאַפֿן אַ פּרטימדיק בילד.

to draft, to draw – **אָנצייכענען**
to denote – **באַצייכענען**
neighborhood – **דער/די געגנט**
all kinds of; various – **כּלערליי**
לײַט – מענטשן
detailed – **פּרטימדיק**
various – **פֿאַרשיידן**
to conduct :**פֿירן – דאָ**
state of belonging – **די צוגעהעריקייט**

◘ די ווערבן מיטן סופֿיקס ־ירן און די טוערס מיטן סופֿיקס ־(אַ)טאָר

מערקט די ווערבן: מאַרשירן, קאָלאָניזירן, עקספּעדירן, עקספּלואַטירן. אָרגאַניזירן.

◆ לענגערע ווערבן אויף ־ירן האָבן (געוויינטלעך) ניט דעם פּרעפֿיקס גע־ אין פּאַרטיציפּ:

מען האָט עקספּעדירט און קאָלאָניזירט פֿון צפֿון ביז דרום און פֿון מזרח ביז מערבֿ.

◆ דער סופֿיקס ־טאָר/־(אַ)טאָר קומט אָפּט פֿאָר אין אינטערנאַציאָנאַליזמען און באַצייכנט דעם טוער. דער באַטײַט פֿון סופֿיקס איז ענלעך צום סופֿיקס ־ער.

1. דער וואָס אָרגאַניזירט איז אַן אָרגאַניזאַטאָר.
2. דער וואָס אינפֿאָרמירט איז אַן ______.
3. דער וואָס קאָלאָניזירט איז אַ ______.
4. דער וואָס אַגיטירט איז אַן ______.
5. דער וואָס קאָלעקטירט איז אַ קאָלעקטאָר.
6. דער וואָס אינספּעקטירט איז אַן ______.
7. דער וואָס קאָמענטירט איז אַ ______.

געניטונג 30

גיט צו וואָס דאָ פֿעלט:

	1. אַגיטאַציע	אַגיטירן	אַגיטאַטאָר
	2. אַסימילאַציע	______	______
	3. ______	______	אָרגאַניזאַטאָר
	4. ______	______	קאָלאָניזאַטאָר
	5. ______	______	קאָלעקטאָר
	6. אינספּיראַציע	______	______
	7. ______	קאָנספּירירן	______
אָבער:	8. פּראָדוקציע	פּראָדוצירן	פּראָדוצירער
און:	9. קאָנקורענץ	קאָנקורירן	קאָנקורענט

און ווי וואָלט איר געפֿורעמט די פּאַרטיציפּן פֿון די ווערבן אין דער צווייטער ריי?

◘ נעמען פֿון לענדער

◆ דער גאָר גרעסטער טייל נעמען פֿון קאָנטינענטן און לענדער זײַנען אינטערנאַציאָנאַליזמען. זיי ענדיקן זיך:

א. אויף ־יע

אַזיע, אויסטראַליע
איטאַליע, שפּאַניע, גאַליציע, רומעניע, בולגאַריע, בעלגיע, אַלבאַניע, אַראַביע, אינדיע, קאָלאָמביע

ב. אויף ־ע

אייראָפּע, אַפֿריקע, אַמעריקע
ליטע, כינע, אַרגענטינע, גוויאַנע, ווענעזועלע, מעקסיקע, קאַנאַדע.

◆ אַ ריי נעמען פֿון לענדער זײַנען צונויפֿהעפֿטן וואָס באַשטייען פֿון צוויי טיילן: דעם נאָמען פֿון פֿאָלק (אָדער דעם שורש פֿונעם נאָמען) און דעם וואָרט לאַנד:

דײַטשלאַנד, רוסלאַנד, ענגלאַנד, האָלאַנד, פֿינלאַנד, לעטלאַנד, עסטלאַנד, אירלאַנד, גריכנלאַנד, נײַ־זעלאַנד.

באַשטיין פֿון	to consist of
דער שורש [ShO'YRESh]	root
דער צונויפֿהעפֿט	compound

◆ אַ ריי נעמען פֿון לענדער ענדיקן זיך אויפֿן טראַפֿיקן ־ן:

פּוילן, אונגערן, שוועדן, פּרײַסן, בײַערן, עגיפּטן (מצרים)

◆ אַחוץ די אויבן דערמאָנטע זײַנען אויך דאָ די ווײַטערדיקע:

פֿאַראייניקטע שטאַטן, ראַטן־פֿאַרבאַנד; פֿראַנקרײַך און עסטרײַך; טערקײַ, שווייץ, פּאָרטוגאַל, יאַפּאַן; אַלזשיר, טוניס, בראַזיל, טשילע, פּערו, אורוגווײַ, פּאַראַגווײַ, ארץ־ישׂראל.

צום שמועסן 45

טוט אַ קוק אויף אַ מאַפּע פֿון דער וועלט.

1. קלײַבט אויס איין לאַנד. וועלכע שטעט, בערג און טײַכן געפֿינען זיך אין צפֿון פֿון דעם לאַנד? וועלכע שטעט (אַאַז״וו) געפֿינען זיך אין דרום, אין מיזרח און אין מערבֿ פֿונעם לאַנד? קוקט זיך צו ווײַטער צו דער מאַפּע. באַשרײַבט דאָס פֿליסן פֿון אַ טײַך – דורך וועלכע שטעט און לענדער פֿליסט ער? אין וועלכן ים גיסט ער זיך אַרײַן? פֿרעגט און ענטפֿערט וועגן כלערליי אייגנקייטן פֿונעם לאַנדשאַפֿט, וועגן וועלדער, מדבריות, ימים, אינדזלען, און קאָנטינענטן.

2. פּלאַנירט אויס אַ נסיעה מיט אימעצן אין קלאַס. איר וועט פֿאָרן מיט אַן אויטאָ איבער אַ גאַנצן קאָנטינענט. וואָס וועט זײַן די רוטע אײַערע? אין וועלכע שטעט וועט איר זיך אָפּשטעלן? דורך וועלכע שטעט וועט איר בלויז אַדורכפֿאָרן? ווי לאַנג וועט די נסיעה געדויערן? באַשרײַבט אײַער פּלאַן צו אַ דריטן, און פֿרעגט בײַ אַנדערע וועגן זייערע פּלענער.

די אייגנקייט – דאָ:	feature
אַרײַנגיסן זיך	to flow into
דער/די לאַנדשאַפֿט	landscape
מדבריות [MIDBO'RYES] (די/דער מידבר [MI'DBER])	deserts
די נסיעה – די רײַזע,	the journey

3. צי זײַט איר אַ מאָל געווען אַ נע־ונדניק, אַ וואַנדערער? באַשרײַבט דאָס וואַלגערן זיך. צי זײַט איר געגאַנגען צו פֿוס, צי געפֿאָרן מיט אַ באַן אָדער אַ שיף? ווו זײַט איר געווען, ווי לאַנג געבליבן, וועלכע שפּראַכן גערעדט, וואָסערע אינטערעסאַנטע טיפּן געטראָפֿן? פֿאַר וואָס זאָגט מען: אומעטום איז גוט אָבער אין דער היים איז בעסער? וואָס מיינט איר וועגן דעם?

4. פּרוּווט אויס אײַער זכרון. נאָכן צוהערן זיך צו דער באַשרײַבונג פֿון אימעצנס וואַנדערוועג, פּרוּווט פֿאַרשרײַבן אַלע פּרטים וועגן דער נסיעה – ווי לאַנג מען איז געבליבן, ווו און וואָס איז געווען דער סדר פֿון רײַזעפּלאַן: ווו איז ער/זי געווען צו ערשט, ווו נאָך דעם, און פֿון דאָרטן – וווהין געפֿאָרן? נאָכן שרײַבן, קאָנטראָלירט מיטן נע־ונדניק צו זען וויפֿל פּרטים איר האָט געקענט דערמאָנען.

אאַז״וו – **און אַזוי ווײַטער**, etc.
וואַלגערן זיך – **וואַנדערן**, to wander
דער נע־ונדניק – **דער וואַנדערער**
נע־ונד [NA'VENAD] **זײַן** – **זיך וואַלגערן, אָבער מיטן זין פֿון אַפּריכטן גלות, פֿון וואַלגערן אין דער פֿרעמד**

5. אָט האָט איר אונטן אַ מאַפּע פֿון אייראָפּע אינעם 16טן יאָרהונדערט. ביז אַ געוויסער מאָס איז די מאַפּע גאָר ענלעך צו דער הײַנטצײַטיקער מאַפּע. אָבער עס זײַנען דאָ אויך תּוכיקע אונטערשיידן. רעדט זיך אַדורך מיט אַ צווייטן. זאָל איינער טענהן אַז די מאַפּע איז אין תּוך הײַנט אַ פֿאַרענדערטע, בעת דער צווייטער זאָל האַלטן אַז זי (די מאַפּע) איז בעצם אַזוי ווי זי איז אַלע מאָל געווען.

ביז אַ געוויסער מאָס – to a certain extent
בעצם [BEE'TsEM] – essentially
טענהן – **דאָ: האַלטן**, to maintain
פֿאַרענדערט – changed

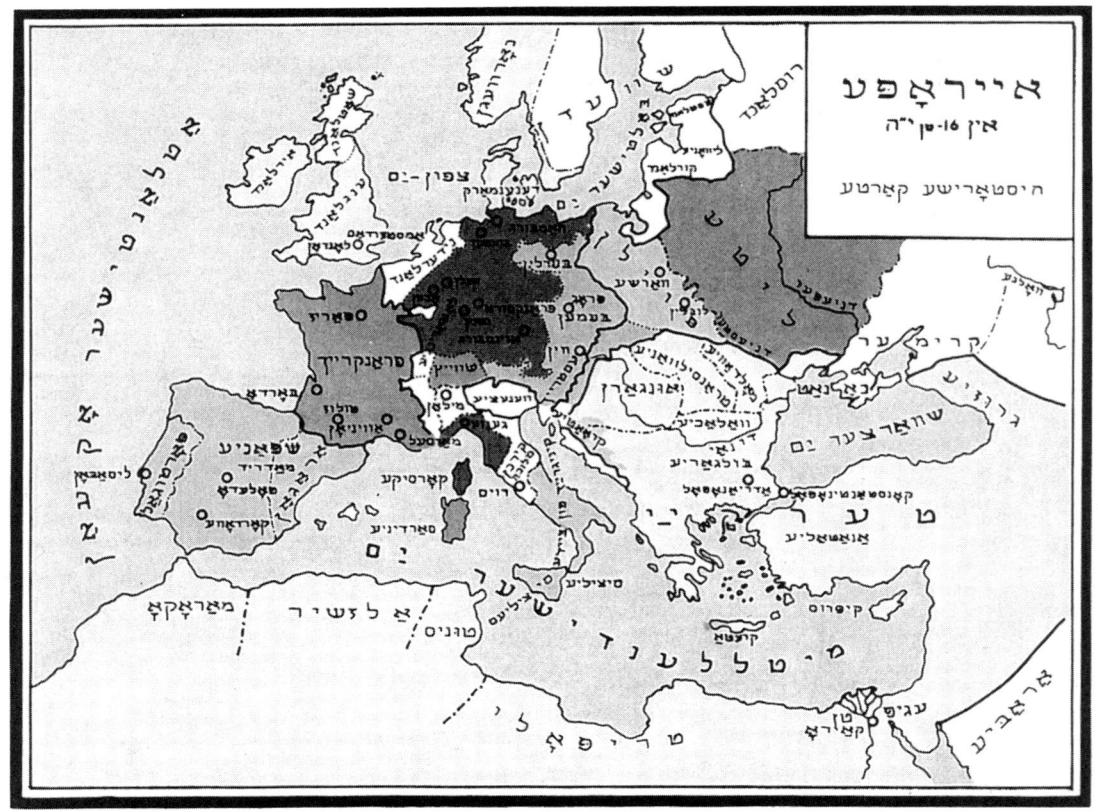

אַן אינטערוויו

זאָל איין תּלמיד זיך פֿאָרשטעלן ווי אַן עקספּערט, אַ בקי, לגבי אַ געוויסן לאַנד. דערנאָך זאָלן אַלע אַנדערע תּלמידים פֿרעגן פֿראַגעס בײַם ערשטן וועגן לאַנד. זאָלן די פֿראַגעס און ענטפֿערס זײַן קורצע און גיכע – דער גאַנצער אינטערוויו דאַרף נישט געדויערן מער ווי צען־פֿופֿצן מינוט. נאָך דעם זאָל זײַן די רייי פֿון אַ צווייטן תּלמיד. בײַ יעדן אינטערוויו דאַרף יעדער תּלמיד אין קלאַס פֿרעגן כאָטש איין פֿראַגע.

פֿראַגעס (איר קענט לײַכט אויסטראַכטן אייגענע): וועלכע שפּראַכן רעדט מען דאָרטן? וואָס פֿאַר אַ רעגירונג איז דאָרטן פֿאַראַן? צי איז אַ מאָל געווען דאָרטן אַ בירגערקריג? אַ רעוואָלוציע? צי איז דאָס לאַנד אַ מאָל געווען אַ קאָלאָניע? וואָס פּראָדוצירט מען דאָרטן? צי עמיגרירט מען פֿון דאָרטן? צי אימיגרירט מען אין לאַנד אַרײַן? פֿון וואַנען? וואָס זײַנען די געזעלשאַפֿטלעכע פּראָבלעמען דאָרטן? וואָס ווייסט איר וועגן דער געאָגראַפֿיע פֿון לאַנד? צי זײַנען דאָ עקאָלאָגישע פּראָבלעמען? צי איז דאָ אַ קאָנקורענץ צווישן פּאָליטישע איבערצײַגונגען אין לאַנד? וואָס ווייסט איר וועגן פֿירער פֿון לאַנד (אַן אידעאַליסט, אַ פֿאַנאַטיקער, אַ דעמאָקראַט, אַן עגאָאיסט, אַ רעאַליסט)? צי זײַנען רעליגיעס און עטנישע גרופּעס אין לאַנד אַסימילירט צי באַזונדער? אַז מע רעדט וועגן לאַנד אויף דער טעלעוויזיע צי אין די זשורנאַלן, וועגן וועלכע „איזמען" (סאָציאַליזם, פֿונדאַמענטאַליזם, קאָמוניזם, נאַציאָנאַליזם) רעדט מען?

איבערצײַגונגען (די איבערצײַגונג) – convictions
דער/די בירגערקריג – civil war
געזעלשאַפֿטלעך – social
כאָטש – at least
פֿאָרשטעלן זיך – to introduce or present oneself

זאָלן די רייד גיין גאָר גיך – ענטפֿערס דאַרפֿן נישט זײַן לאַנג אָדער צו טיף. אַ פּאַסיקער ענטפֿער קען אויך זײַן:

איך ווייס	לחלוטין כמעט ווי סך־הכל	גאָרנישט וועגן	פּאָליטישע ענינים אין ... דער געאָגראַפֿיע פֿון ... . אימיגראַציע קיין ...

אָדער:

וועגן דעם קען איך אײַך קיין סך ניט זאָגן.

זאָלן די אינטערוויוירערס נישט פֿרעגן די זעלבע פֿראַגעס בײַ יעדן אינטערוויו.

כמעט ווי גאָרנישט – almost nothing, as good as nothing
לחלוטין גאָרנישט – absolutely nothing
סך־הכל גאָרנישט – all in all nothing, all told nothing

צום שמועסן 46

אינעם אָנהייב פֿון די דרײַסיקער יאָרן האָט דער היסטאָריקער שמעון דובנאָוו אַרויסגעגעבן אַ קליין ביכל וועגן דער ייִדישער געשיכטע, אויף ייִדיש, „פֿאַר שול און היים.‟ דובנאָוו האָט צעטיילט די ייִדישע געשיכטע אויף צוויי גרויסע תּקופֿות:

„1. די מיזרח־תּקופֿה, ווען דאָס פֿאָלק האָט געלעבט אין אַזיע און אַפֿריקע אַרום מיטלענדישן ים, אין זײַן אייגן לאַנד פּאַלעסטינע אָדער ארץ־ישׂראל און אין די אַרומיקע לענדער, אין מצרים און בבֿל. דאָס האָט געדויערט מער ווי צוויי טויזנט יאָר, ביז עס זײַנען חרובֿ געוואָרן די גרעסטע קולטור־צענטערן אין פּאַלעסטינע און בבֿל.

„2. די מערבֿ־תּקופֿה, זינט די מערהייט פֿון פֿאָלק איז אַריבער אין די אייראָפּעיִשע לענדער און [דאָרטן] האָבן אויפֿגעבליט ייִדישע קולטור־צענטערן, צו וועלכע עס איז אין דער לעצטער צײַט צוגעקומען דער גרויסער ייִדישער ישובֿ אין אַמעריקע. [די מערבֿ־תּקופֿה] דויערט שוין טויזנט יאָר ביז הײַנטיקן טאָג.‟

בײַם סוף פֿון דער געשיכטע „פֿאַר שול און היים‟ שרײַבט דובנאָוו:

„צום אָנהייב פֿון נײַנצעטן יאָרהונדערט זײַנען אויף דער גאַנצער וועלט געווען ניט מער ווי דרײַ מיליאָן ייִדן; איצט, מיט הונדערט יאָר שפּעטער, זײַנען דאָ ייִדן אויף דער וועלט איבער פֿופֿצן מיליאָן. דאָס פֿאָלק וואַקסט און דעם ווּקס וועט קיינער ניט אָפּשטעלן. דאָס האָט באַוויזן די גאַנצע פֿיר־טויזנט־יאָריקע ייִדישע געשיכטע.

די ייִדישע געשיכטע גייט ווײַטער.‟

די ווײַטערדיקע כראָנאָלאָגיע איז געווען אַ טייל פֿון דובנאָווס ביכל. שמועסט אין גרופּעס פֿון דרײַ אָדער פֿיר תּלמידים וועגן דער מאַפּע פֿון ייִדישע וואַנדערונגען אויף זײַט 88 און דערקלערט דאָס וואַנדערן פֿון פֿאָלק אין געוויסע יאָרן און פּעריאָדן אין ליכט פֿון די דאַטעס און געשעענישן וועלכע דובנאָוו גיט אָן. אין אָנהייב פֿון שמועס וועלן פּשוטע פֿראַגעס העלפֿן:

1. פֿאַר וואָס האָבן ייִדן געמוזט איבערוואַנדערן צו מיזרח צו אינעם 15טן און אינעם 16טן יאָרהונדערט?
2. אין וועלכע יאָרהונדערטער האָבן ייִדן זיך איבערבאַזעצט אין דײַטשלאַנד און פֿראַנקרײַך און פֿון וואַנען?
3. פֿאַר וואָס האָבן ייִדן געוואַנדערט אויף/קיין מערבֿ און צפֿון צווישן 4טן יאָרהונדערט פּק״ר און 3טן י״ה נק״ר?
4. באַשרײַבט די וואַנדערונגען פֿון ייִדן אין יאָרן פֿון אויפֿקום פֿון ייִדישע יישובֿים אין דרום־ און מערבֿ־אייראָפּע.

אָבער איר קענט אויך כאַפּן אַ ברייטערן שמועס.

1. באַשרײַבט אַ תּקופֿה פֿון צוויי אָדער דרײַ יאָרהונדערטער אין דער ייִדישער געשיכטע אויפֿן סמך פֿון דער מאַפּע און דער כראָנאָלאָגיע. פֿאַרגעסט ניט אַז מע האָט ניט נאָר געוואַנדערט. איר וועט געפֿינען אין דער כראָנאָלאָגיע פּרטים, דאַטעס און געשעענישן וואָס שפּיגלען אָפּ ווי ייִדן האָבן געלעבט און וואָס דאָס פֿאָלק האָט אויפֿגעטאָן אין יעדן ישובֿ און לאַנד – איידער מע האָט געמוזט „נעמען די פֿיס אויף די פּלייצעס.‟ פֿונדעסטוועגן וועלן אַזעלכע ווערטער ווי פֿאַרטרײַבן, גזירה, רדיפֿה, און גירוש אײַך ליידער אָפֿט מאָל זײַן ניצלעך.

2. פֿאַרגלײַכט די צוויי גרויסע תּקופֿות וועלכע דובנאָוו ווײַזט אָן בנוגע די וואַנדערונגען פֿון ייִדישן פֿאָלק. מע קען רעדן וועגן די ריכטונגען פֿון די וואַנדערוועגן, וועגן אויפֿבלי און ווּקס פֿון צענטערן און יישובֿים, און אויך וועגן דעם פֿאַרקלענערן פֿון יישובֿים און צענטערן. מע קען אויך רעדן וועגן לשונות, רעליגיעזע און סאָציאַלע באַוועגונגען און ריכטונגען, און וועגן שינוים אין באַציִונגען צווישן ייִדן און אַנדערע פֿעלקער.

אויף מיזרח – eastward
אויפֿבליִען – to blossom, to prosper
אויפֿטאָן – to accomplish
דער אויפֿקום – rise
איבערבאַזעצן (זיך) – to resettle (oneself)
איבערוואַנדערן – to migrate
אָנגעבן – דאָ: to provide
דער אָנהייב – beginning
אָנווײַזן – to point out
אָפּשטעלן (זיך) – to stop (oneself)
אַרויסציִען זיך (פֿון) – to move out (of)
בבֿל [BO'VL] – Babylonia
בנוגע [BENEGE'YE] – concerning, with reference to
די גזירה [GZE'YRE] – [evil] edict
דער גירוש [GE'YRESh; GERU'ShIM] – expulsion
דאָס געשעעניש – event
דרײַסיקער יאָרן – the thirties
דער וווּקס – growth
די וואַנדערונג – migration
חרובֿ ווערן [KhO'REV] – to be destroyed
חרובֿ מאַכן – to destroy
י״ה (=יאָרהונדערט) – century
דער ישובֿ [YI'ShEV; YIShU'VIM] – settlement, colony
ליכט: אין ליכט פֿון – in the light of
דער מיטלענדישער ים – Mediterranean Sea
מעבֿר־לים [ME'YVER-LEYA'M] – overseas
מצרים [MITsRA'YIM] – Egypt
נעמען די פֿיס אויף די פּלייצעס – to move on, to set out (humorous)
נק״ר (=נאָך דער קריסטלעכער רעכענונג) – A.D.
דער סמך [SMAKh]: אויפֿן סמך פֿון – on the basis of
פֿאַרטרײַבן – to drive off/out
פֿונדעסטוועגן – nevertheless
פּק״ר – פֿאַר דער קריסטלעכער רעכענונג, B.C.
צו מיזרח צו – eastward
צום מיזרח – to the east
צוקומען – דאָ: to be added
צעטיילן – to divide
די רדיפֿה [REDI'FE] – persecution
די תּקופֿה [TKU'FE] – period [of time]

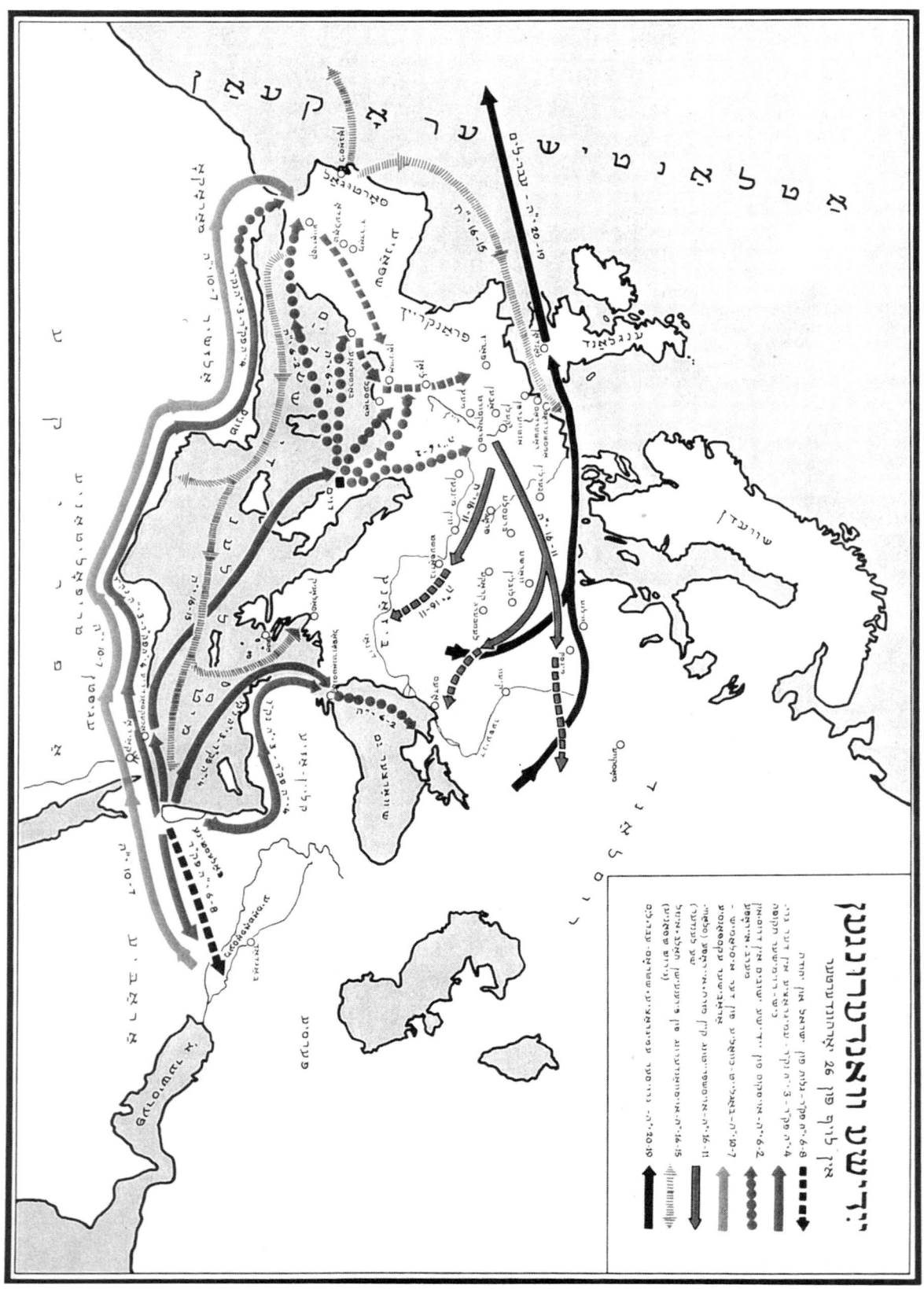

יידישע וואנדערונגען
אין לויף פון 26 יאָרהונדערטער
6-8 י"ה פק"ר - גלות פון ישראל און יהודה
4 י"ה פק"ר - 3 י"ה נק"ר - עמיגראַציע אין דער גריכיש-רוימישער תקופה
6-2 י"ה - אויסקום פון יידישע ישובים אין דרום און מערב-אייראָפּע
7-10 י"ה - באַגלייט-כוואַליע פון דער איסלאַמיש-אַראַבישער עקספּאַנסיע
11-16 י"ה - אויסשפּרייטונג קיין מזרח-אייראָפּע (סלאַווישע לענדער)
15-16 י"ה - אויסוואַנדערונג פון פּירענעישן האַלב-אינזל (גירוש שפּאַניע)
19-20 י"ה - גרויסער עמיגראַציע-שטראָם - עבר-לים
אַטלאַנטישער אָקעאַן
שוועדן
ענגלאַנד
פראַנקרייך
שפּאַניע
ביזאַנץ
שוואַרצער ים
קליין-אַזיע
פּערסיע
אַראַביע
אַפריקע
רוסלאַנד

כראָנאָלאָגיע

I. פֿאַר דער קריסטלעכער צײַט־רעכענונג

יאָר:	
1700-2000	די צײַט פֿון די אָבֿות אַבֿרהם, יצחק און יעקבֿ (בבֿל־כּנען).
1300-1700	די בני־ישׂראל אין מצרים.
1200-1300	משה־רבנו און יציאת־מצרים.
1030-1200	ייִדן באַזעצן זיך אין כּנען. די שופֿטים־צײַט.
1030	שאול־המלך.
1010	דוד־המלך.
970	שלמה־המלך
930	די צעשפּאַלטונג פֿון דער ייִדישער מלוכה.
720-930	מלכות־ישׂראל:
870	די גרינדונג פֿון דער הויפּטשטאָט שומרון; אַחאָבֿ און אליהו־הנבֿיא.
720	גלות־אַשור.
586-930	מלכות־יהודה:
700	חיזקיהו און סנחריב; ישעיה־הנבֿיא.
620	יאָשיהו און זײַן רעפֿאָרם.
597	בבֿלס הערשאַפֿט; ירמיהו־הנבֿיא.
586	דער ערשטער חורבן פֿון ירושלים.
536-586	גלות־בבֿל
332-536	פּערסישע הערשאַפֿט:
516	זרובבֿל און דער אויפֿבוי פֿון בית־המקדש.
443-458	עזרא און נחמיה.
140-332	גריכישע הערשאַפֿט:
332	אַלכּסנדר מוקדון אין ירושלים.
320	יהודה אונטער די פּטאָלעמייער.
198	יהודה אונטער די סעלעווקידן.
167	דער אויפֿשטאַנד פֿון די חשמונאָים.
140	די באַפֿרײַונג פֿון פֿרעמדער הערשאַפֿט.
37-140	די חשמונאָים און די צײַט פֿון הורדוס:
140	דער נשׂיא שמעון חשמונאַי.
135	דער נשׂיא יוחנן הורקנוס; צדוקים און פּרושים.
103	דער מלך אַלכּסנדר ינאי.
67	דער ברודערקריג הורקנוס־אַריסטאָבול.
63	פּאָמפּיי און די רוימער אין ירושלים.
62	הורקנוס און אַנטיפּאַטער.
37	קיניג הורדוס דער גרויסער.

90

1100-1000 גרשום מאור הגולה און רש״י (דײַטשלאַנד, פֿראַנקרײַך)

1096 דער ערשטער קרייצצוג; חורבן פֿון ייִדישע קהילות אין דײַטשלאַנד.

1099 קרייצפֿאָרער אײַנגענומען ירושלים און פֿאַרטריבן די ייִדן.

1113 אַ פּאָגראָם אויף ייִדן אין קיִעוו (רוסלאַנד).

1140 יהודה הלוים נסיעה קיין ארץ־ישׂראל און זײַן טויט.

1147 צווייטער קרייצצוג (פֿראַנקרײַך, דײַטשלאַנד).

1148 די פּאָגראָמען פֿון מוסולמענישע אַלמאָהאַדן אין שפּאַניע.

1198-1182 צײַטווײַליקער גירוש פֿון פֿראַנקרײַך (פֿיליפּ־אַווגוסט).

1189 דריטער קרייצצוג (ענגלאַנד).

1204 געשטאָרבן דער רמב״ם.

1215 פּויפּס אינאָצענץ III און דאָס געזעץ וועגן ייִדישע קליידער.

1242 פֿאַרברענט דעם תּלמוד אין פּאַריז.

1247 פּויפּס אינאָצענץ IV קעגן עלילת־דם.

1263 דער דיספּוט אין באַרסעלאָנע; דער רמב״ן.

1264 דער סטאַטוט פֿאַר ייִדן פֿון פֿירשט באָלעסלאַוו (פּוילן).

1290 דער גירוש פֿון ענגלאַנד.

1314-1306 צײַטווײַליקער גירוש פֿון פֿראַנקרײַך.

1320 די פּאַסטעכער־גזירה אין פֿראַנקרײַך און אַ נײַער גירוש.

1338-1330 „יודענשלעגער״ אין דײַטשלאַנד.

1348 דער „שוואַרצער טויט״ אין דײַטשלאַנד און אַנדערע לענדער.

1370-1333 קיניג קאַזימיר דער גרויסער און ייִדישע עמיגראַציע קיין פּוילן.

1388 גרויספֿירשט וויטאָלד אין ליטע און זײַנע פּריווילעגיִעס פֿאַר ייִדן.

1391 די „סעוויליער שחיטה״ און שמד־פּאָגראָמען אין שפּאַניע.

1394 דער לעצטער גירוש פֿון פֿראַנקרײַך.

1414-1413 דער לאַנגער דיספּוט פֿון טאָרטאָזע (שפּאַניע).

1421 דער גירוש פֿון ווין.

1453 די טערקישע הערשאַפֿט אין קאָנסטאַנטינאָפּאָל און דער אָנהייב פֿון אַ גרויסער ייִדישער עמיגראַציע קיין טערקײַ.

1481 די נײַע שפּאַנישע אינקוויזיציע קעגן מאַראַנען.

1492 אַרויסגעטריבן אַלע ייִדן פֿון שפּאַניע.

1495 צײַטווײַליקער גירוש פֿון ליטע (ביז 1503).

1498 אַרויסגעטריבן אַלע ייִדן פֿון פּאָרטוגאַל.

1550-1507 דער אויפֿבלי פֿון ייִדישן צענטער אין פּוילן.

1516 אײַנגעפֿירט אַ געטאָ אין ווענעציע.

1532-1524 די משיחישע אַגיטאַציע פֿון ראובֿני און מולכו (איטאַליע).

1550 די קאָלאָניע פֿון פּאָרטוגעזישע מאַראַנען (נײַקריסטן) אין דרום־פֿראַנקרײַך.

1570-1530 דער נײַער ייִשובֿ אין ארץ־ישׂראל; יוסף קאַראָ און אַר״י אין צפֿת.

1917	די צווייטע רוסישע רעוואָלוציע און די עמאַנציפּאַציע פֿון ייִדן; די אָקטאָבער־רעוואָלוציע פֿון די באָלשעוויקעס.
1917	די באַלפֿור־דעקלאַראַציע וועגן שאַפֿן אַ „נאַציאָנאַלע היים“ פֿאַר ייִדן אין פּאַלעסטינע.
1921-1918	בירגערקריג און מאַסן־פּאָגראָמען אין אוקראַינע.
1919	דער שלום־קאָנגרעס אין פּאַריז (ווערסאַלער טראַקטאַט); אָנערקענט די רעכט פֿון נאַציאָנאַלע מינדערהייטן.
1922	דער ענגלישער מאַנדאַט אויף פּאַלעסטינע און די פֿאַרשטאַרקונג פֿון דער ציוניסטישער באַוועגונג; דער וווּקס פֿון ייִשובֿ.
1929	די אַראַבישער פּאָגראָמען אין פּאַלעסטינע.
1936	די פֿאַרשטאַרקונג פֿון אַנטיסעמיטיזם אין דײַטשלאַנד (נאַציאָנאַל־סאָציאַליסטן).

אָנערקענען – to recognize
אָפּשאַפֿן – to abolish
די גלײַך־באַרעכטיקונג – civic equality, equal rights
די גרינדונג – founding
די הערשאַפֿט – די ממשלה [MEMShO'LE], reign
דער וועד אַרבע אַרצות [VAAD ARBE ARO'TsES] – Council of the Four Lands
דער חרם [KhE'YREM] – excommunication
דער יציאת־מצרים [YETsI'ES-MITsRA'YIM] – exodus from Egypt
די מינדערהייט – minority
דער סטאַטוט – charter
דער עלילת־דם [ALILES-DA'M] – בלוט־בילבול, blood accusation
די פֿאַרשטאַרקונג – strengthening, intensification
דער צוואַנג־שמד [ShMAD] – forced conversion
צײַטווײַליק – temporary
דער קרייצפֿאָרער – Crusader
דער קרייצצוג – קרייצפֿאָר, Crusade
רודף־פֿן [RO'YDEFN] – to persecute

צום שרײַבן

קלײַבט אויס אָדער אַ פּאַרשוין אָדער אַ געשעעניש פֿון דער רשימה וואָס איז אײַך נישט באַקאַנט און לייענט וועגן אים. שרײַבט אָן אַ פּאַראַגראַף וועגן וואָס איר האָט זיך געלערנט.

דאָס געשעעניש – event
דער פּאַרשוין – person

◘ דער סוביעקט מע אָדער מען

באַטראַכט די שפּריכווערטער:

1. אַז מע לייגט זיך ניט־געגעסן, שטייט מען אויף ניט־געשלאָפֿן.
2. אַז מע קען ניט מאַכן ווי מע וויל, מוז מען וועלן ווי מע קען.
3. אַז מע לעבט, דערלעבט מען.
4. אַז מע אַמפּערט זיך איז נאָך נישט קיין סימן אַז מע איז (אָדער: מ'איז) גערעכט.
5. אַז מע מוז, מוז מען.

אַמפּערן זיך – קריגן זיך, דעבאַטירן
to live to see – דערלעבן

◆ מערקט זיך דאָ דעם סוביעקט מע אָדער מען. פֿאַרן ווערב קען קומען אָדער מע אָדער מען. נאָכן ווערב – מוז מען זאָגן מען.

א. שטעלט דאָ אַרײַן אָדער מע אָדער מען:

1. קוקן מעג _____, אָבער ניט גלאָצן (גלאָצן – זייער אָנגעשטרענגט קוקן מיט ברייט צעעפֿנטע אויגן).
2. אַז _____ שמירט אָן די רעדער, סקריפּען זיי ניט.
3. אַז _____ היט אָפּ פֿרעמדס קומט _____ צו אייגנס.
4. אַ הונט לאָזט _____ בילן און _____ גייט זיך ווײַטער.
5. אַז _____ גנבֿעט אַרויס דאָס פֿערד פֿאַרשליסט _____ די שטאַל.
6. אַז _____ האָט נעכטן געגעסן איז _____ הײַנט ניט זאַט.
7. אַז _____ קאָן ניט און _____ ווייס ניט, נעמט _____ זיך ניט אונטער.
8. אַז _____ איז אַ ביסל גערעכט איז עס שוין אויך ניט שלעכט.
9. ווי _____ שפּילט אַזוי טאַנצט _____.
10. פֿון פֿרייד לעבט _____ ניט, פֿון צרות שטאַרבט _____ ניט.
11. אַז _____ כאַפּט, שלאָגט _____ איבער די הענט.
12. אַז _____ איז שוואַך זאָל _____ לאָזן געמאַך (לאָזן געמאַך – לאָזן צו רו, זיך ניט מישן).
13. וואָס _____ פֿאַרזייט דאָס שנײַדט _____.
14. אַז _____ האָט ברויט זאָל _____ קיין לעקעך ניט זוכן.
15. אַז _____ שמירט, פֿאָרט _____.

אונטערנעמען זיך – to undertake
אייגנס – one's own
דער לעקעך – cake
סקריפּען – to squeak, to screech
פֿאַרזייען – to sow
פֿרעמדס – others'
שמירן – figurative: to bribe

צום שמועסן 47

באַשרײַבט אַ פֿאַל ווו מען וואָלט געקענט עצהן אָדער מתרה זײַן אָדער טרייסטן אימעצן מיט אײנעם פֿון די אָ שפּריכווערטער. עצהט אָדער זײַט מתרה אימעצן אין קלאַס. ניצט אײַערע אײגענע ווערטער אויך. דערקלערט אײַער מײנונג. זאָל דער צווייטער צום שמועס רעאַגירן אויף דער עצה אָדער דער וואָרענונג אָדער דער התראה.

אונטערנעמען זיך – to undertake
די התראה [HASRO'E] – admonition, warning
טרייסטן – console
מתרה [MA'SRE] זײַן – וואָרענען אָדער: admonish
שמירן – to grease, to bribe

◘ מען

◆ ווי איר געדענקט:

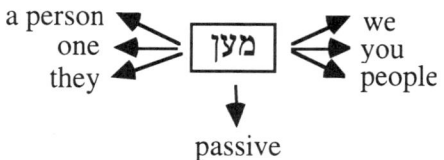

געניטונג 31

זעצט דאָ איבער אויף ייִדיש, ניצנדיק דעם סוביעקט מען(ן).

1. It is said: If you seek, you will find.
2. I was thanked.
3. You were asked (to request – בעטן) to help.
4. A golden ring was found on the sidewalk (דער טראָטואַר).
5. You cannot mix oil and water.
6. A person gets tired when he works a long time.
7. How is the word written?
8. We were permitted to dance.
9. It is to be expected.
10. She is nowhere (אין ערגעץ ניט) to be found.
11. Every fourth year a President is elected.
12. The money has been given to him.
13. He has not yet been seen.
14. She was told there is no work.
15. People admire (באַווונדערן) him.
16. He is very much liked.
17. He was pitied, but not hated. (to pity – רחמנות האָבן אויף)

◘ ווי אָפּט מע באַגעגנט דאָס ווערטעלע מע(ן)!

למשל בײַ שלום־עליכמס מאָטל פּייסי דעם חזנס:

1. שאַט, מיר פֿאָרן קיין אַמעריקע! ווו איז אַמעריקע? ווייס איך ניט. איך ווייס נאָר אַז ס׳איז ווײַט, שרעקלעך ווײַט. מע דאַרף אַהין פֿאָרן אַזוי לאַנג, ביז מע קומט. און אַז מע קומט איז פֿאַראַן אַ „קעסטל־גאַרטל“. טוט מען אײַך אויס נאַקעט און מע קוקט אײַך אין די אויגן.

2. מיר פֿאָרן און מיט אונדז אַ סך, אַ סך ייִדן און װײַבער, מיט קינדער און אָן קינדער און אַלע אין איין שטאָט אַרײַן. איך ווייס אָפּילו ווי זי הייסט... „נעיאָרק“ הייסט די שטאָט. אַ גרויסע שטאָט! און אַ ייִדישע שטאָט. און רעדן רעדט מען דאָרט ווי מע רעדט בײַ אונדז, ווי אַלע מענטשן רעדן. מע רעדט אויף ייִדיש.

3. דער קאַפּיטאַן אויבן טוט גאָרניט. ער שטייט נאָר און רעדט דורך אַ רער צו די מאַטראָסן. און די מאַטראָסן — וואָס מען הייסט זיי, דאָס טוען זיי. מען הייסט זיי לויפֿן אַהער, לויפֿן זיי אַהער. מען הייסט זיי לויפֿן אַהין, לויפֿן זיי אַהין. מע זאָל זיי הייסן שפּרינגען אין וואַסער, וואָלטן זיי אויך געשפּרונגען אין וואַסער.

הייסן — דאָ: to command
דער מאַטראָס — sailor
קעסטל־גאַרטל — "Castle Garden"
דער רער — tube

און בײַ שלום־עליכמס פֿונעם יאַריד:

1. דער טאָג פֿון נחום ועוויקס אַוועקפֿאָרן איז געווען פֿאַר דער שטאָט אַ תּישעה־באָבֿ און פֿאַר די קינדער אַ שׂימחת־תּורה. ערשטנס לערנט מען ניט, און צווייטנס איז גלאַט לעבעדיק: מע קלײַבט זיך, מע פּאַקט זיך, מע רוקט שאַפֿעס, עס קומען בוידן, און עסן עסט מען ווי ערבֿ פּסח, בחפּזונדיק. הײַנט די פֿאָר גראָשנס וואָס מע וועט באַקומען אָפּפֿאָרגעלט? דערווײַל זעט מען עס נאָך נישט. דערווײַל קומען נאָך באַלעבאָטים זיך געזעגענען. דאָס הייסט זיי קומען מע זאָל זיי זאָגן: „זײַט געזונט“, וועלן זיי זאָגן: „פֿאָרט געזונט“ און אָנווינטשעווען דערבײַ אָן אַ שיעור גוטע זאַכן, ווי געזונט און הצלחה און מזל און אַל דאָס גוטס.

אָן אַ שיעור [ShIR] — אָן אַ מאָס, countless, immeasurable
אָנווינטשעווען — ווינטשן אַ סך
דאָס אָפּפֿאָרגעלט — money distributed at parting
די בויד — wagon
בחפּזונדיק [BEKhIPO'ZNDIK] — אין אײַלעניש
הײַנט — דאָ: moreover

2. אַ מחיה געווען אָנצוקוקן אין דער פֿרי אָדער אויף דער נאַכט בײַ ראַבינאָוויטשן אין אײַנפֿאָרהויז. אַ גאַנץ בינטל ייִדן אַרום טיש. מע טרינקט און מע רעדט אַלע אין איינעם און מע גראַגערט און מע רייכערט — דעם רויך כאָטש שנײַדט מיט אַ מעסער. און ריידן רעדט מען פֿון וואָס איר ווילט: פֿונעם יאַריד, פֿון דאָקטוירים, פֿון חזנים.

דאָס אײַנפֿאָרהויז = די אַכסניא, די קרעטשמע — road house
דאָס בינטל — דאָ: bundle
כאָטש (מיט אימפּעראַטיוו) — you could, one might, one might as well
אַ מחיה! [MEKhA'YE] — a pleasure!

◘ אַדיעקטיוון וואָס מאַכן דעם זאַץ קירצער

מע קען אַ גאַנצע פֿראַזע צונויפֿפּרעסן אין איין אַדיעקטיוו, למשל:

1. דער לערער וואָס איז אומגעדולדיק – דער אומגעדולדיקער לערער.
2. דער בחור וואָס לאַכט – דער לאַכנדיקער בחור.
3. דער טאָג איז געווען ווי אַ יום־טובֿ – דער טאָג איז געווען אַ יום־טובֿדיקער.

◆ דאָס רובֿ אַזעלכע אַדיעקטיוון שאַפֿט מען מיט ־דיק. קוקט זיך צו צו די טראַפֿן אין יסוד־וואָרט. אַלע ווערטער מיטן אַקצענט אויפֿן פֿאַרלעצטן טראַף שאַפֿן זייערע אַדיעקטיוון מיט ־דיק:

דער טראַף – syllable
פֿאַרלעצט – penultimate
דער יסוד [YESO'D] – base, basis
דאָס יסוד־וואָרט – root-word

דער ספֿק – [SO'FEK] doubt ← ספֿקדיק – doubtful
שבת ← שבתדיק
חמץ ← חמצדיק
דער טינוף – [TI'NEF] filth, excrement ← טינופֿדיק
וואָלקן ← וואָלקנדיק – cloudy
קליין שטעטל ← קליין־שטעטלדיק – provincial
דער לאַקרעץ – licorice ← לאַקרעצדיק – overly sweet (figurative only)
צולהכעיס – [TsELO'KhES] spite ← צולהכעיסדיק – spiteful
שטורעם ← שטורעמדיק

◆ ־יק (אַנשטאָט ־דיק) ניצט מען אויב דאָס יסוד־וואָרט אָדער דער יסוד־טייל פֿון וואָרט איז איינטראַפֿיק אָדער דער אַקצענט קומט אויפֿן לעצטן טראַף:

דאָס געדולד – patience ← געדולדיק – patient
← שטייניק
← הײַנטיק
← צײַטיק – ripe
← פֿאַרנאַכטיק
← טאָג־אײַן־טאָג־אויסיק – daily
← שוואַרצהאַריק
← מינערווערטיק – inferior
← יענוועלטיק – other worldly

◆ מע קען ניצן אי ־יק אי ־דיק אויב אַ צווייטראַפֿיק וואָרט ענדיקט זיך אויף ־ער – פֿײַערדיק/פֿײַעריק (אָבער געוויינטלעך ניצט מען ־דיק).

איינטראַפֿיק – monosyllabic
פֿאַרבײַטן – to replace

◆ אויב מע וויל מאַכן אַזאַ מין אַדיעקטיוו פֿון אַ ווערב (אַנשטאָט אַ סובסטאַנטיוו), קען מען עס מאַכן פֿון אינפֿיניטיוו:

דער מענטש וואָס שרײַט – [שרײַט ← שרײַען ← שרײַענדיק] – דער שרײַענדיקער מענטש.

(עס זײַנען דאָ אַנדערע פֿורעמס אויך, וואָס ניצן ניט דעם אינפֿיניטיוו.)

גענִיטונג 32

זאָגט עס אין איין אַדיעקטיוו! די אַדיעקטיוון וועלן דאָ האָבן די סופֿיקסן ־יק אָדער ־דיק. די ווערטער אין קלאַמערן דאַרף מען ניט ניצן.

1. דער ברעג (וואָס באַשטייט פֿון) זאַמד   דער ______________ ברעג
2. דער לופֿטפֿליִער (וואָס האָט) מוט   דער ______________ לופֿטפֿליִער
3. דער גאַסט (וואָס) שווײַגט   דער ______________ גאַסט
4. דער ווינט (וואָס קומט פֿון) מיזרח   דער ______________ ווינט
5. דער פֿראָסט (וואָס) בײַסט די גלידער   דער ______________ פֿראָסט
6. דער צפֿון (וואָס איז אַזוי ווי) אײַז   דער ______________ צפֿון
7. דער שטערן (וואָס) פֿינקלט   דער ______________ שטערן
8. דער דאָרן (וואָס) שטעכט   דער ______________ דאָרן
9. דער טאָג (ווען אַ) נעפל (האָט אַלץ פֿאַרדעקט)   דער ______________ טאָג
10. דער רעדנער (וואָס רעדט מיט) פֿײַער   דער ______________ רעדנער

גענִיטונג 33

מע קען פֿון צוויי ווערטער און אַפֿילו פֿון מער שאַפֿן איין אַדיעקטיוו וואָס זאָל זיי פֿאַרבײַטן , למשל:

1. דער טיש אויף דרײַ פֿיס – דער דרײַפֿיסיקער (אָדער דרײַפֿוסיקער) טיש.
2. דער בחור מיט רויטע האָר – דער רויטהאָריקער בחור.

זאָגט עס אין איין אַדיעקטיוו!

1. דער שרײַבער (וואָס איז אַלט) פֿופֿציק יאָר   דער ______________ שרײַבער
2. דער יובילײ (פֿון) הונדערט יאָר   דער ______________ יובילײ
3. דער אינוואַליד (וואָס האָט נאָר) איין פֿוס   דער ______________ אינוואַליד
4. דאָס ייִנגל (מיט די) בלאָע אויגן   דער ______________ ייִנגל
5. דער קאַמף (וואָס געדויערט) דרײַ יאָר   דער ______________ קאַמף

צום שמועסן 48

אײַערע חבֿרים ווילן גײן צום ברעג ים. ס'איז אַ הייסער זומערטאָג. איר ווילט אַז זיי זאָלן בעסער קומען מיט אײַך אין קינאָ. דאָרטן איז פֿאַראַן לופֿטקילונג, וועט זײַן קיל, מע וועט זיך קענען דערפֿרישן, ס'וועט זײַן אַ מחיה. בײַם ים – נאָך דײַן מיינונג נאָך – וועט זײַן צו פֿיל מענטשן, אַ טומל און אַ רעש, ס'וועט זײַן מיסט און שמוץ אויפֿן זאַמד, און אין וואַסער וועט זײַן נאַפֿט און אָפּפֿאַל פֿון די שיפֿן וואָס קומען צו פֿאָרן. שפּאַרט זיך מיט אַ חבֿר און ניצט אַזוי פֿיל אַדיעקטיוון, געשאַפֿן פֿון די ווערטער אין די אויבנדיקע שורות, ווי מעגלעך. צום סוף, קומט אויס צווישן זיך.

אויסקומען (צווישן) זיך – to come to an agreement
אַמפּערן זיך / שפּאַרן זיך – to argue
דער אָפּפֿאַל – refuse
די לופֿטקילונג – air conditioning
דאָס מיסט – garbage
נאָך דײַן מיינונג נאָך – according to your opinion
דער נאַפֿט – petroleum, kerosene
קומען צו פֿאָרן – to come along, to arrive
דער קינאָ – movie theater
דער רעש [RASH] – noise

למשל: עס וועט זײַן אַ מחיה – עס וועט זײַן מחיהדיק, אַ מחיהדיקער טאָג.
עס וועט זײַן נאַפֿט אין וואַסער – דאָס וואַסער וועט זײַן נאַפֿטיק.

ניצלעכע ווערטער און פֿראַזעס פֿאַרן שמועס:

אומבאַקוועם – uncomfortable
האָבן דעם זיבעטן טעם [TAM] – delicious, luscious
אַ הנאה – אַ מחיה, a pleasure
טעם־גן־עדן [TA'M-GANE'YDN] – "a taste of Paradise," wonderful, delightful
די צרה [TsO'RE] – trouble
קאָפּ אויף קאָפּ – densely crowded
די רו – rest, relaxation

ניצלעכע פֿראַזעס אַז מע אַמפּערט זיך:

וואָס דרייסטו מיר אַ קאָפּ? – you're making me crazy
נאַרישקייטן! אײַנרעדענישן! – delusions!
וואָס ווילסטו פֿון מײַנע יאָרן?
וואָס לייגסטו זיך פֿייגעלעך אין בוזעם? – you're building castles in the air, you're being delusional
עס קלעפּט זיך ניט! / עס קלעפּט זיך ניט אַ וואָרט צו אַ וואָרט! – it makes no sense
הער זיך צו (מיט קאָפּ)! – listen!, use your brains

און אַז מע קומט אויס צווישן זיך:

אָט אַזוי (דער טראָף אויף אָט) – now you got it!
אָט דאָס בין איך אויסן! – that's what I meant!
אָט האָסטו דירי! – that's it!
איצט בין איך מסכּים!
געווי!/בפֿירוש! – exactly!

צום שרײַבן

שרײַבט אַ בריוו צו אַ נאָענטן חבֿר וועגן ווי איר האָט זיך געאַמפּערט מיט די פֿרײַנד אײַערע און שפּעטער אויסגעקומען צווישן זיך. שרײַבט אַ פּאָסטקאַרטל פֿון אַ וואַקאַציע בײַם ים צו אַן אַלטער מומע.

עדי קאַנטאָר טרײַבט
קאַטאָוועס מיט דזשעני
גראָסינגער אין גראָסינגערס
האָטעל, אויגוסט 1942.

צום שמועסן 49

זייער אַ טשיקאַווע בילד! צי קענט איר באַשרײַבן קאַנטאָרס מינע אין פֿאַרגלײַך מיט גראָסינגערס? וואָס קען מען אַרויסדרינגען פֿונעם בילד וועגן די פּערזענלעכקייטן פֿון די צוויי? וואָס קען מען זאָגן וועגן די געדאַנקען זייערע אין דעם מאָמענט וואָס דאָס בילד כאַפּט? צי טרײַבט קאַנטאָר באמת קאַטאָוועס? צי איז עס מעגלעך צו טרעפֿן וואָס פֿאַר אַ געשעעניש אָדער מעשׂה ליגט הינטערן בילד? וואָס באַווײַזט דאָס בילד וועגן דער באַציִונג צווישן קאַנטאָר און גראָסינגער? פּרוּווט זײַן אַזוי פּרעציז ווי מעגלעך אין אײַערע באַשרײַבונגען, און קאָריגירט איינער דעם אַנדערן: „עס איז נישט אַזוי וואָס ער איז ________, ווי ער איז ________." אָדער „זי איז נישט אַזוי ________ ווי ________." אָדער „ס'איז לאַוו־דווקא קיין ________ מינע, נאָר אפֿשר נעענטער צו אַ ________."

טרײַבן קאַטאָוועס – to joke around

ניצלעכע ווערטער:

אומבאַזאָרגט – unconcerned
באַזאָרגט – anxious, worried
האָבן תּענוג [TA'YNEG] – to have pleasure
זײַן אָן זאָרג – to be without care
זײַן גוט (אים/איר איז גוט) – to be happy
כמורנע – gloomy, morose
מאַכן אַן אָנשטעל (פֿון) – to pose (as)
פֿאַראומערט – gloomy, morose
פֿאַרדאגהט [DA'YGET] – careworn
צופֿרידן – content, satisfied
צופֿרידן מיטן גורל – happy with one's fate
צופֿרידן וואָס די מאַמע האָט אים/זי געהאַט – glad to have been born
קאַלעמוטנע – gloomy
קוועלן – to beam, to be delighted
שעפּן נחת ווי פֿון אַ ברונעם – to take great pleasure

קאַפּיטל זיבן

◘ די פּרעפּאָזיציע אויף

ריכטיק ניצן די פּרעפּאָזיציעס איז די שווערסטע זאַך! דאָ איז זעלטן ווען מעגלעך צו געבן אַ כּלל. און אין די פּרעפּאָזיציעס מאַכן ענגליש־רעדנדיקע תּלמידים אָפּט גרײַזן, ווײַל מע טראָגט איבער אויף ייִדיש די ענגלישע פּרעפּאָזיציעס. געהיט און געוואָרנט זאָל מען זײַן בײַ פּרעפּאָזיציעס, די דאָזיקע קלײנינקע ווערטעלעך וואָס זיי זײַנען אַ גרויסע שוועריקייט!

געהיט און געוואָרנט זאָל מען זײַן – you have to be very careful
די דאָזיקע – these
זעלטן ווען – rarely, hardly ever
דער כּלל – rule, law, standard
קלײנינקע – קלײנטשיק, tiny

1. פּערל אויפֿן האַלדז, שטײנער אויפֿן האַרצן.
2. בעסער גוטס אויף זיך אײדער שלעכטס אויף יענעם.
3. אַ בלינדער איז קראַנק אויף די אויגן, אַ שטומער איז קראַנק אויפֿן מויל, אַ נאַר איז קראַנק אויף אַלע גלידער.
4. בײַ אַ פֿערד קוקט מען אויף די צײן, בײַ אַ מענטשן אויפֿן שׂכל.
5. אויף וואָס פֿאַר אַ פֿור מע זיצט אַזאַ ניגון זינגט מען.

דאָס גליד – דער אבֿר [E'YVER], limb
דער פֿור – וואַגאָן, wagon

◆ מערקט ווי בײַ אָט די ווערבן געפֿינט זיך די פּרעפּאָזיציע אויף:

1. וואַרטן אויף – to wait for
2. קוקן אויף – to look at
3. ענטפֿערן אויף – to answer [+ direct object]
4. האָפֿן אויף – to hope for
5. זיך פֿאַרלאָזן אויף – to rely on
6. זײַן אין כּעס אויף – to be angry at
7. זיך באַקלאָגן אויף– to complain about
8. זיך רעכענען אויף – to count on
9. זיך שטיצן אויף – to rely on
10. ווײַזן אויף – to point to
11. זאָגן אויף – to say about
12. זיך ריכטן אויף – to expect

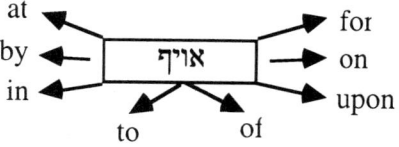

קרעטאָנע פּאַרק

פֿון זוני מאַוד

אָט האָט איר אַ סאַטיריש אַמעריקאַנער ייִדיש לידעלע וועגן שפּילן אַ ליבע. קרעטאָנע (אויך קראָטאָנאַ אָדער קריטאָנע) פּאַרק געפֿינט זיך אין די בראָנקס. איר וועט באַמערקן אַז אַ סך ווערטער אין ליד זײַנען ניט קיין ייִדישע.

כ'וועל שוין מער קיין ליבע ניט שפּילן
כ'וועל שוין מער אין קרעטאָנע פּאַרק נישט גיין
אוי אַ וויסטעניש זאָל קומען אויף קרעטאָנע
ווײַל דאָרטן איז מײַן אומגליק געשען.

מיט דער סאָבוויי פֿלעג איך צו אים פֿאָרן
ביז הונדערט און אַכצנטער סטריט
כ'האָב אים סופּאָרטעד ביז ער האָט געפֿינישט קאַלעדזש
איצטער זאָגט ער אַז ער קען מיך שוין ניט

איצטער האָט ער אַן אַנדער געליבטע
ער גייט אין די מוּווים מיט איר (אַז גייען זאָלן זיי אויף קוליעס)
אוי אַ וויסטעניש זאָל קומען אויף זיי ביידן
און אין האַלדז זאָל זיך אים שטעלן אַ געשוויר

כ'וועל שוין מער קיין ליבע ניט שפּילן
כ'וועל שוין מער אין קרעטאָנע פּאַרק נישט גיין
אוי אַ וויסטעניש זאָל קומען אויף קרעטאָנע
ווײַל דאָרטן איז מײַן אומגליק געשען.

דאָס אומגליק – misfortune
איצטער – איצט
דאָס געשוויר – a boil
דער האַלדז – throat
די וויסטעניש – desolation, wasteland
קוליעס (די קוליע) – crutches

Khvel shoyn mer Kayn li — be nit shpi-ln, Khvel shoyn
mer in Kre-to-ne park nisht geyn, oy a vis-te-nish zol
Ku-men af Kre-to-ne, Vayl dor-tn iz mayn um-glik ge-shen.

צום שמועסן 50

דערציילט אימעצן אין קלאַס אַ ליבע־מעשׂה. איר האָט אויפֿן ערשטן זײַטל פֿון קאַפּיטל כמעט אַלע ווערבן (די מיט דער פּרעפּאָזיציע אויף) וואָס איר וועט דאַרפֿן האָבן. ניצט אַזוי ווײַט ווי מעגלעך די מערמאָליקע פֿאַרגאַנגענע צײַט. דער ווערב פֿלעגן – (איך פֿלעג, דו פֿלעגסט, ער/זי פֿלעג(ט), מיר פֿלעגן, איר פֿלעגט, זיי פֿלעגן) מיטן אינפֿיניטיוו שאַפֿט די מערמאָליקע פֿאַרגאַנגענע צײַט. באַמערקט דעם אונטערשייד:

1. איך בין געווען בײַ אים – איך פֿלעג זײַן בײַ אים.
2. ער האָט מיר געהאָלפֿן – ער פֿלעג(ט) מיר העלפֿן.
3. דו ביסט איין מאָל געווען דער געווינער – דו פֿלעגסט אַלע מאָל זײַן דער געווינער.

די מעשׂה קען זײַן, פֿאַרשטייט זיך, אָדער אַ פֿיל־ווייניק אמתע, אָדער אַ גאָר צוגעטראַכטע. די מעשׂה זאָל האָבן אַן אָנהייב, אַ מיטן און אַ סוף.

למשל: ער פֿלעג וואַרטן אויף איר לעבן דער ביבליאָטעק. זיי פֿלעגן זיצן אויף די טרעפּ... זי פֿלעג זיך פֿאַרלאָזן [אָדער: זי האָט זיך פֿאַרלאָזט] אויף אים... און ער...

difference – דער אונטערשייד
in so far as possible – אַזוי ווײַט ווי מעגלעך
entirely – גאָר
more or less – פֿיל־ווייניק
invented – צוגעטראַכט

ניצלעכע פֿראַזעס:

זי פֿלעג(ט) אים
ער פֿלעג(ט) זי
איך פֿלעג דיך
} האָבן אין באָד [X] used to not give a damn for [Y]

to find favor with – געפֿינען חן בײַ
to yearn for – בענקען נאָך
to entrance – [BAKI'ShEFN] באַכּישופֿן
entranced by – באַצויבערט פֿון
excited about – באַגײַסטערט פֿון
tease – רייצן

ליב האָבן ווי {
מעשׂים־טובֿים [MA'YSIM-TO'YVIM] – good deeds
דאָס שוואַרצאַפּל פֿון אויג
דאָס אויג אין קאָפּ
די נשמה

און אַז מע הערט זיך צו צו אַזאַ מעשׂה, העלפֿט מען אונטער:

damn! – אַ פֿײַער!
what?! – וואָס איך הער!
mommies! – מאַמעלעך מײַנע!
unbelievable – נישט צום גלייבן!
I hope it never happens to me (or anyone present)! – נישט דאָ געדאַכט!

גענִיטונג 34

שטעלט דאָ אַרײַן די פּרעפּאָזיציעס וואָס פֿעלן. איר וועט קענען ניצן אין, בײַ(ם), פֿון, צו, און – אין דער מערהייט פֿאַלן – אויף.

1. ______ אַן אײַנגעבויגענעם בוים שפּרינגען אַלע ציגן.
2. איינער האָט דאָס __[א]__ דער לונג, דער צווייטער __[ב]__ דער צונג.
3. שׂימחות __[א]__ אַ ווײַל און צרות __[ב]__ אַ מײַל.
4. אַן אמת מעג מען זאָגן ______ אַן אייגענעם טאַטן.
5. ______ וואָס פֿאַר אַ פֿור מע זיצט אַזאַ ניגון זינגט מען.
6. אַזוי גייט עס ______ דער וועלט: איינער האָט אַ בײַטל, דער אַנדערער דאָס געלט.
7. שפּײַז ווערט געקאָכט __[א]__ טאָפּ און כּבֿוד __[ב]__ טיש קריגט דער טעלער.
8. ______ אַן אייגן קינד זײַנען די עלטערן בלינד.
9. ______ נעמען ווערט מען ניט בדלות.
10. לאָז דעם הונט __[א]__ דער באַנק, שפּרינגט ער __[ב]__ דעם טיש.
11. די זון שײַנט גלײַך ______ אָרעם און רײַך.
12. מע לערנט זיך גאָלן ______ דעם פּנים פֿון אַ יתום.
13. דער שׂכל פֿאָרט ______ אָקסן.
14. אַ שכן __[א]__ שטוב איז ווי אַ גלעקל __[ב]__ דער טיר.

אונטערשפּרינגען – שפּרינגען אַ ביסל, to bounce, to hop
אײַנגעבויגן – bent
בדלות [BEDA'LES] – poor, impoverished
דער/דאָס בײַטל – purse
ברוגז – אין כּעס
גאָלן (זיך) – to shave
דער יתום [YO'SEM] – orphan
די פֿור – דער וואָגן
די שפּײַז – דאָס וואָס מע עסט

אויף: אַלע אַנדערע
צו: מעגלעך אין 4, כאָטש אויך קען דאָרטן אויך גענוצט ווערן.
פֿון: 9
בײַ(ם): 7-ב
אין: 7-א, 14-א

קלײַבט אויס אײנס פֿון די שפּריכווערטער אין געניטונג 34 און דערקלערט עס מיט אַ משל. זײַט זיכער אַז מע פֿאַרשטייט גוט אײַער דערקלערונג. פֿירט דעם שמועס אַזוי ווי איר רעדט מיט אימעצן וואָס איר האָט זיך נאָר לעצטנס באַקענט מיט אים. נאָך דעם פֿירט נאָך אַ שמועס וועגן אַ צווייט ווערטל אַזוי ווי איר וואָלט געווען צווישן נאָענטע חבֿרים.

ניצלעכע פֿראַזעס:

צי איז דאָס [דיר] קלאָר?

כאַפּסט דעם { טײַטש / פּשט } ?

פֿאַרשטייסט?

און אויב מען דאַרף נישט קיין גאַנצענעם [=גאַנצן] פּירוש, דאָס הייסט, אַז איינער דערקלערט צו פֿיל (צו פּרטימדיק, מיט צו פֿיל דעטאַלן) וועט דער צווייטער מסתּמא וועלן איבעררײַסן:

הער! איך בין נישט פֿון אונטערן אויוון. [= I wasn't born yesterday]

זײַ אַזוי גוט! קיין פֿינגער אין מויל דאַרפֿסטו מיר נישט { אַרײַנלייגן / אַרײַנטאָן } .

אַזוי גאָר!
דו דאַרפֿסט עס (מיר) נישט צעלייגן אויף טעלער!

און אויב איר פֿאַרשטייט ניט:

וואָס רעדסטו?
רעד קלאָרע דיבורים!
עס קלעפּט זיך נישט!
וואָס טײַטש? = ס'טײַטש?
זײַ אַזוי גוט. איך פֿאַרשטיי נאָך אַלץ נישט.
(פֿון די לעצטע פֿינף זײַנען פֿיר אַ קאַפּעטשקע [=אַ ביסל] אומגעדולדיק.)

אומגעדולדיק – impatient
דיבורים – words
דער משל [MO'ShL] – example
דער פּירוש [PE'YRESh] – commentary, explanation
דער פּשט [PShAT] – (literal) meaning
אַ קאַפּעטשקע – a little bit
קלעפּן זיך – to stick

מער וועגן דער פּרעפּאָזיציע אויף

◆ די פּרעפּאָזיציע אויף טרעפֿט זיך אָפֿט מיט איינעם פֿון דרײַ באַטײַטן:

1. אַן אָרטבאַטײַט:
זיצן אויף אַ שטול, שטיין אויף דער ערד, שרײַבן אויפֿן טאָוול, רוען אויף אַ לאָנקע, זיך באַהאַלטן אויף אַ בוידעם, זיך שפּילן אויפֿן גאַס, אַ פֿלעק אויפֿן העמד, אאַז״וו.

2. אַ צײַטבאַטײַט:
אַוועקגיין אויף צוויי שעה, אויף אַ גאַנצן טאָג, אומגליקלעך מאַכן אויפֿן גאַנצן לעבן, וועלן אויף דער רגע, טײַער אויף אייביק אאַז״וו.

3. אַ צילבאַטײַט:
אויף וואָס דאַרפֿסטו עס? מע מאַכט אַ קוגעלע אויף שבת, אַ פֿאָן אויף שׂימחת־תּורה, מצות אויף פּסח, אַרבעטן אויף ברויט צו עסן, ווײַן אויף קידוש, עס טויג אויף כּפּרות, גיין אויף קידוש־השם.

◆ אויף מיטן צײַטבאַטײַט קען אויף אַ מאָל פֿאַרשטאַנען ווערן ווי אַ מין צילבאַטײַט: „אויף ווי לאַנג איז זי געקומען?" „אויף אַ טאָג־צוויי."

◆ אָט זײַנען נאָך ווערבן און אויסדרוקן וואָס קומען באַהאָפֿטן מיט דער פּרעפּאָזיציע אויף:

1. חרטה האָבן אויף – to have regret about
2. וואַרפֿן אַן אומחן אויף [U'MKhEYN] – to take a dislike to
3. אַכטונג געבן אויף – to take care of, to look out for
4. רחמנות האָבן אויף – to have pity on/for
5. פֿײַנט האָבן אויף טויט – to hate bitterly
6. ליב האָבן אויף אייביק – to love forever
7. איבערשרעקן אויף טויט – to scare to death
8. אויפֿשטיין אויף דער לינקער זײַט – to get up on the wrong side of the bed
9. כּפֿלען אויף [KE'YFLEN] – to multiply by
10. איבערלאָזן אויף גאָטס באַראָט – to forsake, to abandon
11. אויפֿן ניכטערן האַרצן – on an empty stomach
12. אויף ייִדיש, אויף לשון־קודש, אויף מאַמע־לשון, אויף טערקיש – in ...
13. אויג אויף אויג – in private, face to face
14. קאָפּ אויף קאָפּ – crowded
15. אויף דעם אופֿן [O'YFN] – in that manner
16. אויף יעדן פֿאַל – anyway, in any case
17. עס קלעקט אויף אַ צאָן – it's scant, it's hardly enough
18. אויף ווי ווײַט – to what extent

דאָס אָרט – place
באַהאַלטן (זיך) – to hide
באַהאָפֿטן – joined (adj.)
דער בוידעם – attic
אַ טאָג־צוויי – a day or two
דער ציל – goal
קלעקן – to suffice

צום שמועסן 52

ראַטעוועט! (העלפֿט!) פּרוווט קריגן הילף בײַ אַ פֿרײַנד אין קלאַס. באַשרײַבט אַ שלעכטן מצבֿ (סיטואַציע), ניצנדיק צוויי־דרײַ פֿראַזעס פֿון דער רשימה ווערבן און אויסדרוקן מיט אויף. באַדינט זיך מיט אײַער כּוח־הדמיון – מיט אײַער פֿאַנטאַזיע. זאָגט וואָס איר דאַרפֿט, און וואָס פֿאַר אַ מין הילף איר נייטיקט זיך. זאָל דער בײַ וועמען מע בעט הילף צו ערשט פֿרעגן אַ סך פֿראַגעס, און צום סוף אָדער אויסטראַכטן אַ ניצלעכן פּלאַן אָדער זיך אַרויסדרייען פֿון דער סיטואַציע (דאָס הייסט – קיין הילף ניט געבן).

אַרויסדרייען זיך – to extricate oneself
באַדינען זיך מיט – to make use of
די הילף – help
דער כּוח־הדמיון [KO'YEKh-HADI'MYEN] – imagination
די לאַגע – די סיטואַציע
דער מצבֿ [MA'TSEV] – **סיטואַציע**, condition
נייטיקן זיך אין – to need
ראַטעוועט! – HELP!

ניצלעכע פֿראַזעס:

זײַט אַזוי גוט
איר קענט מיר קומען צו הילף
איר קענט מיר { אַרויסדרייען / אַרויסצײַען / אַרויסשלעפּן } פֿון אַ צרה, פֿון אַ שלעכטער לאַגע...
זאָל איך וויסן פֿון בייזס וואָס מע דאַרף טאָן (דאָס הייסט: איך ווייס ניט וואָס צו טאָן, אָדער ווי צו עצהן)
זאָגט מיר צו רפֿואה [REFU'E] – wish me luck (זוכט אויף אַ מאָל אין ווערטערבוך דאָס וואָרט רפֿואה.)

זאָרג זיך נישט! = נישט געדאגהט! (זעט אונטן)
שאַ, שאַ.
נישט געפֿערלעך! – no big deal!
דער הימל איז נאָך נישט בײַ דער ערד. – it's not the end of the world.
נישט געדאגהט! [GEDA'YGET] – don't worry!
הערט זיך צו! – listen!

אַ משל: זײַט אַזוי גוט, איר קענט מיך אַרויסדרייען פֿון אַ צרה. אַ באַקאַנטע מײַנע האָט מיך לעצטנס איבערגעשראָקן אויף טויט. זי איז אַ פּנים אויפֿגעשטאַנען אויף דער לינקער זײַט. איצט האָט זי געוואָרפֿן אַן אומחן אויף מיר. איך קען זי ניט אויסמײַדן ווײַל מיר זײַנען אין זעלבן ייִדיש־קלאַס. וואָס זשע טוט מען?

(געדענקט: זשע מאַכט די פֿראַגע אינטענסיווער. וואָס זשע רעדט מען אַרויס וואָזשע.)

נאָך אַ משל: זײַט אַזוי גוט, מײַן איצטיקע אַרבעט איז מיר געוואָרן גאָר נודנע און איך וויל אָנהייבן זוכן אַ נײַע שטעלע. אָבער איך ווייס בפֿירוש נישט ווי אָנצוהייבן זוכן. וואָס זשע טוט מען?

צום שרײַבן

שרײַבט אַ בריוו צו אימעצן אין קלאַס וועגן דער סיטואַציע וואָס איר האָט אויסגעטראַכט פֿאַרן שמועס אויבן. שרײַבט ווי איר האָט געפּרוווט קריגן הילף, און וועגן וואָס איז נאָך דעם געשען.

◘ די פּרעפּאָזיציע בײַ

קוקט זיך צו:

1. בײַ נאַכט זײַנען אַלע קי שוואַרץ.
2. בײַ אַ שיכּור איז בראָנפֿן דער עיקר.
3. בײַם אויסקערן די שטוב געפֿינט מען אַלץ.
4. בײַ טאַטע־מאַמע איז קיין קינד ניט איבעריק.
5. ער וווינט בײַ מיר; מיר זײַנען בײַם פֿעטער; געווען בײַ אַ שכנטע; בײַם זיידן צו גאַסט.
6. דאָס בעסטע אָרט צו באַהאַלטן זיך איז בײַ דער מאַמען הינטערן פֿאַרטעך.

◆ די פּרעפּאָזיציע בײַ טרעפֿט זיך דאָס רובֿ מיט דרײַ באַטײַטן:

1. אַן אָרטבאַטײַט:
   מיטן זין פֿון לעבן, ניט ווײַט פֿון: שטיין בײַ דער וואַנט, זיצן בײַם פֿײַער, די שלאַכט בײַ געטיסבורג, ניו־יאָרק איז בײַם האָדסאָן, בײַ דער מאַמען הינטערן פֿאַרטעך, בײַ מנשה אין גאָרטן, ווי בײַ זײַן טאַטן אין ווײַנגאָרטן.
2. אַ צײַטבאַטײַט:
   אין זין פֿון בעת, אין דער צײַט פֿון: בײַם לערנען, בײַם אַרבעטן, בײַם שלעפֿן זיך אאַז״וו. (באַמערקט אַז דעם ווערב ניצט מען דאָ ווי אַ סובסטאַנטיוו: דאָס לערנען, בײַם לערנען.)
3. אַ תּנאַי־באַטײַט:
   אין זין פֿון וואָס שייך (as for), אינעם פֿאַל פֿון, פֿון שטאַנדפּונקט פֿון: בײַ אים איז אַלץ רעכט, בײַ אַזאַ באַלײַכטונג וועל איך ניט קענען אַרבעטן, בײַ אַ בריה [BE'RYE] אַ ווײַב האָט דער מאַן אַ שיינע באָרד. (צי איז דאָס לעצטע ערנצט צי איראָניש?)

to sweep out – אויסקערן
superfluous – איבעריק
lighting – די באַלײַכטונג
while – [BEYS] בעת
meaning, sense – דער זין
apron – דער/דאָס פֿאַרטעך
mostly – דאָס רובֿ
battle – די שלאַכט

◆ די ענגלישע פּרעפּאָזיציע by פֿאַלט נאָר זעלטן צונויף מיט דער ייִדישער פּרעפּאָזיציע בײַ. זי פֿאַלט אָבער יאָ צונויף אין אַזעלכע פֿאַלן:

by the well – בײַם ברונעם
to pass by – פֿאַרבײַגיין
in Sholem Aleichem's work (but not in "It is written by Sholem Aleichem." There, the correct preposition would be פֿון) – בײַ שלום־עליכמען / בײַ שלום־עליכם

to coincide – צונויפֿפֿאַלן

קוקט זשע זיך צו:

at	in	to
		with
by	בײַ	on
of	under	about

גענישטונג 35

בויט איבער דעם זאַץ אונטן עס זאָל זיך באַקומען אַ פּרעפּאָזיציאָנעלע פֿראַזע מיט בײַ.

1. עס פּוסטעוועט די פֿייגלנעסט אונטער מײַן פֿענצטער ← בײַ מיר אונטערן פֿענצטער פּוסטעוועט די פֿייגלנעסט.
2. ערנצטער ווערט דעם אַלטן פֿישערס פּנים –
3. דער דאָקטער טאַפּט דעם חולהס פֿוס –
4. אין [דעם] פּריצס מיל האָט זיך אַ ברעט צעבראָכן –
5. אין [דעם] שנײַדערס שטוב האָט ער קיין האָניק ניט געלעקט –
6. אין מײַן שטוב זאָלסטו אַזוי ניט שרײַען –
7. אַ גוטן טאַטן האָבן זיי, אַ גאָלד [ניצט דעם ווערב: זײַן]

דער חולה [KhO'YLE] – sick person
טאַפּן – to touch
לעקן האָניק – to lick honey (to have a good situation)
פּוסטעווען – to stay vacant

זעצט איבער אויף ייִדיש:

1. He lives at his uncle's.
2. I have no money on me.
3. They work by moonlight.
4. Wait for me at the door.
5. I couldn't find it (at your house).
6. He slept with the window open.
7. I can't see a thing in such light.
8. You'll have to lead them by the hand (**פֿאַר**).
9. With such a crowd (**עולם**) he is tongue-tied (**בלײַבט אָן לשון**).
10. I'll be there by 9 o'clock (**ביז**).
11. A poem by Rosenfeld.
12. He is becoming quieter day by day (**טאָג נאָך טאָג**).
13. Today I was at my grandfather's.
14. You will have supper with us.
15. They're coming by train (**מיט**).
16. By now she should have been here (**ביז איצט**).
17. She wrote it by hand (**מיט + דער באַשטימטער אַרטיקל**).
18. In their eyes (=to them) it was good, too.

שטעלט דאָ אַרײַן די פּרעפּאָזיציע וואָס פֿעלט (אַחוץ בײַ און בײַם וועט איר אויך קענען ניצן פֿון, אין, אויף, פֿאַר, אונטער, צום):

1. ער שטייט ______ ברונעם און בעט אַ טרונק וואַסער.
2. ______ דעם אָרעמאַן ווערט די חכמה דערשלאָגן.
3. ___[א]___ אַ פֿערד קוקט מען ___[ב]___ די ציין, ___[ג]___ אַ מענטשן ___[ד]___ דעם שׂכל.
4. ______ אַ מישפּט מוז מען אויסהערן ביידע צדדים.
5. ___[א]___ פֿוילן וואַקסט דער וועג ___[ב]___ די פֿיס.
6. ______ דעם גלעזל געפֿינט מען אַ סך גוטע־פֿרײַנד.
7. אַ מענטש קען זײַן ______ זיך אַליין פֿאַרנאַרט.
8. אַ חכם שטייט העכער ______ אַ נבֿיא.
9. ______ אַן אָרעמאַן זאָל מען קיין געלט ניט לײַען.
10. ______ אַ גוטער באַלעבאָסטע איז פֿול די פּאַס.
11. אַ נאַר גייט ______ באָד אַרײַן און פֿאַרגעסט זיך דאָס פּנים אָפּצוּוואַשן.
12. ______ אַ נאַר זײַנען די הענט און די צונג איבעריק.
13. בעסער ______ דעם ערגסטן צו האָבן איידער דעם בעסטן שולדיק צו זײַן.
14. בעסער ___[א]___ אַ קלוגן ___[ב]___ גיהנום איידער ___[ג]___ אַ נאַר ___[ד]___ גן־עדן.
15. ______ גאָט איז אַלץ מעגלעך.

גיהנום [GE(HE')NEM] – hell
גן־עדן [GAN-E'YDN] – paradise
דערשלאָגן – beaten, depressed
דער מישפּט [MI'ShPET] – trial
דער ערגסטער – the worst
צדדים [TSDO'DIM] **(דער צד** [TSAD]) – sides (in a conflict)
שולדיק זײַן – to owe (or: to be guilty)

בײַ – 1, 2, 3א, 3ג, 4, 5א, 6, 7, 9, 10, 13, 14א, 14ג, 15
אין – 11, 14ב, 14ד
פֿון אָדער פֿאַר – 8
אויף – 3ב, 3ד
אונטער – 5ב

פֿרעגט (בײַ) אימעצן אין קלאַס וואָס איז טײַטש (דאָס הייסט: וואָס איז דער טײַטש) איינס פֿון די שפּריכווערטער אויבן. פֿרעגט פֿראַגעס ביז עס איז אײַך אַבסאָלוט קלאָר. וואָס קען מען דרינגען בײַ אַזעלכע ווערטלעך וועגן ייִדישן לעבן און וועגן ייִדישע ווערטן?

פֿאַרגלײַכט אײַער היים מיט דער היים פֿון אַ חבֿר.

בײַ {אים / איר} {זײַנען / איז} דאָ ________ {בעת / בשעת / כאָטש} בײַ מיר {זײַנען / איז} דאָ ________.

מע קען רעדן וועגן: מעבל, בילדער, לײדיקע ווענט, אַלטער ראַמש אָדער באָוול, אוצרות, פֿענצטער (אַ סך, ווײניק, נאָר צוויי), אַ ליפֿט, אַ סך אָדער נאָר אַ קאַפּעטשקע ליכט, אַ קאַץ, אַ הונט, אַ קאַנאַריק, צימערן אָדער חדרים, אַ כּשרע קיך, יחידות (פּריוואַטקייט), ביכער אָן אַ שיעור, קיין איין בוך ניט, טעפּעכער, אַ פֿאָטערשטול – אַ מחיה! ...

דער אונטערשייד – difference
אוצרות [O'YTsRES] (דער אוצר [O'YTsER]) – treasures
בעת [BEYS] = בשעת [BEShA'S] – whereas, while
דער טעפּעך – carpet
כאָטש – although
דאָס באָוול – cheap stuff
דער חילוק – difference
דער ליפֿט – elevator
די פֿאָטערשטול – easy chair
דער ראַמש – junk

פֿרעגט און ענטפֿערט אײנער דעם צווייטן, ביז איר האָט אַ קלאָרן פּרטימדיקן באַגריף וועגן דעם חילוק פֿון איין דירה ביז דער צווייטער – דאָס הייסט, איר זאָלט גוט פֿאַרשטיין דעם אונטערשייד צווישן איין דירה און דער צווייטער. מאַכט נאָטיצן און באַשרײַבט דעם אונטערשייד צו אַ דריטן אין קלאַס.

◆ מער וועגן דער פּרעפּאָזיציע: בײַ

באַטראַכט די פּרעפּאָזיציע בײַ בײַ שלום-עליכמען אין דער דערציילונג „דרײַ קעפּלעך”:

אַלע דרײַ קעפּלעך זײַנען שוואַרץ, די אייגעלעך גרויסע, גלאַנצנדיקע, ברענענדיקע. און גלײַך ווי פֿאַרוווּנדערט קוקן זיי אויף אײַך און פֿרעגן בײַ דער וועלט אַ קשיא... דער טאַטע און די מאַמע זײַנען שטענדיק אין דער אַרבעט: די מאַמע בײַם אויוון, דער טאַטע בײַ די שאַכטלען... אַז בײַם טאַטן קלײַבן זיך אָן אַ סך שאַכטלען, נעמט ער זיי אַלע אויפֿן קאָפּ און אין ביידע הענט און גייט אַרויס אין מאַרק און קומט צוריק מיט בולקעלעך, בייגעלעך אָדער צוקערקעס פֿאַר די קינדער. אַ גוטער, אוי אַ גוטער טאַטע בײַ זיי אַ גאָלד ... אַבֿרהמעלע דערציילט נסים פֿון חדר, און בײַ משהלען און בײַ דבֿורהלען ברענען די אייגעלעך און זיי זײַנען זייער מקנא זייער עלטערן ברודערל וואָס ווייסט אַלצדינג... די מאַמע איז נישט צופֿרידן און שענקט די קינדער – דעם אַ זעץ, דעם אַ דריי בײַם אויער. אַ מאָדנע מאַמע בײַ זיי! קיין מאָל איז זי נישט צופֿרידן!

אָנקלײַבן זיך – to accumulate
גלאַנצנדיק – shiny
די צוקערקע – candy
נסים [NI'SIM] (דער נס [NES]) – miracles
שאַכטלען (דער/דאָס שאַכטל) – little boxes
שענקען – to present

פֿרעגט זיך נאָך בײַ אימעצן אין קלאַס וועגן די קינדער־יאָרן. איר קענט זיך נאָכפֿרעגן, למשל, וועגן די עלטערן – זייער אַרבעטן, זייער צוגאַנג צו קינדער; וועגן הויז און געגנט און שכנים; וועגן גיין אין שול און שפּילן אין גאַס און אין פּאַרק; וועגן לייענוואַרג; וועגן האָבן אַ ספּעציעל אָרט אָדער אַ ספּעציעלן פֿרײַנד אָדער אַ ספּעציעלע צײַט אין דער וואָך. צי האָט מען גערעדט מער ווי איין לשון אין דער היים? צי איז געווען שווער צו רעדן צו אימעצן אין דער משפּחה צוליב זייער לשון? אויב אַזוי, ווי האָט מען זיך געפֿילט ווי אַ קינד נישט (גוט) צו קענען די צווייטע שפּראַך? צי איז דאָס געווען ענלעך אין אַ געוויסן זין צו פּרוּוון לערנען אַ שפּראַך ווי אַ דערוואַקסענער? פֿאַרשרײַבט וויכטיקע פּרטים און קאָנטראָלירט די נאָטיצן צוזאַמען, כּדי צו זײַן זיכער אַז איר האָט גוט פֿאַרשטאַנען. נאָך דעם, שרײַבט אַ פּאַראַגראַף וועגן שמועס. שפּעטער זאָל יעדער תּלמיד איבערלייענען דאָס וואָס מע האָט געשריבן וועגן אים/איר און קאָריגירן.

דאָס לייענוואַרג – reading material
נאָכפֿרעגן זיך (בײַ) – to ask someone (about)
דער צוגאַנג – approach, attitude

סוכאָוואָליע, 1926

◘ דוצן און אירצן (כאַטש איר ווייסט שוין!)

◆ ווען מע ווענדט זיך צו עמעצן מיט דו – דוצט מען אים. ווען מע ווענדט זיך צו עמעצן מיט איר – אירצט מען אים.

to address, to turn to – **ווענדן זיך צו**

אויף הײַנטיקן ענגליש אירצט מען אַלעמען (חוץ גאָט). ווען ענגליש־רעדנדיקע תּלמידים רעדן ייִדיש – דוצן זיי גאָר אַלעמען. פֿאַר וואָס? ווײַל אויף ענגליש איז פֿאַרשוווּנדן כּמעט אין גאַנצן דער אונטערשייד צווישן אירצן און דוצן. האָבן זיך אַ סך תּלמידים ניט אויסגעלערנט דעם אונטערשייד ווען מע רעדט ייִדיש.

◆ ווען איר רעדט ייִדיש, מוזט איר אירצן עלטערע מענטשן, מענטשן וואָס זײַנען אײַך ניט באַקאַנט, און מענטשן וואָס איר ווילט זיי אויסדריקן דרך־ארץ. מע דוצט בײַ דער נאָענטער משפּחה, און בײַ נאָענטע חבֿרים. לערערס דוצן ייִנגערע תּלמידים.

צום שמועסן 56

א. קלערט צו קורצע (ניט מער ווי אַ מינוט די לענג) סצענעס מיט אַ צווייטן אין קלאַס. מאַכט אַלע נײַן. די גאַנצע געניטונג דאַרף ניט געדויערן מער ווי פֿופֿצן־צוואָנציק מינוט. זאָל יעדערער אין דער סצענע רעדן ניט ווייניקער ווי צוויי מאָל.

1. אַן עלטערער ייִד זיצט אין פּאַרק און לייענט אַ ייִדישע צײַטונג. איר ווענדט זיך צו אים מיט אַ בקשה... ער ענטפֿערט אײַך...
2. איר ווילט עפּעס זאָגן וועגן אַ פֿראַגע וואָס מע דיסקוטירט אין קלאַס. איר זײַט ניט מסכּים מיט דער מיינונג פֿון לערער. איר ווענדט זיך צו אים... ער ענטפֿערט אײַך...
3. איר ווילט וואָס (עפּעס) קריגן פֿון טאַטן. איר ווענדט זיך צו אים.
4. דער זיידע איז געקומען צו גאַסט. איר הייבט אָן אַ שמועס מיט אים.
5. איר האָט אַ טענה צום חבֿר. איר זאָגט אים... ער ענטפֿערט אָפּ...
6. מע שטעלט אײַך פֿאָר. איר דאַרפֿט וואָס זאָגן פֿאַרן עולם...
7. איר זײַט אין ייִדישן טעאַטער אָדער אויף אַ ייִדישער אונטערנעמונג. צווישן ייִדן רעדט איר נאָר ייִדיש. איר פֿאַרפֿירט אַ שמועס מיט אײַער שכן. איר הייבט אָן... ער ענטפֿערט...
8. איר באַקענט זיך מיט אַ מענטשן פֿון אײַער עלטער וואָס איז אָקערשט אַריבערגעקומען פֿון ישׂראל. בעתן רעדן דערוויסט איר זיך אַז איר זײַט באַקאַנט מיטן זעלבן קרײַז מענטשן. דאָרטן איז ער געווען אַ תּלמיד פֿון אַ ייִדישער שול. גיט איבער אײַער שמועס! (זאָל זיך דער שמועס אָנהייבן אויף איר און נאָך דעם איבערגיין אויף דו)...

just, recently – **אָקערשט**
opportunity – **די געלעגנהייט**
to strike up a conversation – **פֿאַרפֿירן אַ שמועס**
circle, group – **דער קרײַז**

ב. זעצט איבער בעל־פּה:

1. Have you brought the dish ([MA'YKhL] **דאָס מאכל**) which I ordered (**באַשטעלן**)?
2. Can you deliver what I bought tomorrow morning?
3. Will you change seats with me, please?
4. Pass (**דערלאַנגען**) the butter, please.
5. Let me off at the next station, please. (to let off – **אַראָפּלאָזן**)
6. Kindly give me the correct change.
7. Do you need my help in crossing (**איבערגיין**) the street, madam?
8. Don't talk too much!

גענִיטונג 37

פֿירט אויס אַן אַנאַליז (אָדער בעל־פּה, אָדער בכתבֿ) פֿון דער שפּראַך אינעם ווײַטערדיקן אַנאָנס פֿון 1910. אויף ווי ווײַט איז ער געשריבן טאַקע אויף ייִדיש, אויף ווי ווײַט אויף ענגליש (למשל, „סטריט"), און אויף ווי ווײַט אויף לשון־קודש (למשל, „שלשה מי יודע?")? צי זײַנען דאָ אויך דײַטשמערישע אָדער דײַטשע ווערטער (למשל, „פֿעלע" אַנשטאָט „פֿאַלן")? אויף ווי ווײַט איז דער אויסלייג אַנדערש פֿונעם כלל־ייִדישן אויסלייג (למשל, „דיא" אַנשטאָט „די", „צייהן" אַנשטאָט „ציין", „פֿערבלאָנזעט" אַנשטאָט „פֿאַרבלאָנדזשעט")? דער ענין איז גאָר נישט קיין לײַכטער. שטעלט צונויף אַ רשימה פֿון יעדער קאַטעגאָריע. אוריאל ווײַנרײַכס ווערטערבוך וועט אײַך קומען צו ניץ.

to carry out, to conduct – אויספֿירן
to suffer – אָפּקומען
the suffering of the dead in their graves – [KhIBET-HAKE'YVER] חיבוט־הקבֿר
who knows three (from the Hagaddah) – [ShLO'YShE MI YODE'YE] שלשה מי יודע

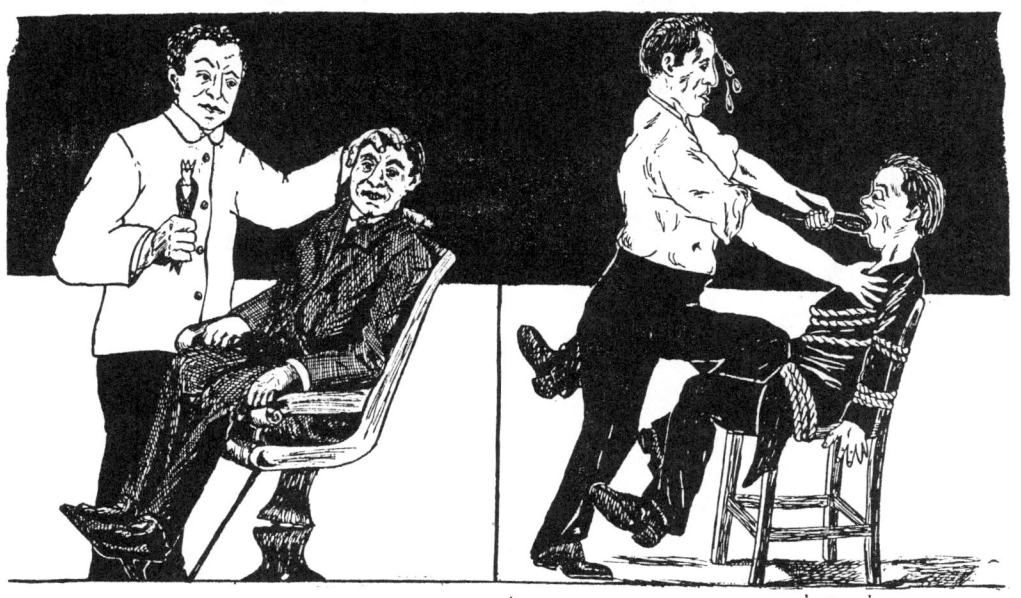

קאַפּיטל אַכט

◆ פֿאַרקלענער־ווערטער און פֿאַרצויגענע נעמען

א. קוקט זיך צו צום דימינוטיוו אין משה קולבאַקס ליד „שטערנדל“. פֿאַרצייכנט די דימינוטיוון, די פֿאַרקלענער־ווערטער און פֿאַרצויגענע נעמען.

endearing – פֿאַרצויגן

שטערנדל, שטערנדל, בלויער שטאַפֿעטעלע, (דער שטאַפֿעט – herald)
זײַ מיר אַ שליח און פֿאַל אין מײַן שטעטעלע. (דער שליח [ShELI'EKh] – messenger)

זען וועסט אַ געסעלע, נאָך דעם אַ גריבעלע, (די גרוב – ditch)
דאָרטן געפֿינט זיך מײַן חרובֿע שטיבעלע. (חרובֿ – ruined)

עלנט, אַליין בײַ דער פֿינצטערער שײַבעלע, (די שויב – window pane)
זיצט דאָרט פֿאַרטרויערט און דאגהט מײַן ווײַבעלע. (פֿאַרטרויערט – sad; דאגהן – to worry)

טרייסט איר, דו שטערנדל, לײַכט איר אין שטוב אַרײַן.
זאָג איר דער אייבערשטער וועט זיך מרחם זײַן. (מרחם זײַן זיך – אַרויסווײַזן רחמנות)

פֿרעג וואָס מאַכט יאַנקעלע, לאהצע און ריוועלע;
זאָג זיי אַז איך לייען און קוש זייער בריוועלע.

זאָג זיי אַז יאַנקלען זאָל מען ניט זשאַלעווען (זשאַלעווען – to begrudge, to spare)
געבן אין חדר – גענוג אים צו באַלעווען. (באַלעווען – to pamper)

זאָל ער זיך אויסלערנען קדיש ווי ס'דאַרף צו זײַן,
אפֿשר – מען ווייסט ניט – נאָר גאָט וועט מרחם זײַן.

ב. באַטראַכט דאָס ווײַטערדיקע פֿאָלקסליד. נאָך אַ מאָל פֿאַרצייכנט די פֿאַרקלענער־ווערטער:

טיף אין וועלדעלע שטייט אַ ביימעלע
און די צווײַגעלעך בליִען
און בײַ מיר, אָרעם שנײַדערל
טוט מײַן הערצעלע ציִען. } צוויי מאָל (טאָן ציִען – תּחינה־לשון פֿאַר ציִען)

אויפֿן ביימעלע וואַקסט אַ צווײַגעלע
און די בלעטעלעך צוויטען (צוויטען – בליִען)
און מײַן אָרעם, שוואַך הערצעלע
ציט צו מײַן זיסער איטען. } צוויי מאָל (איטע – אַ פֿרויס נאָמען)

אויפֿן צווײַגעלע שטייט אַ פֿייגעלע
און דאָס פֿייגעלע פּישטשעט (פּישטשען – דאָס לידל פֿון אַ פֿייגעלע)
און בײַ מיר, אָרעם שנײַדערל,
מײַן שוואַך הערצעלע טרעשטשעט. } צוויי מאָל (טרעשטשען – to creak, to crack)

ג. און אָט איז ש. פּרוגס ליד „שלח־מנות". איצט פֿאַרצייכנט נאָר די פֿאַרצויגענע נעמען, די דימינוטיווע פֿאָרמעס פֿון נעמען, די צערטלנעמען.

אייגעלעך בליץ און בעקלעך פֿלאַם, (בליץ – lightning)
דאָס היטל אויף אַ זײַט,
לויפֿט קליין משהלע אַהיים
יום־טובֿדיק פֿאַרשײַט. (פֿאַרשײַט – perky, wanton, wild)
ער האָט שלח־מנות אײַנגעקויפֿט:
צוויי צוקערלעך מיט בערד,
טײַבעלעך מיט פֿייגעלעך,
אַ פֿישל און אַ פֿערד.
גוט־פּורים! גוט־פּורים! גוט־פּורים!

פּלוצלונג ערשט פּוץ – חיימל (ערשט – דאָ: now; פּוץ – womp!, bang!)
די טיר האָט אויפֿגעמאַכט:
– אַ גוט־פּורים, משהלע,
שלח־מנות דיר געבראַכט!
– חיימל, מײַן חבֿרל,
איך האָב אַ פֿיש פֿאַר דיר,
כ'גיב דיר אויך די פֿייגעלעך,
נאָר ס'פֿערדל לאָז איך מיר.
גוט־פּורים! גוט־פּורים! גוט־פּורים!

וואָס אייגנטלעך דריקן אויס די פֿאַרצויגענע נעמען און פֿאַרקלענער־ווערטער? צי זאָגן זיי נאָר אַז די זאַך איז קלענער ווי געוויינלעך, צי גיבן זיי נאָך עפּעס איבער? וואָס?

אָפֿט ניצן פֿאַרקלענער־ווערטער איז אַן אייגנקייט פֿון דער ייִדישער שפּראַך. די פֿאָלקשפּראַך האָט ליב פֿאַרקלענער־ווערטער. צי איז עס מעגלעך צו ניצן צו פֿיל פֿאַרקלענער־ווערטער?

◆ פֿאַרקלענער־ווערטער באַווײַזן ניט בלויז די גרייס פֿון דער זאַך, נאָר זיי גיבן אויך איבער דעם צוגאַנג צו דער זאַך פֿון דעם וואָס רעדט. די פֿאַרקלענער־ווערטער ווײַזן אָפֿט אָן אַז ניט נאָר איז די זאַך קלענער ווי געוויינטלעך, נאָר דער צוגאַנג איז ווי צו אַ קליינער זאַך. געוויינטלעך ווײַזט אָן אַ פֿאַרקלענער־וואָרט אַ צוגאַנג פֿון ווייכקייט, צאַרטקייט, האַרציקייט, און אפֿילו אפֿשר רחמנות. אַ פֿאַרקלענער־וואָרט קען אָבער אויך אויסדריקן ביטול, אַ קוקן פֿון אויבן אַראָפּ. עס האָט אויך אַ נטיה אָדער נייגונג מבֿטל צו מאַכן, ד"ה, קליין צו מאַכן.

איבערגעבן – to offer
אייגנטלעך – actually
די אייגנקייט – characteristic
דער ביטול [BI'TL] – contempt, disparagement
די ווייכקייט – softness
מבֿטל [MEVA'TL] **מאַכן – אַרויסווײַזן ביטול**
די נטיה [NETI'E] – **נייגונג**, inclination
די צאַרטקייט – tenderness
דער צוגאַנג – attitude, approach
קוקן פֿון אויבן אַראָפּ – to condescend

◆ אין די פֿאַרקלענער־ווערטער שפּיגלט זיך אָפּ די באַציִונג פֿון אַ דערוואַקסענעם צום קינד: פֿון איין זײַט איז עס אַ ווייכקייט, אַ ליבשאַפֿט־באַציִונג, אַ נייגונג צו צערטלען; פֿון דער אַנדערער זײַט איז עס דאָס קוקן פֿון אויבן אַראָפּ.

קאָנטעקסט און טאָן גיבן איבער דעם טײַטש פֿון דימינוטיוו. צי קענט איר דערקלערן דעם חילוק, דעם אונטערשייד צווישן:

1. איך חלש נאָך מײַן אסתּרל.
2. פֿון אַזאַ אסתּרל וועסטו באַלד שטיין אין געהאַקטע ווונדן.

אַזאַ – such a
די באַציִונג – relationship
דער חילוק – דער אונטערשייד, difference
חלשן [KhA'LEShN] נאָך – to yearn for
שטיין אין געהאַקטע ווונדן – to have been made miserable

צום שמועסן 57

מיר האָבן אָקערשט געלייענט דרײַ לידער, און אַלע באַניצן זיך מיט דימינוטיוון און פֿאַרצויגענע נעמען. צי דריקן אויס די אָ פֿאַרקלענער־ווערטלעך צאַרטקייט, צי טראָגן זיי ווו אַ קלאָגעדיקן טאָן? צוויי פֿון די דרײַ לידער זײַנען גאָר טרויעריק. וואָס טראָגן צו די פֿאַרקלענער־ווערטער צום טרויעריקן טאָן. ווי דינען די פֿאַרקלענער־פֿאָרמעס אין דריטן ליד. וואָס שפּיגלען זיי אָפּ?

ווו – דאָ: somewhere
דער טאָן – tone
קלאָגעדיק – pathetic

ניצלעכע פֿראַזעס:

איך מיין אַז...
איך האַלט אַז...
מיר דאַכט זיך אַז...
וואָס מיינט איר וועגן...

◘ צוויי מדרגות פֿאַרקלענער־ווערטער

1. טיש – טישל – טישעלע
2. בוים – ביימל – ביימעלע
3. ייִד – ייִדל – ייִדעלע
4. וואַנט – ווענטל – ווענטעלע

אויף וואָס ענדיקט זיך די ערשטע מדרגה? וואָס איז דער סופֿיקס פֿון דער צווייטער מדרגה פֿאַרקלענער־ווערטער?

די מדרגה [MADRE'YGE] – **דער/די שטאַפּל, דער גראַד**, degree, level

א. כּדי ווײַטער צו באַטראַכטן וואָס מע דערגרייכט מיט די פֿאַרשיידענע מדרגות פֿאַרקלענער־ווערטער, טוט אַ קוק אויף די ווײַטערדיקע שורות פֿון מאָטל פּייסי דעם חזנס, ווו שלום־עליכם באַשרײַבט דאָס עמיגרירן פֿון מאָטלס משפּחה. די ייִדענע וואָס נעמט זיך אונטער אַריבערצופֿירן מאָטלען מיט זײַן משפּחה אויף יענער זײַט גרענעץ ניצט נאָר פֿאַרקלענער־ווערטער פֿון דער ערשטער מדרגה.

אונטערנעמען זיך – to undertake
דער/די גרענעץ – border

זי זאָגט אונדז אָן ווי אַזוי מיר זאָלן זיך פֿירן. האַלבע נאַכט זאָלן מיר אַרויסגיין פֿון שטאָט. דאָרטן איז פֿאַראַן, זאָגט זי, אַ בערגל. פֿון דעם בערגל זאָלן מיר זיך נעמען, זאָגט זי, רעכטס און גיין אַזוי לאַנג, ביז מיר וועלן קומען צו אַ שענקל. אין שענקל זאָל אַרײַנגיין נאָר איינער פֿון אונדז, ניט אַלע. אין שענקל וועלן מיר טרעפֿן, זאָגט זי, צוויי ערלים טרינקען בראָנפֿן בײַ איין טישל... וועלן זיי אויפֿשטיין, זאָגט זי, און גיין מיט אײַך ביזן וועלדל. אין וועלדל וועלן אויף אײַך וואַרטן נאָך פֿיר גויים. אין וועלדל אַז איר וועט גיין זאָלט איר, זאָגט זי, זײַן שטיל... פֿון וועלדל, זאָגט זי, וועלן אײַך שוין די ערלים אַרויספֿירן אויפֿן ריכטיקן וועג... מיר איז די מעשׂה מיטן בערגל, מיטן שענקל, מיטן וועלדל שטאַרק געפֿעלן.

דאָס בערגל (**דער באַרג**) – hill
דאָס וועלדל – (**דער וואַלד**) – forest
נעמען זיך – **דאָ**: to proceed
ערלים [ARE'YLIM] (**דער ערל** [O'RL]) – **ניט־ייִדן** (**פּעיאָראַטיוו**)
פֿירן זיך – to behave, to conduct oneself
דאָס שענקל (**די/דער שענק**) – tavern

צום שמועסן 58

ווי עס לאָזט זיך אויס איז דאָס אַריבערפֿאָרן די גרענעץ גאָר ניט גלאַט און די ייִדענע וואָס זאָגט צו צו העלפֿן מאָטלס משפּחה איז גאָר ניט קיין כּשר ווײַבל, דאָס גנבֿענען די גרענעץ – גאָר ניט קיין קינדער־מעשׂהלע. די ייִדענע מיט אירע ערלים גנבֿענען בײַ מאָטלען און דער משפּחה זייער האָב־און־גוטס. סאָלדאַטן אויף די גרענעצן שיסן אויף זיי, און עס ווערט זיי סכּנת־נפֿשות. צי מינימיזירט שלום־עליכם די שוועריקייטן פֿון דער עמיגראַציע? צו וואָס (ד"ה, צו וואָס פֿאַר אַ ציל) ניצט שלום־עליכם דאָ אַזוי פֿיל פֿאַרקלענער־ווערטער? וואָס וויל ער ווײַזן וועגן דער ייִדענע? וואָס וויל ער ווײַזן וועגן דעם נאַראַטאָרס צוגאַנג צו זײַנע איבערלעבונגען?

אויסלאָזן זיך – to turn out
גלאַט – easy, simple, smooth
גנבֿענען די גרענעץ – to steal across the border
דאָס האָב־און־גוטס – all belongings, possessions
דאָס סכּנת־נפֿשות [SAKO'NES-NEFO'ShES] – deadly danger

ב. אַ צווייטער משל: דאָס לידל „זשאַמעלע" פֿון אַ. ליטווין (דאָס רובֿ דימינוטיוון דאָ זײַנען פֿון דער צווייטער מדרגה).

דו וועסט זײַן אַ גבֿיר, מײַן זשאַמעלע,
פֿלעגט מיר זינגען בײַ מײַן וויגעלע
אַלע נאַכט אַ מאָל מײַן מאַמעלע,
איך געדענק נאָך הײַנט איר ניגעלע. (דער ניגון ← דאָס ניגונדל/דאָס ניגעלע)

און מקוים איז געוואָרן מיר
די הבֿטחות פֿון מײַן מאַמעלע,
שווער צו קריגן אַזאַ גרויסן גבֿיר,
אַזאַ עושר ווי איר זשאַמעלע.

שלאָפֿן, שלאָף איך אויף אַ קערבעלע,
מאַך המוציא אויף אַ סקאָרינקע,
מאַך לחיים פֿון אַ שערבעלע
פֿול מיט ברונעם־וואַסער קלאָרינקע.

און דאָס קינדעלע און ס'ווײַבעלע
גייען אויסגעפּוצט אַנטיקעלע.
פֿול אין שמאַטעלעך דאָס לײַבעלע
און פֿאַרגאַרטלט מיט אַ שטריקעלע.

נישט קיין פֿריילעך לידעלע! וואָס פֿאַר אַ ראָלע שפּילן די פֿאַרקלענער־ווערטער דאָ? צי שאַפֿן זיי אַ מין פּאַטעטישן אָדער לאַקרעצדיקן טאָן?

אויספּוצן – to dress up
דער אַנטיק – אַ זעלטענע, טײַערע זאַך; אָבער אויך מיט איראָניע, כּדי מבֿטל צו זײַן
הבֿטחות [HAFTO'KhES] **(די הבֿטחה)** – assurances, pledges
מאַכן המוציא – מאַכן די ברכה פֿאַרן עסן ברויט; עסן ברויט
מאַכן אַ לחיים – to raise a glass, to make a toast
מקוים [MEKU'YEM] **ווערן – פֿאַרווירקלעכט ווערן, ווערן דערפֿילט**, to be fulfilled
די סקאָרינקע – אַ פֿאַרדאַרט שטיקל ברויט, a crust
פֿאַרגאַרטלט – belted
דאָס קערבל (דער קאָרב) – basket
דאָס שערבל – אַ שטיקל צעבראָכענע כּלי [KE'YLE] (dish

◆ מע מוז אויך באַמערקן אַז אַ דימינוטיווע פֿאָרמע קען געניצט ווערן פֿאַרן נאָמען פֿון אַ ספּעציפֿישער זאַך. אַ בעטל איז אַ בעט אין אַ שפּיטאָל. אַ טישל איז אַ טיש אין אַ רעסטאָראַן. אַ הענטל איז דער טייל פֿון אַ פֿענדל אָדער פֿון אַ מעסער מיט וועלכן מע האַלט אים. אַ פֿענדל איז אַ מין פֿאַן וואָס האָט אַ הענטל – אַ פֿאַן האָט קיין הענטל נישט. אַ זייגערל איז אַ זייגער וואָס מע טראָגט אויפֿן האַנטגעלענק.

◆ געדענקט אויך אַז פֿאַרקלענער־ווערטער ווײַזן נישט אָן אַלע מאָל אויף דער גרייס פֿון אַ זאַך. אַ ביכל קען זײַן אַ בוך וואָס איז לאַוו־דווקא קליין: אַ ביכל כּעמיע, אַ מעשׂה־ביכל, אַ ווערטערביכל.

די גרייס – size
דאָס (האַנט)געלענק – wrist
לאַוו־דווקא [LAV-DA'FKE] – not necessarily

אין וואָס פֿאַר אַ סיטואַציע וואָלט מען געזאָגט די ווײַטערדיקע? באַשרײַבט אַ סצענע וווּ מע וואָלט גענוצט יעדן ווערטל אָדער ציטאַט.

1. ס'איז אַ וועלט מיט וועלטעלעך.
2. דאָס עפּעלע פֿאַלט ניט ווײַט פֿון ביימעלע.
3. לאָז מיך צו רו מיט דײַנע הבטחהלעך. (לאָז מיך צו רו – leave me alone, give me a break)
4. ס'איז ניט קיין בוך, ס'איז אַ ביכל.

◇ דער טראַפּיקער למד און דער טראַפּיקער נון

אַ למד וואָס שאַפֿט אַ טראַף הייסט אַ טראַפּיקער למד, אַזוי ווי אין אַזעלכע ווערטער ווי לעפֿל, גאָפּל, מיטל, פֿידל, אַרבל, בייגל, אאַז״וו. (באַמערקט אַז די ווערטער זײַנען נישט קיין דימינוטיוון.) אַ נון קען אויך זײַן אַ טראַפּיקער. למשל: וואָלקן, לויפֿן, עקשן [A'KShN]. אַ טראַפּיקער למד אָדער אַ טראַפּיקער נון קען קומען בלויז נאָך אַ קאָנסאָנאַנט.

אאַז״וו – און אַזוי ווײַטער, etc.
דער טראַף – syllable

◆ דער למד וואָס איז דער סופֿיקס פֿאַר דער ערשטער מדרגה פֿון פֿאַרקלענער־ווערטער איז אַ טראַפּיקער. טיש האָט איין טראַף; טישל האָט צוויי טראַפֿן; ברודער האָט צוויי טראַפֿן; ברודערל האָט דרײַ טראַפֿן. אַזוי אָבער ווי דער למד קען זײַן טראַפּיק בלויז נאָך אַ קאָנסאָנאַנט, קענען ווערטער וואָס ענדיקן זיך אויף אַ וואָקאַל קיין מאָל ניט האָבן קיין דימינוטיוו פֿון דער ערשטער מדרגה. פֿון שניי קען ניט ווערן „שנייל״. עס קען בלויז זײַן שנייעלע; פֿון מאַמע קען נאָר זײַן מאַמעלע, אאַז״וו.

דער וואָקאַל – vowel

איצט פֿאַרשטייט איר ווי אַזוי צו שאַפֿן די פֿאַרקלענער־ווערטער פֿון:
זיידע, צרה, רבי, משה, תּורה, מלכּה, סעודה, אאַז״וו.

◆ אויב דער שורש פֿון אַן אײַנטראַפּיקן סובסטאַנטיוו ענדיקט זיך אויף אַ ל, שטעלט מען אַרײַן אַ כ. למשל: פֿון מיל – מילכל. אויב דער שורש ענדיקט זיך אויף אַ טראַפּיקן למד, איז ניטאָ קיין פֿאַרקלענער־וואָרט פֿון דער ערשטער מדרגה. למשל: פֿון מאַנטל בלויז מאַנטעלע.

דער שורש [ShO'YREsh] – **שטאַם**, root

איצט פֿאַרשטייט איר ווי אַזוי צו שאַפֿן די פֿאַרקלענער־ווערטער פֿון:
פּעל, שטול, פֿידל, לעפֿל, מויל, זאַל, גאָפּל, נאָדל, זײַל, קול.

◆ אויב דער שורש פֿון וואָרט ענדיקט זיך אויף אַ נון, קומט אַרײַן צווישן נ און ל אַ דלד (ד).
למשל: שטיין ⟵ שטיינדל און שטיינדעלע.

איר קענט איצט שאַפֿן די פֿאַרקלענער־ווערטער פֿון:
ביין, וואָלקן, זון, אײַזן, חזן, חן, רעגן, חשבון.

◘ דער אַקצענט פֿון וואָרט האָט דאָ אויך וואָס צו זאָגן

טיש — טישל — טישעלע
מאַמע — מאַמעלע
עפּל — עפּעלע
ברודער — ברודערל

דער אַקצענט קומט ניט אויף דער ענדונג פֿון די פֿאַרקלענער־ווערטער. דער אַקצענט קען ניט זײַן אַזוי ווײַט פֿון סוף וואָרט, עס זאָל מיגלעך זײַן אַ וואָרט „ברודערעלע". דעריבער איז דאָ אַזאַ כּלל:

◆ אויב דער אַקצענט פֿון וואָרט איז ניט אויפֿן לעצטן טראַף פֿון שטאַם (שורש), קען דאָס וואָרט ניט האָבן די פֿאַרקלענערונג אויף ־עלע, סײַדן דאָס וואָרט ענדיקט זיך אויפֿן קלאַנג (ניט אות!) ־ע. עס קומט יעמאָלט (דעמאָלט) צו ־לע.

unless – סײַדן

ברודער – נאָר ברודערל, בחור – נאָר בחורל, נפֿש – נאָר נפֿשל, אָבער מאַמע – מאַמעלע, מצה – מצהלע, רבי – רבילע. און אויך עפּל – עפּעלע, פֿידל – פֿידעלע. איצט קענט איר שאַפֿן די מעגלעכע פֿאַרקלענער־ווערטער פֿון:
שוועסטער, מומע, בן־יחיד (only son [BEN-YO'KhID]), בת־יחידה (only daughter [BAS-YEKhI'DE]), מיזינקע, ניגון, פֿײַער, זשורנאַל, פֿויגל, שליסל, סאָציאַליסט, בגד (garment [BE'GED]), נחת.

◆ אַ מאָל בײַט זיך בײַם שאַפֿן אַ דימינוטיוו דער וואָקאַל פֿון שטאַם. באַמערקט אַז דער וואָקאַל בײַט זיך אויפֿן זעלביקן אופֿן ווי ער בײַט זיך בײַם פֿאָרמולירן די מערצאָל.

שרײַבט צו די פֿאַרקלענער־ווערטער:

1. פֿון אַ ווערט ע
באַרשט ________
קאַלב ________
באַרג ________

2. פֿון אָ ווערט ע
דאָרף ________
פּנים ________
רבֿ ________

3. פֿון ו ווערט י
שטוב ________
טוך ________
יונג ________

4. פֿון וי ווערט ײַ
הויז ________
בויך ________
מויל ________

5. פֿון וי ווערט יי
בוים ________
רויך ________
אויג ________
פֿויגל ________

אַ שפּילכל

איצט לאָמיר ניצן פֿאַרקלענער־ווערטער צו זײַן איראָניש און נעגאַטיוו. זאָל יעדערער דערמאָנען אַ גוט באַקאַנטן פּאַרשוין (פּערזענלעכקייט) און טײַטלען אויף אימעצן אין קלאַס, ער / זי זאָל ניצן אַ פֿאַרקלענער־וואָרט דעם פּאַרשוין מבֿטל צו מאַכן. לאָזט זיך ווילגיין – ס'איז נאָר אַ שפּיל. עס זאָל גיין גאָר גיך. באַמערקט אַז אינטאָנאַציע שפּילט דאָ אַ גרויסע ראָלע.

למשל:
איין תּלמיד – טאָלסטוי! (טײַטלט אויפֿן צווייטן)
צווייטער תּלמיד – אַ שרײַבערל!
דריטער תּלמיד – פּיקאַסאָ (טײַטלט אויפֿן פֿערטן)
פֿערטער תּלמיד – אַ מאָלערל!

to point – טײַטלען
to have fun – לאָזן זיך ווילגיין

◘ פֿאַרקלענער־ווערטער געהערן צום מיטעלן אָדער נייטראַלן מין

דער מין – gender

קוקט זיך צו צום מין פֿון די פֿאַרקלענער־ווערטער:

1. דער עפּל, דער געשמאַקער עפּל ← דאָס עפּעלע פֿאַלט ניט ווײַט פֿון ביימעלע;
2. די שטאָט, די גרויסע שטאָט ← גיי איך אַרויס אויפֿן גאַניקל דאָס שטעטעלע באַקוקן.

◆ פֿאַרקלענער־ווערטער געהערן צום מיטעלן מין. דער כּלל איז אַן אַלגעמיינער. ער נעמט אַרום ביידע מדרגות פֿאַרקלענער־ווערטער: דאָס שטעטל און דאָס שטעטעלע, הגם עס איז די שטאָט; דאָס קעפּל און דאָס קעפּעלע, הגם עס איז דער קאָפּ.

אַלגעמיין – general
אַרומנעמען – to embrace, to include
הגם [HAGA'M] – **כאָטש**

אַפֿילו ווען עס רעדט זיך וועגן לעבעדיקע באַשעפֿענישן פֿון מענלעכן אָדער ווײַבלעכן מין, געהערן זייערע דימינוטיוון צום מיטעלן מין. למשל: דאָס מענטשעלע, דאָס יִינגעלע, דאָס מיידעלע, דאָס ווײַבעלע.

ווייסט מען אַז דער טראַפּיקער למד איז אַ פֿאַרקלענער־סופֿיקס, ווייסט מען אויך אַז דאָס וואָרט געהערט צום מיטעלן מין. צוריק גערעדט, אויב דער למד געהערט צום שטאָם פֿון סובסטאַנטיוו קען דאָס וואָרט געהערן אָדער צום מענלעכן מין (דאָס רובֿ פֿאַלן) אָדער צום ווײַבלעכן. למשל: דער עפּל, די שיסל.

צוריק גערעדט – on the other hand

גרויס און קליין...

בעטלער: אַזאַ גרויסער קאַפּעליוש און אַזאַ קליין נדבֿהלע...

באַשרײַבט אַ וויזיט צו אַ קינד אין דער משפּחה – אפֿשר אַ פּלימעניק, צי אַ פּלימעניצע. ווי זעט אויס דאָס קינד? ווי האָט אויסגעזען דער צימער? וואָסערע מעבל זײַנען דאָרטן געווען? וועגן וואָס האָט איר גערעדט, און וואָס האָט איר געטאָן? באַניצט זיך מיט פֿאַרקלענער־ווערטער, אָבער געדענקט אַז ס'איז אויך מעגלעך איבערצוכאַפּן די מאָס. זאָל דער צווייטער צום שמועס רעאַגירן אויף דער מעשׂה מיטן וויזיט – טענהן אַז דער ערשטער איז צו באַגײַסטערט, אָדער ער טרײַבט איבער, אָדער וואָס עס זאָל נישט זײַן. און זײַט זיכער אַז איר קענט פֿאַרטיידיקן די טענות אײַערע – פֿאַר וואָס מיינט איר אַזוי?

איבערטרײַבן – to exaggerate
איבערכאַפּן די מאָס – to overdo it
באַגײַסטערט – enthusiastic
באַגרינדן – to substantiate

ניצלעכע ווערטער:

מאָנטשינק – זייער, זייער קליין, למשל: מאָנטשינקע צײנדעלעך (פֿון מאָנדל – poppyseed)
די ליאַלקע – doll
די צאַצקע, דאָס שפּילכל – toy
די חיה [KHA'YE] – animal
די שפּאָרפּושקע – piggybank
די/דער וויגשטול – rocking chair
דאָס שפּילוואַרג – toys
דאָס דריידל
דער גראַגער
די ביקס – gun
די מאַריאָנעט
דער אַרבעס־שיסער
די קו
דער בער
דער וואָלף
די ציג
די זשאַבע
דער האָז
שטיפֿן – to carry on, to play tricks

אַ קינד וואָס האָט ליב צו שטיפֿן קען זײַן: אַ שטיפֿער, אַ ווײַסער־חבֿרהניק, אַ שייגעץ, אַ ממזרוק [MAMZERU'K], אַ באַנדיט(קע), אַ תּכשיט ([TA'KhShIT] a brat), אַ קאַטאָוועסניק, אַ ציג. אַלע ווערטער אַזעלכע ווערן ווייכער און דריקן אַפֿילו אויס ליבשאַפֿט אין זייער פֿאַרקלענערטער פֿאָרמע.

אַ קינד וואָס איז נישט אַזאַ שטיפֿער קען זײַן:

אַן אוצר, אַ גאָלד, גוט ווי גאָלד, { ווייל / גוט } ווי { דער טאָג / די וועלט }, די גוטסקייט אַליין, אַ טײַערינקע(ר).

◇ פֿאַרצויגענע נעמען

לאָמיר באַטראַכטן די ווערטער וואָס האָבן דאָ אַ ספּעציעלע פֿאָרמע פֿון פֿאַרצויגענע נעמען:

א. פֿון מ. וואַרשאַווסקיס אַ ליד:

חנהלע, בריַנעלע –
אוי, אַ דימענט יעדע.
רחלע, ברכהלע –
הימל־שטערן ביידע.

בינצעניו, שפּרינצעניו
קענען נאָר געפֿעלן;
ריקעלע, מיקעלע –
פֿאַרן קייסער נאָר צו שטעלן.[1]

ב. פֿון אַ פֿאָלקסליד:

מאַמעניו, ליבעניו, קרוינעלע, האַרצעלע,
שוויַג שוין אַ וויַלינקע שטיל!
לעש אין מיר מיַן העלישן פֿיַער
און גיב מיר שוין וועמען איך וויל!

ג. פֿון אַן אַנדער פֿאָלקסליד:

– און וואָס וועלן מיר עסן אויף דער סעודהניו?
– דעם שור־הבר מיטן לויתן וועלן מיר עסן אויף דער סעודהניו!

> **דער לויתן** [LEVYO'SN] – leviathan
> **די סעודה** – banquet
> **דער שור־הבר** [ShORABO'R] – the wild ox that, with the leviathan, will be eaten by the righteous at the coming of the Messiah, according to Jewish lore

◆ פֿאַרקלענער־ווערטער, ספּעציעל פֿאַרקלענער־ווערטער פֿון דער צווייטער מדרגה, זיַנען אַ מיטל אויסצודריקן ליבשאַפֿט. ייִדיש האָט אַ גאַנצע ריי סופֿיקסן צו שאַפֿן פֿאַרצויגענע נעמען, וואָס דריקן אויס האַרציקייט און צערטלעכקייט.

אָט זיַנען סופֿיקסן וואָס שאַפֿן פֿאַרצויגענע נעמען:

1. ־קע — לייבקע, שמואלקע, ציפּקע, מאָשקעלע
2. ־ינקע — לייבינקע, מאַמינקע, טיַערינקע, שׂרהינקע
3. ־עניו — מאַמעניו, גאָטעניו, טאַטעניו, משהניו, כּלהניו
4. ־שי — מאַמעשי, כּלהשי, טאַטעשי, באָבעשי (זעלטן מיט נעמען, אָבער פֿונדעסטוועגן: שׂרהשי)
5. ־טשע — לייבטשע, חנטשע (פֿון חנה), חיהטשע
6. ־טשיק — לייבטשיק, חנטשיק, בויטשיק (פֿון ענגליש: boy)

---

[1] ד״ה, שיין גענוג פֿאַרצושטעלן פֿאַרן קייסער.

דערציילט אימעצן אין קלאַס וועגן מענטשן אין דער משפּחה וואָס איר האָט ליב. דערמאָנט וויפֿל פֿון זיי איר קענט.

למשל: איך האָב אַ טאַטעלע אַ גאָלד, אַ מאַמעניו אַ פּראַכט, אַ ברודערוק אַ תּכשיטל און אַ שוועסטערשי וואָס איז גוט ווי די וועלט. איך האָב אויך אַ באָבעניו אַ טײַערינקע. אימעצער וואָס מע האָט זייער ליב קען אויך זײַן אַן אוצר, אַ קרוין, אַן אָרון־קודשל, אַ טויב, אַ קעצעלע, אַ שקאָץ (ד״ה, אַ שטיפֿער), אָדער אַ האַרץ. זאָל דער צווייטער תּלמיד פֿרעגן (און פֿאַרשרײַבן) ווי יעדער בן־בית אָדער קרובֿ הייסט. אַזוי ווײַט ווי מעגלעך, גיט איבער די נעמען פֿון אײַערע משפּחה־לײַט אין די פֿאַרצויגענע פֿאָרמעס — למשל — ניט יענטע — נאָר יענטעלע. זאָלן די רייד גיין פֿיל־ווייניק גיך און צום סוף זאָל דער וואָס האָט פֿאַרשריבן איבערחזרן אַלע נעמען (מיט דער הילף פֿון די נאָטיצן) צו זײַן זיכער אַז ער האָט ריכטיק פֿאַרשריבן, און בעטן פּרטים וועגן יעדן יחיד.

דער בן־בית [BEN-BA'YES] – family member, member of the household
דער יחיד [YO'KhID] – individual
פֿיל־ווייניק – more or less
דער תּכשיט [TA'KhShIT] – jewel, treasure, brat

ס'איז זיין גליק

פֿאָטער: צי ווייסטו פֿאַר וואָס איך גיי[1] דיר איצטער[2] שמײַסן?
ייִנגעלע: אַוודאי ווייס איך: ווײַל דו ביסט גרעסער פֿון מיר.

---

[1] גיין פּלוס אינפֿיניטיוו – going to...

[2] איצטער = איצט

◘ אַדיעקטיוון קענען אויך באַקומען סופֿיקסן וואָס שאַפֿן דימינוטיוון

◆ ייִדיש פֿאַרמאָגט אַ פֿאַרקלענער־פֿאָרמע פֿון אַדיעקטיוון:

ביטער ⟵ אַ ביסל ווייניקער ביטער איז ביטערלעך
ברייט ⟵ אַ ביסל ווייניקער ברייט איז ברייטלעך

מע קען רעדן וועגן פֿילן זיך מיד, אַ ביסל (אָדער אַ קאַפּעטשקע) מיד, און אַפֿילו – אַ ביסל (אָדער אַ קאַפּעטשקע) מידלעך. דאָס לעצטע העלפֿט זייער אויב מע וויל טאַקע מינימיזירן די מידקייט, אָדער אפֿשר אויסדריקן איראָניע (למשל: ס'איז גאָרנישט! ער איז נאָר אַ קאַפּעטשקע נערוועזלעך).

פֿון די נעמען פֿון קאָלירן באַקומען זיך אויף אַזאַ אופֿן נעמען פֿון שאַטירונגען. דאָס איז אַזוי ווי אויף ענגליש, ווען מען ניצט דעם סופֿיקס ‎-ish, למשל: bluish, greenish.

> **אויף אַזאַ אופֿן** [O'YFN] – in this manner, thus
> **די שאַטירונג** – shade (of a color)

◆ אויב דער אַדיעקטיוו ענדיקט זיך אויף ל, קומט צו אַ ב פֿאַרן סופֿיקס ־לעך: קיל ⟵ קילבלעך.

א. אויף אַזאַ אופֿן קען מען שאַפֿן נעמען פֿון שאַטירונגען פֿון קאָלירן כלערליי:

1. פֿון גרין ווערט ________לעך
2. פֿון רויט ווערט ________
3. פֿון ברוין ווערט ________
4. פֿון שוואַרץ ווערט ________
5. פֿון גרוי ווערט ________ (דאָס איז טײַטש אי grayish, אי drab)
6. פֿון בלוי ווערט ________
7. פֿון ווײַס ווערט ________
8. פֿון געל ווערט ________

ב. ווי אַזוי וואָלט מען געשאַפֿן ניואַנסירטע פֿאָרמעס פֿון די ווײַטערדיקע:

1. פֿון זיס ווערט ________
2. פֿון פֿינצטער ווערט ________
3. פֿון קאַלט ווערט ________
4. פֿון שווער ווערט ________
5. פֿון רוי ווערט ________
6. פֿון קיל ווערט ________

> **קיל** – cool
> **רוי** – raw, unripe

צום שמועסן 62

שמועסט וועגן די קאָלירן און שאַטירונגען פֿון אַלצדינג וואָס געפֿינט זיך אין קלאַסצימער. בעסערט אויס איינער דעם אַנדערן. באַמיט זיך צו זײַן אַזוי פּרעציז ווי מעגלעך (נישט נאָר פּרעציזלעך).

> **באַמיִען זיך** – to make an effort, to take pains
> **פּרעציז** – precise

◆ צי כאַפּט מען איבער די מאָס?

כאַטש צו פֿיל ניצן פֿאַרקלענער־פֿאָרמעס קען שאַפֿן אַ לאַקרעצדיקן טאָן, אויב מע וויל רעדן ייִדיש ווי עס רעדט זיך, טאָר מען די פֿאַרקלענער־ווערטער נישט אויסמײַדן. וואָס מיינט איר וועגן די פֿאַרקלענער־ווערטער אין די ווײַטערדיקע בײַשפּילן? צי שאַפֿן זיי אַ פּאַסיקן טאָן, צי ווערן די לידער אַ קאַפּעטשקע לאַקרעצדיק, אַ ביסל איבער דער מאָס?

to avoid – אויסמײַדן

1. פֿון אַ. ליטווין

אין אַ קליינעם שטיבעלע
בײַ אַ לאַנגן טיש
זיצן דאָרטן מיידעלעך
דרייען מיט די פֿיס.

דרייען די מאַשינדעלעך
פֿון דער פֿרי ביז נאַכט,
און אַזוי ווערט טוצנווײַז
העמדעלעך געמאַכט.
(by the dozen – טוצנווײַז)

העמדעלעך איר ווײַסינקע,
זאָגט, וואָס זײַט איר נאַס?
מיידעלעך איר שיינינקע,
זאָגט, וואָס זײַט איר בלאַס?

העמדעלעך און מיידעלעך
ריידן ניט קיין וואָרט,
אויסער די מאַשינדעלעך
הודזשען ווײַטער דאָרט.
(besides, except – אויסער)
(drone – הודזשען)

2. פֿון ח. נ. ביאַליקס „אונטער די גרינינקע ביימעלעך“:

אונטער די גרינינקע ביימעלעך
שפּילן זיך משהלעך, שלמהלעך;
ציצית, קאַפּאָטקעלעך, פּאהלעך –
ייִדעלעך פֿריש פֿון די אייעלעך.

גופֿימלעך – שטרוי, רויך און פֿעדערלעך,
נעם און צעבלאָז זיי אויף גלידערלעך;
כאַפּן זיי אויף גרינגע ווינטעלעך
און עס צעטראָגן זיי פֿייגעלעך.
(body – גוף)
(limb – גליד ;to blow in all directions – צעבלאָזן)
(to carry in all directions – צעטראָגן)

נאָר איין זאַך פֿאַרמאָגן זיי – אייגעלעך!
די אויגן פֿאַרמאָגן צוויי פּינטעלעך,
וואָס גליִען און פֿינקלען און טוקן זיך,
און עפּעס ווי נבֿיאיש און וווּנדערלעך
(to possess – פֿאַרמאָגן)
(to plunge – טוקן זיך)
(prophetic – [NEVI'ESh] נבֿיאיש)

פֿאַרטראַכטן זיך טיף און פֿאַרקוקן זיך
אויף נעכטיקע טעג און אויף פֿייגעלעך...
אוי, מיר זאָל זײַן, ייִדישע קינדערלעך,
פֿאַר אײַערע כּשרע אייגעלעך!
(to sink into thought – פֿאַרטראַכטן זיך; פֿאַרקוקן זיך – to let one's mind wander while staring)
(may evil intended for you [here: for your eyes] be deflected to me! – מיר זאָל זײַן פֿאַר דיר)

קאַפּיטל נײַן

לאָמיר אויסברייטערן אַ ביסל דעם ווערטער־אוצר – דעם וואָקאַבולאַר. קוקט זיך צו צום באַניץ פֿונעם ווערב זאָגן.

1. ער זאָגט און ער זאָגט און ער זאָגט גאָרנישט.
2. זי זאָגט אַז דאָס איז דער בעסטער אופֿן צו דערגרייכן דעם ציל.
3. ער זאָגט אַז מ׳האָט זיך ניט גוט באַצויגן צו אים. (באַציִען זיך צו – to relate to)
4. זי זאָגט אַז איך מוז גלײַך קומען צוריק.
5. ער זאָגט אַז מע זאָל אויפֿהערן אים צו מאַטערן. (מאַטערן – to torment)
6. ער זאָגט אַז ער איז ניט פֿאַראינטערעסירט.
7. דער קיניג זאָגט אַז מע זאָל באַפֿרײַען די געפֿאַנגענע.
8. דער לערער זאָגט אַז מיר זײַנען דאָס מאָל געווען גערעכט.
9. זי זעט ווי איך קום און זאָגט אַז איך דאַרף זיך צואײַלן. (צואײַלן – to hurry up)
10. ער שווײַגט און שווײַגט און נאָך דעם זאָגט ער, אַז ער איז מיט קיינעם ניט מסכּים.
11. מיט אַ קוויטשעדיקער שטים זאָגט ער אַז מיר זאָלן גלײַך אַרויס פֿון צימער. (קוויטשען – to squeak)
12. זי זאָגט אַז אַזאַ צופֿאַל איז גאָר ניט מעגלעך. (דער צופֿאַל – coincidence)
13. ער זאָגט אַז ער פֿרייט זיך מיט אונדזער קומען.
14. דער פֿאָרזיצער זאָגט אַז מע מוז ווערן שטיל, אַניט, זאָגט ער, וועט ער מוזן שליסן די זיצונג.
15. דער קאַפּיטאַן זאָגט די מאַטראָסן אַז די שיף איז אין געפֿאַר און ער (דער מאַטראָס – sailor)
זאָגט אַז אַלע מוזן זיך באַמיִען מיט די לעצטע כּוחות זי (די שיף) צו ראַטעווען. (ראַטעווען – to save)

ס׳איז נישטאָ קיין ספֿק אַז מע קען זײַן מער פּרעציז. פֿאַרבײַט דעם ווערב זאָגן אין די פּופּצן פֿאַלן אויבן מיט אַ פּאַסיקערן ווערב פֿון דער ווײַטערדיקער ליסטע. אַרבעט צוזאַמען מיט אַ צווייטן. מיט יעדער פֿאָרלייג פֿון אײַער שותּף קענט איר זײַן אָדער מסכּים אָדער ניט מסכּים.

אויב איר זײַט מסכּים, זאָגט אַזוי! מע קען זאָגן: מסכּים!; דאָס געפֿעלט מיר; איך שטים אײַן [מיט אײַך/דיר]; זאָל זײַן אַזוי; נישקשה [דאָס איז נישט אַזוי ענטוזיאַסטיש]; גוט געמאַכט; יע!; אָט אַזוי!

אויב איר זײַט ניט מסכּים, זאָגט אַזוי! מע קען זאָגן: וואָס רעדסטו?! / וואָס רעדט איר?!; וואָס איז דאָס פֿאַר אַן אײַנפֿאַל?; בעסער וואָלט געווען צו זאָגן ______; איך וואָלט בעסער געזאָגט ______; פֿע!; משוגע [MEShU'GE] (you're nuts!); מײַנע שׂונאים [SO'NIM]?! ניין, איך וואָלט נישט געזאָגט/געמאַכט אַזוי. [ווי איר זעט, זײַנען טייל רעאַקציעס שטאַרקער ווי אַנדערע.]

אײַנשפּאַרן זיך אַז – to insist
אַמפּערן זיך – to bicker
אָנגעבן (אַז) – to state
אַרויסהייבן, אָנווײַזן (אויף) – to point out
באַלאַקען/באַלאַבעטשען – to chatter, to babble
באַלעמוטשען – to procrastinate, to kill time
באַרימען זיך – to brag
באַשטעלן (בײַ) – to order (from)
בעבקען, בעבען – to blather (like a sheep)
געבן אָנצוהערן – to intimate
דוחק [DO'YKhEK] זײַן – to exhort
דערקוטשען – to nag, to pester
הייסן – to order, to direct, to command
האַלטן אַז – to contend

טענהן – to claim, to complain, to maintain
מודיע [MEDI'E] זײַן – to inform, to announce
מורמלען – to murmur
מתווכּח זיך זײַן [MISVAKE'YEKh] – to argue, to instigate
נודיען – to bore, to nag
סטראַשען – to threaten
פֿאָדערן, מאָנען, פֿאַרלאַנגען – to demand, to request
פּאָנפּען – to speak through the nose
קוויטשען – to squeak
שושקען – to whisper
שטאַמלען – to stammer
שרײַען – to scream

◘ די פּרעפּאָזיציע אין

א. ווי זאָגט מען אויף ייִדיש?

1. I am going to school (to town, to the theatre, to the hospital, to the synagogue, to jail[טורמע])
2. They are at school, at university, at the castle, at the post office (פּאָסט)

וואָס איז דער פּשוטסטער, דער געוויינטלעכסטער באַטײַט פֿון דער פּרעפּאָזיציע אין?

ב. צי קען די פּרעפּאָזיציע אין האָבן אויך אַ צײַטבאַטײַט?
אין אַזאַ טאָג; אין דער מינוט (at that moment); אין יענער נאַכט. טראַכט צו נאָך בײַשפּילן.

ג. אין דריקט אויך אויס דעם שטייגער, דעם אופֿן פֿון אַ טוונג.
למשל: געלעבט אין שלום; חלומט אין דער שטיל; זעט עס אין חלום; איז געלעגן אין מיטן ווייטיקן; אַרויסגערעדט אין אײַלעניש; זיצן אין דער פֿינצטער.

גענִיטונג 38

שטעלט אַרײַן די פּרעפּאָזיציע וואָס פֿעלט. ס'איז גאָר ניט אַזוי פּשוט. ניצט אין, בײַ (אָדער בײַם), אויף אָדער מיט.

1. ______ מיטן טאַנץ פּלאַצט די סטרונע.
2. ______ אַ מגפֿה [MAGE'YFE] (עפּידעמיע) איז אַ ציג אויך אַ בהמה.
3. ______ אַ גרויסן טײַך כאַפּט מען גרויסע פֿיש.
4. ___[א]___ דער יוגנט אַ ליגנער, ___[ב]___ דער עלטער אַ גנבֿ.
5. ______ שלום שטייט די וועלט.
6. אַז מע לעבט ___[א]___ חשבון שטאַרבט מען ___[ב]___ ווידוי.

(דער חשבון [KhEZhBN] – account, bill, reckoning; דער ווידוי [VIDE] – confession)

7. ______ צווייען איז שטאַרקער. (as two – ___ צווייען)
8. ______ באָד זײַנען אַלע גלײַך.
9. [עס איז] שטיל ווי ______ אַ בית־עולם.
10. ______ אַן אָפּן טעפּל שטעקט איטלעכע מויז אַרײַן דאָס קעפּל.
11. ______ אַ שלאַנג טאָר מען קיין רחמנות ניט האָבן.
12. אַז אַ מענטש קומט אַרײַן ______ היץ, הערט ער ניט דעם דונער, זעט ער ניט דעם בליץ.
13. אַ דאַנק קען מען ______ קעשענע ניט אַרײַנלייגן.
14. אַז די באָרד ברענט איז הייס ______ מויל.
15. בעסער ______ גוייִשע הענט ווי אין ייִדישע מײַלער.
16. תּורה ___[א]___ קעפּעלע, קאַשע ___[ב]___ טעפּעלע.
17. [ער ווערט] פֿאַרשוואַרצט ___[א]___ עושר און ___[ב]___ כּבֿוד. (פֿאַרשוואַרצט ווערן – to suffer)
18. אַז עס ברענט ___[א]___ שכן ביסטו אויך ___[ב]___ סכּנה.

אויף – 4א/ב, 5, 9
מיט – 12

א. זײַט זיכער אַז אַלע שפריכווערטער לייגן זיך אײַך אויפֿן שׂכל. דערנאָך – גיט איבער אימעצן אין קלאַס אַן עצה, ניצנדיק איינס פֿון די שפריכווערטער. דערקלערט אײַך פֿאַר וואָס איר עצהט אַזוי אין די אייגענע ווערטער. עס דאַרף נישט זײַן קיין ערנצטע עצה.

לייגן זיך אויפֿן שׂכל [SE'YKhL] – to make sense

אַ משל:

הער זיך צו – תּורה אין קעפעלע, קאַשע אין טעפעלע. פֿאַרשטייסט? לערנען איז קיין מאָל נישט אַן עבֿירה (=אַ שאָד) די צײַט. אַז דו וועסט עפעס קענען וועסטו קענען קריגן אַרבעט ווו דו זאָלסט נישט זײַן.

ווו דו זאָלסט ניט זײַן – wherever you might be

אַן עבֿירה [AVE'YRE] / אַ שאָד } די צײַט – a waste of time

פֿאַר דער עצה קען מען זאָגן:

- הער(ט)
- הער(ט) זיך צו (מיט קאָפ)
- הער(ט) זיך גוט צו
- הער(ט) זיך אײַן

נאָך דער עצה קען מען זאָגן:

- פֿאַרשטייסט/פֿאַרשטייט איר?
- פֿאַרשטייסט/פֿאַרשטייט איר וואָס איך מיין?
- כאַפסט/כאַפט איר וואָס איך מיין?
- ס'איז דיר/אײַך קלאָר וואָס איך זאָג?

זאָל דער צווייטער צום שמועס זיך אָפרופֿן (ד"ה, רעאַגירן) אויף אַ פאַסיקן אופֿן. ציט דעם שמועס אַ ביסל ווײַטער: דער עצה־געבער זאָל פֿאַרטיידיקן אָדער דערקלערן די עצה; דעם וואָס מע עצהט זאָל פֿאַרטיידיקן אָדער דערקלערן זײַן רעאַקציע.

ב. וואָס איז טײַטש „אין באָד זײַנען אַלע גלײַך"? דערקלערט עס מיט אַ משל, אָדער באַשרײַבט אַ פאַסיקן קאָנטעקסט ווו מע וואָלט דאָס ווערטל גענוצט.

ג. פֿאַרצייכנט אַלע שפריכווערטער אין דער רשימה וועלכע מע וואָלט געקענט ניצן אין אַ שמועס וועגן פּרנסה, ד"ה, וועגן פֿאַרדינען געלט. צי קענט איר אויסטראַכטן אַ סצענע ווו צוויי מענטשן אַמפערן זיך וועגן פּרנסה־זאַכן און ניצן עטלעכע פֿון די ווערטלעך? באַשרײַבט די סצענע און די צוויי מיטשמועסערס.

אויסטראַכטן – to think up
מיטשמועסער – interlocutor
פֿאַרצייכענען – to make note of

◆ ווײַטער וועגן אין

קוקט זיך צו ווי ווערבן פֿאַרבינדן זיך מיט אין.

1. אָנגעטאָן אין (אַ שאַל)	(to be dressed in)
2. פֿאַרטאָן אין (שפּילן)	(to be engrossed in)
3. אויפֿטאָן אין (לערנען)	(to accomplish)
4. אײַנטיילן אין (גרופּעס)	(to divide in)
5. זיך פֿאַרקריכן אין (געלעכטער)	(to crawl into, to get stuck in)
6. שפּיגלען זיך אין (זייערע קינדער)	(to exult in, to be proud of)
7. עס גייט { זיי / אים / מיר } (ניט) אין לעבן.	(to [not] care about)
8. זיך פֿאַרגיין אין (געוויין)	(to be convulsed in)
9. האַלטן אין (לייענען, רעדן, אַרבעטן, טעלעפֿאָנירן)	(to be engaged in)
10. האַלטן אין איין (לייענען, רעדן, אַרבעטן, טעלעפֿאָנירן)	(to constantly...)
11. האָבן אין זינען	(to have in mind)
12. זײַן אין כּעס	(to be angry)
13. זיך אַרײַננעמען אין זינען, אין קאָפּ	(to take in...)

צום שמועסן 64

בעט אַן עצה בײַ אימעצן אין קלאַס. איר האָט אַ נאָענטן חבֿר וואָס זײַן אויפֿפֿיר לעצטנס געפֿעלט אײַך לחלוטין ניט. איר זײַט באַזאָרגט וועגן אים. באַשרײַבט דעם חבֿרס אויפֿפֿיר בעת אַ שמועס וואָס איר האָט געפּרוווט האַלטן מיט אים. הערט זיך צו צו דער עצה, און רופֿט זיך אָפּ אויף איר. ניצט ווערטער פֿון דער אויבן געגעבענער ליסטע.

דער אויפֿפֿיר – conduct, behavior
אָפּרופֿן זיך אויף – to respond to
באַזאָרגט – worried
לעצטנס – recently

ניצלעכע פֿראַזעס:

(איז) וואָס זשע טוט מען?
הערט אַ מעשׂה!
ס'איז מיר באמת שווער אויפֿן האַרצן.
ס'ווערט מיר נישט־גוט!
הערט זיך צו...
הערט זיך צו מיט קאָפּ...
אָט וואָס איך וועל אײַך זאָגן...

צום שרײַבן

אײַער פּלימעניק וועט באַלד ווערן אַ לערער. ער גייט אין אַ וואָך אַרום דאָס ערשטע מאָל אין קלאַסצימער אין זײַן נײַער ראָלע – אַ לערער פֿון קינדער פֿון נײַן ביז עלף יאָר. שרײַבט אָן אַ קורץ בריוול אין וועלכן איר עצהט אים וועגן דער נײַער שטעלע. ניצט ווערטער פֿון דער רשימה אויבן.

לאָמיר אַ רעד טאָן (ד״ה, כאַפּן אַ שמועס) וועגן אַ חבֿר מיט אַ געוויסן אינטערעס אָדער טאַלאַנט, און וועגן דער באַציִונג צום טאַלאַנט פֿון די חבֿרים און די עלטערן זײַנע/אירע.

אסתּר { איז פֿאַרטאָן אין / האַלט אין איין / האָט אַ סך אויפֿגעטאָן אין } { זינגען / שרײַבן / טאַנצן / שפּילן פֿידל }

אַפֿילו אין דער מינוט { איז זי פֿאַרטאָן אין / האַלט זי אין } געניטן זיך.

אירע עלטערן { זײַנען איבערצײַגט אין / שפּיגלען זיך אין / זײַנען באַזאָרגט וועגן איר מיט / זײַנען צעטומלט לגבי איר מיט } איר טאַלאַנט.

זיי { האַלטן / האָבן זיך אַרײַנגענומען אין קאָפּ / זײַנען איבערצײַגט } אַז מע דאַרף עפּעס באַלד טאָן.

אירע חבֿרים זײַנען אײַנגעטיילט אין { צוויי / עטלעכע } גרופּעס.

טייל זאָגן אַז איר טאַלאַנט { האָבן זיי נישט אין זינען / גייט זיי נישט אין לעבן } ווײַל זיי האָבן מורא פֿאַר איר געזונט.

אַנדערע { זײַנען איבערצײַגט / האָבן זיך אײַנגעשפּאַרט } אַז זי זאָל עפּעס מאַכן פֿון זיך.

איצט דערציילט וועגן אַ חבֿר אָדער אַ באַקאַנטן מיט אַזאַ טאַלאַנט. שאַפֿט אײַערע זאַצן נאָך די אויבן דערמאָנטע מוסטערן. זאָל דער צווייטער צום שמועס צו ערשט נישט גלייבן און נישט פֿאַרשטיין, בעטן אָדער מאָנען דערקלערונגען, פּרטים, עפּעס צו דערווײַזן וואָס איר מיינט, און אפֿשר נאָר אַז איר זאָלט איבערחזרן, ווײַל ס׳איז טאַקע שווער זיך אויסצומאָלן. שפּעטער, אַז דעם צווייטן צום שמועס איז אַלץ קלאָר, זאָל ער עצהן מיט אַ לאָגישער עצה.

אויסמאָלן זיך	to imagine
אויפֿטאָן	to accomplish
איבערצײַגן	to convince
דערווײַזן	to prove
געניטן זיך	to practice
האַלטן אין	to be in the middle of
האַלטן אין איין	to do ceaselessly
דער מוסטער	model, sample
צעטומלט	worried, confused

פֿיר שורות פֿון יהואש:

אַרויסגעפֿאַלן פֿון אַ בוך איז מיר אין שויס
אַ זכר פֿון אַ יוגנטטרוים, אַ טויטע רויז.
כ׳האָב בײַ דעם בוך געפֿרעגט: ווי קומט אַהער די בלום?
די שורות זײַנען שטיל געווען, דער עבֿר – שטום...

דער זכר [ZE'YKhER] – trace, remembrance
שורות [ShU'RES] (די שורה) – lines

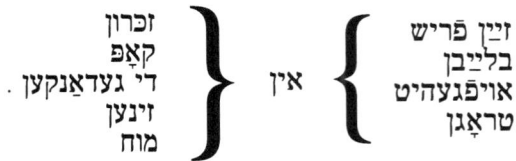

זײַן פֿריש בלײַבן אויפֿגעהיט טראָגן	אין	זכרון קאָפּ די געדאַנקען זינען מוח

בײַ אַ בעל־זכּרון בלײַבט אַ סך אויפֿגעהיט אין קאָפּ: לייענוואַרג, פּרטים פֿון איבערלעבונגען, אאַז״וו. מען זאָגט אַז אַזאַ מענטש האָט אַן אײַזערנעם מוח. צי זײַט איר אַ בעל־זכּרון? דערציילט וועגן עפּעס וואָס איר טראָגט שוין לאַנג אין מוח. צי איז דאָ בײַ אײַך עפּעס וואָס איר האָט בכּיוון געלערנט פֿון אויסנווייניק? אפֿשר האָט איר נישט קיין שטאַרקן זכּרון. אויב דער זכּרון איז זייער אַ שוואַכער, אויב גאָר ווייניק בלײַבט בײַ אײַך אויפֿגעהיט אין קאָפּ, האָט איר אַ קעצישן מוח (אַ מוח ווי אַ קאַץ). און אפֿשר זײַנען דאָ אויך בײַ אײַך דערמאָנונגען וואָס איר קענט זיי נישט אַרויסשלאָגן פֿון קאָפּ, איר קענט זיי נישט אָפּווישן אָדער אָפּמעקן פֿון מוח. ווי זאָגט מען? „דאָס גוטס געדענקט זיך לאַנג, דאָס שלעכטס, נאָך לענגער.״ מען זאָגט אויך אַז „אַ נאַרישקייט געדענקט זיך.״ צי האָט איר זיך אַ מאָל באַקענט מיט אימעצן מיט אַן אויסערגעוויינטלעכן זכּרון? כאַפּט אַ שמועס מיט אימעצן אין קלאַס וועגן זכּרון.

אויפֿגעהיט – preserved
די איבערלעבונג – experience
בכּיוון [BEKI'VN] – intentionally
דער זכּרון [ZIKO'RN] – memory
דאָס לייענוואַרג – לייען־מאַטעריאַלן
דער מוח [MO'YEKh] – mind

ניצלעכע פֿראַזעס:

בכלל [BEKLA'L] בדרך־כּלל [BEDEREKh-KLA'L] אין אַלגעמיין גענומען	generally, in general

אין פּלוג – on the face of it
פֿון דער צווייטער זײַט – on the other hand
אין תּוך, [TOKh] גענומען – essentially
אייגנטלעך – actually
פֿונדעסטוועגן – nevertheless

◆ די פּרעפּאָזיציע נאָך

נאָך האָט אַ צײַטבאַטײַט: נאָך שבת; זיך פֿילן גוט נאָך דער קראַנקייט; יום־כּיפּור נאָך מינחה.

נאָך האָט אַן אָרטבאַטײַט: דאָס הויז נאָך אונדזער גאָרטן; נאָכגיין נאָכן רבין.

נאָך האָט אַ צילבאַטײַט: גיין נאָך חנוכּה־געלט; גיין צום ברונעם נאָך וואַסער; שיקן דעם שמשׂ נאָך אימעצן; אַ בקשה נאָך אַ שיפֿסקאַרטע.

נאָך האָט אויך אַ באַטײַט ענלעך צו לויט און על־פּי: נאָכן שׂכל נאָך (על־פּי שׂכל, לויטן שׂכל); נאָך דער לאָגיק נאָך.

קוקט זיך צו צו אַ שמועס ניצנדיק נאָך מיט אַ סך באַטײַטן. דער שמועס איז, פֿאַרשטייט זיך, אַ גאָר געקינצלטער.

– ווען קומסטו צו מיר אין דער היים?
– איכ׳ל קומען נאָך מיטאָג.
– דו ווייסט שוין ווו איך ווין?
– אויף דער צווייטער גאַס נאָך דער ביבליאָטעק, ניט אַזוי?
– נאָך וואָס קומסטו? איך האָב פֿאַרגעסן.
– וואָס דרייסטו מיר אַ קאָפּ? איך קום נאָכן געלט וואָס דו ביסט מיר שולדיק.
– אָבער נאָכן צעטעלע וואָס דו האָסט מיר געגעבן דאַרף איך דיר נישט באַצאָלן ביז נאָכן זומער! בעסער אַז דו זאָלסט נישט קומען.

צום שמועסן (און צום שרײַבן) 67

א. שרײַבט אַ קורץ בריוול צו אימעצן וואָס איז אײַך שולדיק געלט. דערמאָנט אים וועגן ווען און פֿאַר וואָס איר האָט אים געליִען דאָס געלט, און זאָגט וואָס איר ווילט איצט טאָן וועגן חובֿ.

ב. דערציילט אימעצן אין קלאַס וועגן אײַער בריוול. גיט איבער אַלע פּרטים וועגן חובֿ; רעדט וועגן אײַער צוגאַנג צו לײַען געלט אין אַלגעמיין; דערציילט וועגן וואָס איר וועט אייגנטלעך טאָן אויב דער בריוו האָט נישט קיין פּועל־יוצא, קיין רעזולטאַט. און זאָל דער צווייטער צום שמועס איבערגעבן די אייגענע מיינונג וועגן לײַען געלט און חובֿות בכלל.

די בקשה [BAKO'ShE] – request
געקינצלט – artificial
דער חובֿ [KhOYV] – debt
לײַען – to lend
על־פּי [A'LPI] – according to
על־פּי שׂכל – logically speaking
דער פּועל־יוצא [POYEL-YO'YTsE] – result
פֿאַרשטייט זיך – obviously, naturally
דער ציל – goal
שולדיק זײַן – to owe
שיפֿסקאַרטע – ticket for a ship

◘ אויף ייִדיש דער אינפֿיניטיוו און אויף ענגליש דער סופֿיקס ‎-ing

ענגליש	ייִדיש
1. He remained *standing.*	1. ער איז געבליבן שטיין.
2. Don't stop *writing.*	2. הער (הערט) ניט אויף צו שרײַבן.

זעצט עס איבער אויף ייִדיש. עס רעדט זיך דאָ וועגן גערונד. דער גערונד איז אַלע מאָל פֿון מיטעלן מין (דאָס גיין, דאָס שרײַבן...).

1. I am tired of (פֿון) reading.
2. He has cause (אַ סיבה) for saying that (= that to say).
3. He finds pleasure in playing chess (שאַך).
4. We rely on (אויף) your coming.
5. Happiness consists of being content.
6. We were punished for laughing in class.
7. I like fishing.
8. Being angry is not always useful.
9. To have good friends is better than being rich.
10. It is better to think without speaking than to speak without thinking.

> to fish – כאַפּן פֿיש
> to find pleasure – [HANO'E] האָבן הנאה, [NA'KhES] שעפּן נחת
> happiness – דאָס גליק
> to consist of – באַשטיין פֿון
> better to ... than to – בעסער ... איידער

אָבער זײַט זייער אָפּגעהיט מיט די פֿאָרמעס אויף ‎-ing. עס קומט אויס זיי איבערצוזעצן אויף פֿאַרשיידענע אופֿנים:

1. I am helping him in his work. (... איך העלף אים)
2. I am going fishing tomorrow. (... איך גיי)
3. It is beginning to rain. (... עס הייבט אָן)
4. His loud talking is annoying (נודיעט).
5. He left the room without saying a word. (... נישט זאָגנדיק ...)
6. Instead of staying (בלײַבן) longer he suddenly departed.
7. Speaking well is a rare talent. (... דאָס רעדן)

> careful – אָפּגעהיט

◘ אויסדריקן באַגרענעצטע באַגײַסטערונג אָדער אומצופֿרידנקייט אָדער ביטול מיט אָדער אָן טאַקט

די אומצופֿרידנקייט – dissatisfaction
די באַגײַסטערונג – enthusiasm
באַגרענעצט – limited
דער ביטול – scorn
דער טאַקט – tact

אַ משל:

– די לעקציע איז דיר געפֿעלן?

<u>מיט טאַקט</u>

– עס איז געווען
אינטערעסאַנט
(פֿיל־ווייניק) נישקשהדיק (more or less OK)
נישט געפֿערלעך (pretty good, not terrible)
נישט אַזוי אײַ־אײַ־אײַ; ניט אַזוי וואַזשנע (not so special)

<u>אָן טאַקט</u>

– אַ שרעק! (awful)
– נודנע ביז אַראָפּ! (thoroughly boring)
– נישט צום גלייבן! (unbelievable)
– עס האָט געטויגט אויף כּפּרות. (it was worthless)

צום שמועסן 68

פּראַקטיצירט מיט קורצע שמועסן. פֿרעגט אימעצן אין קלאַס וועגן:

- דעם לערנען הײַיאָר
- אַ באַקאַנטן פּאָליטיקער וואָס איז לעצטנס געווען אויף דער טעלעוויזיע
- אַ בוך צי אַ פֿילם אַ נײַעם
- אַ פּראָגראַם אויף דער טעלעוויזיע
- דעם אָנטאָן בײַ הײַנטיקע יונגע־לײַט

– ווי געפֿעלט אײַך ...
– וואָס מיינט איר וועגן ...
– זאָגט מיר! וואָס האַלט איר וועגן ...

ניצט טאַקט, ווען פּאַסיק, אָבער נישט אַלע מאָל.

דאָס אָנטאָן – clothing
הײַיאָר – this year
הײַנטיק – present-day

קאַפּיטל צען

◇ די גאַנצע משפּחה

צום שמועסן 69

דרײַ קורצע שמועסן מכּוח (=וועגן) דער משפּחה: פֿרעגט און ענטפֿערט איינער בײַם אַנדערן.

א. צי וווינט איר איינע(ר) אַליין? ווער וווינט מיט אײַך אין איינעם? וויפֿל ברידער און שוועסטער האָט איר? וווּ וווינען זיי? צי לעבט אײַער זיידע? אײַער באָבע? מיט וועלכע קרובֿים בלײַבט איר אין נאָענטן קאָנטאַקט? צי האָט איר משפּחה אין אייראָפּע? אין דרום־אַמעריקע? אין ישׂראל? ווי זײַנען אײַערע עלטערן אויסגעקומען מיט זייערע ברידער און שוועסטער אין די יונגע יאָרן?

◆ באַמערקט אַז דאָס וואָרט קרובֿים פֿאַררופֿט זיך נישט אויף דער נאָענטער משפּחה. זיידע־באָבע, שוועסטער און ברידער, און פּלימעניקעס און פּלימעניצעס זײַנען נישט קיין קרובֿים.

פֿאַררופֿן זיך אויף – to refer to, to allude to
אויסקומען מיט – to get along with

ניצלעכע ווערטער:

ביז הונדערט און צוואַנציק יאָר – [may he/she live] till 120
ניפֿטר ווערן – to pass away
בן־יחיד/בת־יחידה – only child
געדיכט – close to each other
בלוט איז נישט קיין וואַסער
זאָל ער/זי לעבן און געזונט זײַן (used directly following mention of a loved one)
עליו־השלום, עליה־השלום, עליהם־השלום – may he/she/they rest in peace
איין מאָל אין אַ נאָווענע – once in a blue moon

ב. דערציילט וועגן פֿאַמיליע־יום־טובֿים.

צי קומט זיך די משפּחה צונויף פּסח צום סדר? צי האָבן ייִדישע יום־טובֿים בײַ אײַך אַ משפּחה־כאַראַקטער? פֿרעגט וועגן ווער עס קומט דער ערשטער און ווער עס קומט תּמיד שפּעט. ווער העלפֿט אַרויס אין קיך און ווער ניט? וואָסערע ראָלעס שפּילן אַלע? ווער רעדט אַ סך און ווער בלײַבט אין אַ זײַט (ד״ה, באַזונדער)? צי זײַנען אַלע אין דער משפּחה פֿיל־ווייניק ענלעך אין כאַראַקטער, צי איז פֿאַראַן אַ יוצא־מן־הכּלל?

צונויפֿקומען זיך – to gather
דער יוצא־מן־הכּלל [YO'YTsEMINAKLAL] – exception to the rule

ג. צי לעבט איר גוט מיט דער משפּחה?

מיט וועמען לעבט איר (קומט איר אויס) באַזונדערס גוט? צי זײַט איר צעקריגט מיט עמעצן פֿון אײַער משפּחה? (ד״ה, צי קריגט איר זיך, איינער מיטן אַנדערן?) צי קומען אַלע אויס גוט אין דער משפּחה? צי לעבן אַלע פֿעטערס און מומעס בשלום? צי האָט איר אַ סך שוועסטערקינדער? דערציילט וועגן זיי. צי האָט איר אַ מאָל געדאַרפֿט פֿאַרגלעטן קאָנפֿליקטן (סיכסוכים, חילוקי־דעות, אַרגומענטן, שפּאַנונגען, קריגערײַען, אַמפּערנישן) אין דער משפּחה?

דאָס אַמפּערניש – bickering argument
דער/דאָס חילוקי־דעות [KhILUKE-DE'YES] – controversy, difference of opinion
דער סיכסוך [SI'KhSEKh] – conflict, feud, controversy
די שפּאַנונג – tension, strain

◘ עלטערן און קינדער

צום שמועסן 70

צי האָט איר געהערט דאָס טרויעריקע פֿאָלקסליד?

דאָס קינד ליגט אין וויגעלע מיט אויסגעוויינטע אויגן,
די מאַמע ליגט אויף דער ערד די פֿיס אויסגעצויגן,
נישטאָ, נישטאָ קיין מאַמע! נישטאָ, נישטאָ קיין נחמה!
ווער וועט דיך, מײַן קינד, גלעטן און קאַמען?
ווער וועט דיר, מײַן קינד, דאָס וויגעלע אויסראַמען?
נישטאָ, נישטאָ קיין מאַמע! נישטאָ, נישטאָ קיין נחמה!

אויסראַמען – to clean out
אויסציִען (זיך) – to extend, to stretch (oneself) out
די נחמה [NEKhO'ME] – **טרייסט**, consolation

רעכנט אויס מיטן גאַנצן קלאַס די אַרבעטן פֿון אַ מאַמע אַרום אַן עופֿעלע. רעכנט בכלל אויס וואָס די מאַמע טוט. און וואָס טוט דער טאַטע? צי איז די ראָלע פֿון טאַטן הײַנט אַן איבערגעביטענע? ניצט די אונטן געגעבענע ווערטער און גיט צו נאָך אַנדערע. מאַכט עס נאָכן נאַטירלעכן סדר, ניט לויטן אַלף־בית. ווי האָדעוועט מען אויס אַ קינד?

אויסהאָדעווען – to raise, to bring up
איבערבײַטן – to change
דאָס עופֿעלע [E'YFELE] – **אַ נאָר וואָס געבוירן קינד**

אָט זײַנען ווערבן וואָס האָבן צו טאָן מיט אויסהאָדעווען קינדער:

אויסהאָדעווען	גלעטן	וויגן	צערטלען
איבערטאָן	געבוירן	זייגן	קאָכן
אָנטאָן	דערציִען	לאַטען	קאַמען
אַנטווײנען	האָדעווען	לויבן	קושן
אַרומנעמען	האַלדזן	נייען	ראַמען
באָדן	היטן	פּאָקן און מאָזלען	רייניקן
באַשטראָפֿן	וואַשן	צוואָגן	

און אָט זײַנען נאָך פֿראַזעס און ווערטער:

טראָגן אַ קינד (זײַן טראָגעדיק)	זאָרגן וועגן קינדער
גיין צו קינד	פֿאַרזאָרגן די קינדער
האָבן אַ קינד	נאָכגעבן אַ קינד
באַקליידן און באַשוכן	גוטע (שלעכטע) דערציִונג
ציטערן איבער אַ קינד	נחת פֿון קינדער
אויסהאַלטן די קינדער	שפּיגלען זיך אין קינדער

צום שמועסן 71

ניצט דעם ווערטערבוך אויף עטלעכע מינוט זיך צוצוגרייטן צום שמועס. רעדט זיך איצט דורך מיט אַ צווייטן וועגן זעלביקן ענין, וועגן וואָס אַ מאַמע און אַ טאַטע טוען. בשעתן שמועס, פֿאַרשרײַבט ווערטער און פֿראַזעס וואָס איר וועט קענען ניצן אָנצושרײַבן אַ פּאַראַגראַף וועגן אַ ספּעציפֿיש יאָר פֿון אַ קינדס לעבן (ד״ה – דאָס ערשטע, דאָס צווייטע, אָדער וואָס איר ווילט).

◆ שיִער ניט – אָן אַ שיעור

אַ מתמיד איז אימעצער וואָס לערנט תּמיד. דער מתמיד לערנט אָן אַ שיעור.

אַ שיעור איז אַ לעקציע אין דעם תּלמוד וואָס מע דאַרף דורכנעמען אין אַ געוויסער צײַט. אָבער דער מתמיד לערנט מער ווי דעם שיעור, מער ווי מע דאַרף, ער לערנט כּסדר, ער האַלט אין איין לערנען, ער לערנט אָן אַ סוף, אָן אַ שיעור.

פֿון דעם אויסדרוק לערנען אָן אַ שיעור האָט זיך באַקומען אַז אָן אַ שיעור הייסט בכלל אָן אַ מאָס. קען מען אויך זאָגן וועגן אַ פּרעסער (להבֿדיל), אַז ער עסט אָן אַ שיעור, וועגן אַ שטיפֿער אַז ער טומלט אָן אַ שיעור. אַז מע ווערט געניטער בײַ אַ געוויסער אַרבעט, קען מען זאָגן אַז די אַרבעט ווערט אָן אַ שיעור גרינגער.

געניט – experienced	
דורכנעמען – דאָ: to penetrate	
להבֿדיל [LEHA'VDL] – to distinguish between the sacred and profane	
דער מתמיד [MA'SMID] – diligent person	

דער אויסדרוק שיִער ניט, אָבער, איז אַ גאָר באַזונדערע זאַך. ער מיינט עפּעס ענלעכס צו כּמעט.

מערקט זיך דעם אונטערשייד:

1. שיִער ניט: ער איז שיִער ניט געפֿאַלן, ד״ה, ער האָט געהאַלטן בײַם פֿאַלן אָבער ער איז ניט געפֿאַלן.
2. אָן אַ שיעור: די בלעטער פֿאַלן אָן אַ שיעור, ד״ה, די בלעטער פֿאַלן אין זייער אַ גרויסער צאָל, כּסדר.

צום שמועסן 72

פֿרעגט בײַ אימעצן אין קלאַס:

– וואָס טוט אײַער מאַמע אָדער טאַטע אָן אַ שיעור?

ענטפֿערס קענען זײַן כּלערליי:

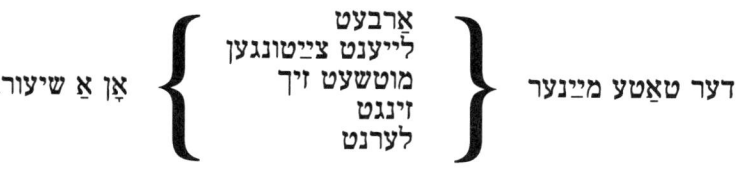

דער טאַטע מײַנער { אַרבעט / לייענט צײַטונגען / מוטשעט זיך / זינגט / לערנט } אָן אַ שיעור.

ציט דעם שמועס ווײַטער:

– צו וואָס (= פֿאַר וואָס) __________ ער אַזוי פֿיל?

און אַז מע ווייסט אַבסאָלוט נישט ווי צו ענטפֿערן:

– זאָל איך ווִיסן פֿון בייזס! (ד״ה, זאָל איך ווִיסן אַזוי פֿיל וועגן בייזס [= שלעכטס] ווי איך ווייס וועגן וואָס איר פֿרעגט.)

איצט: פֿרעגט וועגן אַן אַנדערן אין דער משפּחה.

צום שמועסן 73

צי קענט איר { זיך דערמאָנען אין / געדענקען } אַ פֿאַל ווען

{ איר האָט שיִער ניט אויפֿגעהערט צו רעדן מיט / דאָס/די געדולד האָט שיִער ניט געפּלאַצט בײַ / אײַער געדולד האָט שיִער ניט געפּלאַצט צוליב / איר האָט שיִער ניט געפּלאַצט צוליב } אימעצן אין דער משפּחה?

מעגלעכע ענטפֿערס:

[אויב איר זײַט גרייט צו ענטפֿערן אויף אַזעלכע פֿראַגעס...]

די מעשׂה איז געווען אַזאַ: ________.

[אויב אַזעלכע פֿראַגעס געפֿעלן אײַך ניט:]

לאָמיר ניט רעדן וועגן מיאוסע זאַכן.
אויף מײַנע שׂונאים געזאָגט!
לאָמיר בעסער רעדן וועגן אַנדערע זאַכן.
(איך געדענק אַזאַ פֿאַל אָבער) ס'איז נישט אײַער עסק.
איך וואָלט ליבערשט נישט רעדן וועגן אַזעלכע זאַכן.
די געדולד האָט קיין מאָל שיִער ניט געפּלאַצט בײַ קיינעם אין אונדזער משפּחה.

צום שרײַבן

שרײַבט אַ פּאַראַגראַפֿקעלע:

פֿון וואָס פּלאַצט בײַ אײַך די געדולד? וואָס טרײַבט אײַך אַרויס פֿון די כּלים? (דער טײַטש איז דער זעלבער.)

איך וואָלט ליבערשט... – I'd prefer...
דאָס/די געדולד – patience
די כּלים [KE'YLIM] – vessels, dishes
נישט דײַן עסק [E'YSEK] – none of your business
פּלאַצן – to split, to burst, to lose patience

◘ ווײַטער וועגן עלטערן און קינדער

לאָמיר באַטראַכטן די ווײַטערדיקע שפּריכווערטער וועגן עלטערן און קינדער:

1. ניטאָ אַזאַ זאַך וואָס זאָל זײַן צו טײַער פֿאַר אַ קינד.
2. פֿאַר אַן אייגן קינד זײַנען עלטערן בלינד.
3. טאַטע־מאַמעס ברכה ברענגט דעם קינד הצלחה.
4. קליינע קינדער לאָזן ניט שלאָפֿן, גרויסע – לאָזן ניט לעבן.
5. קליינע קינדער – קליינע פֿריידן, גרויסע קינדער – גרויסע ליידן.
6. מע זאָל באַהיט זײַן פֿון איין העמד און פֿון איין קינד.
7. אַ מאַמע מוז האָבן אַ גרויס פֿאַרטעך צו פֿאַרדעקן דעם קינדס חסרונות.
8. אַז מע האָט טעכטער פֿאַרגייט דאָס געלעכטער.
9. פֿון דער מאַמעס קלעפּ ווערט דעם קינד ניט קיין לאָך אין קאָפּ.

דאָס געלעכטער – laughter
די הצלחה [HATsLO'KhE] – דאָ: luck
חסרונות [KhESRO'YNES] (דער חסרון [KhISO'RN]) – faults
פֿאַרגיין – דאָ: to disappear

צום שמועסן 74

שמועסט מיט אימעצן אין קלאַס אויף עטלעכע מינוט וועגן איינס פֿון די ווײַטערדיקע פּראַגעס. נאָך דעם שמועסט מיט אַ צווייטן: באַשרײַבט אין צווייטן שמועס דעם ערשטן שמועס, אַרײַנגערעכנט די מיינונגען פֿונעם ערשטן מיטשמועסער.

וואָס מיינט איר? איז עס אמת אַז עלטערן פֿאַרקוקן די חסרונות פֿון זייערע קינדער?

צי זײַנען דאָס רובֿ פֿון די שפּריכווערטער רעאַליסטיש? פּעסימיסטיש? ביטערלעך?
צי שפּיגלען אָפּ די געגעבענע שפּריכווערטער אַנדערע צײַטן – ד״ה – נישט אונדזערע?

צי זײַט איר מסכּים אַז עלטערן לײַדן פֿון דערוואַקסענע קינדער?

פֿאַר וואָס זאָגט דאָס שפּריכוואָרט אַז האָבן טעכטער איז אַ שווערער גורל?

אָפּשפּיגלען – to reflect
אַרײַנרעכענען – to include
דער גורל [GOYRL] – fate
דערוואַקסן – grown-up
די לייד – suffering
לײַדן – מוטשען זיך, האָבן יסורים, to suffer
פֿאַרקוקן – overlook
דאָס רובֿ [ROV] – the majority

צום שרײַבן

שרײַבט אַ פּאַראַגראַף וועגן איינער פֿון די אויבן געגעבענע פּראַגעס.

◆ מזל־טובֿ, אַ חתונה!

צי האָט איר געהערט דערציילן ווי מע פֿלעגט אַ מאָל פֿראַווען אַ חתונה? צי זײַט איר געווען בײַ אַ טראַדיציאַנעלער חתונה? צי האָט איר געזען אין קינאָ אָדער גערייענט וועגן אַ טראַדיציאָנעלער ייִדישער חתונה?

צי פֿאַרשטייט איר די ווײַטערדיקע ווערטער און פֿראַזעס וואָס האָבן צו טאָן מיט אַ חתונה?

תּנאָים	אויסגעבן אַ זון	חתנס צד	אונטערפֿירער
פֿאַרקנסן	אויסגעבן אַ טאָכטער	כּלהס צד	חופּה
ברעכן טעלער	חתונה מאַכן אַ קינד	מחותּן, מחותּנתטע, מחותּנים	חופּה־שטאַנגען
שדכן	כּתובה	שליסן אָדער אָפּרעדן תּנאָים	שטיין אונטער דער חופּה
נדן, געבן נדן	טאַנצן אויף אַ חתונה	שידוך, טאָן אַ שידוך	חופּה־וקידושין־פֿינגערל
קנס־מאָל	אַלמן, אַלמנה	עסן קעסט	קלעזמער
צוזאָגן נדן	פֿאַרבעטן צו אַ חתונה	אַ גערעדטער שידוך	מזל־טובֿ, מזל־טובֿ!
דרשה־געשאַנק	חתן־כּלה	די (דער) באַשערטע(ר)	גט, גטן, אַ געגטע(ר)
חתן־בחור	כּלה־מיידל	באַדעקנס, באַדעקן די כּלה	גרוש, גרושה, עגונה

באַשרײַבט אַ חתונה, אַלע (אָדער כּמעט אַלע) אויבן דערמאָנטע ווערטער זאָלן געניצט ווערן. ניצט אײַער ווערטערבוך. אַרבעט צוזאַמען מיטן גאַנצן קלאַס אָדער אין גרופּעס פֿון דרײַ אָדער פֿיר. די ווערטער אין דער רשימה זײַנען – פֿאַרשטייט זיך – לאַוו־דווקא אינעם געהעריקן סדר. אויב אימעצער אין דער גרופּע גייט ניט נאָכן סדר נאָך, שעמט זיך ניט. פֿאַלט אים אַרײַן אין די רייד און פֿאַרבעסערט די באַשרײַבונג, זי זאָל זײַן ווי געהעריק.

ניצלעכע פֿראַזעס:

אַ מינוטקעלע! (ד״ה, וואַרט אַ מינוט)
הערט אויף אַ מינוט
פּאַמעלעך!
פֿאַר דעם קומט
נאָך דעם
(אָבער) ראשית־כּל
נאָר תּחילת (ערשטנס)
פֿריִער
צום סוף
דערנאָך

און אויב מע פֿאַלט אימעצן אין די רייד אַרײַן, איז גוט צו זאָגן:

אַנטשולדיקט! אָדער: זײַט מוחל!
אָדער [נישט אַזוי איידל]: הערט!

און אַז מע גייט ניט לויטן געהעריקן סדר, קען מען זאָגן:
כאַפּט ניט די לאָקשן פֿאַר די פֿיש.

to interrupt (someone) – **אַרײַנפֿאַלן (אימעצן) אין די רייד**
appropriate – **געהעריק**
not necessarily – [LAV-DA'FKE] **לאַוו־דווקא**
order – **דער סדר**
first of all – [RE'YShES-KOL] **ראשית־כּל**

און ווער איז געווען אויף דער חתונה?

א. ווען איך האָב חתונה מיט מײַן כּלה,
ווערט איר פֿאָטער מײַן __________ , ווערט איר מאַמע מײַן __________,
ווערט איר ברודער מײַן __________, ווערט איר שוועסטער מײַן __________;

ב. ווען איך האָב חתונה מיט מײַן חתן,
ווערט זײַן מאַמע מײַן __________, ווערט זײַן ברודער מײַן __________,
ווערט זײַן שוועסטער מײַן __________, ווערט זײַן פֿאָטער מײַן __________;

ג. ווען מײַן זון האָט חתונה מיט זײַן באַשערטער,
ווערט זי מײַן __________, ווערן אירע עלטערן מײַנע __________.

ד. ווען מײַן טאָכטער האָט חתונה מיט איר באַשערטן,
ווערט ער מײַן __________, ווערט זײַן פֿאָטער מײַן __________,
ווערט זײַן מוטער מײַן __________.

און וואָס בין איך?

1. ער איז מײַן שווער, בין איך זײַן __________.
2. זי איז מײַן שוויגער, בין איך איר __________.
3. ער איז מײַן שוואָגער, בין איך זײַן __________.
4. ער איז מײַן פֿעטער, בין איך זײַן __________.
5. ער איז מײַן זיידע, בין איך זײַן __________.
6. ער איז מײַן חתן, בין איך זײַן __________.
7. זי איז מײַן מומע, בין איך איר __________.
8. זי איז מײַן שוועגערין, בין איך איר __________.
9. זי איז מײַן עלטער־באָבע, בין איך איר __________. (ניצט דעם פּרעפֿיקס אור. . .)
10. זי איז מײַן שוועסטערקינד, בין איך איר __________.

באַשערטער – predestined groom	באַשערטע – predestined bride
שווער – father-in-law	שוויגער – mother-in-law
איידעם – son-in-law	שנור – daughter-in-law
שוואָגער – brother-in-law	שוועגערין – sister-in-law
מחותּן [MEKhU'TN] – son/daughter-in-law's father	מחותּנתטע [MEKhUTE'NESTE] – son-/daughter-in-law's mother

מחותּנים – son-/daughter-in-law's parents, nieces, nephews, cousins, grandparents

צום שמועסן 75

צי האָט איר אַלטע בילדער, פֿאָטאָגראַפֿיעס, אין דער היים? ברענגט צום קלאַס צוויי־דרײַ אַלטע פֿאָטאָגראַפֿיעס און דערציילט אימעצן וועגן זיי. צום בעסטן וואָלט געווען אַז יעדעס בילד זאָל זײַן פֿון לכל־הפּחות פֿיר־פֿינף מענטשן. זאָל דער וואָס הערט זיך צו פֿרעגן וועגן יעדן פּאַרשוין אין בילד: וועגן פֿאַך, משפּחה־לעבן, אינטערעסן, די שפּעטערע יאָרן, און אַזוי ווײַטער.

לכל־הפּחות [LEKhO'L-HAPO'KhES] – at least

◘ חתונה האָבן אין דער פֿאָלקשפּראַך

1. אַ שיין מיידל איז אַ האַלבער נדן.
2. גאָט זיצט אויבן און פּאָרט אונטן.
3. אַ חסרון – די כּלה איז צו שיין!
4. ניטאָ קיין מיאוסע כּלה, ניטאָ קיין שלעכטער חתן.
5. מיט איין פּאָר פֿיס קען מען ניט טאַנצן אויף צוויי חתונות.
6. בעסער די תּנאָים צערײַסן איידער די כּתובה.
7. וואָס פֿאַר אַ קלעזמער אַזאַ חתונה.
8. געפֿאָרן צו דער חתונה און פֿאַרגעסן דעם חתן אין דער היים.
9. אין אַ טשאָלנט און אין אַ שידוך קוקט מען ניט צו פֿיל אַרײַן.
10. אויס כּלה – ווידער אַ מויד!
11. וואָסער מיט פֿײַער זײַנען קיין שידוך ניט.
12. דער שענקער האָט ליב דעם שיכּור, אָבער די טאָכטער וועט ער אים ניט געבן.
13. ווו ליבשאַפֿט איז קיין ענגשאַפֿט.
14. ליבע איז טאַקע גוט – אָבער מיט אַ זעמעלע.
15. אַ ווײַב שטעלט אויף די פֿיס – און וואַרפֿט פֿון די פֿיס.

צום שמועסן 76

א. אַזוי רעדט מען וועגן חתונה האָבן. טייל פֿון די שפּריכווערטער ניצט מען געוויינטלעך אין אַ פֿיגוראַטיוון זין, טייל אפֿשר ניט. קלײַבט אויס איינס און שטעלט פֿאָר אין וואָס פֿאַר אַ קאָנטעקסט מע וואָלט עס געקענט ניצן. למשל – „אויס כּלה – ווידער אַ מויד" (נומער 10) זאָגט מען אַז מען ווערט פּטור פֿון עפּעס אַן עול אָדער אַז מען באַפֿרײַט זיך פֿון אַ געוויסן מצבֿ אָדער מען קערט זיך צוריק צום אָנהייב.

דער/דאָס עול [OL] – burden
פּטור [PO'TER] ווערן פֿון – to get rid of

ב. לאָמיר נאָך אַ מאָל רעדן פֿון דעם טעם אָדער קוק (פּערספּעקטיוו) פֿון ייִדישע שפּריכווערטער. צי זײַנען די ווערטלעך אויבן רעאַליסטיש, פּעסימיסטיש צי אָפּטימיסטיש, ראָמאַנטיש צי לאַקרעצדיק צי ביטערלעך? שמועסט מיט אימעצן אין קלאַס. קלײַבט אויס עטלעכע פֿון די ווערטלעך און דערקלערט אײַער מיינונג וועגן זיי. צי שפּיגלען זיי אָפּ אַנדערע צײַטן און אומשטאַנדן ווי אונדזערע? צי האָבן זיי צו טאָן דווקא מיטן ייִדישן לעבן, צי שפּיגלען זיי אָפּ עפּעס ברייטער?

דער אומשטאַנד – circumstance
דער טעם [TAM] – tone, flavor

◆ מחותּנים און ייִחוס

אָפּט מאָל בײַ חתונה מאַכן אַ קינד טראַכט מען אַ סך וועגן ייִחוס. אַמאָליקע צײַטן (און הײַנט?) פֿלעגט מען זוכן ייִחוס. שטאַמט מען אָפּ פֿון רבנים, פֿון למדנים – איז גרויס דער ייִחוס. שטאַמט מען אָפּ פֿון פּשוטע לײַט אָדער פֿון בעל־מלאָכות – איז בײַ געוויסע מענטשן דער ייִחוס גאָר אַ קנאַפּער, אפֿשר גאָר קיין ייִחוס ניט!

אָפּשטאַמען – to descend [from]
דער ייִחוס [YI'KhES] – lineage, parentage
קנאַפּ – scant

לאָמיר אַ קוק טאָן אויף מ. וואַרשאַווסקיס באַקאַנט לידל.

די מחותּנים גייען, קינדער,
לאָמיר זיך פֿרייען – שאַט נאָר, שאַט!
דער חתן איז גאָר אַ וווּנדער,
שפּילט אַ וויוואַט דעם חתנס צד.

אָט גייט דער פֿעטער אלקנה
מיט דער מומע חנה – שאַט נאָר , שאַט!
דאָס איז די בעסטע מתּנה,
שפּילט אַ וויוואַט דעם חתנס צד.

דעם חתנס שוועסטער פֿריידל,
זי דרייט זיך ווי אַ דריידל – שאַט נאָר, שאַט!
נעמט זי אַרײַן אין רעדל,
שפּילט אַ וויוואַט דעם חתנס צד.

אָט גייט דער פֿעטער מינדיק,
וואָס האָבן מיר געזינדיקט? – שאַט נאָר, שאַט!
ער בלאָזט זיך ווי אַן אינדיק,
שפּילט אַ וויוואַט דעם חתנס צד.

בלאָזן זיך – to pout, to put on airs
דער צד (צדדים) [TsAD; TsDO'DIM] – side (of the family)
שאַט – hush (plural)
דער וויוואַט – cheer

צום שמועסן 77

א. פֿאַר וואָס בלאָזט זיך דער פֿעטער מינדיק? קען זײַן אַז ער בלאָזט זיך ווײַל ער מיינט אַז זײַן צד (חתנס צד; כּלהס צד) איז חשובֿער. בײַ אַ חתונה קען זיך איין צד האַלטן פֿאַר מער ייִחוסדיק פֿאַרן צווייטן צד. אויב מע איז אומצופֿרידן איז מען אַ ברוגזער מחותּן, אַן אָנגעבלאָזענער מחותּן: מע מעסט דעם ייִחוס, דער ייִחוס שטייט ניט אָן. באַשרײַבט די סצענע אין וואַרשאַווסקיס ליד אין די אייגענע ווערטער. ווער קומט אַרײַן צו ערשט, ווער שפּעטער; ווי פֿילן זיך די צוויי צדדים איינער וועגן אַנדערן?

ב. זײַן אַ ______ איז אַ קנאַפּער ייִחוס. זײַן אַ ______ איז אַ גאָר נישקשהדיקער ייִחוס. רעדט זיך אַדורך מיט אימעצן אין קלאַס וועגן סטאַנדאַרדן בײַ אײַערע באַקאַנטע צי בײַ אײַך אין דער משפּחה. ווער האָט בײַ אײַך ייִחוס, וואָס איז בײַ אײַך ייִחוסדיק, ווער איז בײַ אײַך אַ יחסן?

דער יחסן [YA'KhSN] – **אימעצער מיט גרויסן ייִחוס**
עס שטייט אים נישט אָן – he considers it beneath him

גענישונג 39

שטעלט דאָ אַרײַן ייִחוס אָדער יחסן אָדער יחסנים:

פֿאַראַן אַן אוראַלטע ייִדישע לעגענדע קעגן ייִחוס. לויט דער לעגענדע האָט גאָט באַשאַפֿן נאָר איין מענטשן, אָדם, קיינער זאָל זיך ניט קענען איבערנעמען, זיך בלאָזן, מיטן אייגענעם __________, קיינער זאָל ניט קענען זאָגן: „מײַן __________ איז גרעסער פֿון דײַנעם, מײַן עלטער־עלטער־זיידע איז געווען אַ גרעסערער __________ פֿאַר דײַנעם! אַלע זײַנען גלײַך, אַלע קומען אַרויס פֿון איין מענטשן און זײַנען גלײַכע __________.

> איבערנעמען זיך מיט — to take pride in

דערקלערט די לעגענדע אין די אייגענע ווערטער. צי האָט אַ ווערדע אַזאַ מעשׂה, אַזאַ געדאַנק, הײַנטיקע צײַטן, צי האָט עס נאָר אַ קנאַפּע נוץ? וואָס מיינט איר?

> האָבן אַ ווערדע / האָבן אַ ווערט } — to have value

צום שמועסן 78

◆ פּוסטער ייִחוס

אין אַ באַלעבאַטישער ייִדישער משפּחה אין מיזרח־אייראָפּע האָט מען זיך זייער שטאַרק גערעכנט מיטן ייִחוס, אָבער דאָס פּשוטע פֿאָלק האָט ניט געמאַכט קיין וועזן פֿון ייִחוס. צוליב דעם האָט מען גערעדט וועגן: פּוסטער ייִחוס און אַ פּוסטער יחסן. ס'איז אויך פֿאַראַן אַ שפּריכוואָרט: ייִחוס איז אויפֿן בית־הקבֿרות.

וואָס באַטײַט אָט אַזאַ שפּריכוואָרט? דערקלערט עס אימעצן אין קלאַס. באַניצט זיך מיט טייל ווערטער וואָס מיר האָבן זיך פֿריִער געלערנט: בלאָזן זיך, לאַוו־דווקא, ראשית־כּל. און נאָך אַ זאַך: צי איז ייִחוס אַ זאַך פֿון דער פֿאַרגאַנגענהייט? צי האָט עס צו טאָן מיט אַן אַלטפֿרענקיש אופֿן טראַכטן?

> אַלטפֿרענקיש — old-fashioned
> דער בית־הקבֿרות [BEYS-AKVO'RES] — cemetery
> לאַוו־דווקא [LAVDA'FKE] — not necessarily
> מאַכן אַ וועזן — to make a big deal [about]
> פּוסט — idle, empty
> ראשית־כּל — first of all
> שנית [ShE'YNES] — secondly

◆ שלום צווישן מאַן און ווײַב

אַ פּאָר שפּריכווערטער וועגן שלום־בית:

1. בײַ שלום־בית איז מען צופֿרידן מיט אַ כּזית.
2. ווען עס איז ניטאָ קיין ברויט אַ כּזית (דאָס הייסט: אַ כּזית ברויט), קען ניט זײַן קיין שלום־בית.

מען האָט דאָ צוויי גאָר באַזונדערע מיינונגען וועגן דער באַציִונג צווישן לעבן בשלום און האָבן גענוג צו עסן אין שטוב.

שלום־בית [ShO'LEM-BA'YES] – שלום אין דער היים
דער כּזית [KEZA'YES] – אַ שטיקעלע גרויס ווי אַן איילבערט (=אַן אָליוו)

צום שמועסן 79

זאָגט אַליין עפּעס וועגן שלום־בית. דערקלערט אימעצן אין קלאַס דעם אונטערשייד צווישן די צוויי שפּריכווערטער. די ווערטער קלעקן און סטײַען, וואָס זײַנען טײַטש „זײַן גענוג", וועלן אײַך העלפֿן. זאָל דער צווייטער צום שמועס אונטערהעלפֿן מיט פֿראַגעס.

זײַן טײַטש – to mean

אויב מאַן־און־ווײַב { האָבן וואָס צו עסן / האָבן נחת פֿון קינדער / האָבן דרך־ארץ איינער פֿאַרן אַנדערן / האָבן זיך ליב }

וועט אַפֿילו { אַ קליין דירהלע / אַן אָרעמער מאָלצײַט / אַ גאָר פּשוט לעבן } קלעקן (אָדער סטײַען).

מע קען עס אויך מאַכן פּונקט פֿאַרקערט, דאָס הייסט אין נעגאַטיוו:
וואָס קומט פֿאָר אַז מע האָט ניט וואָס צו עסן, אָדער קיין נחת, אָדער קיין דרך־ארץ אָדער מע האָט זיך ניט ליב? אויב עס איז ניטאָ __________ וועט אַפֿילו __________ ניט העלפֿן.

און אפֿשר וועט איר דאַרפֿן זיך באַניצן מיט אַזעלכע ווערטער:
זיך גטן, דער גט, אַ געגטער אָדער אַ גרוש, אַ געגטע אָדער אַ גרושה.

גטן זיך [GETN] – to divorce
דער גרוש [GO'RESh] – divorcé
די גרושה [GRU'ShE] – divorcée

צום שמועסן 80

דערציילט אָדער אַן אויסגעטראַכטע אָדער אַן אמתע מעשׂה וועגן אַ פּאָרפֿאָלק וואָס האָט זיך געגט. באַניצט זיך מיט די אויבן דערמאָנטע מוסטערן און ווערטער ווי מעגלעך. וואָס האָט זי געהאַט אין זינען? וואָס האָט ער געמיינט? וואָס האָט זי געוואָלט? וואָס האָט ער געוואָלט? וואָס האָט זי געפּרוווט? וואָס האָט ער געפּרוווט? וואָס האָט – לײדער – ניט געקלעקט? וואָס האָט – לײדער – ניט געטויגט? זאָל דער צווייטער צום שמועס אונטערהעלפֿן מיט פֿראַגעס. נאָכן שמועס, שרײַבט אַ קורץ בריוועלע צו אַ באַקאַנטן וועגן דעם גט.

לײדער – unfortunately

◘ ער און זי: בײַ דער חתונה

געניטונג 40

שטעלט אַרײַן וואָס דאַ פֿעלט כּדי עס זאָלן זיך באַקומען פֿולע רייען מיט מענלעכע און ווײַבלעכע נעמען:

מענלעך	ווײַבלעך
אַלמן	______
מיזיניק	______
______	יורשטע
גבֿיר	______
שלימזלניק	______
______	קרובֿה
______	שוחטקע
______	יישובֿניצע
שוער	______

מענלעך	ווײַבלעך
שוואָגער	______
______	בת־יחידה
______	שנור
קרעמער	______
אַמעריקאַנער	______
חתן־בחור	______
______	חבֿרטע
עלטער־זיידע	______

געדענקט:

- ־ניק/־ניצע זײַנען אַ פּאָר;
- בן־/בת־ זײַנען אַ פּאָר;
- ־ה איז גאָר אַן אָפֿטער ווײַבלעכער סופֿיקס בײַ ווערטער וואָס שטאַמען פֿון לשון־קודש;
- ־טע איז אַ פֿעמינינער סופֿיקס דאָס רובֿ בײַ לשון־קודשדיקע סובסטאַנטיוון (בחורטע, חבֿרטע, כּלבֿטע, רשעטע)
- טייל ווערטער זײַנען אי מענלעך אי ווײַבלעך;
- טייל ווערטער זײַנען גאָר אַנדערש אין זייערע פֿאָרמעס פֿון מענלעך און ווײַבלעך (באָבע – זיידע!).
- ־קע איז אַ פֿעמינינער סופֿיקס בײַ ווערטער וואָס באַצייכענען אַז אַ פֿרוי פֿאַרנעמט זיך מיט אַ געוויסער מלאָכה, צי איז דאָס ווײַב פֿון אַ בעל־מלאָכה: לערערקע, שנײַדערקע, שוחטקע. אַז אַ לשון־קודש וואָרט ענדיקט זיך אויף ט, איז ־קע אַן אָפֿטער פֿעמינינער סופֿיקס.

◘ וועגן דעם פּאָסעסיוו

◆ נאָר נעמען פֿון באַלעבטע זאַכן קענען האָבן דעם פּאָסעסיוו. פֿאַרן פּאָסעסיוו איז דער אַרטיקל פֿון מענלעך און נייטראַלן מין: דעם, און פֿון ווײַבלעכן מין: דער. נישטאָ קיין אַפּאָסטראָף, חוץ צו שאַפֿן אַ פּאָסעסיוו פֿון אַ נאָמען וואָס ענדיקט זיך שוין אויף אַ סמך.

דעם טאַטנס קינד (= דאָס קינד פֿונעם טאַטן)
דעם ברודערס מאַנטל (= דער מאַנטל פֿונעם ברודער)
דער מאַמעס טאַטע (= דער טאַטע פֿון דער מאַמען)
דעם קינדס מאַמע (= די מאַמע פֿונעם קינד)
דעם אייבערשטנס הילף (= די הילף פֿונעם אייבערשטן)

◆ ווען אַן אַדיעקטיוו ווערט גענוצט ווי אַ סובסטאַנטיוו, קען ער האָבן אַ פּאָסעסיווע פֿאָרמע, למשל: דעם קראַנקנס בעט, דעם קליינעמס לאַכן. דאָ בויט מען דעם פּאָסעסיוו מיטן דאַטיוו פֿון אַדיעקטיוו און אַ צוגעגעבענעם ־ס.

◆ די פּראָנאָמען ווער, יענער, עמעצער, יעדערער און קיינער האָבן אויך פּאָסעסיווע פֿאָרמעס: וועמע(נ)ס, יענעמס, עמעצנס, יעדערנס, קיינעמס (ניט).

(איר געפֿינט אַ בײַטל אין קלאַסצימער נאָך דער לעקציע. אויפֿן צווייטן טאָג [דאָס הייסט: מאָרגן] וועט איר דאַרפֿן מעלדן פֿאַרן קלאַס: „איך האָב געפֿונען _______ בײַטל. _______ איז עס?" אויב קיינער נעמט עס ניט, קענט איר דעם אינהאַלט צעטיילן, אַזוי ווי עס איז _______.)

אָט האָט איר דעם פּאָסעסיוו אין דער פֿאָלקסשפּראַך:

1. געשמאַק איז דער פֿיש פֿון יענעמס טיש.
2. אַ מוטערס האַרץ איז שווער צו נאַרן.
3. אַ מענטשנס האַרץ איז שווערער צו ברעכן ווי אײַזערנע קייטן.
4. דעם אָרעמאַנס מציאה קאָסט אַלע מאָל טײַער.
5. יעדערנס לעבן איז אַ וועלטל פֿאַר זיך.
6. שפּיל זיך ניט מיטן הונטס עק, וועט ער דיך ניט בײַסן.
7. מיט יענעמס הענט איז גוט פֿײַער צו שאַרן.
8. דעם ייִדנס געלט שטעכט אין די אויגן.
9. אַ קינדס אַ טרער קען אויך זײַן שווער.

צום שמועסן 81

א. אַרבעט מיט אַ שותּף – דערקלערט וויפֿל איר קענט פֿון די אָ שפּריכווערטער.

ב. פֿרעגט און דערציילט:

צו וועמען (אין אײַער משפּחה) זײַט איר ענלעך? וואָס האָט איר בירושה פֿון אײַער משפּחה? דער מאַמעס מוח און דעם טאַטנס האַרץ? דער באָבעס חכמה? דעם זיידנס באַשיידנקייט? דעם זיידנס טלית און תּפֿילין? צי זײַט איר געראָטן אינעם טאַטן? אין דער מאַמען? צי זײַט איר די באָבע מיט די ביינער?

animate – באַלעבט
modesty – די באַשיידנקייט
by heredity, by inheritance – [BEYERU'ShE] בירושה
to take after (someone) – געראָטן אין, ענלעך צו
זײַן עמעצער מיט די ביינער – זײַן גאָר ענלעך צו עמעצן
to announce – מעלדן
similar – ענלעך

◇ דער אימפּעראַטיוו: כּלערליי פֿאָרמעס

גענيטונג 41

ווען איר וועט אַנשטאָט דעם אינפֿיניטיוו אַוועקשטעלן די געהעריקע פֿאָרמע פֿון אימפּעראַטיוו, וועט זיך באַקומען אַ שפּריכוואָרט. אין די אָ שפּריכווערטער איז דער אימפּעראַטיוו אויף דו. איר וועט דאָ און דאָרט דאַרפֿן איבערדרייען דעם סדר פֿון די ווערטער אין קלאַמערן.

1. אַז מע גיט (נעמען), אַז מע נעמט (שרײַען) גוואַלד.
2. (ניט פֿליִען) הויך, וועסטו ניט פֿאַלן נידעריק.
3. ווו מע האָט דיך ליב (גיין) ווייניק, ווו מע האָט דיך ניט ליב (גיין) גאָר ניט.
4. (רופֿן) מיך נאַר, נאָר (געבן) מיר לעקעך.
5. (בינדן) מיך אויף אַלע פֿיר, נאָר (וואַרפֿן) מיך צווישן מײַניקע.
6. (באַקומען) נײַע פֿרײַנד און (נישט פֿאַרגעסן) די אַלטע.
7. (זיך באַראָטן) מיט וועמען דו ווילסט און (טאָן) מיטן אייגענעם שׂכל.
8. (שפּאָרן, שפּאָרן), קומט דער שוואַרץ־יאָר און נעמט צו גאָר.
9. (ניט זײַן) צו זיס, מע זאָל דיך ניט אויפֿעסן; (ניט זײַן) צו ביטער, מע זאָל דיך ניט אויסשפּײַען.

צום שמועסן 82

דערקלערט דעם טײַטש פֿון איינס פֿון די שפּריכווערטער אין די אייגענע ווערטער. אין וואָס פֿאַר אַ קאָנטעקסט וואָלט מען גענוצט דאָס ווערטל? זאָל דער צווייטער צום שמועס אָדער בעטן קלאָרקייט, אָדער איבערשלאָגן מיט דער אייגענער מיינונג.

ניצלעכע פֿראַזעס אויב מע וויל נעמען אַ ריי אין שמועס, און אויך אויב מע וויל אָנהייבן רעדן, אָבער די געדאַנקען זײַנען נישט אין גאַנצן גרייט:

– נו, נו ...
– אָבער הערט ...
– אַ מינוטקעלע, הערט! ...
– גיט זשע נאָר אַ טראַכט! ...
– זאָל זײַן אַזוי, אָבער ...
– ווי זאָגט מע? ...
– גוט. איז אַזוי ...
– טוט אַ קוק ...
– הערט זיך צו ...

שרײַבט אָן אַ פּאַראַגראַף (אָדער צוויי) אויף אַ טעמע וואָס האָט אַ שײַכות צו משפּחה־ענינים. דאָ קענען זײַן טעמעס ממש אָן אַ שיעור. אָבער דאָך האָט איר אונטן עטלעכע ברירות.

דעם צווייטן טאָג, דערציילט פֿאַרן קלאַס וועגן וואָס איר האָט געשריבן. יעדערער אין קלאַס וועט דאַרפֿן אויסקלײַבן פֿון די אָ באַשרײַבונגען אַ קאָמפּאָזיציע וואָס ער/זי וויל לייענען. נעמט און לייענט און פֿרעגט פֿראַגעס וועגן דעם אינהאַלט – דער מחבר זאָל קענען אַ ביסל ממשיך זײַן אין אַ צווייטן נוסח אויפֿן יסוד פֿון אײַערע פֿראַגעס. דאָס הייסט, דער מחבר וועט דאַרפֿן איבערשרײַבן און אויסברייטערן די קאָמפּאָזיציע.

א. מיר זײַנען שטאָל־און־אײַזן איינער פֿאַרן אַנדערן. בלוט איז ניט קיין וואַסער. בינד מיך אויף אַלע פֿיר און וואַרף מיך צווישן אייגענע.

ב. איך בין שטאָלץ מיט מײַן משפּחה. מײַנע פֿעטערס און מומעס. מײַן יינגסטער פֿעטער. ס'איז גוט צו האָבן אַ גרויסע משפּחה. אַרום דעם טיש. אויף אַ משפּחה־יום־טובֿ. אַ גוטע בשׂורה. אַן אָנגעלייגטער גאַסט. קאַלטע קרובֿים.

ג. מײַן קליינע פּלימעניצע. מײַן עלטסטער ברודער. מײַן... „נאָר אַ מאַמע, זי איז איינע, זי איז איינע אויף דער וועלט" (דוד איינהאָרן). מיר איז גוט וואָס איך בין געראָטן אין ________.

ד. איינער אַליין מיט די פֿיר ווענט. עלנט ווי אַ שטיין. „ס'איז נישט גוט פֿאַרן מענטשן צו זײַן אַליין" (פֿון חומש).

ברירות [BRE'YRES] (די ברירה) – choices, alternatives
די בשׂורה [PSU'RE] – announcement, tidings
דאָך – nevertheless
דער יסוד [YESO'D] – באַזיס, foundation
ממש [MA'MESh] – truely
ממשיך [MA'MShEKh] זײַן – גיין ווײַטער
דער נוסח [NU'SEKh] – דאָ: version
ענינים [INYO'NIM] (דער ענין [I'NYEN]) – issues, matters
דאָס שײַכות [ShA'YKhES]: האָבן אַ שײַכות צו – to have bearing on, to be connected to

דאָס ווערטעלע זשע

1. בײַט זשע מיר אויס אַ פֿינף־און־צוואַנציקער אויף סאַמעראָדנע דרײַער,
און שפּילט זשע מיר, קלעזמאָרימלעך, אַ לידעלע אַ טײַער...

2. זעט זשע, קינדערלעך, געדענקט זשע, טײַערע, וואָס איר לערנט דאָ,
זאָגט זשע נאָך אַ מאָל און טאַקע נאָך אַ מאָל: קמץ אַלף – אָ.

3. רבותי, רבותי, חכמים אָן אַ ברעג!
כ'וועל אײַך פֿרעגן, כ'וועל אײַך פֿרעגן...
– פֿרעג זשע, פֿרעג זשע, פֿרעג!
– ענטפֿערט אַלע אויף מײַן שאלה: ווי אַזוי טרינקט דער קייסער טיי?...

4. פֿלי זשע, מײַן פֿייגעלע, העכער ווי אַלע,
גיב אָפּ אַ גרוס מײַן ליבער כּלה.

וואָס זשע באַטײַט דאָ דער זשע בײַם אימפּעראַטיוו?

◆ זשע קען צוקומען צו יעדער אימפּעראַטיוו כּדי צו פֿאַרשטאַרקן אַ בקשה, כּדי אויסצודריקן מער געפֿיל, אַרײַנצולייגן מער האַרץ אין דער ווענדונג.

◆ מיט דער זעלבער פּעולה קומט זשע נאָך אַ פֿרעגוואָרט: ווו זשע, ווען זשע, וואָס זשע (אַרויסגערעדט: וואָזשע), פֿאַר וואָס זשע, ווי זשע...

אויב איר דריקט אויס אַ טענה, אָדער מוסרט עמעצן, אָדער באַמיט זיך אויסצוטענהן מיט עמעצן – וועט איר דאַרפֿן ניצן זשע.

א. איר האָט אַ חבֿר וואָס וויל עפּעס גנבֿענען. צײַגט אים איבער (פּועלט בײַ אים) ער זאָל דאָס נישט טאָן, ער טאָר עס נישט טאָן. פֿרעגט (וואָס זשע...?), מוסרט (הער זשע...), בעט (טו זשע מיר צו ליב...). זאָל דער חבֿר פּרוּוון , צוריק גערעדט, איבערצײַגן זײַן פֿרײַנד אַז ער מוז עס טאָן.

ב. און אפֿשר ווילט איר פּרוּוון פֿאַרקויפֿן אַ נערוועזן חבֿר אַן אַלטן אויטאָ? זשע וועט אײַך קומען צו ניץ.

on the other hand – **צוריקגערעדט**

◘ לאָמיר! זאָל ער! זאָלן זיי!

שטעלט זיך פֿאָר, אַז איר זײַט ערגעץ אין אַ וואַלד, אין אַ פֿאַרשנייט שטיבעלע. איר זײַט דאָרטן מיט אַ גרופּע חבֿרים. פּלוצלינג הערט איר עפּעס אַ גערודער (אַ טומל) הינטער דער טיר. מע דאַרף אַרויסגיין און זען וואָס עס טוט זיך דאָרט. ווי ווענדט איר זיך (מיטן אימפּעראַטיוו):

1. צו די חבֿרים, (אויב איר מיינט אַלע זאָלן אין איינעם אַרויסגיין און אַ קוק געבן)?
2. צו איינעם פֿון די וואָס זײַנען מיט אײַך (אויב איר מיינט אַז ער זאָל אַ קוק געבן אָן אײַך)?
3. צו אַ פּאָר פֿון די וואָס זײַנען מיט אײַך?
4. צו איינעם וועגן אַ צווייטן, צו וועמען איר ווענדט זיך ניט דירעקט?
5. צו איינעם וועגן עטלעכע, צו וועמען איר ווענדט זיך ניט דירעקט?

לאָמיר מיטן אינפֿיניטיוו צונויפֿשטעלן די ערשטע פּערזאָן מערצאָל פֿון אימפּעראַטיוו. צו די חבֿרים וואָלט מען געזאָגט: „לאָמיר אַ קוק געבן"; „לאָמיר אַ קוק טאָן"; „לאָמיר אַרויסגיין".

די צווייטע פּערזאָן קענען מיר שוין: „גיב אַ קוק"; „גיט אַ קוק"; „טו(ט) אַ קוק"; „גיי(ט) אַרויס".

אָט איז די דריטע פּערזאָן פֿון אימפּעראַטיוו:

זאָל ער + אינפֿיניטיוו: „זאָל ער אַ קוק געבן" (אַ קוק כאַפּן, אַ קוק טאָן, אַרויסגיין)
זאָלן זיי + אינפֿיניטיוו: „זאָלן זיי אַ קוק געבן" (אאַז"וו)

איצט פּרוווט פּועלן בײַ אימעצן אין קלאַס ער זאָל זינגען אַ ליד. בעט אים ער זאָל זינגען. דערציילט אַנדערע וועגן וואָס איר האָט אים זינען. אפֿשר קענט איר פּועלן אַז אַלע זאָלן זינגען מיט אים. אפֿשר קענט איר איבערצײַגן אַנדערע וועגן אײַער כּוונה, זיי זאָלן אײַך העלפֿן זיך אויסטענהן מיטן „זינגער". ניצט אַלערליי פֿאָרמעס פֿונעם אימפּעראַטיוו.

intention – [KAVO'NE] די כּוונה
covered with snow – פֿאַרשנייט

ניצלעכע פֿראַזעס:

דו מוזסט זיך צוהערן!
פֿאָלג מיך, הער!
טו (זשע) מיר צו ליב!
הער זיך (גוט) צו!
טו זשע מיר אַ טובֿה!
זײַ אַזוי גוט!

און אַז מע וויל ניט:

טשעפּע זיך אָפּ!
הער אויף!
זײַ אַזוי גוט!
גענוג שוין!
ניין, אַ דאַנק – איך וויל נישט.

און אַז מע וויל:

אַדרבא!
מיטן גרעסטן פֿאַרגעניגן!

טייל פֿון די ווענדונגען (די פֿראַזעס) אויבן זײַנען איידל אָדער בנימוסדיק; אַנדערע זײַנען זייער דירעקט און אַפֿילו אַ קאַפּעטשקע גראָב. צי קענט איר כאַפּן דעם חילוק (ד"ה – דערקענען דעם אונטערשייד)?

polite – [BENI'MESDIK] בנימוסדיק

מע לעבט ניט אײביק

צום שמועסן 84

א. אַרבעט ווי אַ גרופּע צו דערקלערן אַלע ווערטער און פֿראַזעס:

1. אַ דור גייט און אַ דור קומט; דורות בײַטן זיך; נאָך הונדערט און צוואַנציק יאָר
2. אַ מת, תּכריכים, לוויה, גיין אויף אַ לוויה, באַוויינען דעם ניפֿטר
3. קבֿר, מקבר זײַן, באַערדיקן, ברענגען צו קבֿר־ישׂראל, קבֿורה־געלט
4. אַלמן, אַלמנה, יתום, יתומה, זאָגן קדיש, אַ קלייניקער יתום
5. בית־עולם, בית־עלמין, בית־הקבֿרות, דאָס גוטע אָרט, דאָס ריינע אָרט, פֿעלד, בית־החיים
6. מצבֿה, שטעלן אַ מצבֿה, געבן אַ נאָמען נאָך אַ געשטאָרבענעם
7. צוואָה, ירושה, ירשענען, יורש, יורשטע, זיך אײַנטיילן מיט דער ירושה, ירושה בײַם לעבן
8. רײַסן קריעה, זיצן שיבֿעה, זײַן אַן עבֿל, עבֿלים

ניצלעכע פֿראַזעס:

דער נוהג [NO'YEG] – wont, conduct
דער מינהג [MI'NEG] – custom
די מידה [MI'DE] – habit
אַזוי פֿירט זיך בײַ ייִדן אַז... – that's what Jews do when...
אײַנגעוווינט צו – accustomed to
דער געוויינטלעכער גאַנג/פּראַקטיק/אופֿן
די טראַדיציע
דער מינהג־ישׂראל – the way of Israel
דער שטייגער – manner, way

ב. שלום־עליכמס באַרימט וויגליד הייבט זיך אָן אַזוי:

שלאָף, מײַן קינד, מײַן טרייסט, מײַן שיינער, שלאָף, מײַן זונעניו!
שלאָף, מײַן קרוין, מײַן קדיש איינער, ליולינקע ליו־ליו.

פֿאַר וואָס ווענדט זיך די מאַמע צום קינד „מײַן קדיש איינער"? און אויב זי וואָלט אײַנגעוויגט אַ מיידל, וואָלט זי אויך אַזוי געקאָנט זאָגן? (אײַנוויגן – to rock to sleep)

צום שרײַבן

שרײַבט אַ פּאַראַגראַף וועגן דעם ייִדישן צוגאַנג צום טויט, אַזוי ווי איר פֿאַרשטייט אים. ווי פֿירן זיך אַבֿלים און זייערע פֿרײַנד?

געניטונג 42

בינדט צונויף די צוויי טיילן פֿון די שפּריכווערטער:

1. דער מלאך־המוות	א. (...) האָט טויזנט אויגן.
2. ייִחוס	ב. (...) רינען אויס.
3. אויף מצות און אויף תּכריכים	ג. (...) בלײַבט אַ ריינע מצבֿה.
4. אַז מע דערמאָנט זיך אָן טויט	ד. (...) מוז מען האָבן (ד"ה – מיט וואָס צו קויפֿן).
5. פֿון אַ ייִדן אַ צדיק	ה. (...) איז מען ניט זיכער מיטן לעבן.
6. נדן און ירושה	ו. (...) איז אויפֿן בית־הקבֿרות.

ענטפֿערס: ב–6; ג–5; ה–4; ד–3; ו–2; א–1

פֿרעגט און דערציילט אין פּאָרן – בשעתן רעדן, פֿאַרשרײַבט ניצלעכע ווערטער און פֿראַזעס און נאָכן שמועס ברייטערט אויס דעם פּאַראַגראַף וועלכן איר האָט שוין געשריבן וועגן ייִדישן צוגאַנג צום טויט.

צי זײַט איר לעצטנס געווען אויף אַ לוויה? צי זײַט איר געווען אויפֿן בית־עולם? צי האָט איר גערעדט מיטן אַלמן צי מיט דער אַלמנה? מיט די קינדער, די יתומים? צי איז עס געווען ביטער – אַ שרעק, צי נאָר טרויעריק?

איז דער ניפֿטר געווען קראַנק? צי האָט ער/זי (לאַנג) געליטן (געהאַט יסורים)? צי זײַט איר געווען בײַם חולה (אָדער בײַ דער חולנית), ד"ה, צי האָט איר מבֿקר־חולה געווען? צי זײַט איר געווען בײַם ניפֿטר פֿאַר דער פּטירה (ד"ה, פֿאַרן שטאַרבן)? ווי איז דאָס געווען? צי האָט איר גערעדט?

צי איז די לוויה געווען אַ טראַדיציאָנעלע? צי האָט מען געמאַכט אַ הספּד, געריסן קריעה (אויך: קורע געווען), געזאָגט קדיש, געמאַכט אַן אל מלא רחמים, געוויינט און געקלאָגט? צי זײַט איר געגאַנגען מנחם־אָבֿל זײַן? באַשרײַבט עס.

אַז מען דערמאָנט דעם נאָמען פֿון אַ געשטאָרבענעם זאָגט מען:

זאָל ער/זי האָבן אַ ליכטיקן גן־עדן
זאָל איר/אים די ערד גרינג זײַן.
ברוך דיין אמת (אַזוי רעאַגירט מען אַז מע הערט אַז אימעצער איז געשטאָרבן)

אַ גוטע(ר) { בעטער / בעטערקע / מליץ / מליצה } זאָל ער/זי זײַן פֿאַר אונדז

פֿון אַ ליכטיקער שטוב אין אַ פֿינצטערער גרוב.

אויסברייטערן – to expand
ברוך דיין אמת [BO'REKh DA'YEN E'MES] – "Blessed Be the True Judge."
גרינג – לײַכט, easy
דער הספּד [HE'SPED] – eulogy
דער חולה [KhO'YLE] – ill person
די חולנית [KhOYLO'NES] – ill woman
יסורים [YESU'RIM]: האָבן יסורים – to suffer
לײַדן (געליטן) – to suffer
מבֿקר־חולה זײַן [MEVA'KER-KhO'YLE] – to visit a sick person
מנחם־אָבֿל זײַן [MENA'KhEM-O'VL] – to comfort a mourner (with a visit)
דער ניפֿטר [NI'FTER] – deceased
די פּטירה [PTI'RE] – death
רײַסן קריעה [KRI'E] – ritual tearing of clothes
אַ שרעק – frightful, terrible (literally; fear)

וועגן שטאַרבן איז פֿאַראַן אַ ים מיט שפּריכווערטער. אָט זײַנען נאָר דרײַ:

1. דער מלאך־המוות זאָרגט זיך ניט צי דער טויטער האָט תּכריכים.
2. דער שרעק פֿאַרן טויט איז ערגער ווי דער טויט אַליין.
3. יעדער מענטש טאַנצט זיך זײַן טאַנץ, און אַלע קומען צו איין טאַנץ.

דער מלאך־המוות [MALEKhAMO'VES] – Angel of Death
תּכריכים [TAKhRI'KhIM] – shrouds

קאַפּיטל עלף

צוויי ווערבאַלע פּרעפֿיקסן

◆ עס זײַנען פֿאַראַן סך־הכל זעקס ווערבאַלע פּרעפֿיקסן: אַנט־, באַ־, גע־, דער־, פֿאַר־, צע־. מסתּמא געדענקט איר: דער אַקצענט קומט קיין מאָל ניט אויפֿן פּרעפֿיקס און די פּרעפֿיקסן טיילן זיך קיין מאָל ניט אָפּ פֿונעם ווערב. בײַ דער פֿאַרגאַנגענער צײַט פֿון ווערבן מיט ווערבאַלע פּרעפֿיקסן קומט קיין מאָל נישט צו קיין גע־. די פּרעפֿיקסן גיבן צו כּלערליי באַטײַטן און ניואַנסן צום ווערב. דאָ וועט אונדזער קוק אויף די פֿונקציעס פֿון די פּרעפֿיקסן ניט זײַן אויסשעפּיק; גרינגער וועט איצט זײַן נאָר צו באַטראַכטן דוגמאָות (בײַשפּילן) פֿון אָפּגעקליבענע באַטײַטן און טענדענצן.

exhaustive – אויסשעפּיק
selected – אָפּגעקליבן
to detach – אָפּטיילן זיך
example – דער בײַשפּיל
all in all – [SAKhA'KL] סך־הכל

אַנט־

לאָמיר אַ קוק טאָן אויף עטלעכע ווערבן געפֿורעמט מיטן פּרעפֿיקס אַנט־.

אַנטבלויזן (טראַנסיטיוו) – to bare, to strip
אַנטדעקן – to uncover
אַנטדרעמלען ווערן (איז אַנטדרעמלט געוואָרן) – to doze off
אַנטוויינען (זיך) – to wean [אין קאָנטראַסט צו זיך צוגעוווינען צו – to get used to]
אַנטוויקלען (זיך) – to develop, to unfold
אַנטוועקן – to excite, to arouse
אַנטלויפֿן (פֿון) (איז אַנטלאָפֿן) – to run away (from)
אַנטמוטיקן – to discourage
אַנטפּלעקן – to reveal, to uncover
אַנטרונען ווערן – to disappear
אַנטשוויגן ווערן – to become silent
אַנטשלאָפֿן ווערן – to fall asleep

וואָס פֿאַר אַן אויספֿיר קענט איר מאַכן וועגן מעגלעכע באַטײַטן פֿון דעם פּרעפֿיקס? צי איז דער פּרעפֿיקס אַ מאָל ענלעך צו אַ געוויסער פּרעפּאָזיציע? צי איז עס אַ מאָל ענלעך צו אַ געוויסן ענגלישן פּרעפֿיקס? וועלכע אַנדערע ווערבן מיטן פּרעפֿיקס אַנט־ זײַנען אײַך באַקאַנט?

◆ אַנט־ קען זײַן ענלעך אין באַטײַט צום אַדווערב אַוועק. עס קען שאַפֿן אַ וואָרט מיט אַ באַטײַט וואָס איז דער היפּוך פֿונעם שורש (ד״ה, שטאַם אָדער וואָרצל) פֿונעם וואָרט, למשל בײַם וואָרט אַנטמוטיקן. אַנט־ קען אויך באַווײַזן אַז מען גייט אַרײַן אין אַ געוויסן מצבֿ, אַזוי ווי בײַם וואָרט אַנטשלאָפֿן ווערן.

condition – [MA'TSEV] דער מצבֿ
root – [ShO'YRESh] דער שורש

1. דערציילט אַ מעשׂה וועגן אַן אַרעסטאַנטקע, ניצנדיק וויפֿל איר קענט פֿון די אויבן דערמאָנטע ווערטער. די מעשׂה זאָל זיך אַנטוויקלען מיט אַן אָנהייב, אַ מיטן, און אַ סוף, אָבער זי דאַרף ניט זײַן קיין לאַנגע, איר דאַרפֿט נישט לאַנג ברײַען.
פֿאַרשטייט זיך – די אַרעסטאַנטקע איז אַוועק פֿון געפֿאַנגעניש. אָבער פֿאַר דעם – וואָס איז געשען מיטן שומר (היטער) וואָס האָט זי געהיטן? זאָל דער צוהערער פֿאַרשרײַבן ניצלעכע ווערטער און פֿראַזעס פֿון דער מעשׂה, כּדי צו קענען שטעלן פֿראַגעס און אַרויסצײַען אינטערעסאַנטע פּרטים, למשל – ווען איז זי אַנטשלאָפֿן, וואָס האָט זי געטאָן פֿאַר דעם אָדער נאָך דעם, וכדומה.

די אַרעסטאַנטקע – (ווײַבלעך)	prisoner
(לאַנג) ברײַען –	to talk at length
דאָס געפֿאַנגעניש –	prison
וכדומה [UKhDO'YME] –	et cetera

2. איצט זאָל אימעצער דערציילן וועגן אַ פֿרוי וואָס פֿאַרלאָזט דעם מאַן. זאָל די מעשׂה נאָך אַ מאָל האָבן אַן אָנהייב, אַ מיטן, און אַ סוף, און דערצו נישט זײַן קיין צו לאַנגע. ווי פֿריִער זאָל דער צוהערער פֿאַרצייכענען ווערטער און פֿראַזעס כּדי – בײַם סוף – צו קענען פֿרעגן פֿראַגעס.

3. דאָס פֿאָלק האָט אַ ווערטל:

אַז מען אַנטלויפֿט פֿון פֿײַער, באַגעגנט מען דאָס וואַסער.

וואָס מיינט איר? צי איז דאָס אין תּוך אַ פּעסימיסטישער געדאַנק? צי מיינט איר אַז דאָס ווערטל שפּיגלט אָפּ עפּעס אַ טיפּישן ייִדישן אופֿן טראַכטן – צי לחלוטין נישט?!

אָפּשפּיגלען –	to reflect
טיפּיש –	typical

ניצלעכע ווערטער און פֿראַזעס:

וואָס זשע רעדט איר?
נישט געשטויגן, נישט געפֿלויגן!
מעשׂיות!
נאַרישקייטן!
גאָלע גענעראַליזירונג! (גאָלע – pure)

באַ־

לאָמיר איצט באַטראַכטן ווערבן געפֿורעמט מיטן ווערבאַלן פּרעפֿיקס באַ־. טוט אַ קוק אויף די ווײַטערדיקע:

רויִק – calm ←	באַרויִקן – to appease, to calm, to reassure, to soothe
כּישוף – magic ←	באַכּישופֿן – to enchant, to fascinate
כּוח – strength ←	באַכּוחן – to power, to propel
אומרויִק – restless ←	באַאומרויִקן – to disturb, to upset
גײַסט; גײַסטיק – spirit; spiritual ←	באַגײַסטערן – to inspire
גרענעץ – limit, border ←	באַגרענעצן – to limit
גילטיק – valid ←	באַגילטיקן – to validate
פֿאַלן ←	באַפֿאַלן – to attack
וויינען ←	באַוויינען – to mourn for
ווונדערן ←	באַווונדערן – to admire, marvel at (takes the accusative)
וואַרפֿן ←	באַוואַרפֿן – to pelt
זוכן ←	באַזוכן – to search (a person)
טראַכטן ←	באַטראַכטן – to consider, to observe, to look at closely
נעמען ←	באַנעמען – to understand, to grasp
גנבֿענען ←	באַגנבֿענען – to burglarize
קוקן ←	באַקוקן – to examine, to look over
טייל – some, part, טיילן – to divide ←	באַטייליקן זיך אין – to take part in
זילבער ←	באַזילבערן – to plate with silver

◆ וואָס קען מען אַרויסדרינגען פֿון די אָ דוגמות? באַמערקט: אַ סך פֿון די ווערבן אויף באַ־ זײַנען טראַנסיטיוו: מע באַכּוחט עפּעס, באַכּישופֿט אימעצן. טייל האָבן צו טאָן מיט פֿירן עפּעס אָדער אימעצן אַרײַן אין אַ מצבֿ: באַגײַסטערן, באַגרענעצן. טייל האָבן צו טאָן אָדער מיט דעקן אַן אויבנאויף אין גאַנצן, אָדער מיט טאָן עפּעס דורך און דורך: באַזילבערן, באַווונדערן. באַמערקט אַז בײַ טייל ווערבן איז לאַוו־דווקא קלאָר וואָס דער ווערב אויף באַ־ האָט צו טאָן מיטן שורש. למשל:
דויערן – to last ← באַדויערן – to regret.

דער אויבנאויף – surface
אַרויסדרינגען – infer
דורך און דורך – דורכויס, thoroughly

געניטונג 43

זעצט איבער אויף ייִדיש:

He marvelled at her. He was so (אַזוי) enthused, so entranced, that he could not grasp that she would (וועט) soon rob him. She looked at him closely, and it did not disturb her that he would soon pelt her with insults (באַליידיקונגען). This was not the first time she had taken part in such a (אַזאַ) thing. She did not waste time (געפּטרט קיין צײַט) mourning either for herself or him.

ער באַוויינט זי – he mourns for her
ער באַוויינט זיך – he mourns for himself

א. דערציילט דאָס ערשטע קאַפּיטל (די ערשטע פּאָר טעג) פֿון אַן אויסגעטראַכטער ליבע־מעשׂה. איר מעגט זײַן אַזוי מעלאָדראַמאַטיש, אַזוי האַמעטנע ווי איר ווילט. נאָך דעם שרײַבט אָן ראָשי־פּרקים פֿאַר אַ צווייטן קאַפּיטל. זײַט מקצר: מע דאַרף לאַנג נישט ברײַען (ד״ה, דערציילט ניט מיט קיין סך פּרטים, ניט מיט אַלע פּיטשעווקעס).

האַ'מעטנע – corny
מיט אַלע פּיטשעווקעס – in minute detail
מקצר זײַן [MEKA'TsER] – to abridge
ראָשי־פּרקים [ROShE-PRO'KIM] – outline

ב. דערציילט אָדער שרײַבט וועגן אַ קינד וואָס גנבֿעט עפּעס. ניצט וויפֿל פֿון די ווערטער אויף אַנט־ און באַ־ ווי עס איז אײַך מעגלעך. עפּעס אין קראָם ציט דאָס קינד צו. זײַן מאָראַלער קוק איז אַ ביסל קורצזעיִק, נישט קיין ברייטער. ער פּועלט בײַ חבֿרים זיי זאָלן אים העלפֿן. אין אַ געוויסן זין פֿאַרשטייט ער ניט וואָס ער טוט, און שפּעטער, ביסלעכווײַז, הייבט ער אָן חרטה צו האָבן אויף דער גנבֿה. דער פּועל־יוצא (דער רעזולטאַט) איז אים סוף־כּל־סוף אַ שווערער.

ביסלעכווײַז – little by little
די גנבֿה [GANE'YVE] – theft
חרטה האָבן – to regret
דער פּועל־יוצא [POYEL-YO'YTsE] – result
פּועלט (בײַ אימעצן) [PO'YELN] – to persuade (someone)
צוציִען – to attract
קורצזעיִק – near-sighted

ג. באַשרײַבט ווי דאָס בילד אילוסטרירט אַ סצענע פֿון איינער פֿון די צוויי מעשׂיות אויבן.

מענטש א און מענטש ב כאַפּן אַ שמועס וועגן געזונט.

קלײַבט אויס די ברירות וואָס פּאַסן אײַך צו. ניצט ווו מעגלעך צוויי (אָדער טיילן פֿון צוויי) פֿון יעדער גרופּע.

א. ווען ביסטו לעצטנס געווען בײַם דאָקטער?
צי ביסטו אַנומלט געווען בײַם דאָקטער?
שוין לאַנג וואָס איך הער ניט וועגן אײַער דאָקטער.

אַנומלט – לעצטנס, recently

ב. איך בין {לעצטנס / נאָר וואָס / אַנומלט / ניט לאַנג צוריק} געווען בײַ איר.

א. נו, וואָס זאָגט זי?
זי האָט אײַך דורך און דורך באַקוקט?
ביסט צופֿרידן מיט דער באַטראַכטונג (אָדער דער אונטערזוכונג)?
וואָס זשע שווײַגסטו? אַלצדינג אין אָרדענונג?

איך {האָף / בין זיכער / שטעל זיך פֿאָר} אַז אַלצדינג איז ווי עס דאַרף זײַן.

פֿאָרשטעלן זיך – to imagine

ב. ברוך־השם
בקו־הבריאות
געזונט ווי אַ פֿערד, דאַנקען גאָט
אַ דאַנק פֿאַרן פֿרעגן
אפֿשר נישט אַזוי אײַ־אײַ־אײַ – זי וויל מיך אַ צווייט מאָל אונטערזוכן
זי האָט מיר געגעבן פּילן, אַן אײַנשפּריצונג, מעדיצין

א. {אַ לעבן אויף דיר! / דו האָסט מיך (גוט) באַרויִקט / איך האָב אַ קאַפּעטשקע מורא געהאַט} (אַזוי קען מען רעאַגירן אויף גוטע נײַעס)

{וואָס זאָגסטו? / אַ לעבן אויף דיר! / וואָס הייסט נאָך אַ מאָל באַקוקן? צערודערסט מיך. / אָפּגעהיטן זאָל מען ווערן! / רבונו־של־עולם!} (און אַזוי אויף נײַעס – נישט אַזוי אײַ־אײַ־אײַ)

רבונו־של־עולם! [REBO'YNE-ShEL-O'YLEM] – Lord! (of the World)

ב. נו, אַבי געזונט.
באַאומרויִק זיך נישט!
עס איז נאָך נישט צײַט מיך צו באַוויינען.
זאָרג זיך נישט.
נישט געדאגהט!

א. אָבער הער! ווערסט זיך צוהערן צו איר און נעמען די פּילן?
וועסט זי פֿאָלגן צי נישט?
טײַערינקע(ר)! טו זשע מיר אַ טובֿה – טו איר צו ליב, נעם די רפֿואה.
איז ווען דאַרפֿסטו זי נאָך אַ מאָל זען?

צום שמועסן 89

פּרוּווט דעם שמועס אויפֿן פֿרײַרדיקן זײַט אַ צווייט מאָל. אָבער איצט רעדט זיך אַדורך וועגן אַ דריטן וואָס האָט פֿײַנט (אָדער מורא פֿאַר, אָדער אַ סך דרך־ארץ פֿאַר) דאָקטוירים.

צום שמועסן 90

אַ גוט וואָרט צו אַ צווייטן קען קיין מאָל ניט שאַטן. די עלטערן פֿון אַ חבֿר אין קלאַס האָבן אײַך פֿאַרבעטן אויף וועטשערע. די פֿיש און צימעס, דער קוגל און די פֿרישע גרינסן און סאַלאַט זײַנען וווּנדערלעך באַטעמט. אויף פֿאַרבײַסן איז דאָ אַ קאָמפּאָט אַ מחיה.

1. פֿירט אַן אָנגענעמען שמועס פֿאַרן עסן מיטן חבֿרס מאַמע וועגן שול, לערנען זיך, אַרבעט, אײַער נײַער באַקאַנטשאַפֿט מיט איר קינד.
2. נאָכן עסן, לויבט אַלע מאכלים.

אָנגענעם – pleasant
באַטעמט [BATA'MT] – tasty
די וועטשערע – supper
לויבן – to praise
דער/דאָס מאכל, מאכלים [MA'YKhL, MAYKhOLIM] – a cooked dish
פּאַסן – to be proper, to fit
דאָס פֿאַרבײַסן – dessert
פֿאַרבעטן – to invite
שאַטן – to harm

קוקט זיך צו: אויב דאָס עסן איז געראָטן, מעג מען דאַנקען אָדער מיט פּשוטע ווערטער, אָדער מיט ברייטהאַרציקער לויב. אַ מאכל קען זײַן גוט, אָדער מער ווי גוט, אָדער אויסערגעוויינטלעך.

גוט	מער ווי גוט	אויסערגעוויינטלעך
נישקשה	באַטעמט	טעם־גן־עדן
אָנגענעם	געשמאַק	עס האָט טויזנט טעמען
אין אָרדענונג	דערקוויקנדיק	מחיה־נפֿשות
	מלא־טעם	עס צעגייט אין אַלע אבֿרים
		עס האָט דעם זיבעטן טעם

דער טעם (ען) [TAM/TA'MEN] – taste
זײַן געראָטן – דאָ: to be successful
מלא־טעם [MOLE-TA'M] – full of flavor

זאָל די צווייטע/דער צווייטער צום שמועס נישט קענען פֿאַרטראָגן אַזאַ לויבעניש.
– גיי שוין גיי!
– הער אויף!
– טשעפּע זיך אָפּ!
– וואָס רעדסטו וואָס?
און זאָל דער/די וואָס לויבט זיך אײַנשפּאַרן, ד״ה, בלײַבן בײַ זײַנס/אירס.
– ס'איז געווען טאַקע גוט!

דער אינפֿיניטיוו מיט צו און אָן צו

לאָמיר באַטראַכטן דעם אינפֿיניטיוו:

1. מיר שווערן <u>צו</u> קעמפֿן פֿאַר פֿרײַהייט און רעכט
מיט אַלע טיראַנען און זייערע קנעכט. (tyrant – דער טיראַן)
מיר שווערן <u>צו</u> פֿירן דעם הייליקן שטרײַט (dispute – דער שטרײַט)
ביז וואַנען די מענטשהייט וועט ווערן באַפֿרײַט.

2. אונטער יאַנקעלעס וויגעלע
שטייט אַ קלאָר ווײַס ציגעלע
דאָס ציגעלע איז געפֿאָרן האַנדלען,
ראָזשינקעס מיט מאַנדלען.

3. נאָר די יום־טובֿדיקע טעג
גייען שוין אַוועק.
האַרצעדיקער טאַטעו!
ווידער נייען, ווידער שנײַדן,
ווידער לייגן אַ לאַטע; (to patch – לייגן אַ לאַטע)
ווידער גיין אַרבעט זוכן,
ווידער שטיוול רײַסן,
זאָג זשע נאָר, חנה, סערצעניו־לעבן,
צי האָסטו נאָך וואָס פֿון יום־טובֿ <u>צו</u> פֿאַרבײַסן?

◆ דער אינפֿיניטיוו האָט אין ייִדיש אַן ענדונג (דעם טראַפֿיקן נון אָדער ־ען): קען מען אים דערקענען אָן דעם פֿאַרטיקל צו. דער אינפֿיניטיוו אין ייִדיש קען קומען אָן דעם ווערטעלע צו, ווען (אין קאָנטעקסט פֿון זאַץ) ער איז ניט אָפּהענגיק פֿון אַן אַנדער וואָרט: לאַכן איז געזונט.

◆ ווען דער אינפֿיניטיוו איז אָבער יאָ אָפּהענגיק פֿון עפּעס אַ וואָרט אין זאַץ, קומט פֿאַר אים דאָס ווערטעלע צו: דער חשק צו לאַכן; פֿײַנט צו לאַכן; מורא האָבן צו לאַכן; גרינג האָלט צו האָבן; שווערן צו קעמפֿן. באַמערקט אַז די אָפּהענגיקע אינפֿיניטיוון קענען קומען האַרט נאָך סובסטאַנטיוון, אַדיעקטיוון און ווערבן.

◆ עס קומט ניט קיין צו:

1. האַרט נאָך די מאָדאַלע ווערבן: דאַרפֿן, באַדאַרפֿן, טאָרן, קענען, מעגן, מוזן, וועלן. למשל: מע מעג לאַכן, מע מוז לאַכן, ער וויל לאַכן.

2. נאָך די ווערבן וואָס ווײַזן אָן אַ באַוועגונג. למשל: זי איז געפֿאָרן האַנדלען, דו קומסט שפּילן.

3. נאָך געוויסע אַנדערע ווערבן, למשל אָנהייבן, אויפֿהערן, ענדיקן, פּרוּוון, העלפֿן, הייסן, נעמען (מיטן באַטײַט 'אָנהייבן'). למשל: דער לערער האָט געהייסן לייענען, נעמט שׂרה לייענען (ד״ה, זי הייבט אָן לייענען).

4. ווען דער אינפֿיניטיוו איז דער סוביעקט פֿון זאַץ, און ער שטייט אין אָנהייב זאַץ: לאַכן איז געזונט, אָבער עס איז געזונט צו לאַכן.

5. נאָך ווערבן וואָס ווײַזן אָן אַ באַגער אָדער פֿאַרלאַנג: בעטן, גלוסטן נאָך, וועלן, באַגערן: איך וויל זינגען!

to indicate	אָנווײַזן
dependent (on)	אָפּהענגיק (פֿון)
desire	דער באַגער
to like, to care for, to be fond of	האָלט האָבן
very close	האַרט (נאָך, בײַ)
wish, desire	דער פֿאַרלאַנג

צו געפֿינט זיך אונטן אין רינגעלעך. צי דאַרף מען צו? אויב איר מאַכט די גענিטונג בכּתבֿ, אָדער מעקט אויס די רינגעלעך, אָדער – מעקט אויס דעם צו. מע קען אויך מאַכן די גענিטונג בעל־פּה. אויב איר מאַכט זי בעל־פּה, דערקלערט בקיצור וואָס איר טוט – ד״ה, פֿאַר וואָס איר ניצט (אָדער ניצט ניט) דעם צו.

אויסמעקן – to cross out, to erase
בכּתבֿ [BEKSA'V] – in written form
בעל־פּה [BALPE'] – orally
בקיצור [BEKI'TsER] – in short, briefly

1. רײַכע לײַט האָבן ליב לעקעך (צו) עסן, אָבער ניט לעקעך (צו) באַקן. (י.ל. פּרץ)
2. דער קאַפּיטאַן הייסט די מאַטראָסן (צו) לויפֿן אַהער, לויפֿן זיי אַהער; ער הייסט זיי (צו) לויפֿן אַהין, לויפֿן זיי אַהין. מען זאָל זיי הייסן (צו) שפּרינגען אין וואַסער, וואָלטן זיי אויך געשפּרונגען אין וואַסער. (שלום־עליכם)
3. דער עולם איז פֿריִער געלאָפֿן (צו) הערן דעם חזן, דערנאָך געגאַנגען (צו) הערן. (מענדעלע מוכר־ספֿרים)
4. (צו) לאַכן איז געזונט, דאָקטוירים הייסן לאַכן. (שלום־עליכם)
5. צדקה טאָן און ליב האָבן קען מען ניט (צו) נייטן.
6. עס איז נישט אַזאַ שאַנד (צו) גנבֿענען ווי (צו) חנפֿענען.
7. גרינג (צו) זאָגן, שווער (צו) טראָגן.
8. גוטע זאַכן קען מען ניט (צו) פֿאַרגעסן.
9. אַ מוטערס האַרץ איז שווער (צו) נאַרן.
10. (צו) לײַדן און (צו) שווײַגן איז די ערגסטע זאַך.
11. געהערט (צו) קלינגען און קען ניט נאָכ(צו)זינגען.
12. אַ שיקסע בײַם רבֿ קען אויך (צו) פּסקענען אַ שאלה.
13. מע קנײַפּט די באַקן די פֿאַרב זאָל (צו) שטיין.
14. (צו) לויפֿן און (צו) קויפֿן טויגן ניט.
15. אַז מע צערײַסט אַ סך – מוז מען אַ סך (צו) לאַטען.
16. אַ באַרימער איז גוט (צו) שלאָגן.
17. עס איז גרינגער אויפֿ(צו)הייבן אַ שיכּור פֿון דער ערד איידער אַ געשעפֿט.
18. עס איז אַ מיצווה פֿון אַ חזיר אַ האָר אַרויס(צו)רײַסן.
19. ערלעך (צו) לעבן איז שווערלעך (צו) לעבן.
20. (צו) פֿאַסטן הייסט ניט (צו) שפּאָרן ברויט.

חנפֿענען [KhA'NFENEN] – to flatter
טויגן – to suffice, to be worthwhile
לאַטען – לייגן אַ לאַטע
נייטן – to compel
פּסקענען [PA'SKENEN] **אַ שאלה** [ShA'YLE] – to decide a question about ritual propriety
שפּאָרן – to conserve, to save

טייל פֿון די צוואַנציק זאַצן אויבן זײַנען שפּריכווערטער. דערקלערט איינס פֿון זיי בעל־פּה. אין דער היים, דערקלערט איינס בכּתבֿ – דאָס הייסט – געשריבענערהייט.

◘ „קיין מאָל שוין וועל איך ניט זאָגן"
פֿון משה לייב האַלפּערן

פֿאַראַנען לײַט וואָס קענען אפֿשר זאָגן
אַז ס'איז ניט שיין צו שטופּן זיך אַרום אַ וואָגן
מיט ציבעלעס, און אוגערקעס, און פֿלוימען.
נאָר אַז ס'איז שיין אין מיטן גאַס זיך נאָכשלעפּן אַ טויטן־וואָגן –
אָנגעטאָן אין שוואַרצן, און צו דעם נאָך קלאָגן,
איז דאָך אַ זינד צו זאָגן
אַז ס'איז ניט שיין צו שטופּן זיך אַרום אַ וואָגן
מיט ציבעלעס, און אוגערקעס, און פֿלוימען.

מען דאַרף אפֿשר נישט רײַסן זיך אַזוי, און שלאָגן.
מען קען דאָך רויִק שטופּן זיך אַרום אַ וואָגן
מיט ציבעלעס, און אוגערקעס, און פֿלוימען.
נאָר אַז עס קאָן די בײַטש אַפֿילו קיינעם נישט פֿאַריאָגן,
ווײַל דער טיראַן פֿון דעם באַשעפֿעניש אויף דר'ערד, דער מאָגן
וויל אַזוי – באַדאַרף מען שוין אַ רשע זײַן, צו זאָגן
אַז ס'איז ניט שיין צו שטופּן זיך אַרום אַ וואָגן
מיט ציבעלעס, און אוגערקעס, און פֿלוימען.

דעריבער טאַקע וועל איך קיין מאָל שוין ניט זאָגן
אַז ס'איז ניט שיין צו שטופּן זיך אַרום אַ וואָגן
מיט ציבעלעס, און אוגערקעס, און פֿלוימען.
ווי שטאַרק עס זאָל אַ שטופּעניש אַזאַ מיך מאַטערן און פּלאָגן,
וועל איך מײַן קאָפּ אַרונטערבויגן, און אַריבערטראָגן.
וויינען וועל איך אפֿשר – אָבער קיין מאָל שוין וועל איך ניט זאָגן
אַז ס'איז ניט שיין צו שטופּן זיך אַרום אַ וואָגן
מיט ציבעלעס, און אוגערקעס, און פֿלוימען.

א. שטרײַכט אונטער אַלע ווערבן. באַמערקט ווען עס איז דאָ דער אינפֿיניטיוו און צי ער קומט מיט אָדער אָן דעם צו. דערקלערט יעדן פֿאַל.

ב. איצט לאָמיר אַ קוק טאָן אויפֿן ליד גופֿא. וואָס וויל האַלפּערן האָבן? וואָס קען ער מוחל זײַן אַ צווייטן, און וואָס קען ער אַליין זיך נישט דערלאָזן? פֿאַר וואָס?

אונטערשטרײַכן – to underline
אַליין – דאָ: of himself
באַדאַרפֿן – דאַרפֿן
דאָס באַשעפֿעניש – creature
די בײַטש – whip
גופֿא [GU'FE] – itself
דערלאָזן (זיך) – to permit (oneself)
וועלן האָבן – to want to say
דער מאָגן – stomach
פֿאַריאָגן – to chase off

צום שמועסן 91

וואָס זשע טוט מען הײַנט אין אָוונט?

קלײַבט אויס די פּאַסיקסטע פֿון יעדער גרופּע און שאַפֿט אַ שמועס:

<u>איר</u>

– נו, האָסט באַשלאָסן וואָס דו ווילסט טאָן?
– נו זשע, האָסט בײַ זיך באַשלאָסן?
– נו שוין, דעצידירט?
– שוין געקומען צו אַ פּסק? (דער פּסק [PSAK] – [דאָ: איראָניש] ruling)

<u>אײַער פֿרײַנד</u>

– איך שלאָג זיך נאָך אַלץ מיט דער דעה [DE'YE].
(שלאָגן זיך מיט דער דעה – to be conflicted)
– איך קווענקל זיך דאָך (שלאָגן זיך מיט דער דעה).
– נאָך אַלץ נישט.

– וואָס איז די גדולה? (גדולה [GDU'LE] – big deal)
– אָדער דאָס אָדער יענץ! זאָג!
– וואָס זײַנען די ברירות?

– איך וויל אָדער {
– גיין אין קינאָ
– בלײַבן אין דער היים
– עסן אין אַ רעסטאָראַן
} אָדער ______.

– נו? וואָס איז דיר ליבערשט?
– וואָס ווילסטו בעסער?
– וואָס זשע ווילסטו בעסער?
– וואָס איז דיר מער צום האַרצן?

– איך בין זיכער אַז איך וויל נישט [אינפֿיניטיוו].
– איך האָב פֿײַנט [אינפֿיניטיוו].
– [אינפֿיניטיוו] איז מיר שוין דערעסן (boring).
– איך בין שוין מיד פֿון [אינפֿיניטיוו].

– איז וואָס ווילסטו יאָ טאָן?
– וואָס בלײַבט?
– איך בין מסכּים אין גאַנצן – אָבער וואָס טוט מען?

– אַנשטאָט גיין [אינפֿיניטיוו], לאָמיר [אינפֿיניטיוו].
– ווייסט וואָס? לאָמיר [אינפֿיניטיוו].
– עס איז ביליקער / מער אײַנגענעם צו [אינפֿיניטיוו].

– אַבסאָלוט.
– צוגעטראָפֿן! דאָס וויל איך אויכעט. (צוטרעפֿן – to hit the mark)
– אָט אַזוי!
– גענוי וואָס איך האָב געוואָלט.
– אָט דאָס האָב איך טאַקע געוואָלט.

„ער מיינט נישט די הגדה נאָר די קניידלעך"

וואָס טוט מען מיטן מוח? כּלערליי ווערטער זײַנען פֿאַראַן.

1. איך מיין	איך מיין אַז עס איז געווען אַ פֿעלער.
2. איך קלער	איך קלער אַז עס איז דאָך געווען אַ פֿעלער.
3. איך רעכן	איך רעכן אַז עס איז געווען אַ פֿעלער, איך רעכן עס פֿאַר אַ פֿעלער.
4. מיר דוכט זיך, מיר דאַכט זיך	מיר דוכט זיך אַז עס איז געווען אַ פֿעלער.
5. איך טראַכט	איך טראַכט אַז עס איז געווען אַ פֿעלער.
6. איך האָב אין זינען	איך האָב אין זינען איין פֿעלער וואָס מיר האָבן שוין געמאַכט.
7. עס פֿאַלט מיר אײַן	עס פֿאַלט מיר אײַן, אַז עס איז דאָך געווען אַ פֿעלער.
8. איך האַלט	איך האַלט אַז עס איז אַ פֿעלער.
9. איך האַלט עס פֿאַר אַ	איך האַלט עס פֿאַר אַ פֿעלער.
10. אַ פּנים	אַ פּנים, דאָס איז דאָך געווען אַ פֿעלער.
11. אַ סבֿרא	אַ סבֿרא אַז עס איז דאָך געווען אַ פֿעלער.

דער מוח [MO'YEKh] – mind, brain
אַ סבֿרא אַז [SVO'RE] – it is likely that
דער פֿעלער – error

צום שמועסן 92

גייט גיך אַרום דעם קלאַס: פֿרעגט „וואָס מיינט איר וועגן ______?" איר קענט פֿרעגן וועגן וואָס איר ווילט, וועגן וואָס עס זאָל נישט זײַן. אָבער בײַם ענטפֿערן מוזט איר זיך באַניצן מיט אַ וואָרט וועגן קלערן וואָס איר האָט נישט פֿריִער באַניצט. פֿראַגעס און ענטפֿערס קענען זײַן גאָר קורץ. אויב איר ווילט, קענט איר פֿרעגן וועגן אָפּערע, וועגן ווערן אַלט, וועגן האַמעטנע לידער, וועגן זײַן אין אײַלעניש, וועגן אַרבעטן שווער, וועגן דער צוקונפֿט, וועגן הײַנטיקע יונגע־לײַט, וועגן דערציִונג אין אַמעריקע און אַזוי ווײַטער.

באַניצן – to consult, to use
באַניצן זיך מיט – to make use of
וואָס עס זאָל נישט זײַן – anything, whatever

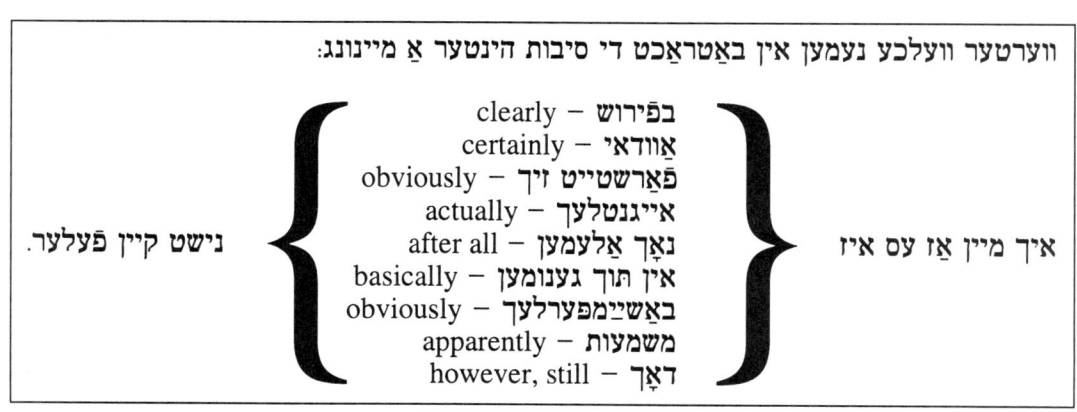

ווערטער וועלכע נעמען אין באַטראַכט די סיבות הינטער אַ מיינונג:

איך מיין אַז עס איז { בפּירוש – clearly / אַוודאי – certainly / פֿאַרשטייט זיך – obviously / אייגנטלעך – actually / נאָך אַלעמען – after all / אין תּוך גענומען – basically / באַשײַמפּערלעך – obviously / משמעות – apparently / דאָך – however, still } נישט קיין פֿעלער.

צום שמועסן 93

קלײַבט אויס אײנע אײנע פֿון די ברירות אין יעדער גרופּע צונויפֿצושטעלן אַ שמועס. אָבער צו ערשט באַשטימט ווער עס זײַנען די צוויי צום שמועס. צוויי עלטערע מענער? אַ יונגער מאַן מיט דער באָבען? צוויי יונגע ווײַבער? לאָזט זיך ווילגיין. (זאָל אײנער צום שמועס קלײַבן פֿון די גרופּעס אויף דער רעכטער זײַט, און דער צווייטער, פֿון די גרופּעס אויף דער לינקער זײַט.) שאַפֿט עטלעכע שמועסן צווישן באַזונדערע טיפּן.

(צי) זעסט דאָס ייִנגל דאָרטן?
קוקט זיך צו – צי זעט איר דאָס אָ ייִנגל?

טו
כאַפּ
גיב
אַ קוק – זעסט דאָס ייִנגל?

ווו?
כ׳זע ניש׳.
וואָס איז?
נו?

דאָרטן – אַנטקעגן ________.
דאָרטן – לעבן ________.

אוי־וואַ!
נישט צום גלייבן!
זע נאָר זע!

מיינסט אַז ער איז
קלערסט אַז ער איז
האַלטסט אַז ער איז

אַראָפּ פֿון זינען?
געריירט? (=משוגע)
צעדרייט?
צעמישט?
צעחושט?

דאַכט זיך (מיר) אַז יע.
דאַכט זיך (מיר) אַז ער איז ________.
אַ סבֿרא אַז ער איז ________.

עס דאַכט זיך מיר אַז דאָס איז
איך קלער אַז דאָס איז
איך האַלט דאָס פֿאַר

אַ ביסל איבער דער מאָס
(גוט) געפֿערלעך
ניט לעגאַל
ניט געזעצלעך

עס איז מיר (קיין מאָל נישט/אַ מאָל)
אײַנגעפֿאַלן דאָס צו טאָן.
איך האַלט עס פֿאַר אַ טעות.
איך וואָלט קיין מאָל נישט אַזוי געטאָן.
איך מיין אַז אפֿשר וועל איך אויך (אַ מאָל)
פּרווון.
וועמען זאָל אַזאַ זאַך אײַנפֿאַלן?

נו. די צײַטן בײַטן זיך.
ווערסט מיך נישט כאַפּן בײַ אַזאַ מעשׂה.
איך האַלט עס פֿאַר אַ שאַנדע / אַ סכּנה / אַן אינטערעסאַנטן אײַנפֿאַל.

קאַפּיטל צוועלף

◘ נאָך צוויי ווערבאַלע פּרעפֿיקסן

דער־

באַטראַכט די וויַטערדיקע פּאָרן:

לעבן – to live　　　דערלעבן – to experience, to live to see

(אַז מע לעבט, דערלעבט מען – [if you live [long enough], you live to see [it all; such things)

טרינקען – to drink　　　דערטרענקען – to drown (דאָ: טראַנסיטיוו)
דערטרונקען ווערן – to drown (אומטראַנסיטיוו)

יאָגן – to chase　　　דעריאָגן – to catch up with

רעדן　　　דעררעדן זיך – to reach an understanding

פֿילן – to fill　　　דערפֿילן – to fulfill, to fill to the top

קענען – to know　　　דערקענען – to recognize

שיסן – to shoot　　　דערשיסן – to shoot to death, execute

שפּירן זיך – to feel　　　דערשפּירן – to feel, to sense, to detect

גרייכן – to reach, to extend　　　דערגרייכן – to reach, to accomplish, to attain

גיין　　　דערגיין אַז – to find out
דערגיין ביז – to reach
דערגיין (אימעצן) די יאָרן – to pester

שנאַפּן – to sniff around　　　דערשנאַפּן – to sense intuitively, to detect by smelling

◆ ווי איר זעט, איז דער צענטראַלער טיַיטש פֿון ווערבאַלן פּרעפֿיקס דער־ – דער עיקר־באַטיַיט – „דערפֿירן ביזן סוף" אָדער „אָפּטאָן" (=טאָן אין גאַנצן).

עס זיַינען אויך דאָ ווערבן מיטן פּרעפֿיקס דער־ וואָס זייער שורש געפֿינט זיך נישט היַינט פֿאַר זיך (ד״ה, אומאָפּהענגיק) אין דער ייִדישער כּלל־שפּראַך. למשל: דערקוטשען.

אומאָפּהענגיק – independently
דערקוטשען – to pester

◆ עס זיַינען אויך דאָ אַזעלכע ווערטער וואָס באַקומען אַ גאַנץ נײַעם באַטיַיט דורכן פּרעפֿיקס דער־, למשל: דערלויבן.

לויבן – to praise
דערלויבן – to permit

געניטונג 45

דערגאַנצט די ווײַטערדיקע מיט ווערבן מיטן פּרעפֿיקס דער־.

1. איך האָב נישט געוווּסט ווען אים אָבער איך האָב __________ אַז אַלץ איז נישט געווען אין אָרדענונג.
2. זי האָט זיך נישט גערעכט אַז ער וועט __________ אַזאַ זאַך.
3. זי האָט אים __________ און __________.
4. איצט וועט ער מער נישט __________ אונדז די יאָרן.
5. עס האָט געדויערט צוויי שעה, אָבער זיי האָבן צום סוף זיך __________ אַז זי האָט דערגרייכט איר ציל.
6. איצט קענען זיי נישט אויסקומען, אָבער מיר דאַכט זיך אַז זיי וועלן סוף־כּל־סוף __________ זיך.
7. זי זעט אויס, אייגנטלעך, גאָר אַנדערש – איך האָב זי קוים __________.
8. ער האָט זי נאָך אַלעמען __________. נו! אַז מע לעבט, __________.

אויסקומען – to get along
דויערן – to last
זײַן אין אָרדענונג – to be OK
דער ציל – goal
קוים – barely
ריכטן זיך – to expect

צום שמועסן 94

◆ ווערבן מיט ווערבאַלע פּרעפֿיקסן זײַנען אַלע מאָל פּערפֿעקטיוו. פּערפֿעקטיווע ווערבן זײַנען די וואָס באַשרײַבן אַ טוונג וואָס מע האָט שוין דערפֿירט ביזן סוף – אַ פֿאַרטיקע טוונג. אַ משל: אַז מע רעדט וועגן פֿירן אַ פֿערד אין גאַס, איז זײַן גיין (דעם פֿערדס) נאָך נישט קיין פֿאַרטיקע: מע וועט אים נאָך ווײַטער פֿירן. אַז מע דערפֿירט אַ פֿערד אין גאַס, איז דער טראָפּ אויפֿן פֿאַקט וואָס ער איז פֿריִער געווען אין שטאַל, און איצט האָט מען אים געבראַכט אין אַ צווייטן אָרט – אין גאַס.

פּרוּווט דערקלערן דעם באַגריף „פּערפֿעקטיוו" צו אַ צווייטן אין די אייגענע ווערטער, ניצנדיק ווערבן מיט די ווערבאַלע פּרעפֿיקסן דער־ און באַ־. שאַפֿט בײַשפּילן אונטערצושטיצן אײַער דערקלערונג.

ניצלעכע פֿראַזעס אַז מען וויל אָנווײַזן אַז מען שטימט אײַן, איידער מען חזרט איבער אין די אייגענע ווערטער:

– אָט אַזוי! – אין דעם גייט עס. – גוט געזאָגט.

און אויב מען איז נישט אין גאַנצן מסכּים, אָדער מען וויל עפּעס צוגעבן:

– פֿרעגט זיך אָבער די קשיא ... – איז דערפֿון געדרונגען ...
– זאָל/לאָז זײַן (אַזוי), אָבער ... – אָבער וואָס שייך ...

אײַנשטימען – to agree
אָנווײַזן – to indicate
וואָס שייך [ShA'YEKh] – with reference to

צום שמועסן 95

זאָל איינער באַשרײַבן ווי מע האָט זיך דערוווּסט עפּעס וועגן אימעצן.

{ בײַם אָנהייב / אין אָנהייב / לכתחילה } האָב איך געמיינט אַז ער/זי ___________.

שפּעטער, נאָך עטלעכע { שעה / וואָכן / טעג / יאָר } האָב איך { דערשנאַפּט / דערשפּירט }

{ עפּעס אַ / אַ מין } { מידקייט, דעפּרעסיע / איידלקייט, ראַפֿינירטקייט, האַרציקייט / ניט־אָביעקטיווקייט, פֿאַרבלענדעניש / תּמימותדיקייט (נאַיִווקייט) / קלוגשאַפֿט, תּפֿיסה (פֿאַרשטאַנד), שאַרפֿזין / בייזקייט, הפֿקרות } וואָס איך האָב זיך אויף

דעם { אין גאַנצן / אַבסאָלוט / לחלוטין / קיין מאָל } נישט געריכט.

זאָל דער צווייטער פֿרעגן:

ווי האָסטו / האָט איר עס { דערקענט / דערשנאַפּט / דערשפּירט } ?

פֿירט דעם ענין ביזן לאָגישן סוף. באַשרײַבט דעם פּראָצעס, די אַנטוויקלונג פֿון אײַער טראַכטן; פֿון אײַער דערוויסן זיך. ציט ווײַטער דעם שמועס. רעדט וועגן אַנדערע מענטשן וועגן וועלכן איר האָט מיט דער צײַט געביטן די מיינונג. בשעת איינער דערציילט, זאָל דער צווייטער בעטן בײַשפּילן, דערקלערונגען, פּרטים. מען קען רעדן אויך וועגן ביכער, קלאַסן, און אַפֿילו פּאָליטישע אָדער פֿילאָסאָפֿישע שיטות.

די אַנטוויקלונג – development
דערוויסן זיך – to find out
דאָס הפֿקרות [HEFKE'YRES] – arbitrariness, licentiousness
לכתחילה [LEKhATKhI'LE] – at first
דער/דאָס ענין (־ים) [I'NYEN, INYO'NIM] – matter
דאָס פֿאַרבלענדעניש – delusion
די שיטה [ShI'TE] – school of thought
די תּפֿיסה [TFI'SE] – **דאָ:** perceptiveness in study

באַשרײַבט אַן אָוונט אָדער אַ נאָכמיטאָג מיט אַ יונג קינד וואָס דערגייט אײַך די יאָרן. מע קען אים/זי יאָגן און דעריאָגן, מע קען שפּילן אין שיסערײַ, מע קען אים/זי לויבן און דערלויבן און ניט דערלויבן, מע קען דערגיין אַז ער/זי האָט עפּעס ליב, האָט מורא פֿאַר עפּעס, האָט עפּעס פֿײַנט. מע קען (ניט) דערגרייכן אָדער זיך (ניט) דעררעדן צו אַ טאָלק. (און מע קען, פֿאַרשטייט זיך, ניצן כלערליי ווערבן מיט אַנדערע פּרעפֿיקסן, אָדער אָן פּרעפֿיקסן אין גאַנצן.)

ער/זי איז אַ
- שמדניק, שמד־קאָפּ (שמדעלניצע), אַן עולם־הזהניק, אַן עבֿודה־זרהניק
- פֿאַסקודניאַק/ניצע
- בויאַן
- כוליגאַן (כוליגאַנקע)
- שייגעץ/שקאָץ
- מזיק

(אַלע ווערטער באַטײַטן אַ ווילד קינד. שמדניק און שמד־קאָפּ זײַנען געבויט אויפֿן וואָרט שמד. פֿאַסקודניאַק (scoundrel, stinker), בויאַן (hoodlum), מזיק [MA'ZEK] (mischief maker) און שייגעץ (gentile boy) קען מען ניצן אָדער ערנצט אָדער אויף קאַטאָוועס (ד״ה, מיט הומאָר).

אויף קאַטאָוועס – as a joke
דעררעדן זיך צו אַ טאָלק – to reach an understanding
דער עבֿודה־זרהניק [AVOYDE-ZO'RENIK] – idol worshiper; wild kid (fig.)
דער עולם־הזהניק [OYLEM-HA'ZENIK] – sensualist, one interested in worldly pleasures
דער שמד [ShMAD] – conversion (out of Judaism)

ווערבן:

טומלען – to make a racket
לעכערן די אויערן – to burst the ears
מאַכן קולות [KO'YLES] – דאָ: to make noise

רודערן –
רעשן –
געוואַלדעווען –
גראַגערן –
to make a lot of noise

האַווקען – to bark

דער רעש [RASh] – noise

זאָל דער צווייטער צום שמועס אויסדריקן וווּנדער און אונטערהעלפֿן מיט פֿראַגעס און אפֿשר נישט גלייבן:

אוממעגלעך!
וואָס האָסטו געטאָן?
רבונו־של־עולם!
מאַמעלעך מײַנע!
און דערנאָך?
נישט צום גלייבן!
אַזוי? ווי? זי האָט וואָס?
ווי האָסטו דאָס דערלויבט?
וואָס רעדסטו?
אויף אַן אמת?
אַזוי גאָר!
אין מיטן דערינען (מיט אַ מאָל, פּלוצלינג)?

אַזוי ווי דער צווייטער צום שמועס גלייבט נישט, זאָל דער ערשטער אים/איר פּרווון אײַנרעדן אַז די מעשׂה איז קיין מעשׂה נישט – נאָר אין גאַנצן אמת.

אויסדריקן – to express
אײַנרעדן – to convince

אָט איז נאָך אַ ווערבאַלער פּרעפֿיקס: צע־.

טוט אַ קוק:

רײַסן — to tear	צערײַסן — to tear apart
	צערײַסן אויף שטיקער — to tear to shreds
נעמען — to take	צענעמען — to take apart (also: to move deeply)
גיין	צעגיין — to melt
	צעגיין זיך — to disperse
בטלען [BA'TLEN] — to waste	צעבטלען — to squander, to idle away
געבן	צעגעבן — to distribute
וואַרפֿן	צעוואַרפֿן — to scatter, to put in disorder
ווערטלען — to joke, to be witty	צעווערטלען זיך מיט — to exchange angry words with
טומלען — to make a big noise	צעטומלען — to confuse (זײַן צעטומלט — to be confused)
טיילן — to divide	צעטיילן — to divide, to separate
טרענצלען — to waste	צעטרענצלען — to waste, to squander
מישן — to mix	צעמישן — to confuse (זײַן צעמישט — to be confused)
לויפֿן	צעלויפֿן זיך — to scatter, running
עפֿענען	צעעפֿענען — to open wide, to unroll
פּאַקן	צעפּאַקן — to unpack
פּויקן — to drum	צעפּויקן — to spread a rumor
פֿאַלן	צעפֿאַלן זיך — to fall apart, to decay
קאָכן	צעקאָכן — to overboil (זײַן צעקאָכט — to be angry)
	צעקאָכן זיך — to "lose it", to get all upset
קלאַפּן	צעקלאַפּן — to break into pieces צעקלאַפּן זיך — to get hurt
רודערן — to make noise, to row	צערודערן — to disorient, to upset (זײַן צערודערט — to be upset)

וואָס פֿאַר אַ באַטײַט טראָגט צו דער פּרעפֿיקס צע־?

- ◆ צע־ האָט צו טאָן מיטן טײַטש פֿונאַנדער: אין ריכטונגען, אין טיילן.

דער פּרעפֿיקס צע־ קען זיך אויך אַ מאָל צוקלעפּן צו אַן אַדיעקטיוו אָדער אַ סובסטאַנטיוו צו פֿורעמען אַ ווערב.

קאַליע — spoiled	צעקאַליעטשען — to bruise, to mutilate, to injure
דער פּרט [PRAT] — detail	צעפּרטלען — to itemize

פֿונאַנדער — apart
צוקלעפּן זיך (צו) — to attach itself (to), to get stuck (to)

צום שמועסן 97

אַ באַקאַנטער אײַערער זיצט טאָג־אײַן טאָג־אויס אין דער דירה זײַנער און טוט אַבסאָלוט גאָרנישט. עס איז אײַך שווער אָנצוקוקן ווי ער פּטרט אַוועק זײַן צײַט, זײַן דערציִונג, דאָס ביסל פֿאַרמעגן וואָס ער האָט געירשנט פֿון זײַנע עלטערן. געלט צעקריכט בײַ אים אונטער די הענט (ווערט פֿאַרשווונדן, צעגייט). ער איז ווי ניט איז געוואָרן אַ בטלן, אַ ליידיק־גייער (ד״ה, ער גייט ליידיק, ער טוט גאָרנישט). עס איז אײַך קיין פֿראַגע ניט אַז ער האָט אויפֿגעהערט קלאָר צו טראַכטן – ער ווייס ניט וואָס ער טוט. מ׳האָט אָנגעהויבן רעדן וועגן אים אויף דער גאַס אין זײַן געגנט.

באַשרײַבט זײַן מצבֿ פֿאַר אַן אַלטן חבֿר וואָס איז נאָר וואָס צוריקגעקומען פֿון דער ווײַטנס. זאָל אַ צווייטער תּלמיד זײַן דער צוריקגעקומענער חבֿר, וואָס בשעתן שמועס חזרט איבער אַלע פּרטים און פֿרעגט פֿראַגעס (אַפֿילו קלאָץ־קשיות, ד״ה נאַרישע פֿראַגעס) ווײַל ס׳איז שווער צו גלייבן און שווער צו דערטראָגן. ניצט אַזוי פֿיל פֿון די אויבן דערמאָנטע צע־ ווערטער ווי מעגלעך, אָבער ניצט אַנדערע ווערטער דערצו.

◆ איבערחזרונג איז אַ געוויינטלעכע זאַך בײַ דער שמועס שפּראַך:

– ער זיצט גאַנצע מעת־לעתן אין שטובֿ!	– ער זיצט גאַנצע מעת־לעתן אין שטובֿ?
– גאַנצע מעת־לעתן?	– גאַנצע מעת־לעתן!
– אין שטובֿ?	– אין שטובֿ!

מע חזרט איבער אָדער דעם ערשטן אָדער דעם לעצטן טייל פֿון אַ זאַץ צי אַ פֿראַזע; מע חזרט איבער די גאַנצע זאַך. מען קען אויך איבערחזרן מיט כּלערליי ענדערונגען:

– ער זיצט און שוין?

and that's it? – און שוין?
to waste – [PA'TERN] אַוועקפּטרן
to stop – אויפֿהערן
to watch – אָנקוקן
to bear, to tolerate – דערטראָגן
idle, impractical person – [BA'TLEN] דער בטלן
somehow – ווי ניט איז
day in, day out – טאָג־אײַן טאָג־אויס
to inherit – [YA'RShENEN] ירשענען
24 hours – [MESLE'S] דער מעת־לעת
just recently – נאָר וואָס
estate, property – דאָס פֿאַרמעגן
from afar – פֿון דער ווײַטנס

צום שמועסן 98

כאַפּט אַ שמועס מיט אימעצן אין קלאַס וועגן אײַערע אייגענע אמתע איבערלעבונגען מיט פּטרן צײַט. עצהט אײַער מיטשמועסער. אין דער היים, שרײַבט אימעצן אין קלאַס אַ בריוול וועגן ווי איר פּטרט אַ מאָל אַוועק די צײַט. אויפֿן צווייטן טאָג, בײַט זיך מיט די בריוו וואָס איר האָט געשריבן און שרײַבט קורצע ענטפֿערס, נאָך אַ מאָל, פֿאַרשטייט זיך, פֿול מיט קלוגע עצות.

ניצלעכע פֿראַזעס:

הער(ט) זיך צו!
אָט וואָס איך וואָלט געטאָן! (...וואָס איך טו)
ס׳איז טאַקע שווער, אָבער...

to exchange, to trade – בײַטן זיך (מיט)

◊ די פּאַסיווע קאָנסטרוקציע: אין דער איצטיקער און דער פֿאַרגאַנגענער צײַט

ווען וועסטו צעפּאַקן דײַנע ביכער? די ביכער זײַנען שוין לאַנג צעפּאַקט. שוין אַ וואָך זינט זיי זײַנען צעפּאַקט געוואָרן.

דער טראָפּ אינעם ענטפֿער איז אַ פֿאַרביטענער, ער איז נישט גענוי ווי דער טראָפּ אין דער פֿראַגע. דער ענטפֿער ווײַזט אָן, אַז די ביכער זײַנען שוין צעפּאַקט, אָבער עס איז נישט קלאָר ווער עס האָט זיי צעפּאַקט. און אויב מען וואָלט געלייגט דעם טראָפּ אין ענטפֿער אויפֿן וואָרט ביכער, קען עס אויך געמאָלט זײַן אַז דער וואָס רעדט וויל אַרויסהייבן אַז עס זײַנען דאָ זאַכן וואָס זײַנען נאָך נישט צעפּאַקט.

> אָנווײַזן – to indicate
> אַרויסהייבן – to bring out
> געמאָלט: עס קען געמאָלט זײַן – it is possible, conceivable
> דער טראָפּ – emphasis
> לייגן דעם טראָפּ (אויף) – to put the emphasis (on)
> פֿאַרביטן – changed

א.

– איך האָב מורא אַז דו וועסט אים { צעטומלען / צערודערן / צעמישן } .

– ניט געדאגהט! ער איז נעבעך פֿון לאַנג שוין גוט צעמישט (אָדער: צעמישט געוואָרן).

> ניט געדאגהט [GEDA'YGET] – don't worry
> נעבעך – poor wretch (interjection)
> פֿון לאַנג – since a long time ago

ב.

– אויב ער איז ניט פֿאָרזיכטיק, וועט ער { צעטרענצלען / צעבטלען } { דאָס גאַנצע פֿאַרמעגן / דאָס גאַנצע קניפּל / דעם גאַנצן אוצר / די גאַנצע ראָלקע / דער באָבעס ירושה } .

– ליידער שוין לאַנג __________ .

– עס איז שוין __________ געוואָרן מיט פֿינף יאָר צוריק!

ג.

– ווען וועט מען צעעפֿענען די טירן פֿונעם אַרכיוו?

– ניט לאַנג צוריק __________ געוואָרן.

> די ירושה – inheritance
> פֿאָרזיכטיק – careful
> צעבטלען [TsEBA'TLEN] – to squander, to waste
> צעטרענצלען – to waste
> דאָס קניפּל – דאָ: bundle (=savings)
> די ראָלקע – bank roll

◆ דעם פּאַסיוו פֿורעמט מען מיט די הילפֿסווערבן זײַן אָדער ווערן און מיטן פּאַרטיציפּ. מע קען אים ניט פֿורעמען מיט אומטראַנסיטיווע ווערבן, און געוויינטלעך ניט מיט פּריפֿאַקסטישע ווערבן.

◘ די פּאַסיווע קאָנסטרוקציע: אין דער קומעדיקער צײַט (אין עתיד)

א.

– ווען וועסטו צעפּאַקן די ביכער?

– זאָרג זיך נישט / ניט געדאגהט / זײַ זיך נישט מצער. זיי וועלן באַלד צעפּאַקט ווערן.

באַרויִקן זיך – to calm oneself
זאָרג זיך נישט – don't worry!
ניט געדאגהט! – don't worry!
מצער זײַן זיך [METsA'ER] – to despair, to worry
דער עתיד [O'SED] – the future

ב.

– גאָט איז מיט אײַך! איר ווילט אים צעמישן / צערודערן / צעטומלען ?

– חס־וחלילה! פֿאַר וואָס זאָל ער צעטומלט ווערן.

ג.

– וואָס וועט זײַן מיטן געלט? עס וועט באַלד / אין גיכן / איידער וואָס ווען ______ ______.

ד.

– ווען וועט מען שוין צעעפֿענען דעם אַרכיוו?

– מע זאָגט אַז ער וועט באַלד / בקרובֿ / אין גיכן ______ ______.

איידער וואָס (און) ווען – before you know it
בקרובֿ [BEKO'REV] – אין גיכן, shortly
גאָט איז מיט אײַך! – What's the matter with you?
חס־וחלילה [KhASVEKhOLI'LE] – God forbid

צום שמועסן 99

איר האָט אויבן (און אויף דער פֿריִערדיקער זײַט) ווערטער און פֿראַזעס צו רעדן וועגן אַ שווערן מצבֿ, און אויך צו באַרויִקן אימעצן וואָס געפֿינט זיך אין אַזאַ מצבֿ. פֿירט אַ קורצן שמועס מיט אימעצן וועגן ניט האָבן געלט. זאָל איינער זיך זאָרגן, און דער צווייטער אים/זי באַרויִקן. אַז מע זאָרגט זיך זייער, ס'איז נישט קיין סורפּריז אַז מע חזרט איבער. זאָל דער וואָס האָט מורא וועגן געלט נישט אין גיכן באַרויִקט ווערן. שרײַבט אַ בריוול צו אַ דריטן וועגן דעם שמועס: וואָס איז געווען דער מער? ווי האָט איר באַרויִקט דעם צווייטן/די צווייטע? צי האָט איר געקענט באמת פֿאַרבעסערן זײַן/איר געמיט?

דאָס געמיט – mood, spirit
זאָרגן זיך – to worry
זײַן דער מער – to be the matter (the problem)
דער מצבֿ [MA'TsEV] – condition, state, situation

◘ די פּילזײַטיקייט פֿון דער איצטיקער צײַט

א. די איצטיקע צײַט קען קומען אָנשטאָט דער פֿאַרגאַנגענער צײַט

◆ ווען מע דערציילט וועגן אַ פּאַסירונג פֿון דער פֿאַרגאַנגענער צײַט מיט לעבעדיקייט און מיט אימפּעט – קען מען נוצן דערבײַ די איצטיקע צײַט.

צום שמועסן 100

אָט האָט איר אַן אָנהייב פֿון אַ דערציילונג (אין דער אמתן – פֿון צוועלף דערציילונגען). ציט ווײַטער דעם פֿאָדעם פֿון דער דערציילונג. גיט זי איבער אויפֿן זעלביקן שטייגער, באַנוצנדיק די איצטיקע צײַט. דער וואָס הערט זיך צו זאָל אונטערהעלפֿן מיט פֿראַגעס (און נאָך דעם?) און אויסדריקן ווונדער. (זען „צום שמועסן 96")

1. נעכטן – קום איך צו אים. טרעף איך אים ניט אין דער היים. זעץ איך זיך צו וואַרטן. מיט אַ מאָל זע איך ווי עס קומט אַרײַן...

2. דעם טאָג בין איך אַוועק זיך באָדן אין ים. ווען איך בין צוגעקומען צום ברעג, זע איך ס'איז אַ טומל, מענטשן לויפֿן אַרום, מע שרײַט. איך גיי צו נענטער, ערשט זע איך...

3. עס איז געווען אין מיטן נאַכט. איך בין געשמאַק געשלאָפֿן. פּלוצלינג וועקט מיך אַן אומגעווייִנטלעכער טומל אויף דער גאַס. איך כאַפּ זיך אויף און גיי צום פֿענצטער ...

4. מיר האָבן זיך גוט צוגעגרייט צו פֿאָרן כאַפּן פֿיש. מיר זײַנען אויפֿגעשטאַנען זייער פֿרי. ווען מיר קומען צום שיפֿל...

5. די פֿאָרשטעלונג האָט געמאַכט אויף מיר אַ שטאַרקן אײַנדרוק. ווי נאָר עס עפֿנט זיך דער פֿאָרהאַנג, באַווײַזט זיך...

6. מיר שטייען בײַם וואַסערפֿאַל ניאַגאַראַ ...

7. ווען איך האָב געלייענט וועגן דער טרויעריקער פּאַסירונג, האָב איך זיך אַלץ קלאָר פֿאָרגעשטעלט ווי דאָס איז פֿאָרגעקומען. אָט זע איך...

8. טאַטע־מאַמע זײַנען געווען אַוועקגעגאַנגען. איך און מײַנע ייִנגערע שוועסטער זײַנען געווען אין דער היים. הערן מיר, מע קלינגט. לויפֿט מײַן שוועסטערל עפֿענען...

9. איך בין געלעגן אין שפּיטאָל. אויפֿן שכנותדיקן בעטל ליגט...

10. אין אונדזער ביוראָ ...

11. מיר זײַנען געזעסן אַרום ראַדיאָ. מיר הערן ווי עס קומט פֿאָר די אָפּשטימונג וועגן צעטיילן ארץ־ישׂראל און שאַפֿן אַ באַזונדערע ייִדישע מדינה. מיר ...

12. איך בין געקומען צו מײַן ברודערס חתונה. איך זע...

געניטונג 46

זעצט איבער אויף ייִדיש. ניצט ווו מעגלעך די איצטיקע צײַט. דאָס ווערטל שוין וועט אײַך אַ סך העלפֿן. קוקט זיך צו: „ווי לאַנג אַרבעט זי שוין בײַ זיי?" „שוין זיבן יאָר וואָס זי אַרבעט בײַ זיי." (אָדער: „זי אַרבעט בײַ זיי שוין זיבן יאָר.")

1. How long have you been studying Yiddish?
2. I have been studying it for at least five years.
3. How long have you been here?
4. I have been here for more than an hour.
5. How long have you been doing this work?
6. I have been doing it for ([BEME'ShEKh] במשך) at least three months.
7. How long have you been looking at this picture?
8. I have been looking at it (for) half an hour.

ב. די איצטיקע צײַט קען קומען אַנשטאָט דער קומעדיקער צײַט

◆ ווען מע וויל לעבעדיקער אַרויסזאָגן עפּעס וואָס דאַרף ערשט פֿאָרקומען, אָדער ווען מע וויל ווײַזן אַז עפּעס וועט געוויס, אויף זיכער, פּאַסירן – ניצט מען די איצטיקע צײַט אַנשטאָט דער קומעדיקער.

> only now, yet – **ערשט**
> to take place – **פֿאָרקומען**

באַטראַכט די ווײַטערדיקע:

.1

– ווען קומט ער?
– איך ווייס ניט, אפֿשר קומט ער מאָרגן.
– ניין, מאָרגן קומט ער אַוודאי ניט. ווען גוט, קומט ער די נײַע וואָך, אַניט, נאָך שפּעטער.
– מילא, ווען ער קומט, וועלן מיר אים גוט אויפֿנעמען.

> **אַניט – אויב ניט**

.2

– ווו איז ער?
– ער איז אָקערשט איצט אַרויס. ווען דו יאָגסט אים גלײַך נאָך, דעריאָגסט אים.

.3

– הלוואַי גייסטו צו אים! הלוואַי לערנסטו זיך אָפּ פֿון אים! הלוואַי ווערט ער דײַן חבֿר!

> would that, if only – [HALEVA'Y] **הלוואַי**

.4

– זאָל איך בעטן בײַ אים אַ ביסל געלט?
– אַוודאי, ער לײַט, ער העלפֿט.

> of course, definitely – [AVA'DE] **אַוודאי**

.5

ווען איך וועל זײַן אין שטאָט, גיי איך אַרײַן צו אים. ווען איך וועל רעדן מיט אים, פּועל איך בײַ אים.

.6

(בײַם שפּילן שאַך אָדער דאַמקעס:) גיי איך אַהין – גייט ער אַהער, גיי איך אַהער, גייט ער אַהין.

> checkers – **דאַמקעס (די דאַמקע)**
> chess – **דער שאַך**

גענִיטונג 47

זעצט איבער אויף ייִדיש (ניצט ווו מעגלעך די איצטיקע צײַט):

1. I am sure they will come tomorrow.
2. I wish (הלוואַי) he would come.
3. I am certain he will help soon.
4. He is positive he will start working (אַרבעטן) next week.
5. We shall get up early; I'll go in one direction and you in the opposite (one).
6. I wish you would be able to do that.
7. Indeed (באמת), I'll start studying (זיך לערנען) Yiddish next fall.
8. He just left; if you run you will catch up with him.

צום שמועסן 101

א. אינטערוויוִירט אימעצן וועגן ווי ער אָדער זי האָט זיך אַ מאָל אויסגעלערנט (אָדער צום טייל געלערנט) אַ לשון. פֿאַרן אינטערוויו אַרבעט אין צווייען צוצוגרייטן כלערליי פֿראַגעס. איר קענט רעדן וועגן:

- פּרוסטרירונגען און דערגרייכונגען
- לעקציעס און לערערס, אָדער זײַן פּלוצעם אין אַ נײַ לאַנד
- רײַזעס און רעדן מיט די וואָס בײַ זיי איז דאָס לשון זייער מוטערשפּראַך
- זיך לערנען צו דערקענען די אייגענע גרײַזן בשעתן רעדן
- קאָמישע און נישט אַזוי קאָמישע איבערלעבונגען (למשל: אַז מע האָט ניט גוט פֿאַרשטאַנען דעם פֿיגוראַטיוון טײַטש פֿון אַ וואָרט)
- די שטאַפּלען (גרעסערע און קלענערע) פֿון ווערן בהדרגה פֿעיִקער און נאָך פֿעיִקער
- גיכע און פּאַוואָלינקע פּעריאָדן בשעתן לערנען זיך
- זיך לערנען אידיאָמען און האָבן טעותן וואָס שייך אידיאָמען
- זיך לערנען פֿון טעלעוויזיע, פֿילמען, געזאַנג, צײַטונגען, טעאַטער, אאַז״וו

וכדומה!

ב. באַשרײַבט אײַער אינטערוויו פֿאַרן גאַנצן קלאַס. ניצט אַזוי ווײַט ווי מעגלעך די איצטיקע צײַט, די באַשרײַבונג זאָל זײַן אַ לעבעדיקע.

ג. פֿירט אַ טאָגבוך — פֿון הײַנט ביזן סוף פֿון לערניאָר — וועגן אײַערע איצטיקע איבערלעבונגען אַרום זיך לערנען ייִדיש. הייבט אָן מיט אַ קורצן איבערבליק פֿון די פֿריִערדיקע שטאַפּלען אין אײַער לערנען זיך. און נאָך דעם פֿירט ווײַטער די געשיכטע טאָג נאָך טאָג גאָר פּרטימדיק. מע קען שרײַבן וועגן וואָקאַבולאַר און גראַמאַטיק, רעדן, לייענען און שרײַבן, אַרויסרייד, טעותן, פֿילן זיך זיכער אָדער אומזיכער (ד״ה, ניט זיכער) אָדער צו ביסלעך זיכערער, קליינע און גרויסע מדרגות און שטאַפּלען, פּרוסטרירונגען און דערגרייכונגען, דערקענען שוואַכקייטן און דערגרייכן צילן, און אַזוי ווײַטער.

אויסלערנען זיך – to learn thoroughly
דערגרייכונגען (די דערגרייכונג) – accomplishments
דערקענען – to recognize
דאָס טאָגבוך – diary
פּאַוואָלינקע – פּאַמעלעך
צום טייל – in part, partially

if only, would that – הלוואַי ◘

אין עתיד: הלוואַי זאָל
עֶר נאָר נישט דאַרפֿן קומען
מען נאָר לעבן בשלום
זי נאָר האָבן אַ ביסל נחת
איך דיך נאָר זען אין גיכן
ער ניט צעברעכן האַלדז־און־נאַקן

neck – דער האַלדז־און־נאַקן

◆ דאָס הייסט, עס איז דאָ אַ מעגלעכקייט אַז עס וועט פֿאָרקומען – און אויב אַזוי, וועט עס זײַן גוט.

מיטן עבֿר: הלוואַי וואָלט
ער נאָר נישט געדאַרפֿט קומען
מען געלעבט נאָר בשלום
זי נאָר געהאַט אַ ביסל נחת
איך דיך נאָר געזען
ער ניט צעבראָכן האַלדז־און־נאַקן

◆ דאָס הייסט, אָדער עס איז אומפֿאַרמײַדלעך, אָדער עס איז ליידער נישט פֿאָרגעקומען.

unavoidable – אומפֿאַרמײַדלעך
unfortunately – ליידער
to take place, to occur – פֿאָרקומען

◆ און אויב מע רעדט וועגן מעגלעכקייטן, איז טאָמער אויך אַ גאָר ניצלעך וואָרט. דאָס וואָרט טאָמער איז אַ קאָניונקציע.

1. און טאָמער ער וועט דאַרפֿן קומען?
2. און טאָמער ער וועט טאַקע האָבן אַ ביסל נחת?
3. טאָמער זעט איר אים, זאָלט איר ניט ...

if, in case, perchance, in the event that – טאָמער
and what if – און טאָמער

געניטונג 48

שרײַבט אָן פֿיר קליינע שמועסן אין וועלכע מע ניצט די ווערטער הלוואַי און טאָמער.

רעדט זיך אַדורך מיט אַ צווייטן. ניצט הלוואַי ווו נאָר מעגלעך:

1. וואָסווילט איר זען אין { ישׂראל / מיזרח־אייראָפּע / אַמעריקע / דײַטשלאַנד } ?

2. צי האָט איר אַ מאָל אָפּגעגעבן אַ שווערן עקזאַמען און נישט אויסגעפּירט (ד"ה, אײַער אַרבעט האָט נישט געטויגט)? באַשרײַבט די איבערלעבונג. וואָס וואָלט געהאָלפֿן?

שווערער אַרבעטן?
אַ פּראָפֿעסאָר וואָס האָט בעסער געקענט זײַן מלאָכה?
אַ געלעגנהייט צו קוקן אין אַ בוך וואָס איז ניט געווען אין ביבליאָטעק?
נישט האָבן עקזאַמענס אין אַנדערע לימודים אין זעלבן טאָג?

הלוואַי...

3. וואָס פֿאַר אַ בײַט, וואָס פֿאַר אַ שינוי, וואָלט פֿאַרבעסערט די באַציִונגען צווישן מענער און פֿרויען (אָדער צווישן מענטש און מענטש, אָדער צווישן מענטשן און חיות)? זאָל דער צווייטער צום שמועס פֿאַרברייטערן דעם געדאַנק פֿונעם ערשטן.

אויספֿירן – דאָ: to succeed
אָפּגעבן אַן עקזאַמען – to take an exam
דער געדאַנק – דאָ: idea
טויגן – to be adequate, to be of value
פֿאַרברייטערן – to amplify, to expand
די שינוי [ShI'NE] – דער בײַט, change

ניצלעכע פֿראַזעס אין אַזאַ דיסקוסיע:

פֿאַרשטייט זיך! – obviously!
אַוודאי – absolutely
פֿון דײַן מויל אין גאָטס אויערן – may your hope be realized
אפֿשר/קען זײַן – maybe
טויגן אויף כּפּרות – to be worthless
עס וואָלט ניט געשאַט צו... – it wouldn't have hurt to...
אַז עס איז באַשערט דערטרונקען צו ווערן, ווערט מען דערטרונקען אין אַ לעפֿל וואַסער.
וואָס ווײַטער? – now what?
נישטאָ קיין יושר! [YO'YShER]; טאָ ווו איז יושר! – it's not fair!
איך בין זיכער אַז – I'm sure that
הלוואַי! – would that it were so!
קלוג געזאָגט, וווּיל געזאָגט – well said

באַשערט – predestined

◘ מער וועגן פּרעפֿיקס צע־

די פֿאָרמע צע־ + ווערב + זיך אין געוויסע פֿאַלן מיינט: טאָן עפּעס פּלוצעמדיק און אינטענסיוו:

צעוויינען זיך – burst out crying
צעלאַכן זיך – burst out laughing
צעקאָכן זיך – to get excited
צעלויפֿן זיך – to scatter
צעגיין זיך – to disperse, to separate quickly
צעקושן זיך – to start kissing intensively

אין יעדן פֿאַל באַשרײַבט דאָס עפּעס וואָס קומט פֿאָר אין גיכן, פּלוצעם און אינטענסיוו.

פֿאָרקומען – to occur, to take place

צום שמועסן 103

א. באַשרײַבט דאָס געזעגענען זיך בײַ אַ גרופּע חבֿרים, ניצנדיק לכל־הפּחות פֿיר פֿון די אויבן דערמאָנטע ווערטער. מע קען זיי, פֿאַרשטייט זיך, ניצן אין נעגאַטיוו אויב דאָס איז פּאַסיקער. (ד״ה, זיי זײַנען זיך נישט צעלאָפֿן.)

געזעגענען זיך – to part, דאָס געזעגענען זיך – the parting
לכל־הפּחות [LEKhO'L-APO'KhES] – (at least)

וואָס פֿאַר אַ גרופּע איז עס – אויף ווי לאַנג און צוליב וואָס זײַנען זיי געווען צוזאַמען? פֿאַר וואָס גייען זיי זיך איצט פֿונאַנדער (ד״ה: פֿאַר וואָס צעגייען זיי)? צי וועלן זיי זיך זען אַ צווייט צי אַן אַנדערש מאָל? פֿאַר וואָס צעקאָכט זיך איינער פֿון זיי? צי איז אַלץ נישט אַלע מאָל געווען אַזוי גלאַט (גלאַטיק, שלווהדיק, פּשוט) בײַ זיי? אַרבעט אין פּאָרן. באַשרײַבט, פֿרעגט און דערקלערט, ביז איר האָט אַ פֿול בילד פֿון וואָס איז פֿאָרגעקומען במשך יאָרן (אָדער וואָכן) און לעצטנס בײַ דער גרופּע. די מעשׂה קען זײַן, פֿאַרשטייט זיך, אין גאַנצן אַ פֿיקטיווע.

במשך [BEMEShEKh] – in the course of
שלווהדיק [ShA'LVEDIK] – tranquil

ב. פֿאַרצייכנט פּרטים בשעת איר הערט זיך צו. אין דער היים שרײַבט אָן אַ בריוו אַ קורצן אַזוי ווי איר אַליין וואָלט געווען בײַם געזעגענען זיך, און איר ווילט איצט די סצענע באַמאָלן (באַשרײַבן) פֿאַר אַ חבֿר פֿון דער גרופּע וואָס האָט נישט געקענט בײַזײַן (ד״ה – ער/זי האָט נישט געקענט זײַן פֿאַראַן). מאָרגן, לייענט איבער דעם בריוו וואָס אַ צווייטער אין קלאַס האָט געשריבן און שרײַבט אָן אייגענעם בריוו דעם זעלבן פֿרײַנד, קאָריגירנדיק אַ טשיקאַווע טעות וואָס איר האָט דערשפּירט אין ערשטן בריוו.

פֿאַראַן זײַן – דערבײַ זײַן, to be present
בײַזײַן (בײַ) – (מען ניצט דאָס נישט אין דער איצטיקער צײַט) to attend, to be present at

◘ געזעגענען זיך

אָבער ווי טאַקע געזעגנט מען זיך? וואָס זאָגט מען?

אויב מע געזעגנט זיך נאָר אויף אַ ווײַלע איז דער אויסבײַט אַזאַ:

– אַ גוטן טאָג. אָדער – אַ גוטע נאַכט.
– אַ גוט יאָר. – אַ גוט יאָר.

דער אויסבײַט – exchange

מע קען אויך ענטפֿערן מיט איינעם פֿון די דרײַ:

– גיי(ט) געזונט.
– זײַ(ט) געזונט.
– (פֿאָר)בלײַב(ט) (זשע מיר) געזונט.

אויב איינער פֿון די צוויי וואָס געזעגענען זיך פֿאָרט אַוועק, קען דער צווייטער זאָגן:

– פֿאָר(ט) געזונט (און קום[ט] געזונט). אָדער – פֿאָר(ט) געזונטערהייט.

אויף ביידע קען מען ענטפֿערן:

– בלײַב(ט) געזונט.
– בלײַב(ט) מיר געזונט.
– בלײַב(ט) זשע מיר געזונט.

דער אויסבײַט קען אויך זײַן אַזאַ:

– אַ גוטן טאָג. אָדער – אַ גוטע נאַכט.
– אַ גוטן תּמיד. – אַ גוטן תּמיד.

מע קען אויך פּשוט זאָגן:

– זײַ(ט) מיר און האָב (האָט) מיר. (ד"ה, זײַט מיר געזונט און האָט מיר אַ גוטן...)
– כּל־טובֿ.
– אַ גוטן שליטוועג(ס) (bon voyage; good riddance).
[אָדער סתּם]
– אַ גוטן.

און אויב איר ווילט בלײַבן אין קאָנטאַקט, וואָלט איינע פֿון די אָ געווען פּאַסיק:

– לאָמיר זיך בײַטן מיט בריוו.
– איז קלינג מיר אָן אַ מאָל.

צום שמועסן 104

דאָס פֿאָלק האָט אַ ווערטל: „אויס די אויגן, אויס דעם האַרצן.“ באַשרײַבט און דערקלערט עטלעכע קאָנטעקסטן אין וועלכן דאָס ווערטל וואָלט געווען פּאַסיק. אַז מע רעדט וועגן פֿאַרגעסן, קען מען רעדן וועגן „פֿאַרגעסן ווי ניט געווען,“ „פֿאַרגעסן ווי אין טויט,“ „אָפּמעקן פֿון זכּרון,“ און פֿאַרגעסן „כאָטש נעם אים אַראָפּ דעם קאָפּ.“ מע קען אויך זאָגן אַז אימעצער (אָדער עפּעס) איז „ניט אָפּצווווישן פֿון זכּרון.“

קאַפּיטל דרײַצן

◘ און ווידער אַ מאָל צוויי ווערבאַלע פּרעפֿיקסן

גע־

גע־ געפֿינט זיך נאָר בײַ געציילטע ווערבן.

to gain, to accrue, to win; to bear (a child), to beget – **געווינען**
to find – **געפֿינען**
to be found, to be located – **געפֿינען זיך**
to trust – **געטרויען**
to last – **געדויערן**
to thrive – **געדײַען**
to remember – **געדענקען**
to belong to – **געהערן צו**
to get used to – **געוויינען זיך צו**
to dominate – **געוועלטיקן איבער**
to have a child – **געלעגן ווערן**
to benefit (from) , to profit (by), to enjoy – **געניסן (פֿון)**
to please – **געפֿעלן (עס געפֿעלט אים)**
to be probable – **[געשיקן זיך] (געוויינטלעך אין: עס געשיקט זיך)**
to succeed in – **געראָטן (מיטן דאַטיוו: עס איז אים געראָטן)**

טייל פֿון די ווערבן זײַנען נישט בנימצא אָן דעם פּרעפֿיקס. אַנדערע זײַנען יאָ בנימצא אָן דעם פּרעפֿיקס. טייל פֿון די ווערבן האָבן אַ גאָר ענלעכן באַטײַט הן מיטן גע־, הן אָן דעם גע־ (דויערן – געדויערן, טרויען – געטרויען, עס שיקט זיך – עס געשיקט זיך).

extant – [BENI'MTsE] **בנימצא**
a few, a limited number of – **געציילטע**
both ..., and ... – [HEN] **הן ..., הן ...**

צום שמועסן 105

דערקלערט די ווײַטערדיקע ווערטלעך און באַשרײַבט סיטואַציעס ווו עס וואָלט געווען פּאַסיק זיי צו ניצן.

– צו וואָס מען געוויינט זיך אין דער יוגנט, בײַ דעם בלײַבט מען אויף דער עלטער.
– פֿון אַ קאַרגן גבֿיר און אַ פֿעטן באָק גענית מען ערשט נאָכן טויט.
– פֿיל שפּילן און איינער געווינט.
– אַ בלינד הינדל געפֿינט אויך אַ מאָל אַ קערנדל.

male goat – **דער באָק (בעק)**
דער גבֿיר – רײַכער מאַן
stingy **קאַרג – דאָ:**
kernel – **דאָס קערנדל**

צום שמועסן 106

אַרבעט אין פּאָרן. אײַער פֿרײַנד לערנט זיך שפּילן פֿידל (אָדער פּיאַנע אָדער שטריקן אָדער רעדן טערקיש) בײַ אַ נײַעם לערער. איר ווילט אויך לערנען זיך, אָבער צו ערשט (לכתּחילה) ווילט איר אַלצדינג וויסן וועגן די קלאַסן. כּמעט אַלע פֿראַגעס אונטן קען מען אָדער פֿרעגן אָדער ענטפֿערן מיט די ווערטער אויף גע־ אין דער רשימה אויפֿן פֿריערדיקן זײַטל. פּרוּווט הן פֿרעגן, הן ענטפֿערן:

וועגן דעם דויער פֿון אַ לעקציע ...
וועגן דעם לאָקאַל פֿון לערערס הויז ...
צי דער אינסטרומענט וואָס דער תּלמיד ניצט איז זײַן אייגענער? ...
צי דער תּלמיד פֿילט זיך איצט מער באַקוועם מיטן לערער ווי ער האָט זיך געפֿילט אין אָנהייב ...
צי ער האָט ליב דעם לערער, צי ס׳געפֿעלט אים דער לערער, צי ער האָט אים האָלט ...
צי דער לערער איז פֿאַרלאָזלעך (ד״ה, צי מע קען זיך פֿאַרלאָזן אויף אים) ...
צי דער לערער דערלויבט אַ ביסל אומאָפּהענגיקייט ...
צי די שווערקייט פֿון די לעקציעס איז באַרעכטיקט אָדער צוגעפּאַסט ...

די אומאָפּהענגיקייט — independence
באַקוועם — comfortable
באַרעכטיקט — justified
דער דויער — duration
פֿאַרלאָזלעך — reliable, trustworthy
פֿאַרלאָזן זיך (אויף) — to trust, to rely (on)
צוגעפּאַסט — appropriate
שטריקן — to knit
דאָס שטריקערײַ — knitting

ניצלעכע פֿראַזעס:

אַז מע קווענקלט זיך בײַם אָנהייבן רעדן זאָגט מען:
– נו ...
– נו, נו ...
– פֿאַרשטייט זיך אַז (אַז יאָ, אַז ס׳איז שווער, אַז בײַם לערנען ...)
– זיכער אַזוי, אָבער ...
– וואָס קען איך דאָ זאָגן ...
– ווי זאָגט מען? ...
– ווי זאָל איך זאָגן? ...
– גיב (גיט) נאָר אַ טראַכט ... – (look ...)
– איז ...
– הער(ט) ...
– הער(ט) נאָר אַ מינוטקעלע ...
– איכ׳ל דיר (אײַך) זאָגן ...

קווענקלען זיך — to hesitate, to waver

וויפֿל פּראַקטיצירט איר? וויפֿל אַרבעט איר? וויפֿל געדולד האָט איר? אַ סך? גענוג?

א. פֿרעגט וועגן אַ צוגעטראַכטער ליבע, לאָמיר זאָגן צווישן „כאַצקל“ און „ליובע“: עס האָט לאַנג געדויערט? זי האָט אים געטרויט? זי איז זײַן משפּחה געפֿעלן? ער האָט ליב געהאַט צו זײַן מיט איר? זי האָט זיך צוגעוווינט צו זײַנע מידות (צו זײַנע קאָפּ־דרייעניש און קאַפּריזן)? פֿרעגט מיט אַלע ווערטער אויף גע־ וואָס זײַנען צוגעפּאַסט און נאָך דעם פֿרעגט ווײַטער. אונטן זײַנען כלערליי ענטפֿערס אויף דער פֿראַגע „וויפֿל?“

ב. שרײַבט אָן אַ קורצע באַשרײַבונג פֿון אַ בהדרגהדיקן קער, אַ פּאַמעלעכן איבערבײַט אין אײַערע (אָדער אימעצנס) געדאַנקען צי געפֿילן וועגן עפּעס אָדער אימעצן. „אין אָנהייב ... שפּעטער ... נאָך דעם ... מיט שעהען/וואָכן/יאָרן שפּעטער ... בײַם סוף ...“. איידער איר שרײַבט, פּרוּווט עס בעל־פּה מיט אימעצן אין קלאַס. ניצט די ווערטער אונטן. „אין אָנהייב האָב איך זי מי יודע וויפֿל האָלט געהאַט ...“

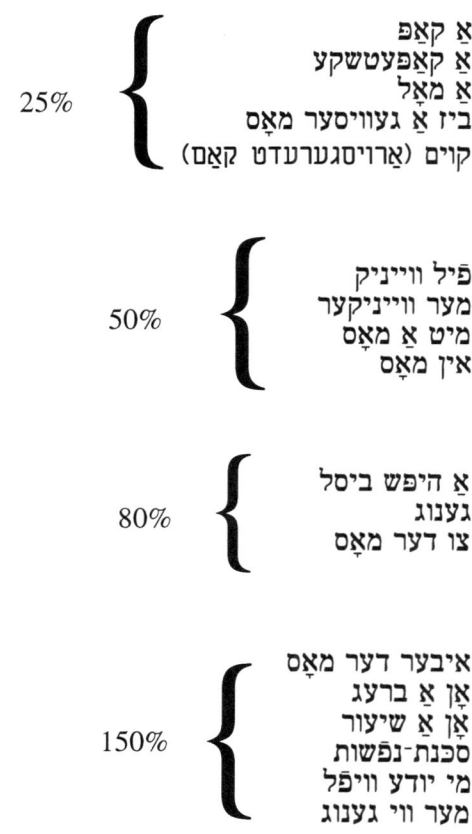

25%
- אַ קאָפּ
- אַ קאָפּעטשקע
- אַ מאָל
- ביז אַ געוויסער מאָס
- קוים (אַרויסגערעדט קאָם)

50%
- פֿיל ווייניק
- מער ווייניקער
- מיט אַ מאָס
- אין מאָס

80%
- אַ היפּש ביסל
- גענוג
- צו דער מאָס

150%
- איבער דער מאָס
- אָן אַ ברעג
- אָן אַ שיעור
- סכּנת־נפֿשות
- מי יודע וויפֿל
- מער ווי גענוג

דער איבערבײַט – change
בהדרגה [BEHADRO'GE] – gradually
בהדרגהדיק – gradual
די מאָס – measure
מי־יודע [MI-YEDE'YE] וויפֿל – who knows how many/much?, it's hard to say how many/much
(ביז) סכּנת־נפֿשות [SAKO'NES-NEFO'ShES] – to the point that it's dangerous to the soul!
צוגעטראַכט – made up
דער קער – turn

פֿאַר־ האָט פֿאַרשיידענע באַניצן.

קוקט זיך צו צו איין גרופּע ווערטער מיטן פּרעפֿיקס פֿאַר־:

פֿאַרגיסן – to spill, to shed (i.e., blood, tears) (גיסן – to pour)
פֿאַרדרייען – to misrepresent, to garble, to distort (also: to turn off a switch, a gas-jet)
פֿאַרהערן – to mishear (also: to examine)
פֿאַרוואַרפֿן – to toss across a space, to misplace
פֿאַרוויקלען – to entangle (וויקלען – to wrap, to wind)
פֿאַרזען – to neglect, to overlook
פֿאַרלייגן – to misplace (also, to fold one's arms)
פֿאַרפֿירן – to lead, to mislead, to seduce
פֿאַרקוקן – to lose sight of, to overlook
פֿאַרקוקן זיך – to let one's mind wander while staring, to stare, to gaze

און צו אַ צווייטער:

פֿאַרבעסערן – מאַכן בעסער
פֿאַרגיכערן – מאַכן גיכער
פֿאַרגרינגערן – מאַכן גרינגער
פֿאַרגרעסערן – מאַכן גרעסער
פֿאַרוואַסערן – to dilute
פֿאַרטונקלען – מאַכן טונקל
פֿאַרטיילן – to distribute (אין טיילן)
פֿאַרלענגערן – מאַכן לענגער
פֿאַרמערן – פֿועלן עס זאָל זײַן מער
פֿאַרקלענערן – מאַכן קלענער
פֿאַרריכטן – מאַכן צו רעכט, to fix, to mend, to correct
פֿאַרשטאַרקן – מאַכן שטאַרקער

צי געהערן די ווײַטערדיקע צו איינער פֿון די אויבן געגעבענע צוויי גרופּעס?

פֿאַרגערגלען – to throttle, to be carried away in song (pejorative) (גאָרגל – throat)
פֿאַרדולן – to stun, to dazzle, to bore thoroughly (דול = משוגע)
פֿאַרזיכערן – to insure that something will take place, to assure, to affirm (זיכער – sure)
פֿאַרחידושן – to amaze (חידוש = ווונדער)
פֿאַרטויבן – מאַכן טויב, to anaesthetize
פֿאַרטשעפּען (אין) – to hook, to catch, to snag (טשעפּען – to touch; to bother, to tamper with)
פֿאַרטשעפּען זיך מיט – to pick a quarrel with (טשעפּען זיך – to badger, to bother, to annoy)
פֿאַרכּישופֿן – to charm, to enchant
פֿאַרליבן זיך אין – to fall in love with
פֿאַרלייגן זיך אויף – to set one's heart on
פֿאַרנעצן – to make wet
פֿאַרערגערן – to make worse

דער באַניץ – use, usage

◆ וואָס קען מען אַרויסדריננגען וועגן צוויי טיפּן ווערבן מיטן פּרעפֿיקס פֿאַר־? מען וואָלט געקענט זאָגן אַז איין באַניץ פֿון פּרעפֿיקס האָט צו טאָן מיט אַרײַנברענגען עפּעס אָדער אימעצן אין אַ געוויסן מצבֿ, בשעת דער צווייטער באַניץ האָט גאָר אַ נעגאַטיוון קער, אַ נעגאַטיוון באַטײַט, אַ באַטײַט פֿון עפּעס וואָס איז געווען דווקא ווי עס האָט נישט געזאָלט זײַן. און ביידע באַטײַטן קען מען געפֿינען אַ מאָל בײַ איין וואָרט. פֿאַרהערן, למשל, מיינט to conduct an oral exam און to mishear.

אָט זײַנען נאָך עטלעכע ניצלעכע ווערטער מיט פֿאַר־. צי זײַנען דאָ ווערטער וואָס געהערן נישט צו די דערמאָנטע צוויי קאַטעגאָריעס?

פֿאַרדריסן – (עס פֿאַרדריסט מיך אַז – עס טוט מיר באַנג אַז , איך האָב חרטה אַז [KhARO'TE] – (I regret/am sorry that

פֿאַרווײַלן זיך – to have fun

פֿאַרדינען to earn (דינען – to serve)

פֿאַרטרינקען – to spend money on drink

פֿאַרלאָזן זיך אויף – to rely on

פֿאַרלאָזן – to depart from, to desert, to neglect

פֿאַרלאָזן זיך אַ באָרד – to grow a beard

זײַן (אין גאַנצן) פֿאַרלאָזן – to be (altogether) unkempt, decrepit

פֿאַרצייכענען – to write down

פֿאַרקאָכן – to boil

פֿאַררעדן זיך – to digress, to blunder in speaking

פֿאַררעדן אימעצן די ציין – to distract someone's attention

פֿאַרשרײַבן – to write down

סוכאָוואָליע, תּרצ״ד

צום שמועסן 108

א. איר ברענגט אַ נײַעם אָנצוג (אָדער אַ קלייד) צו אַ שנײַדער(קע), ער/זי זאָל עס צו אײַך צופּאַסן. די הויזן זײַנען אַ היפּש ביסל לויז, די אַרבל זײַנען אַ קאַפּעטשקע לאַנג. די טאַליע פֿונעם רעקל איז שמאָל (ס'איז ענג) און איז במילא שטאַרק אומבאַקוועם. איר מיינט אַז מע דאַרף אײַננעמען און קירצן די הויזן, און אַרויסלאָזן דאָס רעקל. און נאָך אַ זאַך: דער אָנצוג האָט דרײַ קנעפּלעך, וואָס זיי זײַנען נישט פּעסט צוגעניית צום מלבוש (צום צײַג).

דער שנײַדער/די שנײַדערקע איז נישט מסכּים מיט אײַך: ער/זי האַלט אַז דער אָנצוג פּאַסט זיך צו גוט צו אײַך (מער ווי גוט – אַ מחיהו!), אַז די קנעפּ זײַנען גוט צוגעטשעפּעט צום צײַג, אַז די הויזן, אַרבל און רעקל זײַנען גענוי ווי זיי דאַרפֿן זײַן. פּועלט בײַם שנײַדער/בײַ דער שנײַדערקע ער/זי זאָל פֿאַרריכטן דעם אָנצוג ווי איר ווילט. דער שמועס זאָל גיין נאָך אַ לאָגישן סדר: צו ערשט: לייגט פֿאָר, נאָך דעם וועט איר דאַרפֿן זיך אָנשטרענגען. איר וועט דאַרפֿן האַנדלען וועגן יעדן שטאָך: וועגן די טאַליעס פֿון הויזן און רעקל, וועגן די אַרבל, וועגן די קנעפּלעך.

אײַננעמען – to take in
דער אָנצוג – suit
דער אַרבל – sleeve
אַרויסלאָזן – to let out
אָנשטרענגען זיך – to exert oneself
במילא [BEME'YLE] – therefore
אַ היפּש ביסל – considerably
די טאַליע – waist
לויז – loose
דער מלבוש [MA'LBESh] – garment
ענג – tight
פֿאָרלייגן – to suggest
צוטשעפּען – to attach
צופּאַסן (אויך: פּאַסן) (זיך) – to fit
דאָס צײַג – fabric
קירצן – to shorten
קנעפּלעך (דאָס קנעפּל) – buttons
דאָס רעקל – jacket
דער שטאָך (שטעך) – stitch
שמאָל – narrow

ניצלעכע פֿראַזעס:

טוט (זשע) מיר צו ליב – I beg you, oblige me, do what I ask
טוט מיר אַ טובֿה – do me a favor
איר וועט פֿאַרדינען אַ מצווה! [MI'TsVE]
וואָס זײַט איר אַזאַ עקשן (stubborn person) [A'KShN]?
קאַליע מאַכן – ruin
מאַכן אַ תּל [TEL] פֿון – ruin
מאַכן צו גאָרניט – דאָ: destroy
איר קענט זיך פֿאַרלאָזן אויף מיר – trust me
עס וועט אײַך פֿאַרדריסן / עס וועט אײַך באַנג טאָן / איר'ט חרטה האָבן – you'll be sorry
אָפּלאָזן – to let go, to give up
האָבן אַ טועת [TO'ES] – to be wrong

ב. פּרוּווט לײַען (אָדער באָרגן) פֿינף און צוואַנציק סענט בײַ אימעצן אין קלאַס. (איר דאַרפֿט אימעצן אָנקלינגען – ד״ה, איר דאַרפֿט רעדן מיט אימעצן אויפֿן טעלעפֿאָן.) זאָל דער צווייטער זײַן אַן עקשן, זיך אָנשטרענגען, און ניט וועלן לײַען (באָרגן). און זאָלט איר אויך ווײַזן אַ שטיקל עקשנות און נישט אָפּלאָזן. נאָכן אויסבײַט (איר האָט געפּועלט צי נישט געפּועלט, געליִען אָדער נישט געליִען) דערציילט אימעצן אַנדערש וועגן וואָס איז געשען.

ג. דאָס פֿאָלק זאָגט:

– בעסער אַן אייגענער סענט איידער אַ פֿרעמדער דאָלאַר.
– אַז מען באָרגט איינעם געלט, קויפֿט מען זיך אַ שׂונא.

און (אפֿשר אַ ביסל גראָבלעך):

– קראַצן און באָרגן איז נאָר גוט אויף אַ ווײַלע.

אָבער באָרגן געלט אָן פּראָצענט צו נויט־באַדערפֿטיקע איז בײַ ייִדן איינע פֿון די גרעסטע מיצוות. אין פּירקי־אָבֿות שטייט געשריבן אַז אויף דרײַ זאַכן שטייט די וועלט, און איינע פֿון זיי איז „גמילות־חסדים״. דעריבער איז אויך פֿאַראַן אַ ווערטל:

– אַ גמילות־חסד איז בײַ גאָט טײַערער ווי אַ נדבֿה.

צי זײַנען די אָ ווערטלעך סתּירהדיק? דאָס הייסט, צי איז איין שפּריכוואָרט דאָ סותר דעם צווייטן? צי איז דאָ אַ סתּירה צווישן זיי?

אַ ווײַלע – a while
דער פּראָצענט – interest

א. אַ יונגער חבֿר האָט געטענהט צו אײַך אַז זײַן לערער איז אַ שלעכטער – ער (דער לערער) הערט אים ווי דעם קאָטער, דאָס קאָמוניקירן איז אַ שרעק – ניט דער, ניט יענער צד הערט זיך צו צום צווייטן. איר גייט צו צום לערער זיך אײַנשטעלן פֿאַרן חבֿר. דער לערער פֿאַרטיידיקט זיך.

געדענקט די ווערטער: פֿאַרהערן, פֿאַרדרייען, פֿאַרפֿירן, פֿאַרזען, פֿאַרוויקלען, פֿאַרקוקן, פֿאַרזיכערן. צי מוז דער סיכסוך קומען צו פֿאַרגיסן טרערן אָדער, חס־וחלילה, אַפֿילו בלוט? איר קענט נישט פֿאַרטראָגן אַזאַ קאָנפֿליקט. ווי געוויינטלעך: זאָל אײַער שמועס מיטן לערער האָבן אַן אָנהייב, אַ מיטן און אַ סוף.

אײַנשטעלן זיך פֿאַר – to stick up for
הערן אימעצן ווי דעם קאָטער – to pay no attention to someone
חס־וחלילה [KhAS-VEKhOLI'LE] – perish the thought
דער סיכסוך [SI'KhSEKh] – controversy
פֿאַרטיידיקן זיך – to defend oneself
פֿאַרטראָגן – to tolerate
צד: ניט דער, ניט יענער צד [TsAD] – neither side
צוגיין צו – to approach
דער קאָטער – tomcat
אַ שרעק – horrible!

ב. מאַכט נאָטיצן במשך דעם שמועס, און נאָכן שמועס שרײַבט אַ בריוול (ניט מער ווי פֿיר־פֿינף שורות) צום תּלמיד – אָדער פֿון זײַן חבֿר (דעם תּלמיד לאָזן וויסן אַז איר האָט גערעדט מיטן לערער), אָדער פֿון לערער (דעם תּלמיד עפּעס געבן צו פֿאַרשטיין, ד״ה, עפּעס דערקלערן).

ג. שרײַבט אַ פּאַראָדיע אויף אַ ליבעבריוול אָדער אויף אַ מעלאָדראַמאַטישן אַרטיקל אין אַ פּאָפּולערער פֿאָלקסצײַטונג וועגן אַ מאָרד אָדער עפּעס אַזאַ פֿאַרברעכן. אַרבעט אין גרופּעס. פֿאַרגעסט נישט די ווערטער: פֿאַרדולן, פֿאַרגערגלען, פֿאַרזיכערן, פֿאַרחידושן, פֿאַרטונקלען, פֿאַרטשעפּען, פֿאַרליבן זיך אין (= זײַן די כּפּרה פֿאַר), פֿאַרמאַכן, פֿאַרשליסן, זיך פֿאַרווײַלן.

במשך [BEME'ShEKh] – during, in the course of
דער מאָרד – murder
דאָס פֿאַרברעכן – crime

◆ וואָס זאָגן שפּריכווערטער וועגן ליבע?

– אַ טראָפּן ליבע ברענגט אַ מאָל אַ ים טרערן.
– איין האָר פֿון אַ מיידלס קאָפּ שלעפּט שטאַרקער פֿון צען אָקסן.
– צוזאָגן און ליב האָבן קאָסטן ניט קיין געלט.

צוזאָגן – to promise

◘ זאָלן און לאָזן

אָט איז מ. וואַרשאַווסקיס קאָלאָניסטן־ליד: (settler – קאָלאָניסט)

גרויסער גאָט, מיר זינגען לידער,
אונדזער הילף ביסטו אַליין,
נעמט צונויף די סנאָפּעס, ברידער, (sheaves – סנאָפּעס)
ביז די זון וועט אונטערגיין.

לאָז די זון אונדז ברענען, בראָטן,
זי האָט אונדז געשײַנט צום גליק;
זעט, דאָס ברויט איז אונדז געראָטן, (turned out well – איז געראָטן)
ברידער, קיין מאָל ניט צוריק!

גרויסער גאָט, דו העלפּסט דעם מענטשן,
אַז ער רופֿט צו דיר אין נויט,
זאָלסט אונדז ווײַטער טאַקע בענטשן
מיט הצלחה און מיט ברויט. (success – [HATsLO'KhE] הצלחה)

לאָזן אונדזערע קינדער וויסן
פֿון אַ לעבן אויף דער וועלט,
אַז דאָס ברויט און יעדער ביסן
איז פֿון אונדזער אייגן פֿעלד.

באַטראַכט דעם אונטערשייד:

1. זאָל ער גיין – לאָז אים גיין.
2. זאָל ער אונדז העלפֿן – לאָז אים אונדז העלפֿן.
3. זאָל די זון אונדז בריִען, בראָטן – לאָז די זון אונדז בריִען, בראָטן.

אַ מאָל איז כּמעט ניטאָ קיין אונטערשייד צווישן זאָלן און לאָזן (דער אונטערשייד איז זייער אַ דינער, קוים אַ קענטלעכער), אָפֿט מאָל איז דער אונטערשייד זייער אַ קענטלעכער, אַ בולטער. לאָזן איז אָפֿט אַ ווערב מיטן באַטײַט: 'דערלויבן', 'געבן אַ מעגלעכקייט', 'געבן אַ געלעגנהייט'.

vivid – [BO'YLET] בולט
recognizable – קענטלעך

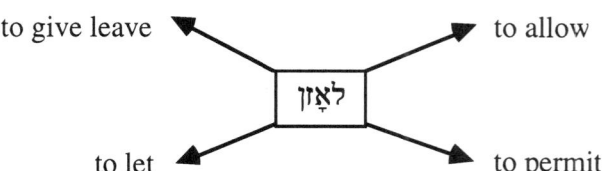

no matter what, whatever, anything – וואָס עס זאָל ניט זײַן
no matter when, whenever, anytime – ווען עס זאָל ניט זײַן
no matter how, how ever – ווי עס זאָל ניט זײַן
no matter who, whoever, anybody – ווער עס זאָל ניט זײַן

זעצט איבער אויף ייִדיש (דאָ דאַרף מען באַניצן אָדער זאָלן אָדער לאָזן):

1. May you always be happy and healthy.
2. They had to work.
3. Long may he live!
4. Let them do their work.
5. Let them leave this room at once! (תּיכּף)
6. The king is dead, long live the king!
7. Let him continue on (ווײַטער) with his study.
8. Let him starve (הונגערן), I am not concerned with him (ער גייט מיר נישט אָן).
9. May they reach their goal.
10. May their wishes be realized. (מקוים ווערן)

וואָס קומט דאָ: לאָזן אָדער זאָלן?

1. קליינע קינדער (לאָזן, זאָלן) ניט שלאָפֿן, גרויסע קינדער (לאָזן, זאָלן) ניט לעבן.
2. מע דאַרף אַליין האַנדלען און דעם צווייטן (לאָזן, זאָלן) האַנדלען.
3. וועסט מיך אַ מאָל צו רו (לאָזן, זאָלן)?
4. אַלץ (לאָזן, זאָלן) מען קענען, קיין זאַך (לאָזן, זאָלן) מען ניט באַדאַרפֿן.
5. מע (לאָזן, זאָלן) ניט שפּײַען אין ברונעם פֿון וואַנעט מע דאַרף טרינקען.
6. מילא, (לאָזן, זאָלן) זײַן ווי דו זאָגסט, (לאָזן, זאָלן) דאָס מײַניקע איבערגיין.
7. מאַך עס אַליין אָדער (לאָזן, זאָלן) אַנדערע עס מאַכן.
8. (פֿון שלום-עליכמס „דאָס מעסערל") צו קיין זאַך אויף דער וועלט האָב איך אַזאַ חשק ניט געהאַט ווי צו אַ מעסערל; דאָס מעסערל (לאָז, זאָל) זיך ליגן אין קעשענע, און ווען איך וויל, (לאָז, זאָל) איך דאָס מיר אַרויסנעמען, און וואָס איך וויל, (לאָז, זאָל) דאָס מיר שנײַדן – און (לאָזן, זאָלן) מײַנע חבֿרים וויסן... ווען איך אַ שטייגער (לאָז, זאָל) האָבן אַזאַ מעסערל, ווי גליקלעך וואָלט איך געווען... וואָס טוט מען? דאָס מעסערל (לאָז, זאָל) זײַן בײַ מיר, איך וועל עס נאָך דעם צוריק אַנידערלייגן... דער טאַטע זיצט פּונקט אויף דעם אָרט ווו דאָס מעסערל ליגט באַגראָבן. אַך, ווען ער (לאָז, זאָל) אַ שטייגער וויסן!... איך נעם זיך אָן מיט האַרץ און (לאָז, זאָל) דאָס מעסערל מיט אַ מאָל אַרויס פֿון די פֿינגער – „פּליוך!" [ער לאָזט עס פֿאַלן אין וואַסער.]

אָננעמען זיך מיט האַרץ – to take courage
דער חשק [KhEY'ShEK] – דאָ: באַגער, desire
דאָס מײַניקע – (that which is, those which are) mine
מילא [ME'YLE] – what can you do?
פּליוך – splash
פֿון וואַנעט – from which, from where

גענִיטונג 50

פֿאַסט צו די בײדע טײלן.

1. זאָל ער ניט רעדן אַזוי גיך,	( ) דער קאָפּ איז שוין דול פֿון זייערע געשרייען.
2. זאָל ער שוין גיין בײַטן די ביכער,	( ) דאָס איז שוין זײַן לעצטע פּאָר.
3. זאָלן זיי זיך אַלע זעצן צום טיש,	( ) מיר זײַנען אַלע די זעלביקע פּשוטע מענטשן, מיר זײַנען אַלע פֿון בלוט און פֿון פֿלייש.
4. זאָל ער ניט צערײַסן די הייזעלעך,	( ) עס וועט זײַן אַ יום־טובֿדיקע פֿאָרשטעלונג.
5. זאָלן זיי פֿאַרמאַכן אַלע פֿענצטער,	( ) זיי מוזן דאָך זײַן זייער הונגעריק.
6. זאָלן זיי שוין אַ מאָל אַנטשוויגן ווערן,	( ) ער זעט ניט ווי מיר האָרעווען אַלע?
7. זאָל ער נעמען אַ ייִדיש ביכל אין האַנט,	( ) עס גיסט, עס מבולט אַזש!
8. זאָל ער אויך צולייגן אַ האַנט און העלפֿן,	(1) מע קען אים קוים פֿאַרשטיין.
9. זאָלן זיי זיך ניט האַלטן אַזוי גרויס,	( ) ער וועט דאָך פֿאַרגעסן דאָס ביסל ייִדיש וואָס ער האָט געקענט.
10. זאָלן זיי אַלע גוט קענען זייערע ראָלעס,	( ) ווײַל באַלד פֿאַרמאַכט מען די ביבליאָטעק.

to flood, to rain torrentially – [MA'BLEN] מבולען
it's actually flooding – עס מבולט אַזש

צום שמועסן 110

דערציילט אַ צווייטן וועגן וואָס איר ווילט זען בײַ מענטשן – וואָס זאָלן מענטשן טאָן. באַשרײַבט אין אַ קורצן שמועס די וועלט אַזוי ווי זי זאָל זײַן. פֿאַרשטייט זיך – אײַער שליסלוואָרט דאָ איז אָדער וואָלטן אָדער זאָלן. דאָס וואָרט הלוואַי וועט אויך העלפֿן. זאָל דער צווייטער צום שמועס צוגעבן די אייגענע מיינונגען.

– הלוואַי זאָלן מענטשן לכל־הפּחות ...

key word – דאָס שליסלוואָרט

ניצלעכע פֿראַזעס בײַם אויסברייטערן אַן ענין:

נישט בלויז נאָר ... אָבער ...
נאָר אויכעט ...
צוזאַמען מיט ... וואָלט אויך געווען ...
אַרײַנגערעכנט ...
סײַ ... סײַ ...
הן ... הן ...
אי ... אי ...

צום שרײַבן

אין דעם „קאָלאָניסטן־ליד" פֿון מ. וואַרשאַווסקי אויף זײַט 194 זינגט דער קאָלאָניסט „ברידער, קיין מאָל ניט צוריק." וואָס מיינט ער? דערקלערט עס אין אַ פּאַראַגראַף און נאָך דעם רעדט אַרום דעם ענין מיט אַ צווייטן.

פֿון אַ הונט – אַ פּרינץ

מענדעלע מוכר־ספֿרים פֿירט אונדז אַרײַן אין אַן אָרעמער ייִדישער שטוב, צו משהלעס פּאַטער, שמואל דעם טאַנדעטניק[1], אינעם בוך דאָס ווינטש־פֿינגערל.

„משהלעס טאַטע, שמואליק, איז אַ טאַנדעטניק. אַ גאַנצן טאָג, פֿון פֿרי ביז אין דער נאַכט, לויפֿט ער אַרום מיט אַלטע זאַכן, שלאָגט אָפּ די טירן צו קויפֿן און צו פֿאַרקויפֿן זײַן סחורה. ער איז געקרימט, געבויגן, מיט אַ גלײַך פּנים, געקנייטשט, געעלטערט פֿאַר זאָרג און צרות. אָנגעלאָפֿן זיך ווי אַ הונט, קומט ער מיד, צעבראָכן אין זײַן ווינסט שטיבל – אַ קאַנורע[2] – מיט עטלעכע גראָשן פֿאַרדינסט, און אַ מאָל גאָר מיט ליידיקע קעשענעס, כאַפּט אָפּ עפּעס וואַרעמס מיט וועטשערע אין איינעם, און טוט זיך אַ וואָרף שלאָפֿן. ער ליגט נעבעך ווי אַ דערהרגעטער, פֿילט אין זיך נישט קיין גאַנצן אבֿר[3]. גאַנץ פֿרי שטייט דער טויטער אויף, מישטיינס געזאָגט[4], תּחית־המתים[5] און – ווײַטער לויפֿן, ווײַטער אַרומיאָגן זיך.

אַזוי פֿאַרברענגט ער זײַן הינטיש לעבן אַ גאַנצע וואָך.

פֿרײַטיק צו נאַכטס באַקומט די קאַנורע עפּעס גאָר אַן אַנדער פּנים: אויסגעשמירט, אויסגעוואַשן ריין אין איטלעך ווינקעלע. דער טיש געדעקט מיט אַ ווײַסן טישטעך, אויף אים דרײַ מעשענע אויסגעשײַערטע לײַכטער מיט בענטשליכט. און צוויי שיינע קוילעטשן[6], אָפּגעשמירט מיט אַ געלכל[7] פֿון אַן איי, שײַנען אין דער ווײַטן, פֿאַרנעמען די אויגן. אין שטוב הערשט עפּעס אַ זיסע רויִקייט. עס שמעקט אַ ריח צוגעדעמפּטע[8] שפּײַזן וואָס שטייען אויפֿן פּריפּעטשיק[9], איבערגעדעקט מיט אַ קישן.

די מאַמע, אַ גאַנצע וואָך פֿאַרשמירט, פֿאַרפֿינצטערט, לויכט אין שבתדיקן שלייער. עס רוט אויף איר די שכינה[10]. די באַרוועסע מיידלעך, פֿאַרקעמט, אויסגעצוואָגן, האַלטן זיך אין איינעם אין ווינקעלע און מע זעט אָן אין זייער פּנים ווי זיי וואַרטן, קוקן אויף עפּעס אַרויס מיט אַ פֿריילעך האַרץ.

שאַ, עס הערט זיך טריט. מע גייט. די טיר עפֿנט זיך אויף.

– „גוט־שבת!" זאָגט שמואליק קומענדיק פֿון דער שול און קוקט פֿרײַנדלעך מיט אַ שײַנענדיקן פּנים אויפֿן ווײַב, אויף די קינדער.

– „גוט־שבת!" זאָגט משהלע הויך אויף אַ קול, אַרײַנלויפֿנדיק געשווינד ווי מיט אַ גוטער בשׂורה[11].

---

[1] דער טאַנדעטניק – אַ הענדלער פֿון אַלטע קליידער; אַ שלעכטער בעל־מלאָכה

[2] די קאַנורע – אַ הײַזל פֿאַר אַ הונט

[3] זיך פֿילן קיין גאַנצן אבֿר [E'YVER] – זיך פֿילן פֿיזיש צעבראָכן, אויסגעמאַטערט, אויסגעמוטשעט

[4] מישטיינס געזאָגט – עס רעדט זיך אַזוי; כלומרשט; אַזוי צו זאָגן; נעבעך; וואָס איז דאָ שוין צו ריידן

[5] תּחית־המתים [TKhIESAME'YSIM] – דאָס אויפֿשטיין פֿון די טויטע

[6] קוילעטשן – חלות, געפֿלאָכטענע חלות

[7] דאָס געלכל – דער אינערלעכער, געלער טייל פֿון אַן איי

[8] צודעמפּן – to stew

[9] דער פּריפּעטשיק – דער טייל פֿונעם גרויסן אויוון וווּ מע לייגט פֿונאַנדער דאָס פֿײַער

[10] די שכינה רוט אויפֿן פּנים – דאָס פּנים שטראַלט, שײַנט מיט שטילן גליק, מיטן אָפּגלאַנץ פֿון געטלעכקייט

[11] די בשׂורה [PSU'RE] – אָנזאָג, ידיעה

און דער טאַטע מיט דעם זון הייבן אָן ביידע, אַרומגייענדיק איבערן שטוב, צו זאָגן אויף אַ ניגון „שלום-עליכם״. דאָס נעמט מען אויף די הייליקע מלאָכים, געשיקט פֿון דעם אייבערשטן, וואָס האָבן זיי באַלייט[12] פֿון דער שול אַהיים.

דער טאַנדעטניק איז שוין נישט מער קיין הונט. ער איז אַ פּרינץ. עפּעס האָט ער באַקומען אַ נײַע נשמה, אַ נײַע הויט. ער מאַכט קידוש, וואַשט זיך, זעצט זיך צום טיש. דאָס ווײַב די פּרינצעסין און די קינדער אַרום אים. מע שטופּט דעם גאָפּל, דעם לעפֿל און מע כאַפּט אַ שטיקל פֿיש, אַ לאָקש, אַ ביינדל, אַ ביסל צימעס – אַזעלכע מאכלים וואָס מען האָט עס די גאַנצע וואָך אין די אויגן נישט געזען. איטלעכס פֿון די קינדער עסט עס, שטאַרק היטנדיק זיך, קיין ברעקל זאָל חלילה נישט אַראָפּפֿאַלן, עפּעס מיט אַ גוט, ערנצט פּנימל, וואָס וועקט אויף אין האַרצן געפֿילן פֿון רחמנות; עפּעס גאָר ווי אַ וועווריקל[13] וואָס זיצט אויף אַ ביימל און קנאַקט עפּעס אַזוי שיין, אַזוי ערנצט אַ ניסל.

שמואליק זינגט די זמירות[14]: „ווי ליב די רו איז דײַנע, פּרינצעסין שבת פֿײַנע! מיר לויפֿן דיר אַקעגן אַלע, מיר בעטן: קום געקרוינטע כּלהי!״... אַזוי פֿרייט זיך אַ מעת-לעת[15] דאָס האַרץ, אַ פֿרייד אַ שׂימחה אויף אַלע ייִדן, זיי זײַנען פֿרײַ פֿון זאָרג און שטאַרק צופֿרידן.

א. פּרוּווט מענדעלעס באַשרײַבונג איבערדערציילן, אַרײַננעמענדיק אַזוי ווײַט ווי מעגלעך ווערטער און אויסדרוקן פֿונעם טעקסט. אַרבעט אין דרײַען (אויב מעגלעך): בשעת איינער דערציילט, זאָלן די אַנדערע צוויי אונטערהעלפֿן מיט פֿראַגעס און פּרטים.

ב. קוקט זיך צו צו די צען ווערטער אונטן און דערקלערט זיי, אַפֿילו אויב איר דאַרפֿט זיי אָפּזוכן צו ערשט אין ווערטערבוך.

ערבֿ שבת	שלש-סעודות	שבת-הגדול	קידוש	פֿרײַטיק צו נאַכט(ס)
זמירות	מלווה-מלכה	קורץ-פֿרײַטיק	הבֿדלה	שבת צו נאַכט(ס)

ג. פּאַסט צו די דערקלערונגען צו די ווערטער:

1. ערבֿ שבת	(...) דער דריטער מאָלצײַט פֿון שבת, מע עסט עס שבת פֿאַרנאַכטלעך.
2. פֿרײַטיק צו נאַכט(ס)	(...) דער שבת פֿאַר פּסח.
3. שבת צו נאַכט(ס)	(...) אַ קורצע תּפֿילה איבער ווײַן אָדער איבער חלות לכּבֿוד שבת און לכּבֿוד יום-טובֿ.
4. הבֿדלה	(...) דער מאָלצײַט שבת-צו-נאַכטס (בײַם אַרויסבאַגלייטן די מלכּה שבת).
5. שלש-סעודות	(...) דער פֿרײַטיקדיקער אָוונט.
6. זמירות	(...) דער קירצסטער פֿרײַטיק אין יאָר.
7. מלווה-מלכּה	(...) דער פֿרײַטיקדיקער טאָג.
8. קידוש	(...) דער אָוונט נאָכן שבתדיקן טאָג (עס איז שוין אויס שבת).
9. שבת-הגדול	(...) די געזאַנגען לכּבֿוד שבת.
10. קורץ-פֿרײַטיק	(...) די צערעמאָניע וואָס שיידט אָפּ דעם פֿאַרגייענדיקן שבת אָדער יום-טובֿ פֿון דער וואָך.

[12] באַלייטן – באַגלייטן

[13] דער וועווריק – squirrel

[14] די זמירות – געזאַנגען לכּבֿוד שבת

[15] דער מעת-לעת – אַ טאָג און אַ נאַכט אין איינעם, 24 שעה

צום שמועסן 111

וואָס הייסט עס? (ד״ה וואָס איז דער טײַטש, וואָס מיינט עס?)

1. ניט האָבן מיט וואָס שבת צו מאַכן
2. האַלטן שבת אין דער פֿרעמד
3. נאַ דיר אַ גוט-שבת! (אָדער) אָט האָסטו דיר אַ גוט-שבת!
4. אַרײַנפֿאָרן מיטן דישל אין שבת אַרײַן
5. דער שבת-גוי
6. שבת-שטעך
7. ווי קומט (אָדער: וואָס האָט) אַ פֿאַטש צו גוט-שבת?
8. מאַכן שבת פֿאַר זיך

טייל פֿון די ענטפֿערס וועט אײַך זײַן באַקאַנט; בײַ טייל איז דער טײַטש פֿיל-ווייניק אַ באַשײַמפּער-לעכער. אָט זײַנען עטלעכע מעגלעכע ענטפֿערס אויף די וואָס זײַנען מסתּמא נישט באַשײַמפּערלעך:

* אָנקומען אין מיטן (אָדער: „אין מיצקע״) דערינען (ד״ה, פּלוצעם)
* זיך אָפּרופֿן איראָניש אויף אַ ניט-שיינעם סורפּריז
* זײַן לאָגיש נישט אויסגעהאַלטן
* טאָן עפּעס אויף אַן אָריגינעלן אופֿן, ווען ס'איז שוין דאָ גאָר אַ פּאַסיקער אופֿן וואָס אַנדערע מענטשן װאָלטן געניצט
* אַ ניט-ייִד וואָס אַרבעט אום שבת פֿאַר ייִדן
* שטעך וואָס מע מאַכט ערבֿ שבת, ווען מע נייט גיך, מע אײַלט זיך

consistent –	אויסגעהאַלטן
obvious –	באַשײַמפּערלעך
laughing, derisive –	אָפּלאַכעריש
to react –	אָפּרופֿן זיך
wagon shaft –	דער דישעל

א. פּרוּווט דערקלערן און אויסבעסערן איינער דעם צווייטנס דערקלערונגען.

ניצלעכע פֿראַזעס:

איך וואָלט אויסגעטײַטשט דאָס ווערטל אַזוי ...
עס דאַכט זיך מיר ...
מיר דאַכט זיך פּונקט פֿאַרקערט (I think it's the exact opposite.)
מיר דאַכט זיך אַנדערש
פֿיל-ווייניק ריכטיק, אָבער איך וואָלט עס דערקלערט אַזוי

ב. טייל פֿון די אָ פֿראַזעס ניצט מען אָפֿט אָן קיין שום שײַכות צו שבת. טראַכט צו אַ סיטואַציע אויף וועלכער מע וואָלט געקענט רעאַגירן מיט איינער פֿון די פֿראַזעס. באַשרײַבט די סיטואַציע, מע זאָל פּרוּוון טרעפֿן וועלכע פֿראַזע פּאַסט זיך. מאַכט די געניטונג לכל-הפּחות (ניט ווייניקער ווי) דרײַ מאָל: איין מאָל אין דער איצטיקער צײַט, איין מאָל אין עתיד, איין מאָל אין עבֿר. שרײַבט אַ בריוול (עס דאַרף ניט זײַן לענגער ווי פֿיר-פֿינף זאַצן) אין וועלכן איר דערציילט וועגן איינער פֿון די סיטואַציעס.

with utterly no connection – **אָן קיין שום שײַכות**

גענישונג 52

◆ קוקט זיך גוט צו: מע מאַכט שבת, מע מאַכט קידוש, מע מאַכט הבֿדלה.

אָט האָט איר נאָך אַ מאָל ווערטער וואָס האָבן צו טאָן מיט שבת:
מחלל-שבת זײַן, מחלל-שבת, הבֿדלה, שבת-גוי, שבת-שטעך, שבת צו נאַכט(ס), פֿרײַטיק צו נאַכט(ס), שבת-הגדול, קורץ-פֿרײַטיק, קידוש. שטעלט אַרײַן די פּאַסיקע ווערטער אונטן. דאָס וואָרט שבת וועט אויך קומען צו ניץ. אַרבעט אין פּאָרן כּדי צו פֿאַרגלײַכן אײַערע ענטפֿערס.

1. אַז מע קומט פֿון שול פֿרײַטיק צו נאַכטס מאַכט מען ___________.
2. פֿאַראַן אַ שפּריכוואָרט: ___________ האַלטן ניט. דאָס הייסט, אַז מע האָט עפּעס געטאָן אין אײַלעניש (ווי אַ שנײַדער ווען דער שבת קומט שוין אָן) וועט עס ניט טויגן.
3. דער היפּוך צום אָפּהיטן שבת הייסט ___________.
4. דער שבת פֿאַר פּסח הייסט ___________.
5. מלווה-מלכּה איז דער מאָלצײַט וואָס ___________.
6. סמבטיון איז דער לעגענדאַרער טײַך וואָס האַלט אין איין וואַרפֿן שטיינער, אַזוי אַז מע קען נישט אַריבערפֿאָרן איבער אים. אָבער „___________ האָט אַפֿילו דער סמבטיון אויך רו." (דאָס זאָגט מען אַ ווילדן יונג, ווען מע וויל אים אַ ביסל אײַנשטילן.)
7. שבת עסט מען דרײַ מאָלצײַטן: ___________, שבת אין דער פֿרי און שבת פֿאַר נאַכט.
8. ווען עס קומט ___________ אײַלן זיך די פֿרומע ווײַבער זייער שטאַרק צו מאַכן שבת, ווײַל זיי ווילן ניט ___________ זײַן.
9. מע האָט געגעבן אַ ביסל בראָנפֿן און אַ שטיק שבתדיקן קוילעטש דעם ___________, ער זאָל געניסן פֿונעם טעם פֿון שבת.

דער היפּוך [HE'YPEKh] – opposite
סמבטיון [SAMBA'TYEN]: **זעט נומ' 6**

ניצלעכע פֿראַזעס:

אַז מע האַלט פֿונעם חבֿרס ענטפֿער:
– אָט האָסטו עס
– אָט אַזוי (זיך)
– בלי-ספֿק! [B(E)LI-SO'FEK] – without a doubt!

אַז מע האַלט ניט פֿונעם ענטפֿער:
– האָב נישט קיין פֿאַראיבל, אָבער ... – don't be insulted, but ...
– נישט אין דעם גייט עס
– ס'איז נישט אַזוי.

צום שמועסן 112

באַשרײַבט שבת בײַ אײַך אין דער היים אָדער אין דער היים פֿון אַ פֿרײַנד, אָדער דערקלערט אײַער מיינונג וועגן שבת. נעמט אין באַטראַכט די באַגריפֿן „רוטאָג" און „הייליקער טאָג."

קאַפּיטל פֿערצן

◘ ווערבאַלע צוגאָבן

לאָמיר אַ קוק טאָן אויף אַ מין ווערבאַלן אַפּיקס וואָס טיילט זיך אָפּ פֿון ווערבאַלן שטאַם. אַזעלכע אַפּיקסן הייסן קאָנווערבן אָדער צוגאָבן אָדער אָפּטיילעוודיקע פּרעפּיקסן. דרײַ זאַכן מוז מען דאָ געדענקען:

1. דעם טראָפּ שטעלט מען שטענדיק אויפֿן קאָנווערב:

זיך אָפּטיילן (פֿון) – to detach, to disengage (from)
טייל זיך אָפּ [!] – detach [!]
איך טייל זיך אָפּ (פֿון) – I am detaching myself (from)
איך האָב זיך אָפּגעטיילט (פֿון) – I detached myself (from)

2. אין דער איצטיקער צײַט און אין אימפּעראַטיוו טיילט זיך דער צוגאָב (אָדער קאָנווערב, אָדער אָפּטיילעוודיקער פּרעפּיקס) אָפּ פֿון ווערבאַלן שטאַם. אין פּאַרטיציפּ קומט דער גע־ צווישן צוגאָב און שטאַם. קוקט זיך צו (אויבן, אין 1) צום סדר פֿון צוגאָב און ווערבאַלן שטאַם אין דער איצטיקער צײַט און אימפּעראַטיוו, אין פֿאַרגלײַך מיטן אינפֿיניטיוו און בײַם פּאַרטיציפּ. דער גראַמאַטיקער א. זאַרעצקי האָט געטענהט אַז ס׳איז אַן אַבסורד צו רופֿן דעם צוגאָב אַ פּרעפּיקס, ווײַל עס קומט דווקא נאָכן ווערב אין דער איצטיקער צײַט און אין אימפּעראַטיוו.

3. דער אָפּגעטיילטער צוגאָב איז אַ באַזונדערער סדר־איינס.

◆ איצט טוט אַ קוק אויף די ווײַטערדיקע פּאָרן:

אײַן	אַרײַן
אויס	אַרויס
איבער	אַריבער

מיט די קאָנווערבן אויף דער לינקער זײַט איז פּיל־וויניק גרינג צו שאַפֿן נײַע ווערטער. מע קען זיי צושטעלן צו כּמעט וואָסערע ווערבאַלע שטאַמען מע וויל. זיי היטן אָפּ בדרך־כּלל דעם אָריגינעלן טעם, דעם טײַטש, פֿון די אַדווערבן און פּרעפּאָזיציעס פֿון וועלכע זיי שטאַמען. בײַ די קאָנווערבן אויף דער רעכטער זײַט איז די מעשׂה עפּעס אַנדערש. זיי געהערן צו אַ קלענערער גרופּע קאָנווערבן וואָס זײַנען נישט בנימצא אומאָפּהענגיק פֿון ווערבאַלע שטאַמען. אַ מאָל זײַנען זיי ענלעך אין טײַטש צו די פּרעפּאָזיציעס אָדער אַדווערבן צו וועלכע זיי זעען אויס ענלעך – אָבער אַ מאָל נישט. מיט זיי איז עס נישט אַלע מאָל אַזוי פּשוט צו שאַפֿן אײַערע אייגענע ווערטער.

דער אַבסורד – absurdity
אויסזען – to appear
בנימצא [BENI'MTsE] – in existence, extant
דער טראָפּ – emphasis, stress
דער סדר־איינס – דער זאַצאיינס, sentence unit
דער שטאַם – stem (אויך: וואָרצל, שורש)

אײַן

◆ אַ מאָל מיטן באַטײַט פֿון אַרײַן; אַ מאָל מיטן באַטײַט: אָנהייבן אַ טוונג; אַ מאָל ענלעך צו אַרום; אויך אַנדערע ניואַנסן.

אײַנאײַגענען זיך – to come to feel at home
אײַנבינדן – to bind (a book)
אײַנבעטן (בײַ אימעצן ער זאָל...) – to plead, to persuade
אײַנדרעמלען – to doze off
אײַנהאַלטן (זיך) – to restrain (oneself)
אײַנהערן זיך – to pay attention
אײַנזען – to realize, to recognize, to understand
אײַננעמען – to capture, to subdue
אײַנסדרן [SA'DERN] – to file
אײַנפּאַקן (זיך) – to pack (one's things)
אײַנצאַמען – to curb, to fence in
אײַנריכטן – to soil
אײַנרעדן – to coax, to persuade
אײַנרעדן זיך – to delude oneself, to convince oneself
אײַנשלאָפֿן – to fall asleep
אײַנשלינגען – to gobble
אײַנשנײַדן – to cut into

אַרײַן

אַרײַנבוצקען זיך אין (אויף: זיך אָנטרעפֿן אָדער אָנגעגענען) – to bump into
אַרײַנגיין – to go into, to frequent
אַרײַנגיסן – to pour into
אַרײַנוואַרפֿן – to interject, throw into
אַרײַנטײַטשן – to read into
אַרײַנלאָזן – to let in
אַרײַנציִען – to pull in, to enlist
אַרײַנרײַסן זיך (אין) – to invade, to intrude, to break in
אַרײַנשמעקן צו אימעצן – to drop in for a short visit with someone, to come in and sniff around (humorous)

גענעטונג 53

זעצט איבער אויף ייִדיש:

1. When she bumps into a few friends, she'll begin to feel at home.
2. They dropped in for a visit (אויף אַ ווײַלע) and ate everything in the house.
3. The sooner (וואָס גיכער) he realizes what they have pulled him into, the sooner he'll pack and go.
4. Pay attention! (="listen up," "listen to what I'm going to tell you")
5. When he broke into the conversation she could barely (קוים) restrain herself.

צום שמועסן 113

אַז מע גלייבט אין עפּעס וואָס איז גאָר ניט מעגלעך, זאָגט מען אַז מע האָט „זיך אײַנגערעדט פֿייגעלעך אין בוזעם." אַז מע איז מסוגל אימעצן אײַנצורעדן ער זאָל גלייבן דאָס וואָס איז גאָר ניט מעגלעך, זאָגט מען אַז מע קען אימעצן „אײַנרעדן אַ קינד אין בויך." אַרבעט מיט אַ צווייטן. גרייט צו בשותּפֿות אַ קינדער־מעשׂהלע, אָדער וועגן אַ ייִנגל וואָס האָט זיך אײַנגערעדט פֿייגעלעך אין בוזעם, אָדער וועגן אַ מענטשן וואָס מע האָט אים אײַנגערעדט אַ קינד אין בויך. דערציילט די מעשׂה פֿאַרן קלאַס. פֿאַרשרײַבט זי.

דער בוזעם – bosom, breast
מסוגל [MESU'GL] – equal to task, able

א. דערציילט וועגן אָנגעגענען (אַרײַנבוצקען זיך אין) אַן אַלטן חבֿר אין גאַס. איר גייט טרינקען אַ לחיים אָדער נעמען עפּעס אין מויל (כאַפּן עפּעס עסן). אפֿשר שמעקט איר אַרײַן צו אַ דריטן פֿרײַנד. ניצט וויפֿל פֿון די ווערטער מיטן צוגאָב אַרײַן איר קענט. זאָל דער וואָס הערט זיך צו צו דער מעשׂה זיך גוט אײַנהערן און פֿרעגן פֿראַגעס: ווי אַזוי, ווען, ווּ און פֿאַר וואָס?

ב. ניצט די ווערטער מיט אײַנ־ און אַרײַנ־ וואָס געפֿינען זיך אין די צוויי ליסטעס. איר וועט דאַרפֿן אויך — פֿאַרשטייט זיך — כלערליי אַנדערע ווערטער וואָס זײַנען נישט אין די ליסטעס.

איר האָט אַ יונגע חבֿרטע אָדער אַ יונגן חבֿר וואָס האָט גאָר קיין תּרבות ניט. זי/ער איז אַ מיטגליד פֿון אַן אָרגאַניזאַציע וואָס וויל זי/אים אַרויסוואַרפֿן ווײַל זי/ער ווייסט ניט ווי נוהג צו זײַן זיך (זיך צו פֿירן) בײַ זיצונגען. עצהט איר/אים ווי בעסער זיך צו פֿירן, מע זאָל זי/אים נישט אויסשליסן פֿון דער גרופּע. זאָל דער צווייטער צום שמועס זײַן נישט אַזוי איבערגעשפּיצט אָדער אַ ביסל נאַיִוו (לאַוו־דווקא אַ שוטה) און פֿרעגן קלאָץ־קשיות: „פֿאַר וואָס זאָל מען נישט...?" שמועסט וועגן וואָס דאַרף זיך טרעפֿן בײַ אַ זיצונג: אין אָנהייב, אין מיטן, בײַם סוף.

אויסשליסן — to exclude
איבערגעשפּיצט — bright, crafty
זיצונגען (די זיצונג) — meetings
טרעפֿן זיך — to occur
לאַוו־דווקא [LAV-DA'FKE] — not necessarily
נוהג זײַן זיך [NO'YEG] — זיך פֿירן, to conduct oneself
קלאָץ־קשיות [KA'ShES] (די קלאָץ־קשיא) — stupid questions
דער שוטה [ShO'YTE] — fool, blockhead
(האָבן) תּרבות [TA'RBES] — (to have) manners, respect

ניצלעכע פֿראַזעס:
— הער זיך אײַן!
— ________ טויג נישט.
— מע טאָר { קיין מאָל / אַבסאָלוט / לחלוטין } ניט ________.
— הער!
— הער זיך צו!
— און נאָך אַ זאַך...

מיט געדולד:
— טו זשע מיר צו ליב. ________.
— טײַערינקע(ר). ________.

אָן געדולד:
— ביסט גערירט!?! ווי פֿאַלט עס דיר אײַן ...
— גאָט איז מיט דיר! ווי זאָל עס דיר אײַנפֿאַלן ...

גערירט — crazy, "touched"
טאָן צו ליב — to oblige

◘ נאָך צוויי צוגאָבן

אויס

◆ געוויינטלעך מיט אַזאַ באַטײַט: דורכגעפֿירט ביזן סוף; אין גאַנצן געניצט; אַרויסגעבראַכט פֿון פֿריִערדיקן מצבֿ; אַרויס.

דורכפֿירן – to carry out

אויסגעבן – to spend money, to marry off a child

אויסדריקן (זיך) – to express (oneself)

אויסטאָן – to undress, to take off

אויסטראַכטן – to think up, to invent

אויסכאַפּן – to snatch up

אויסלעבן – to live life to the end

אויסלעבן זיך אין – to derive satisfaction from

אויסמוטשען – to exhaust (מוטשען – to torment)

אויסמײַדן – to avoid (מײַדן – to shun, to eschew)

אויסנאַרן – to defraud

אויסניצן – to exploit, to use up, to make use of

אויססדרן [SA'DERN] – to put in order

אויספּלאָנטערן (זיך) – to disentangle, to extricate (oneself)

אויסקומען מיט – to get along with

אויסקלײַבן – to select

אויסרייכערן – to smoke out

אויסרייניקן – to clean out

אויסריכטן – to equip, to embellish, also: to get [something] dirty

אויסשולן – to educate, to train

אויסשעפּן – to exhaust (אויסשעפּיק – exhaustively)

אַרויס

אַרויסבאַקומען – to get or find out or bring out, usually with effort

אַרויסגיין – to evacuate the bowels, to go out, to set out, also: to be published

אַרויסגנבֿענען זיך – to slip out/away

אַרויסגיסן – to pour out

אַרויסגעבן – to issue, to release, to generate, to betray, to publish

אַרויסהייבן – to emphasize, to pick out

אַרויסוואַקסן – to evolve, to grow out from

אַרויסוואַרפֿן – to eject, to oust, to expel

אַרויסזאָגן – to express, to utter, to declare

אַרויסלאָזן – to emit, to omit, to send forth

אַרויספּלאָנטערן (זיך) – to extricate (oneself)

אַרויסציִען – to extract, to withdraw

אַרויסציִען זיך – to move out

ווי מיר האָבן שוין באַמערקט האָט איינער פֿון די צוויי קאָנווערבן (אַרויס) אַ נאָענט שײַכות צו אַן אַדווערב, בעת דער צווייטער איז אין גאַנצן ניט בנימצא אומאָפּהענגיק פֿון ווערבאַלן שטאַם. טוט אַ קוק אויף די ווערבן געבויט מיטן צוגאָב אויס. קלײַבט אויס די וואָס האָבן צו טאָן מיט עפּעס דורכגעפֿירט ביזן סוף (אָדער: אין גאַנצן געניצט) און די וועלכע בײַ זיי איז דער באַטײַט ענלעך צו אַרויס. צי זײַנען דאָ ווערטער אין דער ליסטע וואָס געהערן ניט צו די אָ צוויי קאַטעגאָריעס? געדענקט אַז מיטן צוגאָב אויף דער לינקער זײַט איז גרינג צו שאַפֿן כּלערליי אייגענע ווערטער: ער איז אַ פּראָדוקטיווער אַפֿיקס.

א. פּלאַנירט אויס מיט נאָך אַ תּלמיד ווי איר וועט אינטערוויויִרן מענטשן פֿון אַ געוויסער גרופּע און נאָך דעם אויסדרן די אינטערוויוען אין אַ מין בוך אָדער אַרטיקל און עס אַרויסגעבן. (וואָסערע אַנדערע פּראָיעקטן קענען אַרויסוואַקסן פֿון דעם?) באַשליסט וואָס איר ווילט אַרויסהייבן מיט די אינטערוויוען, וואָס איר ווילט אויסמײַדן, וואָס איר ווילט אַרויסבאַקומען. וואָס זײַנען די מיכשולים, די שטרויכלשטיינער בײַ אַזאַ פּראָיעקט? מאַכט אַ לאָגישן פּלאַן.

אויספּלאַנירן – to make plans
מיכשולים [MIKhShO'YLIM] (דער מיכשול [MI'KhShL]) – pitfalls, stumbling blocks
שטרויכלשטיינער (דער שטרויכלשטיין) –מיכשולים

1. ווען וועט איר אינטערוויויִרן? מענטשן פֿון אַ געוויסער צײַט, פֿון אַ געוויסן דור, פֿון אַ געוויסער פּאָליטישער באַוועגונג, לאַנד, שטאָט? מענטשן וואָס האָבן עפּעס ענלעכס דורכגעלעבט?
2. וואָס וועט איר זיי פֿרעגן? פֿאַרשרײַבט עטלעכע פֿראַגעס.
3. פֿאַרשרײַבט נאָטיצן וועגן וואָס איר ווילט אַרויסהייבן, אויסמײַדן, אַרויסבאַקומען.
4. אַ מאָל פֿאַלט מען אַרײַן אין אַ שווערער לאַגע, אין אַ נישט באַקוועמער סיטואַציע אין אַן אינטערוויו. ווי וועט איר זיך אַרויספּלאָנטערן פֿון אַזאַ מצבֿ (סיטואַציע)? גרייט צו אַ פּלאַן.

ב. איצט מיט אַ צווייטן תּלמיד, מיט וועמען איר האָט ניט פּלאַנירט דעם אינטערוויו:

איר האָט געוואָלט מאַכן אַ סעריע אינטערוויוען, ענלעך צו דעם וואָס איר האָט נאָר וואָס אויספּלאַנירט. אין מיטן דערינען (אין סאַמע מיט) האָט איר אויפֿגעהערט צו אַרבעטן. אײַער שותּף האָט זיך אַרויסגעצויגן פֿון פּראָיעקט און איז אַוועק. איר זײַט געוואָרן אָפּהענטיק; זײַן אַוועקגיין האָט אײַך אַנטמוטיקט. איר פֿילט זיך אַ ביסל דערשלאָגן וועגן דער אַרבעט, דער עול איז אין גאַנצן אויף אײַך. דערקלערט אײַער מצבֿ צום צווייטן תּלמיד.

זאָל דער צווייטער תּלמיד אויפֿמונטערן דעם ערשטן און פּועלן, מע זאָל נישט אָפּלאָזן דעם פּראָיעקט. באַקומט אַרויס פֿון ערשטן טאַקע וויפֿל ער/זי האָט שוין אויפֿגעטאָן. ווײַזט אים/איר אַז דאָס וואָס מע האָט שוין אויפֿגעטאָן איז באמת נישט ווייניק – עס איז שוין אַ סך.

אויפֿטאָן – to accomplish
אויפֿמונטערן – to cheer up, to encourage
אַנטמוטיקן – to discourage
אָפּהענטיק – discouraged
אָפּלאָזן – to abandon
דערשלאָגן – דעפּרימירט
געפֿאַלן – טרויעריק
דער עול [OL] – burden
שפּירן זיך – פֿילן זיך

ניצלעכע פֿראַזעס:

(טאַקע) אַ שאָד!
אוי־וואַ – טאַקע אָפּגעלאָזט / אַוועקגעוואָרפֿן אין מיטן דערינען!
געהערט אַ מעשׂה! – did you ever hear of such a thing?
נישט צום גלייבן!
זײַט זיך נישט מיאש [MEYA'ESh] – don't give up hope
זעט נאָר ווי ווײַט איר זײַט שוין אין גאַנג (in process)
איר זײַט שוין גאָר אויף אַ דרך (on the way)

ג. פֿירט דורך דעם אינטערוויו מיט אַ צווייטער גרופּע תּלמידים אין קלאַס.

◘ און נאָך צוויי צוגאָבן

איבער

איבעראַנדערשן – to change
איבערבאַטראַכטן – to worry, to reconsider
איבערבאַזעצן – to resettle
איבערבײַטן – to switch
איבערגעבן – to inform, to hand on, to hand over
איבערגעבן זיך – to devote oneself to
איבערדרייען – to turn over, to invert
איבערזאָגן/איבערחזרן – to repeat
איבערטאָן זיך – to change clothes
איבערטראָגן – to overcome, to bear
איבערטראַכטן – to be worried, to reflect on
איבערטרײַבן – to exaggerate
איבערלאָדן – to overload
איבערלאָזן – to leave behind
איבערלעבן – to outlive, to survive, also: to experience
איבערמאַכן – to change, to redo
איבערסדרן [SA'DER] – to rearrange
איבערעסן זיך – to overeat
איבערפּלאַנצן – to transplant
איבערקלײַבן – to pick over (איבערקלײַבער – picky person)
איבערקלײַבן זיך – to move into a new house or locale
איבערקלערן – to worry, to reconsider, to hesitate, to deliberate
איבערקערן – to tip over
איבעררוקן – to slide over
איבעררעדן – to discuss, to persuade
איבערצײַגן – to persuade
איבערשאַצן – to overestimate
איבערשרײַען – to outshout

אַריבער

אַריבערגיין – to walk across
אַריבערגנבֿענען – to steal across
אַריבערפּעקלען (זיך) – to bring (to get across)
אַריבערפֿאָרן – to travel over
אַריבערפֿירן – to transport, to convey
אַריבערקלײַבן זיך – to move into a new house or locale
אַריבערקלעטערן – to climb over
אַריבעררוקן – to shove/slide over

◆ וויפֿל באַזונדערע באַטײַטן קענט איר געפֿינען בײַם צוגאָב איבער? וויפֿל פֿון די ווערטער אויבן האָבן צו טאָן מיט דורכפֿירן עפּעס פֿון דאָס נײַ, אַפּשר אויף אַ נײַעם אופֿן? וויפֿל האָבן צו טאָן מיט דורכפֿירן אַ טוונג נאָך אַ מאָל, ווידער אַ מאָל, אַ צווייט מאָל? וויפֿל האָבן צו טאָן מיט אַ טוונג דורכגעפֿירט דורך אַ געוויסער צײַט, און וויפֿל האָבן צו טאָן מיט אַ באַוועגונג פֿון איין אָרט אין אַ צווייטן?

ווידער אַ מאָל – over again

צום שמועסן 116

ניצט די ווערטער מיט איבער און אַריבער.

אַ פֿאַרפֿאָלק פֿון אײַער משפּחה האָט זיך נאָר וואָס אַריבערגעפֿעקלט קיין אַמעריקע פֿון רוסלאַנד. שטעלט זיך פֿאָר וואָס פֿאַר אַ לעבן זיי וועלן איצט האָבן. אַרבעט מיט אַ שותּף:

1. וואָסערע שינויים אָדער בײַטן וועלן זיי דאַרפֿן מאַכן אין לעבן־שטייגער?
2. ווי וועט דאָס לעבן זײַן אַנדערש פֿאַר זייערע קינדער?
3. ווי וועט דאָס נײַע לעבן זײַן אַנדערש פֿאַר איר אין פֿאַרגלײַך מיט אים?
4. אויב איר וואָלט געווען אַ נײַ־געקומענער אין לאַנד, ווי וואָלט איר זיך געפֿילט? פֿאַר וואָס וואָלט איר מורא געהאַט? אויף וואָס וואָלט איר געהאַט גרויסע האָפֿענונגען? צי קענט איר זיך פֿאָרשטעלן אַ סיטואַציע אין וועלכער חרטה וואָלט אויך געשפּילט אַ ראָלע?

די חרטה [KhARO'TE] – regret
שינויים [ShINU'IM] (**די שינוי** [ShI'NE]) – changes

ניצלעכע פֿראַזעס:

מסתּמא וועלן זיי { מוזן / דאַרפֿן / קענען } ________.

זיי וועלן אין אָנהייב נישט דאַרפֿן/קענען ________.

עס וועט זײַן שווערער/גרינגער פֿאַר אים/איר צו ________.

עס קען זײַן אַז ער/זי/מע וועט ________.

אויב איך וואָלט געווען ________ וואָלט איך ________.

דער איבערגאַנג – transition

{ זיך אויסלערנען ... / קריגן אַרבעט / זיך אַריבערפֿלאַנצן / אין אַ נײַער פּראָפֿעסיע } וועט זײַן { כמעט ווי אוממעגלעך / שרעקלעך שווער / שווער אײַנצובײַסן (אָדער איבערצוטראָגן) / פֿאָלג מיך אַ גאַנג (here: no small job) }

________ וועט (ניט) אָנקומען גרינג

________ וועט מען ניט קענען אַראָפּשלינגען און ניט קענען אויסשפּײַען (ד״ה, עס וועט זײַן שווער איבערצוטראָגן).

צום שרײַבן

שרײַבט און בײַט זיך מיט בריוו וועגן ווי איר האָט אַ מאָל זיך איבערגעצויגן אין אַ נײַער שטאָט. שרײַבט וועגן מורא האָבן, שווערקייטן, נײַע מעגלעכקייטן, האָפֿענונגען, שינויים. וועלכע שווערקייטן און שינויים האָט איר פֿאָרויסגעזען? אויף וועלכע האָט איר זיך נישט געריכט? וואָס האָט איר מיטגעבראַכט? וואָס האָט איר געוואָלט ברענגען און נישט געבראַכט?

פֿאָרויסזען – to foresee
ריכטן זיך אויף – to expect

◘ אײן ייִדיש װאָרט קען האָבן אַ סך באַטײַטן

◆ למשל אַזאַ װאָרט װי פֿירן.

1. מע קען פֿירן אַ קינד פֿאַר דער האַנט;
2. מע קען פֿירן סחורה פֿון אײן אָרט אינעם צװײטן;
3. מע קען פֿירן געשעפֿטן צו פֿאַרדינען געלט;
4. מע קען פֿירן אַ מישפּט מיט עמעצן;
5. מע קען פֿירן ביכער און דאָרטן אַלץ פֿאַרשרײַבן װאָס מ'האָט אױסגעגעבן אָדער פֿאַרדינט;
6. מע קען פֿירן מלחמה;
7. מע קען פֿירן אַ פֿאַרזאַמלונג, ד"ה זײַן דער פֿאָרזיצער פֿון דער פֿאַרזאַמלונג;
8. מע קען אָנװײַזן: אַזױ פֿירט זיך אָדער אַזױ פֿירט זיך נישט בײַ אונדז.
9. מע קען פֿירן אַן אױטאָמאָביל.
10. מע קען פֿירן אימעצן פֿאַר דער נאָז.
11. מע קען אױך רעדן װעגן װי עס/מע פֿירט זיך אין אַ געװיסן אָרט צי אין אַ געװיסער סבֿיבֿה. אַזױ פֿירט זיך (דאָ, בײַ ייִדן, בײַ לײַט).

עס קען זײַן נאָך – אָבער זאָל זײַן גענוג.

געניטונג 54

זעצט איבער פֿון ענגליש אויף ייִדיש (עס זאָל אומעטום זײַן פֿירן):

1. See here, such is the custom of the country.
2. He always keeps books.
3. They have carried on a lawsuit for the last two years.
4. You shouldn't do things like that in the presence of your grandfather.
5. He manages his affairs beautifully.
6. The merchants carried the goods from far away countries.
7. The mother is leading the child by the hand.
8. The enemy made war upon us.
9. Why are you carrying on like that?
10. The peddler is moving his wagon.

צום שרײַבן

עס איז דאָ אַ טשיקאַװע פֿאָלקסװערטל:
צװײ פֿירן – יאָסל־משה פֿירט װאַסער, און גאָט פֿירט די װעלט.

פּרוּװט אױסטײַטשן אין אײן קלאָרן זאַץ, בײַט זיך מיט די דערקלערונגען, און פֿאַרשרײַבט אין עטלעכע זאַצן אײַער מײנונג װעגן װאָס מע האָט געשריבן.

◆ און נאָך אַ ווערב אַזאַ – האַלטן!

1. מע קען האַלטן עפּעס אין די הענט.
2. מע קען האַלטן אַ קינד פֿאַר דער האַנט.
3. מע קען ערלעך האַלטן פֿאָטער און מוטער, אין כּבֿוד האַלטן...
4. מע קען האַלטן פֿון עמעצן, האַלטן אים פֿאַר אַ וויכטיקן מענטשן, האַלטן פֿון אים זייער.
5. מע קען האַלטן פֿאַר עמעצן אָדער האַלטן מיט עמעצן, ווען עס זײַנען פֿאַראַן פֿאַרשיידענע מיינונגען וועגן אים.
6. מע קען האַלטן ערגעץ שבת, ד״ה, פֿאַרברענגען דעם שבתדיקן טאָג, ערגעץ אין מיטן וועג.
7. מע קען האַלטן אין עסן (אין שלאָפֿן, אין אַרבעטן) ווען דער חבֿר קומט אַרײַן (ד״ה, זײַן אין מיטן עסן).
8. מע קען האַלטן אין איין עסן, ד״ה, ניט אויפֿהערן עסן, עסן כּסדר.
9. מע קען האַלטן בײַם עסן (ד״ה, אין אַ מינוטקעלע וועט מען אָנהייבן).
10. מע קען – די שעה זאָל ניט זײַן – האַלטן בײַם שטאַרבן, זײַן אָט־אָט אַ רגע פֿאַרן טויט.
11. מע קען פֿרעגן: ווי האַלט עס מיט אים? און קריגן אַן ענטפֿער: ער האַלט גאַנץ גוט, אָדער ער האַלט שמאָל (ד״ה, שרעקלעך נישט גוט).
12. און ווי מע קען פֿירן אַ מלחמה – קען מען אויך האַלטן מלחמה.
13. מען קען האַלטן אַ זאַך בסוד, האַלטן אַ סוד.
14. אויב עס איז די צײַט פֿאַר נעילה, זאָגט מען אַז סע האַלט בײַ נעילה.
15. מען קען האַלטן ס׳מויל (ד״ה, גאָרנישט זאָגן; שווײַגן).
16. מען קען האַלטן זיך ביזן סוף, ביז מען האָט עפּעס אין גאַנצן דורכגעפֿירט.

גענ יטונג 55

זעצט איבער אויף ייִדיש (אַלע זאַצן קען מען מאַכן מיט האַלטן):

1. Honor your father and your mother.
2. I was still working when the guests arrived.
3. He keeps on eating all the time.
4. I will always side with my friends.
5. How is the sick man? – Oh, his condition is poor.
6. The pious Jew observed the Sabbath in the woods because he did not want to ride after sunset.
7. Arabs and Jews must stop waging war against each other.
8. I think very highly of him.
9. Keep it a secret.
10. The mother is holding the child's hand.
11. I was in the midst of my washing when the telephone rang.
12. The poor woman was on the verge of fainting.

secretly – [BESO'D] בסוד
to faint – [KhA'LEShN] חלשן
secret – [SOD] דער סוד
approximately – [E'REKh] אַן ערך

צום שרײַבן

טײַטשט אויס דאָס ווײַטערדיקע אין אַ פּאַראַגראַף פֿון אַן ערך פֿינף זאַצן:

ווי מע יונגערהייט זיך האַלט, אַזוי ווערט מען אַלט.

◆ און נאָך צוויי ווערבן: קומען און גיין

קומען און גיין זײַנען גאָר נישקשהדיקע ווערטער, אָבער אַ מאָל איז דאָ אַ בעסערס. מע קען

קריכן, אײַלן זיך, דערנענטערן זיך, דערווײַטערן זיך, אַרײַנדרינגען, דורכרײַסן זיך, דערגרייכן, אַרויסטרעטן, אַרויפֿקלעטערן, שפּאַצירן, אַרומשלעפּן זיך אָדער אַרומדרייען זיך, אַראָפּגיין, אַרויפֿגיין. (אַלע ווערטער זײַנען דעפֿינירט אין גלאָסאַר.)

אַנשטאָט קומט גיט אַ וואָרט פֿון די אויבן דערמאָנטע:

1. ער קומט גיך אַהיים.
2. דאָס וואַסער קומט אַרײַן אין קעלער.
3. איך קום צום ציל.
4. ער קומט אַרויס פֿון הייל.
5. זי קומט אַראָפּ פֿון בוים.
6. איך קום צום זיידן.
7. זי קומט אַרויס פֿאַרן עולם.
8. ווען וועט ער קומען נענטער צו אונדז?
9. ער קומט ביז צו דער טיר און שטעלט זיך אָפּ.
10. זי איז געקומען דורך די פֿײַנדלעכע רייען מיט אַ וויכטיקער ידיעה. (פֿײַנדלעכע רייען – enemy lines)

אַנשטאָט גייט – אַן אַנדער וואָרט:

1. זי גייט גיך.
2. ער גייט פּאַמעלעך.
3. דער רויך גייט שוין אַרויס דורך די פֿענצטער.
4. ער גייט נענטער צו מיר.
5. ער גייט ווײַטער און ווײַטער פֿון מיר.
6. זי גייט אַרום אַהין און אַהער און ווערט גאָר ניט פֿאַרמאַטערט.
7. וואָס גייסטו אַרום אַ גאַנצן טאָג אָן אַרבעט?
8. ער גייט זיך אַרום אין אָוונט איבער דער גאַס.
9. זי גייט אַראָפּ פֿון די בערג אין טאָל אַרײַן.
10. אַ גאַנצן טאָג זײַנען מיר געגאַנגען העכער און העכער, מיר זײַנען שוין געגאַנגען כּמעט אַ מײַל איבער דער אייבערפֿלאַך פֿון ים.

עפּעס וועגן וואָס צו שרײַבן

איר האָט אין דעם קאַפּיטל זעקס רשימות, זעקס ליסטעס, פֿון ווערבן מיט צוגאָבן. לייענט דורך אַלע זעקס רשימות און פֿאַרשרײַבט אַלע ווערטער וואָס האָבן אַ שײַכות צום שׂכל – צו קלערן און טראַכטן – ד״ה – צום מוח. דוגמות (בײַשפּילן): אויסטדרן, אײַנהערן זיך, איבערטרײַבן. מאַכט אײַער רשימה שטילערהייט (נישט בעל־פּה) און פּרוווט דערקלערן (אויך שטילערהייט, נישט אויפֿן קול, און אויף ייִדיש) פֿאַר וואָס איר קלײַבט אויס ווערטער. מאַכט אַ צווייטע רשימה פֿון ווערטער וואָס האָבן צו טאָן אָדער מיט מענטשלעכע באַציִונגען אָדער מיט פֿיזישע באַוועגונגען. דערקלערט אײַערע רשימות צו אימעצן אין קלאַס. ניצט איינע פֿון זיי צו באַשרײַבן (בכתבֿ) ווי עפּעס ווערט געטאָן – דאָס הייסט די שטאַפּלען – דער גאַנג – פֿון אַ פּראָצעס. די ווײַטערדיקע ווערטער וועלן אײַך קומען צו ניץ: ראשית, שנית, דריטנס, שפּעטער, נאָך דעם, פֿאַרן סוף, צום סוף. (מע קען אויך די גענײטונג מאַכן אַן אַנדערש מאָל בעל־פּה מיט אַ צווייטן.)

ווי לייקנט מען אָפּ אַ באַשולדיקונג אָדער אַ גאָר פֿאַלשע מיינונג? ווי שפּאַרט מען זיך איַין אַז דאָס וואָס עמעצער האַלט איז גאָר נישט אמת? מען קען עפּעס אָפּלייקענען אָדער דירעקט אָדער מן־הצד (ד"ה — אומדירעקט).

אײַנשפּאַרן זיך — to put one's foot down, to stubbornly persist
אָפּלייקענען — to deny
די באַשולדיקונג — accusation
האַלטן — here: to contend
מן־הצד [MIN-HATsA'D] — נישט דירעקט

אָט האָט איר אַ באַשולדיקונג:

– איר האָט די מעשׂה אין גאַנצן אויסגעטראַכט!

ווי לייקנט מען אָפּ דירעקט?

–אַבסאָלוט נישט אמת!
–לחלוטין נישט אמת!
–נישט געשטויגן, נישט געפֿלויגן! (ד"ה, קריסטן גלייבן אַז יעזוס איז נאָכן טויט אויפֿגעשטאַנען און „אַוועקגעפֿלויגן". ייִדן האַלטן אַז עפּעס וואָס איז נישט אמת איז אַזוי ווי די לעגענדע וועגן יעזוסן — עס איז נאָר אַ מעשׂה, ווײַל ער איז „נישט געשטויגן [און] נישט געפֿלויגן")
–מעשׂיות!
–איר זײַט נישט גערעכט!
–עס האָט אַ פּנים פֿון חוזק! (ד"ה, עס איז לעכערלעך)
–גיי שוין גיי!

און ווי לייקנט מען אָפּ אומדירעקט?

–איך האָב מורא אַז איך בין נישט מסכּים.
–איך מיין אַז איר האָט אַ טעות.
–דעם אמת געזאָגט, איז עס נישט ווי איר מיינט.

איצט — פֿרעגט (אָדער באַשולדיקט) און ענטפֿערט. לייקנט אָפּ מיט פֿולע זאַצן, ד"ה, לייקנט אָפּ און נאָך דעם קערט איבער די באַשולדיקונג כּדי אונטערצושטרײַכן אײַער מיינונג. (די מעשׂה איז גאָר ניט קיין אויסגעטראַכטע!) איר קענט זיך אויך ווײַטער פֿאַרטיידיקן. למשל:

–אַבסאָלוט נישט! איך האָב די מעשׂה נישט אויסגעטראַכט. עס איז געווען גענוי ווי איך האָב אײַך דערציילט.

ניצט ווערטער וואָס איר האָט אויסגעלערנט אין דעם קאַפּיטל, און שמועסט אַזוי ווי איר וואָלט געווען

1. מאַן און ווײַב
2. לערער און תּלמיד
3. בעל־הבית און אָנגעשטעלטער
4. פּאָליציאַנט אָדער ריכטער און אַן אָנגעקלאָגטער
5. אַ רעדנער בײַ אַ פּאָליטישער זיצונג און אַ צוהערער

דער אָנגעקלאָגטער — the accused
דער אָנגעשטעלטער — employee
דער ריכטער — judge

צי איז עס אײַך צום האַרצן צי אַרט עס אײַך זייער און זייער? דאָס הייסט, צי געפֿעלט עס אײַך זייער? צי גייט עס אײַך אין לעבן? צי האָט איר עס פֿײַנט? ווי דריקט מען אויס שטאַרקע, אינטענסיווע געפֿילן קעגן עפּעס אָדער פֿאַר עפּעס?

לאָמיר רעדן, למשל, וועגן פּטרן צײַט.

אויב איר זײַט שטאַרק און אינטענסיוו קעגן:

- איך האָב פֿײַנט צו פּטרן צײַט.
- פּטרן צײַט אַרט מיך זייער.
- איך קאָן עס ניט פֿאַרטראָגן ווען מע פּטרט צײַט.
- פּטרן צײַט איז מיר דערווידער.
- איך וואָלט זיך קיין מאָל ניט צוגעוווינט צו פּטרן צײַט.
- עס אַרט מיך אַז מע פּטרט זײַט.

און אויב איר זײַט שטאַרק און אינטענסיוו פֿאַר:

- איך האָב האָלט צו פּטרן צײַט.
- איך וואָלט צו יעדער צײַט (צו יעדער געלעגנהייט) געפּטרט אַ ביסל צײַט.
- איך וואָלט גערן פּטרן/געפּטרט אַ ביסל צײַט.
- פּטרן צײַט איז מיר גאָר ליב (טײַער).

און אויב איר זײַט פֿאַר, אָבער איר דריקט זיך אויס אויף אַ ווייכערן, מילדערן, נישט אַזוי דירעקטן אופֿן:

- עס וואָלט מיך גאָרנישט נישט געאַרט צו פּטרן אַ ביסל צײַט.
- פּטרן אַ מינוטקעלע מיט דיר וואָלט מיך גאָר ניט געטשעפּעט.

אַרן	to bother
די געלעגנהייט	opportunity
גערן	gladly
דערווידער	disgusting
האָלט האָבן	to like
טשעפּען	here: to bother
מילד	mild, moderate
פּטרן [PA'TERN]	to waste
צו יעדער צײַט	at every opportunity

איצט, קלײַבט אויס ווערטער אָדער פֿראַזעס פֿון די ווערטער־ליסטעס אין דעם קאַפּיטל און פֿרעגט אימעצן אין קלאַס צי ער/זי האָט עס האָלט צי פֿײַנט? ניצט כּלערליי קאָמבינאַציעס פֿון די אויבן דערמאָנטע ברירות צו פֿרעגן און צו ענטפֿערן. אויב די אינטענסיווקייט איז נישט לאָגיש – קען מען צוגעבן אַ שטיקל חידוש, אַ ביסל סורפּריז:

- עס איז דיר טאַקע דערווידער אַז מע פּטרט אַ ביסל צײַט?!?!!! וואָס איז דיר די גדולה?

די גדולה [GEDU'LE]	great event
וואָס איז די גדולה	what's the big deal
דער/דאָס חידוש [KhI'DESh]	surprise

פֿרעגט לכל־הפּחות איין פֿראַגע בײַ יעדערן אין קלאַס. מע קען רעדן וועגן קינדער וואָס הערן זיך נישט אײַן, וועגן איבערמאַכן אַרבעט, וועגן מענטשן וואָס טרײַבן איבער וועגן זיך, וועגן אײַנרעדן פֿייגעלעך אין בוזעם, אאַז״וו.

קאַפּיטל פֿופֿצן

◘ נאָך צוויי צוגאָבן

אויף

איר האָט דאָ לכל־הפּחות פֿיר באַזונדערע באַטײַטן אָדער ניואַנסן פֿונעם צוגאָב אויף. וואָס זײַנען די ענגלישע עקוויוואַלענטן פֿאַר די באַטײַטן וואָס איר דערקענט?

אויפֿבינדן – to untie (but also: to tie together)
אויפֿבלאָזן – to blow up, to exaggerate
אויפֿבליִען – to blossom forth
אויפֿבליצן – to flash
אויפֿגיין – to rise, to swell
אויפֿדעקן – to uncover, to discover
אויפֿהאָדעווען – to raise (children, flowers, vegetables)
אויפֿהייבן – to lift, to pick up
אויפֿהייבן זיך – to get up
אויפֿהערן – to stop
אויפֿוואַקסן – to grow up
אויפֿוועקן – to waken
אויפֿזעצן זיך – to sit up
אויפֿטאָן – to accomplish
אויפֿטרייסלען – to shake up (a person)
אויפֿכאַפּן זיך – to wake up
אויפֿעסן – to eat up (perfective)
אויפֿפֿלאַמען – to flare up
אויפֿקאָכן – to bring to a boil, to exasperate
אויפֿרודערן – to stir up, to upset
אויפֿרופֿן – to make a public announcement, to call to the Torah
אויפֿרײַסן – to explode, to tear open
אויפֿשרעקן – to startle

אַרויף

וויפֿל באַטײַטן דערקענט איר בײַם צוגאָב אַרויף?

אַרויפֿגיין – to ascend
אַרויפֿכאַפּן זיך – to jump or climb up to/on
אַרויפֿלאָזן – to admit, to let ascend
אַרויפֿלייגן – to impose, to inflict, to place upon
אַרויפֿפֿאַלן – to fall upon/down/onto (an object, a person, a mood)
אַרויפֿפֿירן – to bring up to
אַרויפֿקוקן – to look up
אַרויפֿשווימען – to emerge
אַרויפֿשטעלן – to put up on
אַרויפֿשלעפּן אויף זיך – to clothe oneself laboriously, to burden oneself with, to incur
אַרויפֿשלעפּן זיך – to pull oneself up

◆ פֿיר פֿון די מעגלעכע באַטײַטן פֿונעם צוגאָב אויף זײַנען:

1. דורכגעפֿירט אָדער אין גאַנצן, אָדער ווי עס דאַרף זײַן
2. אָנגעהויבן אָדער פּלוצעם אָדער אומגעריכט
3. אַרויף
4. פֿונאַנדער

צי איז דאָ אַ וואָרט אין דער רשימה וואָס האָט גאָרנישט צו טאָן מיט די געגעבענע פֿיר באַטײַטן?

אומגעריכט – unexpected
אַרויף – up(wards)
פֿונאַנדער – apart

איר גייט אימעצן מבֿקר־חולה זײַן אין שפּיטאָל. דער קראַנקער ליגט אין בעט. אַרבעט אין פּאָרן. פֿרעגט און ענטפֿערט; קלײַבט אויס איינע אָדער צוויי פֿראַזעס פֿון יעדער גרופּע.

to visit a sick person – זײַן [MEVA'KER-KhO'YLE] **מבֿקר־חולה**

א. איר ווילט (דו ווילסט) זיך אויפֿזעצן/אויפֿהייבן? ווי פֿילט איר (פֿילסטו) זיך?

ב. {
עט!
נישקשה.
נישט אַזוי אײַ־אײַ־אײַ.
פֿיל־ווייניק.
}

(דאָ: נישט אַזוי אויסערגעוויינטלעך!)
(דאָ: נישט אַזוי גוט, נישט אַזוי שלעכט)

א. איך האָב אײַך (דיך) אויפֿגעוועקט?

ב. {
don't worry! – **נישט געדאגהט!**
here: don't worry! no problem! – **נישט געפֿערלעך!**
ווער קען שלאָפֿן?
איך האָב מער ווי גענוג צײַט צו שלאָפֿן.
}

א. {
געזען הײַנט דעם דאָקטער (די דאָקטערשע)?
ווען האָט איר (האָסטו) לעצטנס געזען דעם דאָקטער (די דאָקטערשע)?
}

ב. {
געזען.
נישט לאַנג.
נישט לאַנג צוריק.
זי איז נאָר וואָס אַוועק.
}

א. {
עס טוט אײַך (דיר) ווײ דער פֿוס (דער שניט? די רערן מיט די נאָדלען מיטן קלאַפּער־געצײַג)?
עפּעס טוט אײַך (דיר) ווײ?
}

paraphernalia – **דאָס קלאַפּער־געצײַג**
tube – **דער רער**
cut – **דער שניט**

ב. {
it shouldn't happen to you – **נישט פֿאַר דיר געדאַכט!**
just the opposite! – **פֿאַרקערט!**
גאָרנישט!
כּלל נישט!
not a bit – [BEE'YN-OYFN] **באין־אופֿן!**
not a bit – **עס הייבט זיך ניט אָן**
so far so good – **הלוואַי ווײַטער ניט ערגער**
}

א. איז, טאַקע, וואָס זשע זאָגט דער דאָקטער (די דאָקטערשע)?

prefatory to a question or a sentence, – **איז**
to hold the hearer's attention while getting
one's thoughts together (= so...)

ב. זי (ער) זאָגט אַז איך האָב (איך לײַד פֿון) { בלוטאָרעמקייט (אַנעמיע) / אַן אָנשטעקונג (אינפֿעקציע) / אַן אָנצינדונג (inflammation)

א. { זי (ער) האָט אײַך (דיר) עפּעס פֿאַרשריבן? / וואָס גיט מען?

ב. געגעבן { אַן אײַנשפּריצונג. / פּילן. / עפּעס אַ רפֿואה. [REFU'E] medicine / ווייס איך נישט וואָס! / עט! / נישט דאָ געדאַכט! It shouldn't happen to anyone!

א. צי האָט איר (האָסטו) עפּעס געגעסן?

ב. { נישט דאָ געדאַכט וואָס מע גיט אַ מענטשן. / איך האָב קיין חשק [KhE'YShEK] (desire) ניט. / עס גייט מיך נישט אָן. / איך האָב ניט קיין אַפּעטיט. / קוים פֿאַרזוכט.

א. { עסן מוז מען. / מע טאָר ניט אויפֿהערן עסן. / וואָס זשע טוט איר (טוסטו)? – וואָס זשע רעדט איר (רעדסטו)?

ווי איר געדענקט: וואָס זשע רעדט מען אַרויס וואָזשע.

ב. { הער(ט) אויף! / קאָכ(ט) זיך נישט (אויף)! / וואָס ווערסטו אַזוי אויפֿגערודערט? / שאַ(ט), שאַ(ט)! / שאַ(ט) זאָל זײַן! / וועס)ט אַרויפֿשלעפּן אויף זיך אַן אייגענע קראַנקייט! / זײַ(ט) שאַ!

צום שמועסן ווײַטער

באַשרײַבט דעם וויזיט מיטן קראַנקן צו אַ דריטן וואָס האָט ניט געקענט מבֿקר־חולה זײַן. וואָס האָט איר געפֿרעגט, ווי האָט דער (די) חולה געענטפֿערט? וואָס מיינט איר וועגן דעם פּאַציענט? ער (זי) באַמיט זיך בעסער צו ווערן? פֿאַר וואָס מיינט איר אַזוי? זאָל דער צווייטער צום שמועס נישט וועלן גלייבן.

צום שרײַבן

אַ גוטער פֿרײַנד פֿונעם קראַנקן וווינט אין אַ צווייטער שטאָט. שרײַבט אָן אַ קורצן בריוו וועגן דעם מצבֿ פֿון אײַער פֿרײַנד, און וועגן דעם וויזיט אין שפּיטאָל.

צום שמועסן 120

זאָל איינער פֿון צוויי תּלמידים דערקלערן פֿאַר וואָס ער איז אַזוי אויפֿגערודערט וועגן עפּעס, בשעת דער צווייטער פּרוּווט פּועלן בײַ אים ער זאָל אויפֿהערן זײַן אַזוי אויפֿגערעגט. זאָל דער ערשטער נישט נאָכגעבן, נאָר כּסדר איבערחזרן אַז מע האָט אים באַגזלט, צי באַליידיקט, צי אויפֿגעוועקט אין מיטן זיסן שלאָף, צי באַפֿאַלן, צי באַראַבעוועט – צי וואָס עס זאָל ניט זײַן! און דער צווייטער: זאָל ער (אָדער זי) נישט אָפּלאָזן – מע מוז אַ מענטשן אײַנשטילן אויב מע קען.

upset – **אויפֿגערודערט**
upset – **אויפֿגערעגט**
to calm down – **אײַנשטילן**
to give up – **אָפּלאָזן**
robbed – **באַגזלט**
insulted – **באַליידיקט**
attacked – **באַפֿאַלן**
באַראַבעווען – באַגזלען
while – [BEShA'S] **בשעת**
to yield, to acquiesce – **נאָכגעבן**
stubborn person – [A'KShN] **דער עקשן**

ניצלעכע פֿראַזעס:

הער אויף! / הער אויפֿעט! – stop

וואָס ביסטו אַזוי – **אויפֿגערעגט / אויפֿגעקאָכט / אויפֿגערודערט**

God help you!, for God's sake – גאָט איז מיט אײַך
גוט, אָבער ...
זאָל זײַן אַזוי, אָבער ...
אָבער פֿון דער אַנדערער זײַט... / אָבער צוריק גערעדט... – on the other hand
הער זיך צו / הער זיך אײַן – listen to me!
naturally, but...... – פֿאַרשטייט זיך, אָבער
it's easy for you to say! – !שיין פֿון דײַן צד

צום שרײַבן

שרײַבט אַ קורצן בריוו צו אַ צווייטן אין קלאַס וועגן ווי אַזוי איר האָט געפּועלט (אָדער קוים געפּועלט אָדער ניט געקענט פּועלן) בײַם אויפֿגעקאָכטן חבֿר. בעט אַן עצה: וואָס זשע טוט מען? בײַט זיך מיט אײַערע בריוו און ענטפֿערט אויף זיי.

◆ דער מענטשלעכער גוף

לייענט אַדורך די ווײַטערדיקע נעמען פֿון די פֿאַרשיידענע טיילן פֿון מענטשלעכן קערפּער (= גוף). זײַט זיכער אַז איר פֿאַרשטייט אַלע ווערטער. קלײַבט אויס פֿון די ווײַטערדיקע די פּאַסיקע קעפּלעך און שרײַבט זיי צו צו די ריכטיקע קאַטעגאָריעס:

> אין מויל, ביינער, דאָס פּנים, דאָס אויג, דער פֿוס, הויפּטטיילן פֿון קערפּער, אינעווייניקסטע אָרגאַנען, די באַשטאַנדטיילן פֿון גוף, די גאַנצע האַנט.

component – דער באַשטאַנדטייל
main part – דער הויפּטטייל
headings – (דאָס קעפּל) קעפּלעך

.1
דער גוף
דער קאָפּ
דער האַלדז
די ברוסט
דער בויך
דער רוקן
די האַנט
דער פֿוס
דער מוח

.2
דער שטערן
דאָס אויג
דאָס אויער
די נאָז
די באַק
דאָס מויל
די ליפּ
דער קין
די חן־גריבעלעך
די שלייפֿן
די גאָמבע

.3
די ביינער
דאָס פֿלייש
די מוסקלען
די נערוון
די הויט
די האָר
די אינעווייניקסטע אָרגאַנען
דאָס בלוט
די בלוטגעפֿעסן

.4
דאָס געביין
דער שאַרבן
דער רוקנביין
דער קינביין
דער עלנבויגן
די קני
דאָס געלענק

.5
די לונגען
דאָס האַרץ
דער מאָגן
די לעבער
די נירן
די געדערעם
די קישקעס

.6
די פּלייצע
דער אָרעם
די פּויסט
די האַנטפֿלאַך
דער פֿינגער
די אַקסלען
דער נאָגל

.7
די צונג
די ציינער
דער גומען
דאָס ציינפֿלייש
די יאַסלע

.8
די קני
די פּיאַטע
די זויל

.9
די ברעם
די וויִעס
דאָס אויגן־לעפּל
דער שוואַרצאַפּל

צום שמועסן 121

פּרוּווט שאַפֿן אײַערע ענטפֿערס צו די ווײַטערדיקע מיט איבערגעדרייטע פֿראַגעס: „מיט וואָס איך קײַ?!!?! איך קײַ מיט...“ אַזאַ קאָנסטרוקציע קען אָנווײַזן אַז מע מיינט אַז די פֿראַגע איז אַ נאַרישע, דאָס הייסט, אַז זי איז אַ קלאָץ־קשיא.

מיט וואָס קײַט איר?
מיט וואָס אָטעמט איר?
מיט וואָס שמעקט איר?
מיט וואָס פֿאַרדייעט איר שפּײַז?
מיט וואָס זעט איר?
מיט וואָס טאַפּט איר?
מיט וואָס דערפֿילט איר דעם טעם?
מיט וואָס דערפֿילט איר וואַרעמקייט און קעלט?
מיט וואָס שלינגט מען אַראָפּ?

צום שמועסן 122

מיר האָבן דאָ אַ ריי שפּריכווערטער. אין יעדער שפּריכוואָרט איז דורכגעלאָזן אַ ווערב. די דורכגעלאָזענע ווערבן ווערן אויסגערעכנט אונטן. נעמט פֿון זיי און פּאַסט אַרײַן. נאָכן דערגאַנצן פֿרעגט אימעצן אין קלאַס: „אין וואָס פֿאַר אַ סיטואַציע וואָלט מען געניצט דאָס שפּריכוואָרט _______?“ אויב מע פֿאַרשטייט דאָס ווערטל אין גאַנצן ניט, קען מען זאָגן:
– זאָל איך (אַזוי) וויסן פֿון בייזס! (= איך ווייס אַבסאָלוט ניט, איך האָב קיין שום באַגריף)
אָבער דער וואָס פֿרעגט זאָל זיך נישט באַנוגענען מיט אַזאַ ענטפֿער.

אויסרעכענען – to enumerate
באַנוגענען זיך – to be satisfied

1. די אויגן ווילן פֿיל מער וויפֿל די ציין קענען _______.
2. שפּײַ ניט אין ברונעם פֿון וואַנעט דו דאַרפֿסט_______.
3. ווען דאָס מויל זאָל ניט דאַרפֿן _______, וואָלט דער קאָפּ געגאַנגען אין גאָלד.
4. אויף אַ פֿרעמדער באָרד איז גוט זיך צו לערנען _______.
5. מיט איין אויג קען מען מער זען, וויפֿל מע קען _______ מיט ביידע הענט.
6. קליינע קײַען וואָס גרויסע _______.
7. מיט איין פּאָר פֿיס זאָל מען ניט וועלן _______ אויף צוויי חתונות.
8. מיט וואָסערע אויגן דו וועסט איינעם _______, אַזאַ פּנים וועט ער האָבן.
9. די נשמה קען מען ניט _______.

(די ווערבן: שלינגען, אַראָפּשלינגען, טאַנצן, טרינקען, שפּײַען, אויסשפּײַען, צעקײַען, שערן, עסן, פּרעסן, נעמען, אָנקוקן.)

צו דערגאַנצן די שפּריכווערטער:
1. צעקײַען 2. טרינקען 3. עסן 4. שערן 5. נעמען
6. שפּײַען 7. טאַנצן 8. אָנקוקן 9. אויסשפּײַען

וואַנעט – וואַנען

◘ דער גוף אין אידיאָמאַטישע אויסדרוקן

א. די רעכטע ריי אונטן באַשטייט פֿון אידיאָמאַטישע אויסדרוקן בעת די לינקע באַשטייט פֿון דערקלערונגען. פּאַסט צו דעם באַטײַט צום אויסדרוק!

1. ס'ברענט אויף איר די הויט. — א(...) זייער אויפֿמערקזאַם קוקן.
2. ער רײַסט זיך די האָר פֿון קאָפּ. — ב(...) רופֿט אַרויס רחמנות.
3. אויפֿשטעלן מויל און אויערן. — ג(...) שוין אַלט.
4. קוקן מיט זיבן אויגן. — ד(...) ריידן קלאָר, האַרט, שטרענג.
5. זי האָט אַ קאָפּ אויף די פּלייצעס. — ה(...) ער האָט זייער שטאַרק חרטה, ער פֿילט זיך זייער שלעכט.
6. אַרונטערלאָזן (אַראָפּלאָזן) די נאָז. — ו(...) זי איז זייער שטאַרק פֿאַרנומען, זי האַלט אין איין אַרבעטן.
7. פֿאַררײַסן די נאָז. — ז(...) זיך זייער גוט צוהערן, זיך צוהערן מיט חשק.
8. עס נעמט בײַם האַרצן. — ח(...) ער איז זייער חוצפּהדיק, ער איז אומפֿאַרשעמט.
9. ער האָט פֿאַרשטאָכענע אויגן. — ט(...) זי איז קלוג, באַטראַכט, פֿעיִק.
10. ריידן מיט באַקציינער. — י(...) אַרויסווײַזן אומחן; זיך באַציִען גאָר נעגאַטיוו צו עפּעס.
11. קנייטשן מיטן שטערן. — כ(...) טראַכטן וועגן גאָרניט אַחוץ אַרבעט.
12. די מעשׂה האָט שוין אַ באָרד. — ל(...) נישט וויסן וואָס צו טאָן, זײַן פֿאַרצווייפֿלט .
13. אַרומגיין אָן אַ קאָפּ. — מ(...) זײַן פֿאַרדמיונט, פֿאַרטראַכט, טיף אין טראַכטן.
14. אַרײַנגעטאָן אין דער אַרבעט מיטן גאַנצן קאָפּ. — נ(...) זײַן ברוגז.

> די ענטפֿערס:
> 1–ו; 2–ה; 3–ז; 4–א; 5–ט; 6–נ; 7–י; 8–ב; 9–ח; 10–ד; 11–מ; 12–ג; 13–ל; 14–כ

אויפֿמערקזאַם — אײַנהעריק, attentive
דער אומחן [KhEYN] — disfavor, dislike
אומפֿאַרשעמט — shameless
באַטראַכט — thoughtful
דער באַקצאָן — molar
באַשטיין פֿון — to consist of
דער חשק [KhE'YShEK] — desire, eagerness
פֿאַרדמיונט [FARDI'MYENT] זײַן — to be daydreaming
פֿאַרצווייפֿלט — desperate
פֿעיִק — capable
צוהערן זיך צו — to listen to

ב. אַ מאָל זײַנען די אימאַזשן בײַ אידיאָמען גרינג צו פֿאַרשטיין, ד"ה, פּיל-ווייניק לאָגיש – און אַ מאָל נישט. קלײַבט אויס אָן אויסדרוק פֿון צווישן די פֿערצן אויבן וואָס לייגט זיך אײַך אויפֿן שׂכל, און אַ צווייטן וואָס לייגט זיך אײַך נישט אויפֿן שׂכל. גיט אימעצן אין קלאַס צו פֿאַרשטיין (ד"ה, דערקלערט) פֿאַר וואָס איר האָט די אָ צוויי אויסגעקליבן.

צום שמועסן 123

א. אַ באַקאַנטער אײַערער פֿירט זיך לעצטנס שרעקלעך נעגאַטיוו – ער פֿאַררײַסט אויף אַלצדינג די נאָז. איר פֿרעגט אַ צווייטן וועגן וואָס איז געשען, וועגן וואָס טוט זיך: וואָס זשע איז טאַקע דער מער?! אָבער דער צווייטער האָט גאָרנישט נישט באַמערקט! צי קענט איר אײַנרעדן דעם צווייטן צום שמועס אַז עפּעס איז נישט אין אָרדענונג? און זאָל דער צווייטער צום שמועס בלײַבן בײַ זײַנס – ער איז לחלוטין נישט מסכּים.

ב. אַ חבֿרטע אײַערע איז געווען כּמעט אַ ליידיק־גייער: זי האָט שוין פֿון לאַנג קיין סך נישט געטאָן. זי איז נישט געווען אין קיין זאַך פֿאַראינטערעסירט. פּלוצעם הייבט זי אָן קנייטשן מיטן שטערן, לויפֿט אַהין און צוריק, די הויט ברענט אויף איר, זי איז אַרײַנגעטאָן אין אַ נײַעם פּראָיעקט מיטן גאַנצן קאָפּ. באַשרײַבט ווי זי פֿירט זיך צו אַ דריטער חבֿרטע. באַשרײַבט ווי זי האָט זיך אַזוי שטאַרק געענדערט. זאָל די צווייטע צום שמועס נאָכפֿרעגן כּלערליי פּרטים: פֿאַר וואָס? וואָס טײַטש (ס'טײַטש)? צו וואָס? (ד"ה, צו וואָסער ציל? פֿאַר וואָס?) אין מיצקע דרינען? (אין מיטן דערינען? פּלוצעם און אומגעריכט? אַזוי?!?

ג. ניצט איינעם פֿון די אידיאָמען צו פֿרעגן אַ פֿראַגע. דער ענטפֿער דאַרף נישט זײַן קיין לאַנגער, אָבער ער דאַרף ווײַזן אַז איר פֿאַרשטייט גוט דאָס ווערטל. באַמערקט אַז עס איז מעגלעך אַ ביסל אויסצוציען דעם שמועס און צו דער זעלבער צײַט כּמעט נישט דערמאָנען וועגן וואָס מע רעדט. צום בײַשפּיל:

וואָס טוט זיך? – what's going on?
ענדערן זיך – to change

א.

זי– {וואָס האָסטו פּלוצלינג אַראָפּגעלאָזט די נאָז? / וואָס גייסטו פּלוצעם מיט אַן אַראָפּגעלאָזטער נאָז?} וואָס האָב איך דיר געטאָן?

ער– איך בין ברוגז אויף דיר, דו ווייסט שוין פֿאַר וואָס.

זי– איך ווייס גאָר ניט. וואָס רעדסטו אַזוי?

ער– (דו) ווייסט {דווקא / שוין / דאָך} גוט וואָס איז געשען.

ב.

זי– וואָס שטעלן זיי אויף מויל און אויערן?

ער– זיי ווילן נישט פֿאַרהערן קיין וואָרט.

זי– אָבער פֿאַר וואָס/צו וואָס הערן זיי זיך צו מיט אַזאַ חשק?

ער– (דו) ווייסט {דווקא / שוין / דאָך} גוט פֿאַר וואָס זיי הערן זיך צו.

שאַפֿט אייגענע שמועסן אַזעלכע מיט ווי פֿל פֿון די אידיאָמען איר קענט.

ניצלעכע אויסדרוקן:

למאַי? [LEMA'Y] – why?
פֿאַר וואָס זשע (אַרויסגערעדט: וואָזשע)
וואָס עפּעס? – why, of all things?
וואָדען?! – what else could it be?! of course!
איז וואָס זשע? – so, what's the point?

◘ נאָך אַ פּאָר צוגאָבן

אונטער

אונטערגײן – to sink, to set, to go down, to go close to
אונטערגנבֿענען זיך – to sneak up on
אונטערגעבן – to add small amounts of
אונטערגעבן זיך – to capitulate
אונטערהוסטן – to cough slightly or occasionally
אונטערהעלפֿן – to support, to help a little
אונטערהערן – to overhear
אונטערזאָגן – to prompt, to whisper
אונטערזינגען – to sing a bit, to sing under one's breath
אונטערחתמענען [KhA'SMEN] – to sign (at the bottom)
אונטערפֿאָרן – to travel a short distance
אונטערפֿוילן – to rot a little
אונטערפֿוילן זיך – to be a little lazy
אונטערקויפֿן – to bribe
אונטערקומען – to catch up to or join a group, to approach unnoticed
אונטערקוקן זיך – to peek
אונטעררוקן – to hand surreptitiously
אונטערשטעלן – to put under
אונטערשטעלן זיך – to dare, to venture [ווי שטעלסטו זיך אונטער?!]
אונטערשטרײַכן – to underline

אַרונטער

אָפֿט גענוצט מיטן זעלבן באַטײַט ווי אַראָפּ, אָבער אין דער כּלל־שפּראַך נאָר מיטן באַטײַט אַראָפּ פּלוס אונטער.

אַרונטערטאָן אונטער – to put under
אַרונטערפֿאַלן אונטער – to fall under
אַרונטערקנייטשן – to fold under
אַרונטערשווימען אונטער – to swim under

וועלכער צוגאָב האָט (אין ליכט פֿון די בײַשפּילן אויבן) נאָר אַ קאָנקרעטן באַטײַט? וועלכע באַטײַטן אָדער ניואַנסן קענט איר געפֿינען פֿאַרן צוגאָב אונטער? (עס זײַנען פֿאַראַן סך־הכּל מער ווי איר וועט דאָ געפֿינען.) מסתּמא וועלן די „ניצלעכע ווערטער און פֿראַזעס" אונטן אין קעסטל אײַך קומען דאָ צו ניץ. באַטראַכט אײַער ענטפֿערס שטילערהייט, איידער איר פּרוווט האַלטן אַ קורצן שמועס מכּוח דעם ענין אונטער/אַרונטער מיט אַ צווייטן. צי איז עס מעגלעך אַ מאָל צו דערקענען ווי אַזוי אַ פֿיגוראַטיווער טײַטש וואַקסט אַרויס פֿונעם קאָנקרעטן?

מכּוח [MEKO'YEKh] – וועגן
סך־הכּל [SAKhA'K L] –דאָ: all in all, all told
די כּלל־שפּראַך [KLAL] – standard language

ניצלעכע ווערטער און פֿראַזעס:

אומבאַמערקט – unnoticed
דער אונטערשטער טייל – the bottom part
בשתיקה [BIShTI'KE] – surreptitiously
האַרט בײַ – זייער נאָענט
דער מהלך [MEHA'LEKh] – distance
צוגעבן – to add
פֿון צײַט צו צײַט – occasionally

צום שמועסן 124

באַשרײַבט, אין צוויי אָדער דרײַ זאַצן, ניצנדיק פּאַסיקע ווערטער מיט אונטער אָדער אַרונטער:

אַ ייִנגל מיט זײַנע צוויי עלטערע שוועסטער
אַ מענטש וואָס קאָכט זופּ
(אַ קאַפּ – a drop, אַ זשמעניע – a handful, שיטן – to pour a powder,
גיסן – to pour a liquid)
אַ קינד וואָס איז נאָר וואָס געקומען אין שול
אַ קעשענע־גנבֿ (pickpocket)
צוויי קעשענע־גנבֿים

בשעת יעדער באַשרײַבונג, זאָל אַ צווייטער צום שמועס שטעלן פֿראַגעס, כּדי אויסצוציִען דעם שמועס אַ ביסל. דער שמועס זאָל גיין הין און צוריק. אויב מע פֿילט זיך אונטער, וועט דער גאַנצער עסק קאַליע ווערן. אויב מע פֿילט זיך ניט אונטער, וועט עס גיין ווי אַ מיזמור.

(אַ)הין און צוריק – back and forth
גיין ווי אַ מיזמור – גיין גלאַט און גרינג, to move forward without a problem, smooth sailing
דער מיזמור [MI'ZMER] – psalm
דער עסק [E'YSIK] – business, concern
קאַליע ווערן – to be spoiled

געניטונג 56

שטרײַכט אונטער דאָס וואָרט וואָס פּאַסט זיך ניט אין דער ריי. אויב איר ווילט מאַכן די געניטונג בעל־פּה, גיט אימעצן אין קלאַס צו פֿאַרשטיין ווי אַזוי איר האָט אויסגעקליבן די אונטערגעשטראָכענע ווערטער.

1. מאָגן, לעבער, ניר, פֿוס, האַרץ.
2. האָר, באָרד, נאָגל, פֿליך, וואָנצע.
3. צאָן, ציין, צונג, גומען, ליפּן, נאָזלעכער.
4. קני, פֿוס, פּיאַטע, עלנבויגן, זויל.
5. פֿינגער, שוואַרצאַפּל, נאָגל, האַנט, פֿויסט.
6. נירן, סקעלעט, שאַרבן, רוקנביין, ריפּן.
7. נערוון, בלוט, פֿויסט, הויט, מוסקלען.
8. אויג, אויער, נאָז, קין, קני.
9. ברוסט, פֿליך, בויך, רוקן, קאָפּ.
10. לופּט, פּיאַטע, אָטעם, נאָזלעכער, לונגען.
11. ברעמען, וויִעס, ליפּן, אויגן־לעפּלעך, שוואַרצאַפּלען.
12. באַק, באָרד, ליפּן, מאָגן, וואָנצעס.
13. ברעמען, בלוט, פּולס, האַרץ, לעבער.
14. האַלדז, נאַקן, רוקן, קאָפּ, חן־גריבל.
15. שופּן, ברוסט, ריפּן, האַרץ, לונגען.

און אָט זײַנען פֿיר וויכטיקע, פּשוטע אַדיעקטיוון: אייבערשט, אונטערשט, פֿאָדערשט, הינטערשט.

אַ מענטש האָט צוויי ליפּן: אַן _______ ליפּ און אַן _______ ליפּ.

אַ מענטש האָט צוויי רייען ציין: _______ ציין און _______ ציין.

טייל ציין פֿון ביידע רייען זײַנען גלײַך בײַ די ליפּן (דאָס זײַנען די _________) און טייל זײַנען טיפֿער אין מויל (דאָס זײַנען די _______ ציין).

בײַ אַן אויטאָ זײַנען דאָ צוויי פּאָר רעדער: די _______ און די _______.

און וואָס איז טײַטש דער אייבערשטער? ווי אַ סובסטאַנטיוו האָט דאָס וואָרט דער אייבערשטער געווייִנטלעך נאָר איין באַטײַט: דער רבונו־של־עולם.

◘ צי וועט עס גיין ווי אַ מיזמור צי קאַליע ווערן?

אויב עפּעס וועט דורכפֿאַלן, אויב ס'וועט נישט געלינגען, אויב עס וועט זײַן אַ דורכפֿאַל, זאָגט מען אַז

עס וועט ניט גיין; עס וועט:

- קאַליע ווערן – to be spoiled
- זײַן בלאָטע – to be worthless, to be mud
- טויגן אויף כּפּרות [KAPO'RES] – to be good for nothing
- זיך אויסלאָזן אַ בוידעם/אַ בלאָטע – to come to nothing
- פֿאַרפֿאַלן ווערן לעולם־וועד [LEO'YLEM-VO'ED] – forever and ever
- פֿאַרפֿאַלן ווערן די קו מיטן שטריקל/(דער) הונט און בייגל

אויב אָבער עס וועט געלינגען, אויב עס וועט גיין ווי אַ מיזמור און זײַן ווי עס געהער צו זײַן, אויב עס וועט זײַן מיט הצלחה, זאָגט מען אַז

דורכפֿאַלן – to fail
ווי עס געהער (אָדער קער) צו זײַן – as it should be
די הצלחה [HATsLO'KhE] – success
פֿאַרפֿאַלן – lost, hopeless

מע וועט:

- זוכה־בגורל [ZO'YKhE-BEGO'YRL] זײַן – to be favored by fate
- גיין אין גאָלד
- מאַכן אַ המוציא [HAMO'YTsE] מיט האָניק – to make the blessing over bread with honey
- קומען צו אַ תּכלית [TA'KhLES] – to come to something
- מאַכן די גראָבע קאָזע (קאָזע הייסט דאָ: goat)
- אָפּלעקן אַביינדל – to earn a little something
- עולה־יפֿה [O'YLE-YO'FE] זײַן – to prove successful
- כאַפּן דאָס גליק פֿאַרן עק
- אַרויסקריכן פֿון אַ בלאָטע

בקיצור – אָדער עס וועט זײַן שלעכט, אָדער עס וועט זײַן גוט.

צום שמועסן 125

א. אַרבעט אין פּאָרן. ניצט אויס איינעם פֿון די ווערבן מיטן צוגאָב אונטער (אָדער אַרונטער) אויסצודריקן אַ סבֿרא, אַ השערה וועגן אַ מענטשן מיט אַ געוויסן פּלאַן, אָדער וועגן אַ געוויסער סאָציאַלער אָדער פּאָליטישער באַוועגונג אָדער אַ געוויסן געזעלשאַפֿטלעכן פּלאַן אָדער געזעץ וואָס מע רעדט אַרום לעצטנס אין לאַנד. („אויב מע פֿוילט זיך אונטער, וועט פֿאַרפֿאַלן ווערן הונט און בייגל"). שטיצט אונטער אײַער מיינונג. און זאָל דער צווייטער מאָנען (שטאַרק בעטן) אַ דערקלערונג (וואָס הייסט?, וואָס זשע רעדסטו?, ווי קען דאָס געמאָלט זײַן? – how can that be?).

דערנאָך (נאָך דעם) זאָל דער ערשטער ווי עס איז דערקלערן. געדענקט אַז אָפֿט מאָל אין אַ נאָרמאַלן שמועס קען אַ פּשוטע איבערחזרונג דינען פֿאַר אַ דערקלערונג, באַזונדערס אויב די איבערחזרונג ברענגט עטלעכע נײַע ווערטער. ציט ניט צו פֿרידן מיטן אָפּטימיסטישן זײַט אויס דעם שמועס אַ ביסל. (פּעסימיסטישן) ענטפֿער.

באַזונדערס – particularly
געוויס – certain
די השערה [HAShO'RE] – conjecture
ווי עס איז – somehow
די סבֿרא [SVO'RE] – conjecture

ב. אַרבעט אין פּאָרן: איינער אַן אָפּטימיסט און דער צווייטער אַ פּעסימיסט. רעדט אַרום דאָס ווערטל: מיט דער צונג קען מען אַלץ מאַכן (אָדער: גערעדט איז גערעדט אָבער נישט געטאָן).

צום שרײַבן

אָט זײַנען נאָך אַ פּאָר אידיאָמען וואָס האָבן צו טאָן מיטן גוף (= קערפּער). שרײַבט אַ מעשׂהלע וואָס ניצט אַזוי פֿיל ווי מעגלעך פֿון די אָ אידיאָמען, און ווו מעגלעך – ווערבן מיטן צוגאָב אונטער. זאָל די מעשׂה זײַן אָדער וועגן אימעצן וואָס דרייט זיך אַרויס פֿון אַ צרה, אָדער וועגן אימעצן וואָס זײַן מזל וואָלט געקענט זײַן אַ ביסל בעסער.

פֿון דער העלער הויט (אַרויס) – אומגעריכט, "out of the blue"
אַראָפּלאָזן די אויגן – זיך פֿאַרשעמען, to become embarrassed
דאָס האַרץ צעגייט – זײַן שטאַרק גערירט, פֿון פֿרייד אָדער צער, אָדער פֿון וואָס עס זאָל נישט זײַן
האָבן אַן אײַזערנעם מוח (אָדער אַ קאָפּ ווי אַ מיניסטער) – זײַער אַ פֿעיִקער מענטש
נעמען די פֿיס אויף די פּלייצעס – אַוועקגיין, אַוועקלויפֿן
אויסקוקן די אויגן – אומגעדולדיק וואַרטן
קוקן מיט בײדע אויגן – זײַן פֿאַרזיכטיק
עס צעגייט אין מויל – עס איז זײער געשמאַק
זײַן/שטיין אויג אויף אויג – נאָר צוויי צוזאַמען (= זײַן זאַלבע צווייט), קיינער איז מער ניטאָ
זײַן/שטיין קאָפּ אויף קאָפּ – זײער ענג

דער צער [TsAR] – grief

צום שמועסן 126

עס איז מעגלעך צו פֿאַרמולירן פֿראַגעס וואָס מע קען זיי ענטפֿערן מיט די אויבן געגעבענע אידיאָמען. למשל:

> צי האָט איר געזען וואָס מײַן יאָסל האָט אויפֿגעטאָן?
> נו! [ער האָט] אַן אײַזערנעם מוח! אַ קאָפּ ווי אַ מיניסטער!

אָדער

> צי זײַנען געווען אַ סך מענטשן?
> מיר זײַנען געשטאַנען קאָפּ אויף קאָפּ!

זאָל איינער פֿרעגן און נאָך דעם טײַטלען אויף אַ צווייטן, ער זאָל ענטפֿערן. נאָכן ענטפֿערן, זאָל דער וואָס האָט געענטפֿערט פֿרעגן עפּעס בײַ אַ דריטן. אויב מעגלעך, גייט גיך אַרום דעם גאַנצן קלאַס לכל־הפּחות צוויי מאָל.

ניצלעכע ווערטער:

ניט־אָפּגעהיט – careless
רחבֿותדיק [RA'KhVESDIK] – roomy, spacious
דער סורפּריז – surprise
דער חידוש [KhI'DESh] – surprise, remarkable thing
זײַן להוט [LO'ET] נאָך – to covet, to be greedy for
כאַפּעריש – greedy
חוצפּהדיק [KhU'TsPEDIK] – (to have) a lot of nerve
העזהדיק [HO'ZEDIK] – offensive, audacious

די ווײַטערדיקע טאַבעלע רעכנט אויס די דורכשניטלעכע צירקולאַציע (ד״ה, דעם טעגלעכן טיראַזש) פֿון ייִדישע צײַטונגען אין די פֿאַראייניקטע שטאַטן – אין דער שטאַט ניו־יאָרק, און אין פֿופֿצן שטעט מחוץ ניו־יאָרק – פֿון 1900 ביז 1940.[1] די טאַבעלע באַווײַזט אויך די צאָל ייִדישע צײַטונגען וואָס זײַנען געווען בנימצא אין די דאָזיקע קאַטעגאָריעס אין יענע יאָרן. ס׳איז כּדאַי צו האָבן אין זינען אַז דער טיראַזש באַווײַזט נאָר וויפֿל צײַטונגען מע האָט געדרוקט – ד״ה, מע רעדט דאָ וועגן דער צאָל קונים, און נישט וועגן דער צאָל לייענער. אַ שטודיע וועגן ייִדישע צײַטונגען געשריבן אין 1925 איז געקומען צום אויספֿיר אַז יעדע קאָפּיע פֿון אַ ייִדישער צײַטונג אין די פֿאַראייניקטע שטאַטן אין דעם פּעריאָד האָט געהאַט 1.76 לייענער.

אויפֿן סמך פֿון דער טאַבעלע קען מען האַלטן אַ פּרטימדיקן שמועס וועגן דער געשיכטע פֿון דער ייִדישער פּרעסע אין די פֿאַראייניקטע שטאַטן. מע קען רעדן וועגן דעם יאָריקן וווּקס (ד״ה, דער יאָריקער פֿאַרגרעסערונג) און דעם וווּקס דורך דער צײַט אין געוויסע פּעריאָדן. מע קען פֿאַרגלײַכן פּעריאָדן (אָדער באַזונדערע יאָרן) פֿון וווּקס, ווען דער טיראַזש האָט אויסגעוואַקסן, מיט פּעריאָדן (אָדער יאָרן) פֿון פֿאַרקלענערונג (ד״ה, אָפּקום), ווען די צירקולאַציע האָט געהאַלטן אין איין פֿאַלן. מע קען רעדן וועגן צוווּקס און אָנווער אי אין פּרט פֿון פֿאַקטישע ציפֿערן, אי אין פּרט פֿון פּראָצענטן. און מען קען אויך רעדן וועגן סיבות: ווי דערקלערט איר די שינויים אין צירקולאַציע און אין דער צאָל צײַטונגען במשך די יאָרן?

ניצלעכע פֿראַזעס:

אַן אָנווער/צוווּקס פֿון ______
____ מאָל אַזוי פֿיל ווי אין ______
איבער אַ נײַס פֿאַרגרעסערט
רעדוצירט געוואָרן
בערך – approximately
אין משך פֿון – over the course of
מיט ____ ווינציקער (אָדער ווייניקער)

דער אויספֿיר – conclusion
דער אָנווער – loss
דער אָפּקום – decrease
דורכשניטלעך – average
דער וווּקס – growth
זינען: האָבן אין זינען – to bear in mind
דער טיראַזש – press-run
יאָריק – annual
מחוץ – outside of
דער סמך [SMAKh]**: אויפֿן סמך פֿון** – on the basis of
דער פּרט [PRAT]**: אין פּרט פֿון** – with reference to
די פֿאַרגרעסערונג – increase
די פֿאַרקלענערונג – decrease
די צאָל – number
דער צוווּקס – growth
דער/די ציפֿער – number, figure
קונים (דער קונה) – customers

[1] זען: נ. גאָלדבערג, „די ייִדישע פּרעסע אין די פֿאַראייניקטע שטאַטן, 1900‑1940,“ ייִוואָ־בלעטער, באַנד XVII, נומ׳ 2, זז 129‑157.

טאַבעלע

טיראַזש פֿון טעגלעכע צײַטונגען אין ייִדיש 1900–1940

יאָר	אַלע צײַטונגען: צאָל	אַלע צײַטונגען: טיראַזש	ניו־יאָרקער צײַטונגען: צאָל	ניו־יאָרקער צײַטונגען: טיראַזש	אַנדערע שטעט: צאָל	אַנדערע שטעט: טיראַזש	פּראָצענט פֿון פֿריערדיקן יאָר: אַלע צײַטונגען	פּראָצענט פֿון פֿריערדיקן יאָר: ניו־יאָרקער צײַטונגען	פּראָצענט פֿון פֿריערדיקן יאָר: אַנדערע שטעט
1900	3	66,252	2	59,502	1	6,750	—	—	—
1901	3	72,850	2	66,100	1	6,750	110.0	111.1	100.0
1902	3	68,147	2	61,397	1	6,750	93.5	92.9	100.0
1903	4	98,007	3	91,257	1	6,750	143.8	148.6	100.0
1904	4	119,398	3	109,898	1	9,500	121.8	120.4	140.7
1905	4	190,732	3	178,822	1	11,910	159.7	162.7	125.4
1906	4	166,611	3	154,701	1	11,910	87.3	86.6	100.0
1907	5	222,970	4	208,016	1	14,954	133.8	134.5	125.6
1908	5	264,121	4	249,167	1	14,954	118.5	119.8	100.0
1909	5	260,999	4	248,499	1	12,500	98.8	99.8	83.6
1910	5	269,362	4	258,362	1	11,000	103.2	104.0	88.0
1911	5	364,256	4	339,256	1	25,000	135.2	131.3	227.3
1912	5	385,123	4	360,123	1	25,000	105.7	106.2	100.0
1913	6	420,989	4	375,666	2	45,323	109.3	104.3	181.3
1914	7	499,165	5	450,418	2	48,747	118.6	119.9	107.6
1915	10	605,705	6	536,752	4	68,953	121.3	119.2	141.5
1916	11	645,719	6	542,795	5	102,924	106.6	101.1	149.3
1917	10	510,597	5	389,517	5	121,080	79.1	71.8	117.6
1918	11	508,996	5	383,583	6	125,413	99.7	98.5	103.6
1919	11	507,576	4	356,262	7	151,314	99.7	92.9	120.6
1920	11	523,254	4	360,918	7	162,336	103.1	101.3	107.3
1921	12	555,076	5	384,394	7	170,682	106.1	106.5	105.1
1922	10	508,840	4	338,683	6	170,157	91.7	88.1	99.7
1923	11	581,476	5	407,116	6	174,360	114.3	120.2	97.5
1924	11	579,978	5	413,305	6	166,673	99.7	101.5	95.6
1925	11	585,978	5	406,449	6	179,529	101.0	98.3	107.7
1926	11	585,112	5	405,559	6	179,553	99.9	99.8	100.0
1927	10	598,347	5	417,931	5	180,416	102.3	96.9	99.5
1928	11	569,679	4	382,146	7	187,533	95.2	91.4	96.1
1929	10	565,445	4	382,775	6	182,670	99.3	100.2	97.4
1930	10	562,382	4	381,352	6	181,030	99.5	99.6	99.1
1931	10	558,119	4	381,382	6	176,737	99.2	100.0	97.6
1932	10	528,157	4	357,080	6	171,077	94.6	93.6	96.8
1933	10	496,483	4	330,138	6	166,345	94.0	92.5	97.0
1934	10	486,385	4	323,673	6	162,712	98.0	98.0	97.8
1935	10	486,881	4	325,155	6	161,726	100.1	99.5	99.4
1936	9	455,107	4	323,073	5	132,034	93.5	99.4	81.6
1937	9	447,662	4	316,811	5	130,851	98.4	98.1	99.1
1938	9	436,497	4	305,881	5	130,616	97.5	96.5	99.8
1939	9	433,123	4	301,630	5	131,493	99.2	98.6	99.3
1940	9	403,235	4	273,980	5	129,255	93.1	90.8	98.3

קאַפּיטל זעכצן

נאָך צוויי ווערבאַלע צוגאָבן

אָפּ

אָפּבינדן – to untie
אָפּבריִען (זיך) – to scald (oneself)
אָפּברענגען – to bring back, to return
אָפּגילטן [+דאַטיוו] – to bring success/good fortune [to]
אָפּגעבן – to give away, to give back, to deliver
אָפּגעבן זיך מיט – to devote oneself to
אָפּזאָגן – to dismiss, to fire, to decline
אָפּזאָגן זיך (פֿון) – to refuse
אָפּטאָן – to finish doing
אָפּטרייסלען זיך פֿון – to wash one's hands of
אָפּלאָזן – to let go, to abandon
אָפּלייגן – to put off
אָפּנאַרן – to delude, to trick
אָפּענטפֿערן – to retort
אָפּעסן – to finish eating
אָפּפֿאַסטן – to break a fast, to finish fasting
אָפּצאָלן – to pay back
אָפּקאָכן – to cook to completion, to "cook up"
אָפּקערן – to deflect (trans.)
אָפּקערן זיך – to turn aside/away (intrans.)
אָפּרופֿן – to respond, to call off, to cancel
אָפּרופֿן זיך אויף – to respond to, to react to
אָפּרײַסן – to remove forcibly, to tear off
אָפּרעדן (אויף) – to agree (on)
אָפּרעדן זיך מיט – to arrange with
אָפּרעדן פֿון – to dissuade from
אָפּרעכענען – to deduct
אָפּרעכענען זיך (מיט) – to get even (with)
אָפּשאַפֿן – to dismiss, to abolish, to repeal
אָפּשטעלן זיך – to stop (to pause)
אָפּשמועסן (אויף) – to agree (on)

אַראָפּ

אַראָפּברענגען – to bring down, to bring from afar
אַראָפּגיין – to go down
אַראָפּדרייען דעם קאָפּ – to kill, to wring someone's neck
אַראָפּוואַרפֿן – to throw down, to overthrow
אַראָפּכאַפּן – to take off quickly (e.g., a hat)
אַראָפּלאָזן – to let down, to lower
אַראָפּלאָזן זיך – to stoop, to deign, to descend
אַראָפּנעמען – to take down (from), to remove
אַראָפּציִען – to pull down
אַראָפּקוקן (אויף) – to look down (on)
אַראָפּרופֿן – to call down
אַראָפּרײַסן – to tear down
אַראָפּרעדן זיך פֿון האַרצן – to unburden one's heart
אַראָפּרעכענען – to deduct, to subtract
אַראָפּשלעפּן – to drag down

◆ צווישן די אָפּטסטע באַטײַטן פֿון אָפּ זײַנען: אין גאַנצן, ביזן סוף; אויפֿהערן עפּעס צו טאָן; אַוועק, אַרויס, צוריק, אַראָפּ; און דער זעלבער באַטײַט ווי בײַם ווערב אָן דעם צוגאָב אָבער פֿאַרשטאַרקט, עמפֿאַטישער.

◆ אַפּ־ (ווי אַלע צוגאָבן) שאַפֿט פּערפֿעקטיווע פֿאָרמעס:

נאַרן – to fool, to deceive (imperfective; general; rare)
אָפּנאַרן – to fool, to deceive (perfective; to fool someone specific in a specific instance; the action is/will be/was completed)
דרוקן – to print (general)
אָפּדרוקן – to print (something specific in a specific instance; the action is/will be/was completed)

קוקט זיך צו:

לאַכן איז געזונט; דאָקטוירים הייסן לאַכן. [אָבער]
הײַנט האָט זי אונדז ליב, אָבער נעכטן האָט זי פֿון אונדז אָפּגעלאַכט.

צום שמועסן 128

באַטראַכט די ווײַטערדיקע ווערטלעך:

אָפּרײַסן פֿון גבֿיר און אָפּגעבן דעם קבצן איז אויך גזלה.
אַז מע בריט זיך אָפּ מיטן הייסן, בלאָזט מען אויפֿן קאַלטן.
(אָדער: ווער עס האָט זיך אָפּגעבריט מיט הייסע פֿאַרפֿל, בלאָזט שוין אויך אויף קאַלטע פֿאַרפֿל)
אָפּנאַרן איז קיין קונץ נישט (ובפֿרט אַ נאַר).
אָפּנאַרן קען מען נאָר איין מאָל.
לייג ניט אָפּ אויף מאָרגן, וואָס דו קענסט הײַנט באַזאָרגן.
אָפּגעטאָן איז אָפּגעטאָן.
אַז גאָט וויל, קען אַ משוגעת אויך אָפּגילטן.

◆ דער קאָנטעקסט אין וועלכן מע ניצט אַ שפּריכוואָרט שאַפֿט – ביז אַ געוויסער מאָס (ד״ה, צום טייל) – זײַן טײַטש. אַ מאָל גיט אַן איראָנישער טאָן אַ ווערטל גאָר אַן אַנדער באַטײַט; אַ מאָל באַווײַזט דער קאָנטעקסט אַליין דעם איראָנישן באַטײַט. געווײנטלעך ניצט מען אַ ווערטל כּדי צו האָבן אַ געוויסן עפֿעקט, אַ געוויסן פּועל־יוצא אָדער רעזולטאַט. אַ מאָל ניצט מען ניט אַ פֿיל־ווייניק פּאַסיק ווערטל כּדי אויסצומײַדן אַ געוויסן רעזולטאַט (למשל, אויב עס וואָלט אויסגעדאַכט ביטולדיק, אויב עס וואָלט געווען אַ באַליידיקונג).

באַשרײַבט:

א. אַ סיטואַציע אין וועלכער עס וואָלט נישט געווען כּדאַי צו ניצן איינס פֿון די ווערטלעך אויבן, כאָטש עס וואָלט געווען פֿיל־ווייניק צוגעפּאַסט.

ב. אַ סיטואַציע אין וועלכער איינס פֿון די ווערטלעך וואָלט געהאַט אַן איראָנישן עפֿעקט.

ג. ווי אַזוי אַן איראָנישער טאָן וואָלט געענדערט איינס פֿון די ווערטלעך.

באַזאָרגן – דאָ: to attend to
די באַליידיקונג – insult
ביז אַ געוויסער מאָס – to a degree
ביטולדיק – contemptuous
דער גבֿיר [GVIR] – wealthy man
די גזלה [GZE'YLE] – robbery
ובפֿרט [UBEFRA'T] – and particularly
כּדאַי [KEDA'Y] – worthwhile
כּדי [KEDE'Y] – so as to
דער משוגעת [MEShUGA'S] – insanity, madness; caprice
צום טייל – partially
דער קבצן [KA'PTsN] – poor man

ווען נאָר, ווו נאָר, וואָס נאָר, ווי נאָר

ווען נאָר / ווען עס זאָל ניט זײַן } whenever, anytime

ווען נאָר איר וועט מיר אָפּצאָלן, וועט (עס) זײַן גוט. [דער עס איז ברירהדיק.]
ווען נאָר איר זאָלט מיר (ניט) אָפּצאָלן, וועט (עס) זײַן גוט. [דער ניט איז ברירהדיק.]
איר קענט מיר אָפּצאָלן ווען עס זאָל ניט זײַן.

ברירהדיק [BRE'YREDIK] – optional

ווו נאָר / ווו עס זאָל ניט זײַן } wherever, anywhere

ווו נאָר איר ווילט זיך טרעפֿן, וועט (עס) מיר זײַן נישקשה.
ווו נאָר מיר זאָלן זיך (ניט) טרעפֿן, וועט (עס) מיר זײַן נישקשה.
מיר קענען זיך טרעפֿן ווו עס זאָל ניט זײַן.

וואָס נאָר / וואָס עס זאָל ניט זײַן } whatever, anything

וואָס נאָר ער וועט אָפּקאָכן, וועט (עס) זײַן אַ קאַטאַסטראָפֿע.
וואָס נאָר ער זאָל (ניט) אָפּקאָכן, וועט (עס) זײַן אַ קאַטאַסטראָפֿע.
עס וועט זײַן אַ קאַטאַסטראָפֿע, וואָס עס זאָל ניט זײַן.

ווי נאָר / ווי עס זאָל ניט זײַן } however, anyway

ווי נאָר מע ענטפֿערט אָפּ, וועט (עס) אים ניט צופֿרידנשטעלן.
ווי נאָר מע זאָל אים (ניט) אָפּענטפֿערן, וועט (עס) אים ניט צופֿרידנשטעלן.
עס וועט אים ניט צופֿרידנשטעלן, ווי עס זאָל ניט זײַן.

צופֿרידנשטעלן – to satisfy

צום שמועסן 129

ניצנדיק די אויבן געגעבענע פֿראַזעס וועגן צײַט, אָרט, אופֿן, און תּוך, דריקט אויס בקיצור אײַער מיינונג וועגן אָפּנאַרן מענטשן, אַראָפּוואַרפֿן רעגירונגען, אָפּלאָזן אידעאַלן אָדער חלומות, אָפּרופֿן זיך אויף נאַרישקייטן, און זיך אָפּקערן פֿון פּרינציפּן.

ווי הייבט מען אָן אַרויסזאָגן אַ מיינונג?

– הערט! איך וויל אײַך עפּעס זאָגן וועגן...
– הערט זיך צו! עס דאַכט זיך מיר אַז...
– ווייסט וואָס? (ד״ה: ווייסטו וואָס?) אַ מאָל ווערט עס...
– ווייסט איר וואָס?
– הערט זיך אײַן! אַלע ווייסן אַז...

זאָל דער צווייטער צום שמועס זיך אָפּרופֿן אויף דער מיינונג פֿונעם ערשטן מיט פֿראַגעס וועגן יוצאים־מן־הכּלל, ד״ה, וועגן אויסנעמען. צי וואָלט דער ערשטער (דער וואָס האָט צו ערשט אַרויסגעזאָגט זײַן מיינונג) אין דווקא יעדן פֿאַל געמיינט אַזוי?

אויסנעמען (דער אויסנעם) – exceptions
בקיצור [BEKITsER] – in brief
רעגירונגען (די רעגירונג) – governments
דער תּוך [TOKh] – substance

צום שמועסן 130

שמועסט זיך אָפּ מיט אימעצן אין קלאַס צו טרעפֿן זיך אין אָוונט.

איינער פֿון אײַך זאָל װעלן אַז אַלצדינג זאָל זײַן זייער קלאָר: װוּ מע טרעפֿט זיך, אויף װעלכן ראָג פֿון װעלכע גאַסן (דעם דרום־מיזרחדיקן? דעם צפֿון־מערבֿדיקן?), װען גענוי מע װעט זיך טרעפֿן, און װי אָנגעטאָן (אויסגעפּוצט אין עסיק און אין האָניק [ד״ה, גאָר געצאַצקעט, אָנגעטאָן אין די שענסטע, בעסטע קליידער], צי אין טאָג־טעגלעכן אָנטאָן, צי – אויב קליידער זײַנען אײַך אַבסאָלוט נישט װיכטיק – „אָפּגעריסן און אָפּגעשליסן" [ד״ה, גאָר אין שמאַטעס, אין שמאַטעװאַטע מלבושים, אין אָפּגעריסענע בגדים]). דעם צװייטן זאָל עס זײַן אַלץ איינס. ער אָדער זי איז גלײַכגילטיק. עס גייט אים / איר ניט אין לעבן, עס גייט אים/זי נישט אָן.

אַלץ איינס – all the same, not important
אָנטאָן – to dress
בגדים [BEGO'DIM] (דער בגד [BE'GED]) – clothes, garments
גלײַכגילטיק – indifferent
געצאַצקעט – fancy
זאָל װעלן – should want
מלבושים [MALBU'ShIM] (דער מלבוש [MA'LBESh]) – garments
דער ראָג – corner

זאָלן די רייד גיין אַזױ:

A. Where do you want to meet?
B. Wherever.
A. Let's meet on the corner of _______.
B. Anywhere!
A. But I need/want/must/like to _______.

ציט אויס דעם שמועס ביז יעדער פּרט איז אַבסאָלוט באַשטימט.

און אויב איר האָט כּוח, רעדט זיך אַדורך נאָכן אָפּשמועסן זיך װעגן פֿאַר װאָס עס איז איינעם פֿון אײַך אַזױ װיכטיק אַז אַלע פּרטים זאָלן זײַן אַזױ קלאָר, בעת דעם צװייטן גייט עס ניט אין לעבן.

נאָכן שמועס, רעדט זיך אַדורך מיט אַ צװייטן. דערציילט װעגן אײַער פּרװו זיך אָפּצושמועסן מיט אַזאַ שװערן פּאַסאַזשיר, מיט אַזאַ עקשן, װאָס עס קומט אָן אַזױ שװער אויסצוקומען מיט אים/איר.

דער שװערער פּאַסאַזשיר – difficult person

צום שרײַבן

1. שרײַבט אימעצן אין קלאַס אַן אָנזאָג (אַ קורץ בריװעלע) אין װעלכן איר פּרוּװט זיך אָפּרעדן מיט אים/איר װעגן עפּעס. אפֿשר װילט איר זיך טרעפֿן אָדער אפֿשר װילט איר נאָר פּועלן בײַ אים/איר װעגן אַ געװיסער זאַך. אויב מעגלעך, זאָל איינער פֿון די װערבן מיט אָפּ זײַן אַ טייל פֿונעם בריװ. גיט אָפּ דעם בריװ.

2. רופֿט זיך אָפּ (בכּתבֿ) אויפֿן בריװ װאָס איר האָט באַקומען. דער ענטפֿער דאַרף נישט זײַן קיין לאַנגער. זאָגט זיך אָפּ פֿון דעם װאָס מע בעט בײַ אײַך – אָבער זײַט פֿאָרזיכטיק אַז דאָס אָפּזאָגן זיך זאָל נישט װערן אַ באַליידיקונג.

צום שמועסן 131

אַ פֿרײַנד אײַערער קען זיך נישט אַרויסדרייען פֿון אַן אומבאַקוועמער, נישט־געזונטער, נעגאַטיווער פֿרײַנדשאַפֿט מיט אימעצן. איר ווילט אַז ער/זי זאָל זיך אַ ביסל אויסהיטן, אַ ביסל זיך באַוואָרענען. אַרבעט אין צווייען. זאָל איינער עצהן דעם צווייטן אויף וואָס די וועלט שטייט, איין עצה נאָך אַ צווייטער. שפּאַרט זיך אײַן.

אויסהיטן זיך – to protect oneself
אויף וואָס די וועלט שטייט – with everything you've got
אײַנשפּאַרן זיך – to be stubborn
באַוואָרענען זיך – to protect oneself

און טאַקע וואָס עצהט מען?

מע זאָל אָפּבינדן אַלע באַציִונגען,
אָפּרײַסן קאָנטאַקט,
זיך אָפּקערן איינער פֿון צווייטן,
אָפּגעבן אַלע מתּנות,
אָפּצאָלן אַלע חובֿות (debts [KhO'YVES]),
זיך אָפּטרייסלען פֿון רחמנות, פֿון מיטגעפֿיל (sympathy) און אַנדערע ברייטהאַרציקע געפֿילן,
אָפּזאָגן אַלע בקשות (requests [BAKO'ShES]),
אָפּלאָזן דעם צובונד (attachment) און דעם צוצי (attraction).

זאָל דער צווייטער (די צווייטע) צום שמועס (נעבעך) פֿרעגן קלאָץ־קשיות בײַ יעדער עצה:

ווי? (ווי אַזוי?) ווען? וווּ?

און זאָל דער ערשטער אָפּענטפֿערן אַז עס מאַכט נישט אויס:

ווען / וווּ / ווי נאָר דו קענסט
ווי נאָר דו זאָלסט נישט קענען
ווי נאָר עס זאָל נישט זײַן!

צום שרײַבן

שרײַבט אַ בריוועלע צו אימעצן אין קלאַס וועגן דעם שמועס וואָס איר האָט געהאַלטן. באַשרײַבט אַלע פּרטים – וואָס איר האָט געטענהט, ווי מע האָט אָפּגעענטפֿערט; ווי אײַער מיטשמועסער האָט אײַך געפּרוּווט אָפּקערן פֿון אײַערע באַציִונגען און ווי איר האָט זיך אײַנגעשפּאַרט.

גענִיטונג 57

דערגאַנצט די זאַצן (געדענקט די פֿראַזעס ווען נאָר, ווען נאָר עס זאָל נישט זײַן, אאַז״וו)

ער טראָגט זײַנע ברילן ______ ער גייט.

______ זי קאָכט אָפּ, האָב איך עס ליב.

______ ער טוט וועט טויגן אויף כּפּרות. (טויגן אויף כּפּרות [KAPO'RES] – to be good for nothing)

______ זי טוט וועט זײַן אויף קאַטאָוועס (in fun, for a joke).

איר קענט עס נעמען ______.

איר קענט זיך אַרײַנכאַפּן (drop in on) צו אונדז ______.

______ מע גיט, וועט עס קלעקן – אויב עס קומט פֿון האַרצן.

______ ער האָט זיי אָפּגענאַרט, האָבן זיי אים אין גיכן כּשר באַצאָלט* (paid him back appropriately).

*געוויינטלעך ווען מע זאָגט אַז אימעצער ווערט „כּשר באַצאָלט" האָט דער אויסדרוק אַ פּאָזיטיוון טעם. דאָ, אָבער, האָט די פֿראַזע אַן איראָנישן טעם.

דער סופֿיקס ־ן (־ען) בײַ אַדיעקטיוון

1. דאָס קלייד איז פֿון זײַד, איז עס אַ זײַדן קלייד.
2. דער גאַרניטער איז פֿון וואָל, איז עס אַ וואָלענער גאַרניטער.
3. דער כּוס איז פֿון זילבער, איז עס אַ זילבערנער כּוס.
4. דאָס דריידל איז פֿון בלײַ, איז עס אַ בלײַען דריידל.

◆ מיטן סופֿיקס ־ן (־ען) שאַפֿט מען אַדיעקטיוון פֿון נעמען פֿון שטאָפֿן.
דער סופֿיקס ־ן (־ען) האָט דעם באַטײַט: ׳געמאַכט פֿון׳... למשל:
ציצן – געמאַכט פֿון ציץ, גאָלדן – געמאַכט פֿון גאָלד, הילצערן – געמאַכט פֿון האָלץ

שאַפֿט אַדיעקטיוון מיטן סופֿיקס ־ן (אָדער ־ען).

1. **אַטלעס** (satin)	6. **באַטיסט**	11. **קופּער**
2. **ציץ** (calico)	7. **וואָל**	12. **מעש** (brass)
3. **לעדער**	8. **לײַוונט** (linen)	13. **פּאָרצעלײַ**
4. **פֿוטער** (fur)	9. **פֿלאַנעל**	14. **ליים** (clay)
5. **סאַרזשע** (serge)	10. **באַוול** (cotton)	15. **סאַמעט** (velvet)

שטאָפֿן (די שטאָף) – materials

צום שמועסן 132

פֿרעגט אימעצן ווי עס האָט אויסגעזען אין וווינצימער אָדער אין קיך בײַ אים/איר אין דער היים אין די יונגע יאָרן. וואָס איז דאָרטן געווען? וואַרט ניט ביז מע זאָל אַלצדינג דערציילן, נאָר פֿאַלט אים/איר אַרײַן אין די רייד (ד״ה, האָט ניט קיין געדולד) מיט אײַערע פֿראַגעס:

צי איז געווען אַ ______ צי אַ ______? ניצט אַדיעקטיוון – פֿאַרגעסט ניט אַז אַלץ איז געמאַכט פֿון עפּעס!

אין וווינצימער קען זײַן אַ לעדערנע פֿאָטערשטול (די, easy chair), אַ וואָלענער טעפּעך (דער, carpet), אַ סאָפֿע, אַ זעסל (דאָס, stool), אַ טיש (דער), גאַרדינען (drapes), געמעלן (דאָס, paintings), בעטגעוואַנט (דאָס, bedding – אויב מע שלאָפֿט אין זעלבן צימער), טשעכאָלן (דער, slipcovers), קישנס (דער, pillows), דער דיל (פֿאַרשטייט זיך).

פֿאַרשטייט זיך – obviously

אין קיך קען זײַן אַן אויוון אָדער אַן אייוועלע, דער אָפּגאָס (sink), קאַכלעס (tiles), דאָס שטייסל אָדער דער מערזשער (mortar and pestle), טעפּ (דער טאָפּ), אַ קאָכלעפֿל[1] (דער), די סקאָווראָדע אָדער פּאַטעלניע (frying pan), דער טשײַניק (צו פֿאַרבריִען [to brew] טיי), די שיסל, דאָס פֿעפֿער־מעסטל אָדער די פֿעפֿערניצע אָדער דאָס זאַלצמעסטל (salt and pepper shakers), די צוקערניצע אָדער די צוקער־פּושקע, סלויעס (דער סלוי, jar), דער האַקמעסער און דאָס האַקברעטל, דאָס לאָקשנברעטל, דאָס וואַלגערהאָלץ, דער טײלעפֿל, דער פּראָפּן־ציִער (corkscrew), די טעלערס, די מאיר־בעל־הנס־פּושקע (אויף צדקה), אַ זאַלצברעטל אָדער אַ ווייקטאָפּ צי אַ ווייקשאַף (אויף כּשר מאַכן פֿלייש). און, פֿאַרשטייט זיך, נאָך אַ סך.

און אויב מע דערמאָנט עפּעס אָן קיין שום אַדיעקטיוו, זאָל דער צווייטער צום שמועס פֿרעגן:

– צי איז עס געווען אַ הילצערנער? (אַ ליימענער? אַ קופּערנער?)

---

[1] דאָס וואָרט קאָכלעפֿל קען אויך באַטײַטן אַ מענטש וואָס מישט זיך אַרײַן בײַ אַנדערע ווען עס איז לחלוטין נישט זײַן עסק.

◘ דער סופֿיקס ־וואַרג בײַ סובסטאַנטיוון

אַלטע זאַכן אין איינעם הייסט אַלטוואַרג; אַלטע מענטשן אין איינעם קענען אויך הייסן אַלטוואַרג. (דאָס לעצטע האָט אַ פּעיאָראַטיוון טעם.) וואָס הייסט יונגוואַרג? וואָס פֿאַר אַ באַטײַט גיט צו דער סופֿיקס ־וואַרג?

together, taken as one – **אין איינעם**

1. אַלע יונגע אין איינעם הייסן ________.
2. אַלע קליינע אין איינעם הייסן ________.
3. אַלץ וואָס איז גרין הייסט אין איינעם ________.
4. אַלץ וואָס איז רוי הייסט אין איינעם ________.
5. כּלערליי זאַכן געשאַפֿן פֿון פֿוטער הייסן אין איינעם ________.
6. אַלץ וואָס מע קען עסן אין איינעם הייסט ________.
7. אַלץ וואָס מע שאַפֿט פֿון אײַזן הייסט ________.

◆ אין דער כּלל־שפּראַך זײַנען אַלע סובסטאַנטיוון מיטן סופֿיקס ־וואַרג פֿון דריטן מין: דאָס רויוואַרג, דאָס יונגוואַרג.

צום שמועסן 133

הלוואַי וואָלט דאָס עסנוואַרג געוואַקסן בײַ מיר דורכן גאַנצן יאָר.
הלוואַי וואָלט איך געהאַט פֿריש גרינוואַרג דאָס גאַנצע יאָר.

בעט מיינונגען און גיט מיינונגען. פֿרעגט וועגן:

פֿוטערנע קליידער
הײַנטיקן יונגוואַרג
וועגעטאַרישן עסנוואַרג
ווינען אינעם זעלבן הויז מיט קליינוואַרג
נישט קענען אַרויסוואַרפֿן (פּטור ווערן פֿון) אַלטוואַרג (ד״ה, אַלטע זאַכן)
מענטשן וואָס זײַנען ניט פֿאַרזיכטיק מיט אײַער גלאָזוואַרג

רעדט ניט אַלע מאָל מיטן זעלבן מענטשן: זאָל יעדעס שמועסל זײַן מיט אימעצן אַנדערש אין קלאַס. מע קען זיך אויך אונטערהערן ווי מע שמועסט בײַ אַנדערע. הערט זיך אונטער ווי אַנדערע שמועסן און פֿאַרשרײַבט וואָס איר הערט. שפּעטער, דערציילט וועגן אַ שמועס וואָס איר האָט געהערט, ניצנדיק אײַערע נאָטיצן:

—ער זאָגט אַז ער פֿאַרלאַנגט ________
—ער דריקט אויס דעם פֿאַרלאַנג אַז ________
—זי זאָגט אַז עס וואָלט געווען גוט ווען ________
—זי זאָגט אַז בילכער וואָלט געווען ווען ________

preferable – **בילכער**
to get rid of – **פּטור** [PO'TER] **ווערן פֿון**
request, desire – **דער פֿאַרלאַנג**
to request, to desire – **פֿאַרלאַנגען**

◘ צונויפֿהעפֿטן וואָס זײַנען סובסטאַנטיוון און צונויפֿהעפֿטן וואָס זײַנען אַדיעקטיוון

וואָס פֿאַר אַ וואָרט איז רושטול?

אַרבעט זאַלבע צווייט (ד״ה, אין צווייען, אין פּאָרן). באַטראַכט די ווײַטערדיקע צונויפֿהעפֿטן:

עסצימער, וווינצימער, באָדצימער, שטודיר־צימער, אַרבעט־צימער, אויפֿנעם־צימער, שלאָפֿצימער, ווײַנגאָרטן, ווײַסער־חבֿרהניק, זויג־חיה, זויגקינד, פֿאָלקס־מעשׂה, ציגן־בערדל.

צי קענט איר כאַפּן און דערקלערן דעם באַטײַט פֿון וואָרט צונויפֿהעפֿט? טוט אַ קוק אונטן אויפֿן וואָקאַבולאַר־קעסטל.

◆ מערקט זיך: ווען דער צונויפֿהעפֿט האָט ניט מער פֿון דרײַ טראַפֿן, שרײַבט מען אים אָן אַ מקף. ווען דער צונויפֿהעפֿט האָט מער ווי דרײַ טראַפֿן, אָדער כאָטש איין טייל איז פֿון לשון־קודש, פֿאַרבינדט מען די טיילן מיט אַ מקף. מערקט אויך אַז דער הויפּטאַקצענט קומט אַלע מאָל אויפֿן ערשטן עלעמענט פֿונעם צונויפֿהעפֿט.

באַהעפֿטן – to hyphenate, to join
דער ווײַסער־חבֿרהניק [KhE'VRE] – rogue, scamp, urchin
די זויג־חיה [KhA'YE] – mammal
דאָס זויגקינד – infant
דער טראַף – זילב, syllable
כאָטש – דאָ: לכל־הפּחות
דער מקף [MA'KEF] – hyphen
צונויף – together
דאָס ציגן־בערדל – goatee

דערקלערט דעם באַטײַט פֿון די ווײַטערדיקע צונויפֿהעפֿטן:

שינדלדאַך	ביכער־אַלמער	שטייל־לאָמפּ	שרײַבטיש
ציגלדאַך	געפֿעס־אַלמער	הענגלאָמפּ	עסטיש
שטרוידאַך	קליידער־אַלמער	טישלאָמפּ	קאָרטנטיש
(דער דאַך)	(דער אַלמער)	(דער לאָמפּ)	(דער טיש)
וויגשטול	קליידערבאַרשט		
רושטול	שיכבאַרשט		
פֿאָטערשטול	האָרבאַרשט		
(די שטול)	(די באַרשט)		
קעלערשטוב	פֿענצטערראַם	מיזרח־וואַנט	בריווקעסטל
קעלערדיל	פֿענצטערוואַנט	בית־מדרש־באַנק	בריוופּאַפּיר
קעלער־ווינקל	פֿענצטערגלאָז	בית־מדרש־טיש	בריוון־טרעגער
שאַכברעטל	פּאַפּיר־מעסער		
שאַכטישל	פּאַפּיר־פֿאַבריק		
שאַכפֿיגור	פּאַקפּאַפּיר		

דער אַלמער – cabinet, closet
די באַרשט – brush
דער דאַך – roof
דער ציגל – brick
די שינדל – shingle

גענִיטונג 58

מע קען שאַפֿן כּלערלײ סובסטאַנטיוון פֿון צונױפֿהעפֿטן:

1. אַן אַלמער פֿאַר ביכער איז אַ ביכער־אַלמער.
2. אַן אַלמער פֿאַר קלײדער איז אַ ________.
3. אַ בערשטל צו פּוצן די צײן איז אַ ________.
4. אַ טעצל פֿאַר אַש איז אַן ________.
5. אַ זײגער װאָס הענגט אױף דער װאַנט איז אַ ________.
6. אַ זײגער װאָס מע טראָגט אױף דער האַנט איז אַ ________. (אָדער סתּם אַ זײגערל)
7. אַ ראַם פֿאַר אַ בילד איז אַ ________.
8. אַ טוך צו װאַשן געפּעס איז אַ ________.
9. אַ בענקעלע פֿאַר די פֿיס איז אַ ________. (ניצט די אײנצאָל פֿון פֿיס)
10. אַ לאָמפּ אױף חנוכּה איז אַ ________.
11. געלט װאָס מע קריגט לכּבֿוד חנוכּה איז ________.
12. אַ בחור װאָס קען שױן װערן אַ חתן איז אַ ________.

מע קען אױך שאַפֿן אַדיעקטיװן פֿון צונױפֿהעפֿטן:

1. עמעצער מיט רױטע האָר איז רױטהאָריק.
2. עמעצער מיט בלאָע אױגן איז ________. (נאָכן ן אָדער ם [פֿאַרן ־יק] דאַרף מען צושטעלן אַ ד)
3. עמעצער מיט אַ בלאַסן פּנים איז ________.
4. עפּעס פֿון פֿאַרשײדענע פֿאַרבן איז ________.
5. עמעצער מיט אַ װײך האַרץ איז ________.
6. עמעצער מיט ברױנע הױט איז ________.
7. עמעצער מיט גרױסע הענט איז ________. (ניצט די אײנצאָל פֿון הענט.)

◆ פֿאַרבינדונגען פֿון אַן אַדװערב מיט אַן אַדיעקטיװ שרײַבט מען אין גאַנצן באַזונדער.

דאָס װאָס מע האָט דערמאָנט אױבן איז דאָס ________.

מע קען רעדן װעגן אַן אַזױ גערופֿענעם העלד, האַלב געענדיקטער אַרבעט, משונה װילדע געדאַנקען, גװאַלדיק שװערע פֿראַגעס, און אױסערגעװײנטלעך אָפּטימיסטישע האָפֿענונגען.

אַזױ גערופֿן – so-called
באַזונדער – separately
די פֿאַרבינדונג (ען) – דאָ: compound

צום שמועסן 134

אַרבעט אין צווייען. זאָל איינער צום שמועס באַשרײַבן אַן אידעאַלן צימער.

ווי וועט ער אויסזען?
וואָס וועט דאָרטן זײַן?
וואָס וועט ער האָבן דערינען?

זאָל דער צווייטער צום שמועס זיך אָפּרופֿן מיט פֿראַגעס וועגן קאָלירן און שטאָפֿן (אַ מעשענעם הענגלאָמפּ?), אַזוי ווי ער מיינט אַז איר האָט עס נישט געמאַכט מיט געשמאַק. רייצט זיך מיט אײַער מיטשמועסער, אַזוי ווי יעדן אײַנפֿאַל בײַ אים זעט אויס אָדער טשיקאַווע אָדער אַפֿילו לעכערלעך צו אײַך. מע דאַרף כּמעט נאָר איבערחזרן: (בלאָ בעטגעוואַנט?). זאָל דער וואָס באַשרײַבט דעם אידעאַלן צימער אָדער זיך פֿאַרטיידיקן (בלאָ בעטגעוואַנט! איך האָב ליב בלאָ. וואָס איז אײַך די גדולה?) אָדער מאָנען אַלטערנאַטיוון (גוט! איז וואָס איז אײַך בילכער? איז וואָס וואָלט איר געטאָן?) לאָזט זיך ווילגיין. זאָל דער צימער האָבן לכל־הפּחות צען זאַכן דערינען.

דער אײַנפֿאַל – idea
מיט געשמאַק – tastefully
דערינען – דאָ: in it
טשיקאַווע – odd, curious
לעכערלעך – ridiculous
פֿאַרטיידיקן זיך – to defend oneself
רייצן זיך מיט – to tease

צום שמועסן 135

צוזאָגן און ליב האָבן קאָסטן ניט קיין געלט

דערציילט ווי איר האָט אַ מאָל אימעצן עפּעס צוגעזאָגט, און ווי איר האָט נישט געקענט האַלטן וואָרט. איר האָט געבראָכן דאָס וואָרט. אײַער מעשׂה קען זײַן, פֿאַרשטייט זיך, אַן אויסגעטראַכטע.

–וואָס איז געווען די סיטואַציע?
–ווי אַלט זײַט איר געווען?
–וווּ איז דאָס געווען?
–פֿאַר וואָס האָט איר נישט געקענט האַלטן וואָרט?

זאָל דער וואָס הערט זיך צו שטעלן פֿראַגעס וועגן

...וואָס איר האָט אין זינען געהאַט.
...וואָס איר האָט געמיינט וועט זיך טרעפֿן.
...ווי איר האָט זיך געפֿילט.
...וואָס אײַערע ברירות זײַנען געווען.
...ווי דאָס צוריקציִען זיך, דאָס נישט האַלטן וואָרט, האָט געווירקט אויף אײַערע באַציִונגען מיטן צווייטן מענטשן. ווי האָט ער/זי זיך באַצויגן צו אײַך נאָך דעם?
...צי איר האָט איצט חרטה?

חרטה [KhARO'TE] האָבן – to regret
נאָך דעם – afterwards
צוזאָגן – to promise
צוריקציִען זיך – to go back on one's word

ניצלעכע ווערטער:

געטרויען זיך – to trust
זיך פֿאַרלאָזן אויף – to depend on
דער צוטרוי – trust

אַ צימער

פֿון יוסף ראָלניק

איך וויל אײַך דערציילן ווי מײַן חדר זעט אויס:
עס איז לאַנג און איז ברייט ווי אַ שטוב די גרייס.
בײַ דער רעכטער וואַנט אַ לאַנגער ברוינער אַלמער מיט ביכער,
אין ווינקל דערבײַ אַ רושטול, צו זיצן אין אים טיף און זיכער.
אַנטקעגן מיר אַ נידעריק בעט, פֿאַרבעט איצט מיט אַ רויטן געוואַנט
און זומער מיט אַ טוך אַ העל גראָען, אַזוי ווי די וואַנט.
און צווישן בעט און צווישן וואַנט וואָס צו דער לינקער זײַט
שטייט אַ גרויסער ראַדיאַטאָר, איצט ערשט זילבערדיק באַנײַט.
אין דער לינקער וואַנט אַ פֿענצטער פֿירעקעכדיק און גרויס –
מיטאָגצײַט קומט דורך אים די זון, פֿאַר נאַכט גייט זי אַרויס.
און באַלד ווי מע טרעט אַריבער די שוועל, הינטער דער גלעזערנער טיר,
שטייט אַ קליינער, אַן אַלטער ווײַנפֿאַרביקער שיפֿאָניר.
און אויף דער צווייטער זײַט אַ ברייטער טיש פֿון רויע ברעטער
און אַ וואַזאָנע וואַרעמט אין דער זון די בלעטער.
און לאָמפּן, לאָמפּן אומעטום: אין דער סטעליע און אין די ווענט
אײַנגעבויט, און אויפֿן טיש אַלע אָוונט אַ וואַזעלאָמפּ ברענט,
און אויפֿן דיל אַ לאָמפּ, און אויפֿן אַלמער לײַכטער צוויי
(אַ מאָל פֿלעגן שטעקן בלויע געשלענגלטע ליכט אין זיי).
און אין באַהאַלטסטן ווינקל דאָרט זיץ איך צווישן טיש און וואַנט פֿאַרקלעמט,
ווי אַן אורח וואָס קומט עסן אַ מאָלצײַט אין דער פֿרעמד.

דער אורח [O'YREKh] – guest (from afar)
אַנטקעגן – opposite
באַהאַלט[נ]סטער – most hidden
באַנײַט – renewed
דאָס געוואַנט – cloth
די גרייס – size
געשלענגלטע – twisted, winding
די וואַזאָנע – flowerpot
ווײַנפֿאַרביק – wine-colored
דער ווינקל – corner
דער חדר [KhE'YDER] – דאָ: צימער
דער טוך – cloth
דער מאָלצײַט – meal
די סטעליע – ceiling
פֿאַרבעט – covered with a bedspread
פֿאַרקלעמט – squeezed (also: oppressed)
פֿירעקעכדיק – square
די שוועל – threshold

צום שמועסן 136

צי פֿעלט עפּעס פֿון ראָלניקס צימער? שמועסט וועגן וואָס איז דאָ אין צימער און וואָס פֿעלט. זאָלן די רייד גיין אַהין און צוריק. (לאָמפּן זײַנען דאָ? לאָמפּן זײַנען בפֿירוש דאָ!) צי פֿעלן געוויסע קאָלירן, שטאָפֿן, מינים זאַכן? און וואָס באַווײַזט דאָס ליד וועגן דעם שרײַבער, דעם אײַנוווינער פֿון צימער? פֿאַר וואָס ניצט ראָלניק אַזאַ וואָרט ווי פֿאַרקלעמט אויב זײַן חדר איז גרויס ווי אַ שטוב?

לובלין, מײַן הייליקע שטאָט

פֿון יעקבֿ גלאַטשטיין

לובלין, מײַן הייליקע ייִדישע שטאָט, שטאָט פֿון גרויסן ייִדישן דלות און פֿריילעכע ייִדישע יום־טובֿים. דײַן ייִדן־גאַס האָט געשמעקט מיט פֿרישע ראַזעווע און געבײַטלט ברויט, געזײַערטע אוגערקעס, בשׂמים, הערינג און ייִדישן בטחון. דעם רבינס בית־מדרש, די מהר״ם־שול און די מהרש״ל־שול, די באַלמעלאָכעשע שטיבלעך און שולכעלעך האָבן געשאָנקען דעם קודש צום חול פֿון דעם וואָכיקן גרויסהאַנדל, מישטיינס געזאָגט. די פֿאַרמעליקטע טרעגערס, וואָס זײַנען געשטאַנען און געוואַרט אויף אַ צווייער, האָבן זיך בינו־לבינו אַרײַנגעכאַפּט אין רבינס בית־מדרש און הנאה געהאַט פֿון קול יעקבֿ, פֿון די בחורים מיט די אַטלעסענע און סאַמעטענע קולכעלעך.

לובלין, מײַן הייליקע שטאָט, שטאָט פֿון אויפֿגעוואַכטן קלאַסנקאַמף. דײַנע שנײַדעריונגען, שוסטעריונגען, דײַנע געזעלן און משרתים זײַנען אויפֿגעשטאַנען אײַנצופֿירן יושר, גלײַכהייט, ברידערלעכקייט פֿאַר אַלע „חבֿרים און בערגער.״ אַ הייליקער פֿלאַם האָט זיי געלײַטערט די אויגן, ווען זיי זײַנען מיט שׂימחה געגאַנגען אין קרימינאַל אַרײַן און אויפֿן וועג געזונגען רעוואָלוציאָנערע לידער.

לובלין, מײַן הייליקע שטאָט פֿון בילדונג־דאָרשטיקע יונגע־לײַט און יונגע מיידלעך, פֿון דעם ערשטן בעז־אַראָמאַט פֿון יונג־העברעיִש און פֿון דער באַטעמטקייט פֿון שטאָלצן ייִדיש, פֿון חדר־מתוקן, הזמיר, פּראָפֿעסיאָנעלע פֿאַראיינען, פֿון אונדזער געקייטלטער בענקשאַפֿט קיין אַדעס און קיין וואַרשע, ווו מיר האָבן געציטערט איבער ביאַליק, פֿרישמאַן, מענדעלע, פּרץ, שלום־עליכם, רייזען. מײַן שטאָט פֿון פֿאַרחלומטע מאָלערס, פּאָעטן און פֿידל־שפּילערס.

לובלין, מײַן הייליקע שטאָט, מיט דעם אַלט־אַלטן און נײַ־אַלטן בית־עולם, מיט די אוהלס פֿון גוטע ייִדן, קבֿרים וואָס צו זיי טאָר מען נאָענט נישט צוטרעטן, סײַדן אין אַ גרויסער צרה, ווײַל די ערד ברענט ממש פֿון הייליקייט.

היילעקע שטאָט מײַנע, דאָס האָסטו אויסגעבעטן די זכיה פֿאַר זיך, אַז ווען מען וועט ברענען און בראָטן אַנדערט האַלבן מיליאָן ייִדן, זאָל מען עס טאָן אין שאָטן פֿון דײַנע קנאָפּע טויזנט יאָר ייִדישקייט. דעם אָ הייליקן בית־עולם האָסטו געוואָלט פֿאַר זיך, כּדי פֿון אַלע דײַנע הייליקע גוטע־ערטער זאָל ווערן איין הייליק גוט־אָרט פֿאַר איין גרויסן צדיק — דעם ייִדישן פֿאָלק. כ׳צי אַרונטער די שיך פֿון מײַנע פֿיס ווען כ׳קום צו צום מײַדאַנעק־וועלדל. די ערד איז קודש־קדשים, ווײַל ס׳ייִדישע פֿאָלק רוט דאָרט אין שאָטן פֿון הונדערטער פֿרומע דורות.

ווער וועט דיך צוריקשטעלן און צוריקבויען, מײַן הייליקע שטאָט, אַז פֿאַרוויסט ביסטו געוואָרן ביז דײַנע פֿונדאַמענטן און ביסט איין מוראדיקע מצבֿה.

מען שלאָגט שינדלען, מען לייגט דעכער, מען פֿאַרריכט און מען פֿאַרניצעוועט אַן אַלטע, פֿאַסקודנע וועלט, אָבער מײַן הייליקע שטאָט, די שטאָט פֿון מײַן וועלט, וועט קיין מאָל נישט צוריקגעבויט ווערן.

דער אוהל [O'YEL] – structure over a grave
אויסבעטן – to receive by pleading
אײַנפֿירן – to introduce
אַנדערט האַלבן – one and a half
דער בטחון [BITO'KhN] – faith
בינו־לבינו [BE'YNE-LEBE'YNE] – meanwhile, in the meantime
דער בעז־אַראָמאַט – aroma of lilac
בערגער – דאָ: בירגערס, citizens
בשׂמים [PSO'MIM] – spices
דאָס גוטע־אָרט – בית־הקבֿרות
גוטע ייִדן – חסידישע רביים
געבײַטלט – sifted
געזעלן (דער געזעל) – apprentices
געקייטלט – linked
דער גרויסהאַנדל – דער הורט, wholesale
דער דלות [DA'LES] – poverty
דער הזמיר [HAZO'MIR] **– פֿאָלקסכאָר און קולטורעלע געזעלשאַפֿט, אײַנגעפֿירט אין פֿאַרשיידענע שטעט אין אָנהייב 20סטן יאָרהונדערט. דער לובלינער הזמיר האָט געשטיצט, אַחוץ דעם כאָר, אַ ביבליאָטעק, לעקציעס, קולטורעלע אָוונטן און דראַמאַטישע אויסשטעלונגען.**
די זכיה [SKhI'E] – rare honor, privilege
חדר־מתוקן [MESU'KN] **– איינער פֿון די מאָדערנע חדרים, אײַנגעפֿירט אין פּוילן און רוסלאַנד אין אָנהייב 20סטן (צוואַנציקסטן) יאָרהונדערט, ווו מע האָט געלערנט אי טראַדיציאָנעלע, אי וועלטלעכע לימודים.**
דער חול [KhOL] – the everyday, the secular (not normally used in Yiddish)
טרעגערס (דער טרעגער) – porters
דער יושר [YO'YShER] – justice
לײַטערן – to purify
מהר"ם־שול [MA(H)ARA'M] **– שול אויפֿן נאָמען פֿון ר' מאיר פֿון לובלין, דער מהר"ם [מֿורנו (אונדזער לערער) הרבֿ מֿאיר], 1616-1558.**
מהרש"ל־שול [MA(H)ARShA'L] **– שול אויפֿן נאָמען פֿון ר' שלמה לוריא, דער מהרש"ל, 1574-1510.**
מישטיינס געזאָגט – such as it is/was
משרתים [MEShO'RSIM] **(דער/דאָס משרת** [MESHO'RES]**)** – servants
פֿאַראיינען (דער פֿאַראיין) – unions
פֿאַרטרויערט – mournful
פֿאַרמעליקט – covered with flour
פֿאַרניצעווען – to remake, to renew (usually: clothes)
קול יעקבֿ [KOL YA'NKEV] **– אַ פֿאָלקס־ספֿר וועגן די פֿינף מגילות, געשריבן פֿונעם דובנער מגיד (יעקבֿ קראַנץ, 1804-1741), אַרויסגעגעבן פֿון זײַן זון צו ערשט אין 1819.**
קול ← קולכעלעך
דער קרימינאַל – די תּפֿיסה, jail
דאָס ראַזעווע ברויט – dark, course-ground bread
שול ← שולכעלעך
שטיצן – to support

צום שמועסן 137

מיר האָבן אַזוי פֿיל אָנגעווירן. צי מוז מיטן חורבן פֿון דער ייִדיש־רעדנדיקער וועלט אין מיזרח־אייראָפּע אויך חרובֿ ווערן דאָס ייִדיש־לשון?

דאָס ווײַטערדיקע מעשׂהלע האָט מען געפֿונען צווישן שלום־עליכמס כּתבֿ־ידן. צי איז עס אַ לײַכטזיניקע קינדער־מעשׂה צי אין תּוך אַ גאָר ערנצטער משל וועגן ייִדישן כּוח און איבערגעגעבנקייט צום קהל? צי קען מען צו פֿיל אַרײַנטײַטשן אין אַזאַ מעשׂה? צי קען מען דאָ אויך געפֿינען עפּעס איראָניש און אַפֿילו ביטערלעך – צי לחלוטין נישט?

לײַכטזיניק – frivolous
דער/דאָס כּתבֿ־יד (ן) [KSAVYA'D] – manuscript
דאָס/דער קהל [KO'OL] – community (Jewish)

די געפּערלעכע מצה

פֿון שלום־עליכם

אַ מאָל איז געווען אַ מלך. דער מלך איז געווען אַ גרויסער און אַ שטאַרקער, נאָר ער האָט נישט ליב געהאַט קיין ייִדן. האָט ער אַרויסגעגעבן אַלע מאָל אויף זיי נײַע גזירות, ווי פּרעה מלך מצרים.

איין מאָל – פּסח איז דאָס געווען – האָבן זיך צונויפֿגעקליבן בײַ אים אין סענאַט אַלע מיניסטאָרן און מע האָט זיך אַוועקגעזעצט טראַכטן, וואָס פֿאַר אַ נײַע גזירה זאָל מען אַרויסגעבן אויף די ייִדן?

ייִדן זאָלן ניט טאָרן זיצן אומעטום – איז שוין דאָ. ייִדן זאָלן ניט טאָרן זײַן קיין אָפֿיצירן – איז שוין דאָ. ייִדישע קינדער זאָלן ניט טאָרן לערנען אין די גימנאַזיעס – איז שוין דאָ.

איז איינעם אײַנגעפֿאַלן, ער זאָל אַרויסטרעטן קעגן מצה. איז ער אַרויס מיט אַ מסירה – אַזוי און אַזוי. דײַנע ייִדעלעך, אַז עס קומט פּסח, באַקן זיי אָן אויף אַכט טאָג כּסדר אַזעלכע טרוקענע קײַלעכיקע קאָרזשעקלעך, וואָס מע רופֿט זיי מצה. ווער ווייסט, וואָס דאָס איז פֿאַר אַ מין מאכל! עס וואָלט געווען מער ווי רעכט, מע זאָל זיי פֿאַרבאָטן עסן מצה.

האָט זיך דער מלך פֿאַרטראַכט און האָט אַרויסגעגעבן אַ באַפֿעל, מע זאָל אים ברענגען אַ מצה.

האָט מען זיך צעלאָזט איבער דער הויפּטשטאָט זוכן אַ ייִדן, נאָר מע האָט נישט געקענט געפֿינען קיין ייִדן. און אַז מע האָט געפֿונען אַ ייִדן און געפֿאָדערט פֿון אים אַ מצה פֿאַרן מלך, האָט ער געשוואָרן, אַז ער עסט ניט קיין מצה. (די ייִדן האָבן פֿאַרשטאַנען, אַז דאָ מוז זײַן אַ נײַע גזירה.)

קוים מיט צרות מיט לייד האָט מען געפֿונען אַ ייִדן, וואָס האָט ניט מורא געהאַט אויסצוזאָגן, אַז ער עסט מצה. און מע האָט גענומען בײַ אים אַ מצה און מע האָט געבראַכט די מצה אין סענאַט פֿאַרן מלך.

דערזען די מצה, איז זי דעם מלך געפֿעלן געוואָרן, און ער האָט זי פֿאַרזוכט און שטיקלעכווײַז געגעסן, געגעסן, ביז ער האָט זי אויפֿגעגעסן.

און אַז ער האָט זי אויפֿגעגעסן, האָט זיך דער מלך געפֿילט נישט־גוט. און אַלע מאָל ערגער און ערגער און ערגער. און אַז ס'איז אים געוואָרן גוט שלעכט, האָט מען אַראָפּגעבראַכט די בעסטע דאָקטוירים מיט די גרעסטע פּראָפֿעסאָרן פֿון לאַנד, און זיי האָבן אויסגעפֿונען, אַז בײַם מלך אין בויך געפֿינט זיך עפּעס אַ זאַך, וואָס טוט אים צום טויט.

האָט דער גרעסטער פֿון די פּראָפֿעסאָרן צוגעלייגט אַן אויער צום מלכס בויך און גענומען זיך צוהערן. הערט ער, ווי עמעצער זינגט דאָרטן. רופֿט ער זיך אָן צום מלך: „אַדוני קיניג! אויב דו ווילסט מיר דערלויבן, וועל איך זיך דורכרעדן מיט דעם, וואָס געפֿינט זיך בײַ דיר אין בויך". זאָגט צו אים דער מלך: „רעד". רופֿט זיך אָן דער פּראָפֿעסאָר צו דעם וואָס בײַם מלך אין בויך: „זאָג מיר, ווער ביסטו?" ענטפֿערט אים יענער: „איך בין אַ ייִד". „וואָס טוסטו דאָ?" „גאָרנישט". „אפֿשר וואָלטסטו אַרויס?" „איך וויל נישט". „פֿאַר וואָס?" „דאָס איז מײַן עסק". „גייסטו אַרויס, באַקומסטו אַ מתּנה". „מיר ווייסן שוין, וואָס פֿאַר אַ מתּנה: מע שיקט מיך אַרויס אין פֿיר און צוואַנציק שעה". „פֿאַר וואָס?" „דערפֿאַר, וואָס איך

בין אַ ייִד, און אַ ייִד טאָר דאָ ניט זײַן". „אָבער אַז מע וועט דיר צוזאָגן, אַז דו מעגסט דאָ זײַן?" „מיר אַליין איז בלאָטע; איך וויל, אַז אַלע ייִדן זאָלן דאָ מעגן זײַן".

פֿונעם דאָזיקן שמועס האָט זיך דער מלך געפֿילט זייער נישט־גוט. דער ייִד האָט גערעדט מיט הענט און מיט פֿיס און מיט אַלע אבֿרים, און דער מלך האָט געמיינט, אַז ס'איז אַן עק פֿון זײַן לעבן. האָט ער אָנגעהויבן בעטן בײַ די פּראָפֿעסאָרן, זיי זאָלן זען מאַכן אַן עק. רופֿט זיך אָן דער עלטסטער פֿון די פּראָפֿעסאָרן צו דעם וואָס בײַם מלך אין בויך: „דער מלך זאָגט דיר צו, אַז דו וועסט דאָ מעגן זײַן וויפֿל דו ווילסט". „האָב איך דאָך געזאָגט שוין, אַז פֿאַר מיר אַליין איז בלאָטע; איך וואָלט וועלן, אַז אַלע ייִדן זאָלן מעגן". „גוט, אַלע ייִדן וועלן מעגן, אַבי גיי אַרויס וואָס גיכער". „ווער זאָגט דאָס?" „דאָס זאָגן מיר, דאָקטוירים, נאָר אַזוי איז דער ווילן פֿונעם מלך". „פֿון וואַנען ווייס איך דאָס?" „האָסט דאָך געהערט, ווי דער מלך זאָגט". „דער מלך זאָגט – דאָס איז נאָך אַלץ ווייניק. איצט, אַז סע טוט אים וויי, זאָגט ער; שפּעטער, אַז ס'וועט אים אויפֿהערן ווײ טאָן, וועט ער זאָגן עפּעס אַנדערש. אַזוי ווי פּרעה מלך מצרים". „וואָס זשע ווילסטו?" „וויל איך, ער זאָל עס חתמענען, אַרויסגעבן אויף פּאַפּיר, דורכפֿירן דורכן סענאַט"...

און דער ייִד, וואָס בײַם מלך אין בויך, האָט גענומען אַזוי שטאַרק וואַרפֿן מיט הענט און מיט פֿיס, אַז דער מלך האָט שוין מער נישט געקענט איבערטראָגן די ווייטיקן. האָט ער געהייסן, מע זאָל צונויפֿרופֿן די מיניסטאָרן און מע זאָל אָנשרײַבן אַ פּאַפּיר, צולייגן דעם מלכס חתימה און דורכפֿירן דורכן סענאַט אַ נײַעם געזעץ, אַז ייִדן מעגן וווינען דאָ אין דער קרוינשטאָט און אומעטום אינעם גאַנצן לאַנד פֿראַנק און פֿרײַ – והכּל שריר וקיים.

און ווי נאָר דער ייִד האָט דאָס דערהערט, האָט ער זיך געגעבן אַ שפּאַר אַרויס דורכן מינדסטן פֿינגערל פֿונעם מלכס לינקער האַנט, זיך פֿאַרנייגט פֿאַרן גאַנצן סענאַט און איז גלײַך אַוועק צו זײַנע ברידער זוכן געשעפֿט.

אַדוני [ADO'YNI] – my lord
איבערטראָגן – to bear
דער באַפֿעל – command
בלאָטע – דאָ: worthless
דער/דאָס געזעץ – law, statute
דויערנדיק – lasting
דערלויבן – to permit
די הויפּטשטאָט – capital
והכּל שריר וקיים [VEHA'KOL ShO'RIR VEKA'YOM] – די לעצטע ווערטער אין אַ כּתובה, און אויך אין אַ גט: „און אַלץ איז באַשטעטיקט און דויערנדיק."
וואָסער – דאָ: what kind of
וואַרפֿן מיט די הענט און פֿיס – to cast about, to gesticulate wildly, to wriggle
די חתימה [KhSI'ME] – signature, seal
חתמענען [KhA'SMENEN] – to sign
די מסירה [MESI'RE] – denunciation
דער עק – end (מאַכן אַן עק – to finish up)
פּרעה מלך מצרים [PA'RE ME'YLEKh MITsRA'YIM] – Pharoah, king of Egypt
פֿאַרבאָטן [אין כּלל־ייִדיש: פֿאַרווערן] – to forbid
פֿאַרזוכן – to taste
פֿאַרנייגן זיך – to bow
פֿראַנק און פֿרײַ – entirely free
צעלאָזן זיך – דאָ: to set out in all directions
צרות: קוים מיט צרות – at long last, with much difficulty
דער קאָרזשעק – dry, buckwheat cake
קײַלעכ(ד)יק – round
די קרוינשטאָט = הויפּטשטאָט

ייִדיש-ענגליש

* אַלע ווערבן אין ייִדיש-ענגלישן גלאָסאַר וואָס נאָך זיי שטייט אַ שטערנדל פֿורעמען זייערע פּאַרטיציפּן מיט אַ נון (ן) צום סוף. בײַם פֿורעמען די אָ פּאַרטיציפּן קומט פֿאָר אָפֿט מאָל (כאָטש בפֿירוש נישט אַלע מאָל) אַן איבערבײַט אין וואָקאַל. אַ פֿולע רשימה פֿון פּאַרטיציפּן אויף נון (אָן פּרעפֿיקסן און צוגאָבן) געפֿינט זיך אויף זײַטן 19-20.

אאַז״וו (=און אַזוי ווײַטער) – etc.
אַבסורד, דער (ן) – absurdity
אבֿר, דער (ים) [E'YVER - E'YVRIM] – limb; penis
(אָ)דורכרעדן זיך (מיט) – to have a talk (with)
אַוודאי [AVA'DE] – of course, definitely, certainly
אַוועקפּטרן [PA'TERN] – to waste
אַוועקרײַסן (זיך) * – to tear (oneself) away
אויבנאויף, דער (ן) – surface
אויג אויף אויג – privately, face to face
אויסבײַט, דער (ן) – exchange
אויסגאַנג, דער (ען) – outcome
אויסגיין * – to die
אויסגיסן * – to pour out
אויסגעבן * – to spend money, to marry off a child
אויסגעהאַלטן – consistent
אויסגעטראָטן – worn, well worn
אויסגעצייכנט – outstanding
אויסדרוק, דער (ן) – expression
אויסדריקן (זיך) – to express (oneself)
אויסהאַלטן * – to hold out
אויסהיטן (זיך) – to protect (oneself)
אויסוואַרגן * – to strangle to death
אויסזיצן * – to hatch
אויסזען * – to appear
אויסטאָן * – to take off (clothing); undress
אויסטענהן [TA'YNEN] – to present one's arguments, to argue something through
אויסטראַכטן – to think up, to invent
אויסכאַפּן – to snatch up
אויסלאָזן זיך * – to turn out
אויסלייג, דער (ן) – spelling
אויסלעבן – to live life to the end
אויסלעבן זיך אין – to derive satisfaction from
אויסמוטשען – to exhaust
אויסמוסרן [MU'SERN] – to advise, to chastise, to scold
אויסמײַדן * – to avoid
אויסמעקן – to erase, to cross out
אויסנאַרן – to defraud
אויסניצן – to exploit, to use up, to make use of
אויססדרן [SA'DERN] – to arrange, to put in order
אויסערגעוויינטלעך – excellent, exceptional
אויספּוצן (זיך) – to dress up
אויספּלאָנטערן (זיך) – to disentangle, to extricate (oneself)

אויספּלאַנירן – to plan, to make plans
אויספּרוּוון – to test
אויספֿיר, דער (ן) – deduction, inference
אויספֿירן – to carry out, to accomplish; to succeed
אויספֿרעגן – to question, to poll
אויסצוג, דער – excerpt
אויסציִען (זיך) * – to stretch out
אויסקומען (מיט) * – to manage, to get along (with)
אויסקומען * צווישן זיך – to agree, to come to an agreement
אויסקלײַבן * – to select
אויסקלערן (=דערקלערן) – to explain
אויסקערן – to sweep out
אויסראַמען – to clean out
אויסרייכערן – to smoke out
אויסרייניקן – to clean out
אויסריכטן – to equip
אויסרעכענען – to enumerate
אויסשולן – to educate, to train
אויסשטיין * – to bear, to put up with
אויסשטעלונג, די (ען) – exhibition
אויסשטרײַכן * – to cross out
אויסשטרעקן – to stretch out
אויסשליסן * – to exclude
אויסשעפּיק – exhaustive
אויסשעפּן – to exhaust
אויסשפּײַען * – to spit out
אויפֿבינדן * – to untie (but also: to tie together)
אויפֿבלאָזן * – to inflate, to exaggerate
אויפֿבליִען – to blossom, to prosper
אויפֿבליצן – to flash
אויפֿגיין * – to rise, to swell
אויפֿגערודערט – upset
אויפֿגערעגט – upset
אויפֿדעקן – to uncover, to discover
אויפֿהאָדעווען – to raise (children, flowers, vegetables)
אויפֿהיטן * – to preserve, to save
אויפֿהייבן * – to lift, to pick up
אויפֿהייבן זיך * – to get up
אויפֿהערן – to stop
אויפֿוואַקסן * – to grow up
אויפֿוועקן – to waken
אויפֿזוכן – to look up, to find
אויפֿזעצן זיך – to sit up
אויפֿטאָן * – to accomplish
אויפֿטרייסלען – to shake up (a person)
אויפֿמונטערן – to cheer up, to encourage
אויפֿעסן * – to eat up (perfective)
אויפֿפֿיר, דער (ן) – conduct, behavior
אויפֿפֿלאַמען – to flare up
אויפֿקאָכן – to bring to a boil, to exasperate
אויפֿרודערן – to stir up, to upset
אויפֿרופֿן * – to make an announcement, to call to the Torah

אופּרײַסן * — to explode, to tear open
אופֿשטיין * — to rise up
אופֿשרויפֿן — to upset, to unscrew
אומאיידל (=ניט איידל, גראָב) — unrefined
אומאָפּהענגיק — independent
אומאָפּהענגיקייט, די — independence
אומבאַמערקט — unnoticed
אומבאַקוועם — uncomfortable
אומבאַשטימט — indefinite
אומגליק, דאָס (ן) — misfortune
אומגעדולדיק — impatient
אומגעלומפּערט — clumsy
אומגעריכט — unexpectedly
אומדרייסט — shy, diffident
אומחן, דער — disfavor, dislike
וואַרפֿן * אַן אומחן אויף — to take a dislike to
אומעטום — everywhere
אומפֿאַרמײַדלעך — unavoidable
אומפֿאַרשעמט — shameless
אומצופֿרידנקייט, די — dissatisfaction
אומרויִק — restless
אומשולדיק — innocent
אונטערגיין * — to sink, to set, to go down, to go close
אונטערגנבֿענען זיך — to sneak up on
אונטערגעבן * — to add small amounts of
אונטערגעבן זיך * — to capitulate
אונטערהוסטן — to cough slightly
אונטערהעלפֿן * — to support, to help a little
אונטערהערן — to overhear
אונטערהערן זיך — to eavesdrop
אונטערזאָגן — to prompt, to whisper
אונטערזינגען * — to sing a bit, to sing under one's breath
אונטערחתמענען [KhA'SMENEN] — to sign [at the bottom]
אונטערנעמען זיך * — to undertake
אונטערפֿאָרן * — to travel a short distance
אונטערפֿוילן — to rot a little
אונטערפֿוילן זיך — to be a little lazy
אונטערקויפֿן — to bribe
אונטערקומען * — to catch up to or join a group, to approach unnoticed
אונטערקוקן זיך — to peek
אונטעררוקן — to hand over surreptitiously
אונטערשטיצן — to support
אונטערשטעלן — to put under
אונטערשטעלן זיך — to dare, to venture
אונטערשטרײַכן * — to underscore
אונטערשייד, דער (ן) — difference
אונטערשיידן — to distinguish
אונטערשיידן זיך — to differ
אונטערשפּירן — to intuit, to sense
אונטערשפּרינגען * (=שפּרינגען אַ ביסל) — to bounce, to hop
אונטערשרײַבן * — to guarantee, to sign [at the bottom]

אופֿן, דער (ים) [O'YFN, OYFA'NIM] — manner, way
אויף אַזאַ אופֿן — in this manner, thus
אוצר, דער (ות) [O'YTsER, O'YTsRES] — treasure
אורח, דער (ים) [O'YREKh, O'RKhIM] — guest or visitor (from afar)
אַזאַ — such a
אַזוי — in such a manner
אַזעלכע — such (plural)
אַזש (ביז/קיין) — all the way (to)
אַחוץ — besides
אי ... אי ... — both… and…
איבעראַנדערשן — to change
איבערבאַזעצן (זיך) — to resettle
איבערבאַטראַכטן — to worry, to reconsider
איבערבײַט, דער (ן) — change
איבערבײַטן * — to switch
איבערגעבן * — to inform, to hand over, to offer, to pass along
איבערגעבן * זיך — to devote oneself to
איבערגעגעבן איינער צום אַנדערן — devoted to each other
איבערגעגעבנקייט, די — devotion
איבערגעשפּיצט: נישט אַזוי איבערגעשפּיצט — not so bright
איבערדרייען — to turn over, to invert
איבערוואַנדערן — to migrate
איבערזאָגן (=איבערחזרן) — to repeat
איבערטאָן זיך * — to change clothes
איבערטראָגן * — to overcome, to bear
איבערטראַכטן — to be worried, to reflect on
איבערטרײַבן * — to exaggerate
איבעריק — superfluous
איבעריקע, דאָס — the rest
איבערכאַפּן — to overhear
איבערכאַפּן די מאָס — to overdo it
איבערלאָדן * — to overload
איבערלאָזן — to leave behind
איבערלאָזן אויף גאָטס באַראָט — to abandon, to forsake
איבערלעבונג, די (ען) — experience
איבערלעבן — to outlive, to survive; to experience
איבערמאַכן — to change, to redo
איבערנעמען זיך מיט * — to take pride in
איבערסדרן [SA'DER] — to rearrange
איבערעסן זיך * — to overeat
איבערפֿלאַנצן — to transplant
איבערצײַגונג, די (ען) — conviction
איבערצײַגן — to convince, to persuade
איבערקלײַבן * — to pick over
איבערקלײַבן זיך * — to move into a new house or locale
איבערקלײַבעריש — picky
איבערקלערן — to worry, to reconsider, to hesitate, to deliberate
איבערקערן — to turn over, to tip over
איבעררוקן — to slide over

איבעררעדן – to discuss, to persuade
איבערשאַצן – to overestimate
איבערשלאָגן, איבערשלאָגן די רייד ✶ – to interrupt
איבערשרײַען ✶ – to outshout
איבערשרעקן (אויף טויט) ✶ – to scare to (death)
איז – prefatory to a question or a sentence, to hold the hearer's attention while getting one's thoughts together (= so...) (למשל: איז, ווען קומט זי?)
איז וואָס זשע? – so?; what's the point?
אייגנטלעך – actually
אייגנקייט, די (ן) – attribute, characteristic, peculiartity
איידל – refined, diplomatic
איידעם, דער (ס/עס) – son-in-law
אײַלן (זיך) – to hurry
אײַלנדיק – hurriedly
אײַלעניש, דאָס – hurry
אין אײַלעניש – hurriedly
איין־און־איינציק – one and only
אײַנאייגענען זיך – to acclimate, to come to feel at home
אײַנאָרדענען – arrange
אײַנבייגן ✶ – to bend
אײַנבינדן ✶ – to bind (a book)
אײַנבעטן ✶ (בײַ אימעצן ער זאָל...) – to plead, to persuade
אײַנדרעמלען – to doze off
אײַנהאַלטן (זיך) ✶ – to restrain (oneself)
אײַנהיטן ✶ – to guard
אײַנהערן זיך – to heed, to pay attention
אײַנוווינער, דער (ס) – resident
אײַנזען ✶ – to realize, to recognize, to understand
איינטראַפּיק – monosyllabic
אײַננעמען ✶ – to conquer
אײַנסדרן – [SA'DER] to file
אײַנפּאַקן (זיך) – to pack (one's things)
אײַנפֿאַל, דער (ן) – idea
אײַנפֿאָרהויז, דאָס (...הײַזער) – road house
אײַנריכטן (זיך) – to soil (oneself)
אײַנרעדן – to convince, to persuade
אײַנשטילן – to appease, to calm, to hush
אײַנשטעלן זיך (פֿאַר) – to risk, to stick up for
אײַנשלאָפֿן ✶ – to fall asleep
אײַנשלינגען ✶ – to gobble, to swallow
אײַנשנײַדן ✶ – to cut into
אײַנשפּאַרן זיך (אַז) – to insist, to put one's foot down, to stubbornly persist
אימעצער (=עמעצער) – someone
אין־לשער – [EYN-LEShA'YER] enormous, boundless
אַכטונג געבן אויף ✶ – to care for, to look out for
אַכילה, די – [AKhI'LE] food
אַכסניא, די (–ות) – [AKhSA'NYE] inn, roadhouse
(אין) אַלגעמיין – (in) general
אַלמער, דער (ס) – cabinet, closet
אַלערליי – all kinds of
אַלץ איינס – all the same
אַלץ מער – all the more
אַמביציעז – ambitious
אַמפּערן זיך – to argue, to bicker
אַמפּערניש, דאָס (ן) – bickering argument
אַנאַליז, דער (ן) – analysis
אַנאָנס, דער (ן) – advertisement
אָנגיין (פּלוס אַקוזאַטיוו) ✶ – to care about
אָנגעבן (אַז) ✶ – to provide, to state
אָנגעגענענען – to meet unexpectedly
אָנגעזען – respectable, distinguished
אָנגעלייגט – welcome, desirable
אָנגענעם – pleasant
אָנגעשטעלטער, דער (...שטעלטע) – employee
אָנגעשטרענגט – strained
אָנגרייטן – to prepare
אָנדערט האַלבן – one and a half
אָנהייב, דער – beginning
אָנהייבן ✶ – to begin
אָנהענגער, דער (ס) – adherent
אָנווײַזן ✶ – to indicate, show
אָנווער, דער (ן) – loss
אָנווערן ✶ – to lose
אַנומלט (=לעצטנס) – recently
אָנטאָן ✶ – to dress
אַנטבלויזן (טראַנסיטיוו) – to bare, to strip
אַנטדרעמלט ווערן (איז אַנטדרעמלט געוואָרן) – to doze off
אַנטווײנען (זיך) – to wean
אַנטוויקלען זיך – to develop, to unfold
אַנטוועקן – to excite, to arouse
אַנטוישט – disappointed
אָנטייל־נעמער, דער (ס) – participant
אַנטיק, דער (ן) – a rarity, a treasure
אַנטלויפֿן (פֿון) ✶ – to run away (from)
אַנטמוטיקן – to discourage
אַנטפּלעקן – to reveal, to uncover
אַנטקעגן – opposite
אַ(נט)קעגן זשע – on the other hand
אַנטרונען ווערן ✶ – to disappear
אַנטשוויגן ווערן ✶ – to become silent
אַנטשלאָפֿן ווערן ✶ – to fall asleep
אַניט (=אויב ניט) – if not
אָננעמען זיך מיט האַרץ ✶ – to take courage
אָנצוג, דער (ן) – suit
אָנצייכענען – to draw, to mark
אָנקומען ✶ – to arrive
אָנקוקן – to watch
אָנקלאָגער, דער (ס) – accuser
אָנקלײַבן (זיך) ✶ – to accumulate
אָנרירן – to touch
אָנרירן מיטן מינדסטן פֿינגער – to lay a finger on
אָנשטרענגען זיך – to exert oneself
אָנשיקעניש, דאָס (ן) – nuisance
אָנשרײַבן ✶ – to write down

אָפּבינדן – to untie

אָפּברעכן ✶ – to break off

אָפּגילטן ✶ [פּלוס דאַטיוו] – to be successful/lucky

אָפּגעבן ✶ – to give back, to deliver

אָפּגעבן זיך מיט ✶ – to devote oneself to

אָפּגעבן אַן עקזאַמען ✶ – to write an exam

אָפּגעהיט – careful

אָפּגעלאָזן – neglected, abandoned

אָפּגעקליבן – selected

אָפּגערעדט! – arranged!, agreed!, self-evident!

אָפּגעשמועסט! – arranged!, agreed!

אָפּדרוקן – to print (something specific)

אָפּהיטן ✶ – to keep, to take care of, to save

אָפּהענגיק – dependent

אָפּהענטיק – discouraged

אָפּזאָגן זיך (פֿון) – to refuse

אָפּזוכן – to find, to search out

אָפּזיפֿצן – to sigh, to heave a sigh

אָפּטאָן ✶ – to complete

אָפּטיילן זיך – to detach

אָפּטרייסלען זיך פֿון – to wash one's hands of

אָפּלאָזן ✶ – to let go, to abandon, to give up

אָפּלאַכן – to laugh at

אָפּלאַכעריש – derisive

אָפּלייגן – to postpone

אָפּלייקענען – to deny

אָפּמאַכן הבֿדלה – to complete the ceremony of *havdole*

אָפּנאַרן – to fool, to deceive (perfective)

אָפּענטפֿערן – to retort

אָפּעסן ✶ – to finish eating

אָפּפֿאַל, דער – garbage, refuse

אָפּפֿאַסטן – to break a fast, to finish fasting

אָפּצאָלן – to pay back

אָפּקאָכן – to cook to completion

אָפּקום, דער (ען) – decrease

אָפּקערן – to turn aside, to deflect

אָפּרוען זיך – to rest

אָפּרופֿן ✶ – to respond, to call off, to cancel

אָפּרופֿן זיך ✶ (אויף) – to respond , to react (to)

אָפּרוקן זיך – to move away (from a person or thing)

אָפּרײַסן ✶ – to tear off

אָפּרעדן אויף – to agree on

אָפּרעדן זיך מיט – to arrange with

אָפּרעדן פֿון – to dissuade from

אָפּשאַפֿן ✶ – to dismiss, to abolish, to repeal

אָפּשאַצן – to evaluate

אָפּשטאַמען (פֿון) – to descend (from)

אָפּשטאַרבן ✶ – to die

אָפּשטעלן (זיך) – to stop

אָפּשמועסן אויף – to agree on

אָפּשפּיגלען – to reflect

אָפֿט – often

אָפֿן־האַרציק – frankly

אָקערשט – recently

אַראָפּגיין ✶ – to go down

אַראָפּוואַרפֿן ✶ – to throw down, to overthrow

אַראָפּכאַפּן – to take off quickly (e.g., a hat)

אַראָפּלאָזן ✶ – to let down, to lower

אַראָפּנעמען ✶ – to take down (from), to remove

אַראָפּציִען ✶ – to pull down

אַראָפּרופֿן ✶ – to call down

אַראָפּרײַסן ✶ – to tear down

אַראָפּשלינגען ✶ – to swallow

אַראָפּשלעפּן – to drag down

אָרדענונג, די – order, arrangement

אין אָרדענונג – O.K.

אַרויסבאַקומען ✶ – to get, to find out, to bring out: usually with effort

אַרויסגיין ✶ – to evacuate the bowels, to go out, to set out, to be published

אַרויסגיסן ✶ – to pour out

אַרויסגנבֿענען זיך [GA'NVENEN] – to slip out/away

אַרויסגעבן ✶ – to issue, to release, to generate, to betray, to publish

אַרויסדרייען זיך – to extricate oneself

אַרויסדרינגען ✶ – to infer

אַרויסהייבן ✶ – to emphasize, to pick out, to bring out

אַרויסוואַקסן ✶ – to evolve, to grow out from

אַרויסוואַרפֿן ✶ – to eject, to oust, to expel

אַרויסזאָגן – to express, to utter, to declare

אַרויסטרעטן ✶ – to come forward, to secede from

אַרויסלאָזן ✶ – to emit, to omit, to send forth

אַרויספּלאָנטערן (זיך) – to extricate (oneself)

אַרויסציִען ✶ – to extract, to withdraw

אַרויסציִען זיך ✶ – to move out

אַרויפֿגיין ✶ – to ascend

אַרויפֿכאַפּן זיך (אויף) – to jump or climb up (to/on)

אַרויפֿלאָזן ✶ – to admit, to let ascend

אַרויפֿלייגן – to impose, to inflict, to place upon

אַרויפֿפֿאַלן (אויף) ✶ – to fall down (onto) (an object, a person)

אַרויפֿפֿירן – to bring up

אַרויפֿקוקן (אויף) – to look up (at)

אַרויפֿקלעטערן – to climb up onto

אַרויפֿשווימען ✶ – to emerge

אַרויפֿשטעלן (אויף) – to put up (on)

אַרויפֿשלעפּן זיך – to pull oneself up

אַרויפֿשלעפּן אויף זיך – to clothe oneself laboriously, to burden oneself with, to incur

אַרומבלאָנקען – to ramble, to wander

אַרומדרייען זיך – to wander around, to hang around

אַרומנעמען ✶ – to embrace

אַרומרעדן – to discuss

אַרומשלעפּן זיך – to rove, to tramp, to move listlessly or without purpose

אַרונטערטאָן (אונטער) ✶ – to put (under)

אַרונטערפֿאַלן (אונטער) ✶ – to fall (under)

אַרונטערקנייטשן – to fold under

אַרונטערשווימען (אונטער) ✶ – to swim (under)
אָרט, דאָס (ערטער) – place
אַריבערגיין (איבער) ✶ – to walk across, to cross over
אַריבערגנבֿענען זיך (פֿון, איבער, אין, קיין...) – to steal across
אַריבערפּעקלען (זיך) (פֿון, איבער, אין, קיין, ביז...) – to bring/get across
אַריבערפֿאָרן (פֿון, ביז, אין, איבער...) ✶ – to travel over
אַריבערפֿירן (אין, פֿון, קיין...) – to transport, to convey
אַריבערקלײַבן זיך (אין, ביז, פֿון...) ✶ – to move (into a new house or locale)
אַריבערקלעטערן – to climb over
אַריבעררוקן – to shove/slide over
אַרײַנבוצקען זיך אין – to bump into someone
אַרײַנגיין (אין) ✶ – to go into, to frequent
אַרײַנגיסן (אין) ✶ – to pour into
אַרײַנדרינגען ✶ – to penetrate
אַרײַנוואַרפֿן (אין) ✶ – to interject, throw (into)
אַרײַנטײַטשן (אין) – to read into
אַרײַנלאָזן (אין) ✶ – to let in
אַרײַנפֿאַלן ✶ (אימעצן) אין די רייד – to interrupt (someone)
אַרײַנציִען ✶ – to pull in, to enlist
אַרײַנרײַסן זיך (אין) ✶ – to invade, to intrude, to break in
אַרײַנשמעקן צו אימעצן – to drop in for a short visit with someone
אַרן – to bother
אָרעמאַן, דער (אָרעמע־לײַט) – pauper
אַרעסטאַנט(קע), דער (די) (ס) – prisoner

באַאומרויִקן – to disturb
באַגזלען [BAGA'ZLEN] – to rob
באַגײַסטערט – enthusiastic
באַגײַסטערט פֿון – excited about
באַגײַסטערן – to inspire
באַגילטיקן – to validate
באַגנבֿענען [BAGA'NVENEN] – to burglarize
באַגרינדן – to substantiate
באַגריף, דער (ן) – concept
באַגרענעצן – to limit
באַדינען זיך מיט – to use, to make use of
באַהאַלטן (זיך) ✶ – to hide (oneself)
באַהאַפֿטן – joined
באַוואַקסן – overgrown
באַוואָרענען זיך – to take precautions, to protect oneself
באַוואַרפֿן ✶ – to pelt
באַווונדערן – to admire, marvel at
באַווײַזן ✶ – to demonstrate, to show
באַווײַזן זיך ✶ – to appear
באַוויינען – to cry over, to mourn for
באַוול, דאָס – cheap stuff
באַוועגונג, די (ען) – motion, movement (i.e., social)
באַוועגן זיך – to move

באַזאָרגט (מיט) – concerned, worried; equipped (with)
באַזאָרגן – to provide, to attend to
באַזוכן – to examine, to search (a person)
באַזונדערקייט, די (ן) – characteristic, peculiarity
באַזונדערש – particularly
באַזילבערן – to plate with silver
באַזיצער, דער (ס) – possessor
באַטײַט, דער (ן) – meaning
באַטייליקן זיך אין – to take part in
באַטעמט [BATA'MT] – tasty
באַטראַכטן – to consider, to observe, to look at closely
באַכּוחן [BAK'OYEKhN] – to power, to propel
באַכּישופֿן [BAKI'ShEFN] – to enchant, to fascinate
באַלאַבעטשען – to chatter, to babble
באַלאַגערן – to lay seige to
באַלדיק – soon, impending
באַליבט (=ליב) – dear, beloved, popular
באַליידיקן – to insult
באַלײַכטונג, די – lighting
באַלעבאַטישקייט, די (ן) – household
באַלעמוטשען – to procrastinate, to kill time
באַמיִען זיך ✶ – to endeavor
באַמערקן – to notice
באמת [BE'EMES] – really
באַנאַרן (זיך) – to fool (oneself)
באַנג טאָן ✶ [פּלוס דאַטיוו] – to regret (עס טוט מיר באַנג – I'm sorry –
באַנוגענען זיך (מיט) – to be satisfied (with)
באַנײַט – renewed
באַניצן – to use, to consult
באַניצן זיך מיט – to use, to make use of
באַנעמען ✶ – to understand, to grasp
באַפֿאַלן ✶ – to attack
באַפֿרידיקן – to accomodate, to satisfy
באַצויבערט פֿון – entranced by
באַצויבערן – to entrance
באַציִונג, די (ען) – relationship
באַצייכענען – to denote
באַציִען זיך צו – behave towards
דער באָק (בעק) – goat (male)
באַקוועם – comfortable
באַקוקן – to examine, to look at
באַקלערן זיך – to reconsider
באַקצאָן, דער (...ציינער) – molar
באַראַבעווען – to rob
באָרגן – to lend
באָרגן בײַ – to borrow
באַרויִקן (זיך) – to appease, to calm (oneself)
באַריכט, דער (ן) – report
באַרימען זיך – to brag
באַרימער, דער (ס) – braggart
באַרעכטיקט – justified
באַרשט, די (בערשט) – brush
באַשולדיקונג, די (ען) – accusation

to accuse – באַשולדיקן
definite – באַשטימט
to determine, to designate – באַשטימען
modest – באַשיידן
modesty – באַשיידנקייט, די
obvious – באַשײַמפּערלעך
to consist of, in – באַשטיין פֿון
to corroborate, to confirm – באַשטעטיקן
to order (from) – באַשטעלן (בײַ)
pursuit, occupation – באַשעפֿטיקונג, די (ען)
to employ – באַשעפֿטיקן
predestined – באַשערט
predestined bride – באַשערטע, די
predestined groom – באַשערטער, דער
to describe – ✶ באַשרײַבן
Babylon–[BO'VL] בבֿל
garment – [BE'GED - BGO'DIM] בגד, דער (ים)
generally, in general – [BEDE'REKh-KLAL] בדרך־כּלל
gradually – [BEHADRO'GE] בהדרגה
gradual – בהדרגהדיק
wagon – בויד, די (ן)
attic – בוידעם, די (ס/ביידעמער)
oil (edible) – בוימל, דער (ען)
vivid – [BO'YLET] בולט
to bow – בוקן זיך
hurriedly – [BEKhIPO'ZNDIK] בחפּזונדיק
idle, – [BA'TLEN, BATLO'NIM] בטלן, דער (ים)
impractical person
to waste – [BA'TLEN] בטלען
office – ביוראָ, דער/דאָס (ען)
contempt, scorn, disparagement – [BI'TL] ביטול, דער
contemptuous, derisive – ביטולדיק
to bend, to inflect – ✶ בייגן
case, declension – בייגפֿאַל, דער (ן)
to attend, to be present – ✶ בײַזײַן
purse – בײַטל, דער/דאָס (ען/עך)
to change – ✶ בײַטן זיך
to take turns (at) – (בײַ) ✶ בײַטן זיך
to exchange – (מיט) ✶ בײַטן זיך
example – בײַשפּיל, דער (ן)
painting – בילד, דאָס (בילדער)
preferable – בילכער
to bark – בילן
bunch, bundle – בינטל, דאָס
little by little – ביסלעכווײַז
citizen – בירגער, דער (ס)
as an inheritance, by heredity – [BEYERU'ShE] בירושה
– [BEYS-AKVO'RES] בית־הקבֿרות, דער/דאָס (ן)
cemetery
intentionally – [BEKI'VN] בכּיוון
written, in written form – [BEKSA'V] בכתבֿ
therefore – (=דערפֿאַר) [BEKhE'YN] בכן
to pout, to put on airs – ✶ בלאָזן זיך
mud – בלאָטע, די
to wander, to be off the track – בלאָנדזשען, בלאָנקען זיך
pale – בלאַס
tinsmith – בלעכער, דער (ס)
therefore – [BEME'YLE] במילא
during, in the course of – [BEME'ShEKh] במשך
with reference to – [BENEGE'YE] בנוגע
polite – [BENI'MESDIK] בנימוסדיק
in existence, extant – [BENI'MTsE] בנימצא
secretly –[BESO'D] בסוד
to blather (like a sheep) – בעבקען, בעבען
broom – בעזעם, דער (ער/(ע)ס)
aloud, orally – (=אויף אַ קול) [BALPE'] בעל־פּה
to yearn for – בענקען נאָך
better to ... than to – בעסער ... איידער
while, during – ([BEShA'S] =בשעת) [BE'YS] בעת
clearly, most definitely, – [BEFE'YRESh] בפֿירוש
explicitly
particularly –[BIFRA'T] בפֿרט
healthy; in perfect – [BEKA'V-ABRI'ES] בקו־הבריאות
health
expert in – (אין) [BO'KE - BEKI'IM] בקי, דער (בקיאים)
proficiency, expertise – [BEKI'ES] בקיאות, דאָס (ן)
briefly, in brief – [BEKI'TsER] בקיצור
soon, shortly – [BEKO'REV] בקרובֿ
request – [BAKO'ShE] בקשה, די (–ות)
angry (at) – (=אין כּעס) (אויף) ברוגז
"Blessed – [BO'REKh DA'YEN E'MES] ברוך דיין אמת
Be the True Judge" (spoken on learning of someone's death)
thank God – [BORKhAShE'M] ברוך־השם
to mumble, to roar – ברומען
skillful person – [BE'RYE] בריה, דער/די (–ות)
generous – ברייטהאַרציק
to expatiate – ברײַען
bridge – בריק, דער (ן)
choice, alternative – [BRE'YRE] ברירה, די (–ות)
optional – [BRE'YREDIK] ברירהדיק
coast, shore – ברעג, דער (ן)
in partnership, together – [BEShU'TFES] בשותּפֿות
while, during – [BEShA'S] בשעת
surreptitiously – [BIShTI'KE] בשתּיקה
announcement, tidings – [PSU'RE] בשורה, די (–ות)

course, process; manner – גאַנג, דער (גענג)
street kid – גאַסניונג, דער (ען)
whole, entire, entirely – גאַר
wealthy man – [GVIR] גבֿיר, דער (ים)
glory, grandeur, exultation – [GEDU'LE] גדולה, די
what's the big deal? – וואָס איז די גדולה?
exaggerated – [GU'ZMEDIK] גוזמאדיק
itself – [GU'FE] גופֿא
fate – [GOYRL-GOYRO'LES] גורל, דער/דאָס (ות)
robbery – [GZE'YLE] גזילה, די (ות)

גזירה, די (–ות) [GZE'YRE] – edict, evil decree, calamity
גטן זיך [GETN] – to divorce
גײַסט, דער (ער) – ghost, spirit
גײַסטיק – spiritual, mental
גילטיק – applicable, valid
גירוש, דער (ים) [GE'YRESh - GERU'ShIM] – expulsion
גלאַט – easy, smooth
גלאַנצנדיק – shining
גלויבן, דער (ס) – faith
גלות, דער/דאָס (ן) [GO'LES] – the Jewish exile
גלײַך – equal
גלײַכגילטיק – indifferent
גליק, דאָס (ן) – happiness
גליקלעך – happy
גמילות-חסד, דער (ים) [GMILES-KhE'SED - KhSO'DIM] – loan without interest
גנבֿה, די (–ות) [GANE'YVE] – theft
גנבֿענען – to steal
געגליכן (צו) – compared (to)
געגנט, דער/די (ן) – neighborhood
געדויערן – to last
געדולדיק – patient
געדײַען – to thrive
געהעריק – correct, appropriate
געהערן – to belong
געוואַנט, דאָס (ן) – cloth
געוויינ(ט)לעך – usual
געוויינען זיך צו – to get used to
געווינען ✶ – to gain, to accrue, to win; to bear (a child), to beget
געוויס – sure! certainly! certain
אויף געוויס – for sure
אין אַ געוויסן זין – in a certain sense
געוועלטיקן (איבער) – to dominate
געזונט – healthy
געזעגענען זיך – to part
געזעלשאַפֿטלעך – social
געטרויען – to trust
געטרײַ – faithful, loyal
געלעגנהייט, די (ן) – opportunity
געלעגנהייט: כאַפּן אַ געלעגנהייט – to get a ride
געלעכטער, דאָס (ס) – laughter, a cause for laughter
געלענק, דאָס (ען) (אויך: האַנטגעלענק) – wrist, joint
געניט – experienced
געניטן זיך – to practice
געניטשאַפֿט, די – skill(fulness)
געניץ, דער (ן) – yawn
געפֿאַלן (=טרויעריק) – sad
געפֿאַנגעניש, דאָס – captivity; prison
געפֿאַר, די (ן) – danger
געפֿינען ✶ – to find
געפֿינען זיך ✶ – to be found, to be located
געפֿעלן [מיטן דאַטיוו: עס געפֿעלט אים] – to be pleasing to

געפֿערלעך – dangerous
געצאַצקעט – fancy
געציילט – a few, a limited number
געקינצלט – artificial
געראָטן [מיטן דאַטיוו: עס איז אים געראָטן] – to succeed in
געראָטן זײַן אין – to resemble, to take after
גערן – gladly
גערעכט – fair, just, correct
געשוויר, דאָס (ן) – boil
געשלאָגן – beaten
געשלענגלט – twisted, winding
געשמאַק – delicious, luscious
געשעעניש, דאָס (ן) – event
גראָב – crude, indelicate
גרויל, דער (ן) – shudder
גרונטיק – basic
גריזשען – to gnaw
גרייכן – to reach, to extend
גרייס, די (ן) – size
גרינג – easy
גרענעץ, דער/די (ן) – border, limit

דאגהן [DA'YGEN] – to worry, to care
נישט געדאגהט! – don't worry!
דאַך, דער (דעכער) – roof
דאָך – nevertheless
דאַכטן זיך – [פּלוס דאַטיוו] – to seem to
דאַמקע, די (ס) – checker
דאָרף, דאָס (דערפֿער) – village
ד״ה (=דאָס הייסט) – i.e.
דוגמא, די [DU'GME] (דוגמות [DU'GMES]/דוגמאָות [DUGMO'ES]) – example
דווקא [DA'FKE] – necessarily
דוחק [DO'YKhEK] זײַן ✶ – to exhort
דויער, דער – duration
דויערן – to last
דורך און דורך – thoroughly
דורכגעלעכערט – full of holes
דורכנעמען ✶ – to penetrate
דורכפֿאַלן ✶ – to fail
דורכפֿירן – to carry out, to conduct
דורכקומען ✶ – to come to an understanding
דורכרײַסן זיך ✶ – to push/break through
דיבורים [DIBU'RIM] – words
דינען – to serve
דישעל, דער (...שלען) – shaft for a wagon
דלות, דער [DA'LES] – poverty
דערגאַנצן – to complete
דערגיין ✶ – to reach by foot
דערגיין אַז ✶ – to find out
דערגיין (אימעצן) די יאָרן ✶ – to pester
דערגרייכן – to reach, to accomplish, to attain

דערוואַקסן ★ – grown-up
דערווידער – disgusting
דערווײַטערן זיך – to withdraw
דערוויסן זיך (דערוווּסט) – to find out
דערטרונקען ווערן ★ – (אומטראַנסיטיוו) to drown
דערטרענקען ★ – (טראַנסיטיוו) to drown
דעריאָגן – to catch up with
דעריבער – therefore
דערינען – within, in it
דערלאָזן ★ – to permit
דערלויבן – to permit
דערלעבן – to experience, to live to see
דערמאָנען – to mention, to refer to, to remind
דערנאָך – then, afterward
דערנענטערן זיך (צו) – to approach
דערפּילן – to fulfill, to fill to the top
דערציילזאַץ, דער (ן) – declarative sentence
דערקוטשען – to nag, to pester
דערקענען – to recognize
דעררעדן זיך (צו אַ טאָלק) – to reach an understanding
דערשיסן ★ – to shoot to death, execute
דערשלאָגן (=דעפּרימירט) – beaten, depressed
דערשנאַפּן – to sense intuitively, to detect by smelling
דערשפּירן – to feel, to sense, to detect
דרוקן – to print
דרינגען ★ – to deduce, to learn
דרך־אַגבֿ [DEREKh-A'GEV] – by the way

האַב־און־גוטס, דאָס – belongings
האַלדז־און־נאַקן, דער (ס) – neck
האָלט האָבן – to like
האַלטן (אַז) ★ – to contend
האַלטן אין ★ – to be in the middle of
האַלטן אין איין ★ – to do ceaselessly
האַלטן בײַ ★ – to be about to
האַלטן וואָרט ★ – to keep one's word
האַמעטנע – corny
האַנאַראָווע – touchy
האָפּקען – to hop
האַרב – difficult, hard, puzzling
האָרעווען – to labor, to work hard
הבֿטחה, די (–ות) [HAFTO'KhE] – assurance
הגם [HAGA'M] (=כאָטש) – although
הודזשען – to drone, to hum
הוידען – to swing
הויפּט – main
הויף, דער (ן) – yard
הוליען – to carouse
הייבן ★ – to lift
הײַנט – today; moreover
הײַנטצײַטיק – contemporary, current, modern
הייסן ★ – to order, to direct, to command, to denote
הילוך, דער (ן) [HI'LEKh] – gait, conduct, attire
הילפֿסווערב, דער (ן) – auxiliary verb

הין און צוריק – back and forth
היפּוך, דער (ים/הפֿכים) [HE'YPEKh - HIPU'KhIM; HAFO'KhIM] – contrary, opposite
הלוואה, די (הלוואָות) [HALVO'E] – loan
הלוואַי [HALEVA'Y] – would that, I wish
הן ..., הן ... [HEN] – both..., and ...
הנאה, די [HANO'E] – pleasure, fun
הסכּמה, די (–ות) [HASKO'ME] – agreement
הספּד, דער (ים) [HE'SPED - HESPE'YDIM] – eulogy
העזהדיק [HO'ZEDIK] – audacious, arrogant
העל – bright
הענטשקע, די (ס) – glove
הערט זיך צו – listen!
הערשן – to rule
הפֿקרות, דאָס [HEFKE'YRES] – arbitrariness, licentiousness
הצלחה, די (–ות) [HATsLO'KhE] – luck, success
השערה, די (–ות) [HAShO'RE] – conjecture, supposition

ובפֿרט [UBIFRA'T] – and particularly
וואָדען?! – what else could it be?! of course!
וואַזאָנע, די (ס) – flowerpot
וואַלגערן זיך (=וואַנדערן) – to wander
וואָלקן, דאָס (ס) – cloud
וואַנדערונג, די (ען) – migration
וואָקאַל, דער (ן) – vowel
וואַרטן – to wait
וואָרעם, דער (ווערעם) – worm
וואַרעמען זיך – to warm oneself
וואַשן ★ – to wash (imperfective, general)
וואַשן זיך ★ – to wash (perfective, specific)
ווילטאָג, דער – luxury
וויען – to howl
וווּקס, דער (ן) – growth
ווײַטערדיק – following
ווײַטערציִען ★ – to extend, to draw out
ווייך – soft
אַ ווײַלע – (a) while
ווײַנפֿאַרביק – wine-colored
ווילדגראָז, דאָס – weeds
ווינקל, דער (ען) – corner
וויסטעניש, די (ן) – desolation, wasteland
ווירקונג, די (ען) (=דער רעזולטאַט, דער עפֿעקט) – result
וועטשערע, די (ס) – supper
ווענדן זיך (צו) ★ – to turn (to),(to address)
ווען ניט ווען – occasionally
ווערט, די/דער (ן) – value
ווערטל, דאָס (עך) – saying, proverb
ווערטלען זיך – to joke, to be witty
וכדומה [UKhDO'YME] – et cetera

זאַט – full, sated
זאַל, דער (ן) – hall
זאָרגן – to worry

זאָרג זיך נישט! – don't worry!
זײַדן – silken
זין, דער – sense, meaning
זכרון, דער (ס) [ZIKO'RN] – memory
זכר, דער (ס) [ZE'YKhER] – trace, remembrance
זלידנע – annoying
זעגל, דער (ען) – sail
זעלטן ווען – rarely, hardly ever
זען זיך [מיט אימעצן] * – to see one another
זשאַלעווען – to spare
זשאַלעווען זיך – to begrudge
זשומען – to hum, to buzz

חובֿ, דער (ות) [KhOYV] – debt
חולה, דער (חולאָים/חוליאים) [KhO'YLE - KhELO'IM, KhELI'IM] – ill man
חולנית, די [KhOYLO'NES] – ill woman
חוץ (אַחוץ) – besides
חוצפּהדיק [KhU'TsPEDIK] – audacious; to have a lot of nerve
חידוש, דער/דאָס (ים) [KhI'DESh - KhIDU'ShIM] – remarkable thing, novelty
חידושן זיך – to express surprise
חייל, דאָס (ות) [KhA'YIL-KhAYO'LES] – army
חילוק, דער (ים) [KhI'LEK - KhILU'KIM] (=דער אונטערשייד) – difference
חילוקי־דעות, דער/דאָס (ן) [KhILUKE-DE'YES] – controversy, difference of opinion
חלף, דער (ים) [KhA'LEF - KhALO'FIM] – slaughterer's knife
חלשן [KhA'LEShN] – to faint
חלשן נאָך – to yearn for
חן, דער [KhE'YN] – charm, grace
חן-גריבעלע, דאָס (ך) – dimple
חנעוודיק [KhE'YNEVDIK] – charming
חנפֿענען [KhA'NFENEN] – to flatter
חס וחלילה [KhAS-VEKhOLI'LE] – perish the thought
חסרון, דער (ות) [KhISO'RN- KhESRO'YNES] – fault
חרובֿ ווערן * [KhO'REV] – to be destroyed
חרובֿ מאַכן – to destroy
חרטה, די [KhARO'TE] – regret
חרטה האָבן (אויף) – to have regret (about)
חשובֿ [KhO'ShEV] (=אָנגעזען) – important, respected
חשק, דער [KhE'YShEK] – desire, eagerness

טאַבעלע, די (ס) – chart
טאָג־אײַן טאָג־אויס – day in, day out
טאַלאַנטירט – talented
טאַליע, די (ס) – waist
טאָן, דער (טענער) – tone
טאָפּ, דער (טעפּ) – pot
טאָפּן – to touch
טאָרן ניט – to be forbidden to, "must not" [plus verb in infinitive]

טאַש, די/דער (ן) – pouch, pocketbook
טוונג, די (ען) – action, activity
טויגן – to be adequate, to suffice, to be worthwhile, to be of value
טויגן אויף כפּרות, נישט טויגן – to be useless, worthless
טוך, דער (טיכער) – cloth
טומלען – to carry on noisily, to make a big noise
טיגער, דער (ס) – tiger
טײַטש, דער/די (ן) – meaning
טייל – some, part
טייל, דער/די (ן) – part
צום טייל – in part
טיילן – to divide
טיפּ, דער (ן) – type
טיפּיש – typical
טיראַזש, דער (ן) – circulation, press run
טעות, דער/דאָס (ן) [TO'ES - TO'ESN] – error, mistake
האָבן אַ טעות – to make a mistake
טעם, דער (ען) – taste, flavor, tone
טעם־גן־עדן [TA'M-GANE'YDN] – "a taste of Paradise," wonderful, delightful
טענהן [TA'YNEN] – to argue, to claim, to complain, to maintain
טראַסקען – to crack
טראָפּ, דער (ן) – emphasis, stress
טראַף, דער (ן) (=די זילב) – syllable
טרויעריק – sad
טרוקן – dry
טרייסטן – to console
טרענצלען – to waste
טרעפֿן * – to find, to guess
טרעפֿן זיך * – to occur
טרעשטשען – to crack
טשיקאַווע – odd, curious
טשעפּע זיך אָפּ – leave me alone
טשעפּען – to bother

יאָגן – to chase
יוצא־מן־הכלל, דער (ן) [YOYTsEMINAKLA'L] – exception to the rule
יורש, דער (ים) [YO'YRESh - YO'RShIM] – heir
יחסן, דער (ים) [YA'KhSN - YAKhSO'NIM] – a privileged person
יחסניש [YAKhSO'NISh] – aristocratic
ייִחוס, דער [YI'KhES] – lineage, parentage
ייִשובֿ, דער (ים) [YI'ShEV-YIShU'VIM] – settlement, village
יכלען [YO'KhLEN] – to know one's stuff
יסוד, דער (ות) [YESO'D - YESO'YDES] – foundation, base, basis
יעגער, דער (ס) – hunter
ירושה, די (–ות) [YERU'ShE] – inheritance
ירשענען [YA'RShENEN] – to inherit
יתום, דער (ים) [YO'SEM - YESO'YMIM] – orphan

so as to – [KEDE'Y] כדי
worthwhile – [KEDA'Y] כּדאַי
intention – [KAVO'NE] (ות–) כוונה, די
strength – [KO'YEKh - KOY'KhES] (ות) כּוח, דער
imagination – [KO'YEKh-HADI'MYEN] כּוח־הדמיון, דער
a morsel – [KEZA'YES] (ן/ים) כּזית, דער
magic – [KI'ShEF - KIShU'FIM] (ים) כּישוף, דער
as long as – [KOL-ZMA'N] כּל־זמן
vessel – [KE'YLE - KE'YLIM] (ם) כּלי, די
rule, law, standard – [KLAL - KLOLIM] (ים) כּלל, דער
standard language – [KLAL] (ן) כּלל־שפּראַך, די
all kinds of; – (=אַלערלײ) [KO'LERLEY] כּלערלײ
various
constantly – [KESE'YDER] כּסדר
to multiply by – [KE'YFLEN] כּפֿלען אויף

although, at least – כאָטש
you could, one might, one – (מיט אימפּעראַטיוו) כאָטש
might as well
greedy – כאַפּעריש
wave – (ס) כוואַליע, די
crafty – כיטרע
to sob – כליפּען
to crunch – כראָמטשען
to snore – כראָפּען

loaf – (ס) לאַבן, דער
situation – (=די סיטואַציע) (ס) לאַגע, די
not necessarily – [LAV-DA'FKE] לאו־דווקא
to start out – ✶ לאָזן זיך
to enjoy oneself, to have a good – ✶ לאָזן זיך ווױלגײן
time
sweet to excess, saccharine – לאַקרעצדיק
in relation to, compared to – [LEGA'BE] לגבי
to distinguish between the – [LEHA'VDL] להבֿדיל
sacred and profane (interjection)
to be greedy for, to covet – זײַן להוט נאָך :[LO'ET] להוט
to be anxious to – (פּלוס אינפֿיניטיוו) זײַן להוט צו
leviathan – [LEVYO'SN] לוויתן, דער
to praise – לויבן
loose – לויז
running, a lot of running around; – (ן) לויפֿעניש, דאָס
diarrhea
air conditioning – לופֿטקילונג, די
absolutely – [LAKhLU'TN] לחלוטין
doll – (ס) ליאַלקע, די
to rain very heavily – ליאַפּען
to be noisy – ליאַרעמען
dear – ליב
to be pleasing to – (עס איז מיר ליב) ✶ ליב זײַן
to oblige – (טו מיר צו ליב) ✶ צו ליב טאָן
suffering – (ן) לייד, די
to suffer – (=מוטשען זיך, האָבן יסורים) ✶ לײַדן
unfortunately – ליידער

people; upstanding people – לײַט
easy – לײַכט
frivolous, thoughtless – לײַכטזיניק
to lend – ✶ לײַען
to borrow – ✶ לײַען בײַ
reading material – (=לייען־מאַטעריאַלן) לייענוואַרג, דאָס
elevator – (ן) ליפֿט, דער
at least – [LEKhO'L-(H)APO'KhES] לכל־הפּחות
at first – [LEKhATKhI'LE] לכתּחילה
why? – [LEMA'Y] למאַי?
finally; in the end – [LESO'F] לסוף
life – (ס) לעבן, דאָס
all his/her life – (אַ) לעבן לאַנג
bless you – אַ לעבן אויף דיר
lively – לעבעדיק
ridiculous – לעכערלעך
loin – (ן) לענד, די
recently – לעצטנס

stomach – (ס) מאָגן, דער
skinny – מאָגער
strange, curious – מאָדנע
to suffer, to slave – מאַטערן זיך
sailor – (ן) מאַטראָס, דער
majestic – מאַיעסטעטיש
to wave, to gesture – (מיט דער האַנט) ✶ אַ מאַך טאָן
– [MA'YKhL - MAYKhO'LIM] (ים) מאכל, דער/דאָס
dish, treat
time, instance – (–) מאָל, דאָס
occasionally, sometimes, formerly – אַ מאָל
painter – (ס) מאָלער, דער
meal – (ן) מאָלצײַט, דער
mommies! (exclamation, the – מאַמעלעך מײַנע!
equivalent of "goodness!")
to maneuver – מאַנעווורירן
to demand – מאָנען
mast – (...ביימער) מאַסטבוים, דער
murder – (ן) מאָרד, דער
to – (=אַרויסווײַזן ביטול) מאַכן [MEVA'TL] מבֿטל
denigrate
to visit a – ✶ זײַן [MEVA'KER-KhO'YLE] מבֿקר־חולה
sick person
to exaggerate – ✶ זײַן [MEGA'ZEM] מגזם
=דער/די שטאַפּל, דער) [MADRE'YGE] (ות–) מדרגה, די
level, degree – (גראַד
distance – [MEHA'LEKh] מהלך, דער
to inform, to announce – ✶ זײַן [MEDI'E] מודיע
museum – (ען) מוזיי, דער
brains, mind – [MO'YEKh - MO'YKhES] (ות) מוח, דער
to forgive – ✶ זײַן [MO'YKhL] מוחל
to torment – מוטשען
to suffer – מוטשען זיך
specialist – [MU'MKhE] (מומחים) מומחה, דער
design, example, pattern – (ן) מוסטער, דער

to moralize –[MU'SER] מוסר זאָגן
moral – [MUSER-HA'SKL] מוסר־השׂכּל, דער (ען)
frightening – [MO'YREDIK] מוראדיק
to murmur – מורמלען
outside of – [MEKhU'TS] מחוץ
son/daughter-in-law's father; – [MEKhU'TN] מחותּן, דער
male relative by marriage
son-/daughter-in-law's – [MEKhUTO'NIM] מחותּנים
parents, nieces, nephews, cousins, grandparents
– [MEKhUTE'NESTE] מחותּנתטע, די
son-/daughter-in-law's mother; female relative by marriage
pleasure – [MEKhA'YE] מחיה, די
wonderful! – אַ מחיה!
forgiveness – [MEKhILE] מחילה, די
Mohammedan (adj.) – [MAKhMEDA'NISh] מחמדאַניש
coin –[MATBE'YE] מטבע, די (–ות)
vague – [METU'ShTESh] מטושטש
to trouble oneself, to – ✶ [MATRI'EKh] מטריח זײַן זיך
take the trouble
ugly – מיאוס
to mew – מיאַוקען
tired – מיד
habit – [MI'DE] מידה, די (–ות)
psalm – [MI'ZMER - MIZMO'YRIM] מיזמור, דער (ים)
Mediterranean Sea – מיטלענדישער ים, דער
agreement – מיטשטימונג, די (ען)
interlocutor – מיטשמועסער, דער (ס)
who knows (how – [MI-YEDE'YE] מי־יודע (וויפֿל)
many), it's hard to say (how many)
pitfall, – [MI'KhShL - MIKhShO'YLIM] מיכשול, דער (ים)
stumbling block
never mind; what can you do? – [ME'YLE] מילא
(interjection)
kind; gender – מין, דער/דאָס (ים)
manure, garbage – מיסט, דער
to mix – מישן
trial – [MI'ShPET - MIShPO'TIM] מישפּט, דער (ים)
about, with reference to –[MEKO'YEKh] מכּוח
tool – [MA'KhShER - MAKhShI'RIM] מכשיר, דער (ים)
trade – [MELO'KhE] מלאָכה, די (–ות)
– [MA'LBESh - MALBU'ShIM] מלבוש, דאָס/דער (ים)
garment
state, kingdom – [MELU'KhE] מלוכה, די (–ות)
truely – [MA'MESh] ממש
to continue – ✶ [MA'MShEKh] ממשיך זײַן
to comfort a – [MENA'KhEM-O'VL]✶ מנחם־אָבֿל זײַן
mourner (with a visit)
to be equal (to a task) – (צו) ✶ [MESU'GL] מסוגל זײַן
to agree (with) – (מיט) ✶ [MA'SKEM] מסכּים זײַן
possibility – מעגלעכקייט, די (ן)
powerful – מעכטיק
matter – מער, דער
to be the matter – זײַן דער מער

majority – מערהייט, די
good deeds – [MAYSIM-TO'YVIM] מעשׂים־טובֿים
condition – (=סיטואַציע) [MA'TSEV] מצבֿ, דער
to despair, to worry – [METsA'ER] ✶ מצער זײַן זיך
מקוים [MEKU'YEM] ווערן ✶ (=פֿאַרווירקלעכט ווערן, ווערן
to be fulfilled, to come true – (דערפֿילט
to be jealous – [פֿלוס דאַטיוו] ✶ זײַן [MEKA'NE] מקנא
(of)
hyphen – [MA'KEF] מקף, דער (ן)
to abridge – [MEKA'TsER]✶ מקצר זײַן
weird – [MEShU'NE] משונה
example, – [MO'ShL - MEShO'LIM] משל, דער/דאָס (ים)
fable
to argue, to – [MISVAKE'YEKh] ✶ מתווכּח זײַן זיך
instigate
diligent – [MA'SMED- MASMI'DIM] מתמיד, דער (ים)
person
to admonish, to warn – [MA'SRE] מתרה זײַן

again, once again – נאָך אַ מאָל
to yield, to acquiesce – ✶ נאָכגעבן
modeled after, in imitation – נאָכגעמאַכט
to inquire (about; from) – (אויף; בײַ) נאָכפֿרעגן זיך
to comply with – ✶ נאָכקומען
to grant a request – ✶ נאָכקומען אַ בקשה
wet – נאַס
petroleum, kerosene – נאַפֿט, דער
just, only – נאָר
just now, recently – נאָר וואָס
to fool, to deceive (imperfective; rare) – נאַרן
prophet – [NO'VI - NEVI'IM] נבֿיא, דער (ים)
alms – [NEDO'VE] נדבֿה, די (–ות)
to bore, to nag – נודיען
to conduct – (=זיך פֿירן) [NO'YEG] ✶ נוהג זײַן זיך
oneself
needy – נויט־באַדערפֿטיק
– (=די טרייסט) [NEKhO'ME] נחמה, די (–ות)
consolation
satisfaction, pleasure– [NA'KhES] נחת, דאָס/דער
inclination – (=די נייגונג) [NETI'E] נטיה, די (–ות)
low – נידעריק
nuance – ניואַנס, דער (ן)
to need – נייטיקן זיך אין
to compel – נייטן
sober – ניכטער
on an empty stomach – אויפֿן ניכטערן האַרצן
deceased – [NI'FTER - NIFTO'RIM] ניפֿטר, דער (ים)
miracle – [NES - NI'SIM] נס, דער (ים)
journey – (=די רײַזע) נסיעה, די (–ות)
interjection expressing sympathy – נעבעך

to wander, to have no – ✶ זײַן [NAVENA'D] נע־ונד
home
migrant, wanderer – נע־ונדניק, דער (עס)

to disappear, to vanish — ∗ נעלם ווערן
to take — נעמען

very — סאַמע
to gasp, to pant — סאָפּען
conjecture — [SVO'RE] סבֿרא, די (–ות)
it is likely that — (עס איז) אַ סבֿרא אַז
arrangement, order — [SE'YDER - SDO'RIM] סדר, דער (ים)
sentence unit — סדר־איינס, דער (ן) (=דער זאַצאיינס),
secret — [SOD-SO'YDES] סוד, דער (ות)
merchant — [SO'YKhER - SO'KhRIM] סוחר, דער (ים)
uproar, hubbub — סומאַטאָכע, די
surprise — סורפּריז, דער (ן)
merchandise — [SKhO'YRE] סחורה, די (–ות)
ceiling — סטעליע, די (ס)
to threaten — סטראַשען
reason — [SI'BE] סיבה, די (–ות)
anyway, nonetheless — (סײַ ווי =סײַ ווי סײַ)
conflict, feud, controversery — [SI'KhSEKh - SIKhSU'KhIM] סיכסוך, דער (ים)
danger to the soul! — [SAKO'NES-NEFO'ShES] סכּנת־נפֿשות, דאָס
all in all, all told — [SAKhA'KL] סך־הכּל
banquet — [SU'DE] סעודה, די (–ות)
doubt — [SO'FEK - SFE'YKES] ספֿק, דער (ות)
a crust — (=פֿאַרדאַרט שטיקל ברויט) סקאָרינקע, די (ס)
contradictory — סתּירהדיק

past — [O'VER] עבֿר, דער (ס)
witness — [E'YDES] עדות, דער (–)
burden — [OL] עול, דער/דאָס (ן)
infant — (=נאָר וואָס געבוירן קינד) [E'YFELE] עופֿעלע, דאָס (ך)
wealthy man — [O'YSHER - AShI'RIM] עושר, דער (עשירים)
genuine — עכט
according to — [A'LPI] על־פּי
someone — (=אימעצער) עמעצער
crowded, tight — ענג
ending — ענדונג, די (ען)
to end — ענדיקן (זיך)
similar — ענלעך
business, concern — [E'YSIK - EYSO'KIM] עסק, דער/דאָס (ים)
somewhat similar — עפּעס ענלעך
to advise — [E'YTsEN] עצהן
stubborn person — [A'KS hN - AKShO'NIM] עקשן, דער (ים)
approximately — אַן ערך :[E'REKh] ערך
non-Jew (pejorative) — (=ניט־ייִד) [O'RL - ARE'YLIM] ערל, דער (ים)
honest — ערלעך
serious — ערנצט

only now — ערשט איצט
future — [O'SED] עתיד, דער

appropriate — פּאַסיק
to be appropriate, to be proper, to fit — פּאַסן
to drum — פּויקן
idle, empty — פּוסט
to stay vacant — פּוסטעווען
result, consequence — [POYEL-YO'YTsE] פּועל־יוצא, דער (ס)
to persuade (someone), to prevail — [PO'YELN] (בײַ אימעצן) פּועלן
fear — [PA'KhED - PKhO'DIM] פּחד, דער (ים)
to get rid of — ∗ ווערן פֿון [PO'TER] פּטור
death — [PTI'RE] פּטירה, די
to waste — [PA'TERN] פּטרן
detail, particular — פּיטשעווקע, די (ס)
with every little detail — מיט אַלע פּיטשעווקעס
to make a racket — פּילדערן
accurate — פּינקטלעך
splash — פּליוך, דער (ן)
bald spot — פּליך, דער (ן)
to judge — [PA'SKENEN] פּסקענען
result — (=רעזולטאַט, עפֿעקט, ווירקונג) [PU'LE] פּעולה, די (–ות)
literal — פּראָסט־פּשוט
to try — פּרווון
detail — [PRAT - PRO'TIM] פּרט, דער (ים)
nobleman — [PO'RETS - PRI'TSIM] פּריץ, דער (ים)
precise — פּרעציז

factory — פֿאַבריק, די (ן)
to demand, to request — (=מאָנען, פֿאַרלאַנגען) פֿאָדערן
occupation — פֿאַך, דער (ן)
instance — פֿאַל, דער (ן)
to speak through the nose — פֿאָנפֿען
there is, there are — פֿאַראַן : עס איז/זײַנען פֿאַראַן
changed — פֿאַרביטן
exchange — פֿאַרבײַט, דער (ן)
to replace — ∗ פֿאַרבײַטן
to trade — ∗ פֿאַרבײַטן זיך מיט
dessert — פֿאַרבײַסן, דאָס (ס)
to remain — ∗ פֿאַרבלײַבן
delusion — פֿאַרבלענדעניש, דאָס (ן)
to invite — ∗ פֿאַרבעטן
crime — פֿאַרברעכן, דאָס (ס)
to spend (time) — [פֿאַרבראַכט] פֿאַרברענגען
to disappear — ∗ פֿאַרגיין
not to begrudge (oneself) — ∗ (זיך) פֿאַרגינען
to spill, to shed (i.e., blood) — ∗ פֿאַרגיסן
comparison — פֿאַרגלײַך, דער (ן)
in comparison to — אין פֿאַרגלײַך מיט
to throttle, to be carried away in song (pejorative) — (throat = גאָרגל) פֿאַרגערגלען

פֿאַרגרעסערונג, די (ען) – increase
פֿאַרדאָרבן – sick, ruined
פֿאַרדולן (דול = משוגע) – to stun, to dazzle, to bore thoroughly
פֿאַרדולן [אימעצן] דעם קאָפּ – to drive [someone] crazy
פֿאַרדײַען – to digest
פֿאַרדינען – to earn
פֿאַרדמיונט [FARDI'MYENT] זײַן ✶ – to be daydreaming
פֿאַרדרייען – to misrepresent, to garble, to distort, to turn (also: to turn off a switch or a faucet)
פֿאַרדריסן ✶ – [פֿלוס דאַטיוו] (עס פֿאַרדריסט מיר אַז) – to irk, to regret
פֿאַרהערן – to mishear (also: to examine)
פֿאַרוואַסערן – to dilute
פֿאַרוואַרפֿן ✶ – to toss across a space, to misplace
פֿאַרווײַלן זיך – to enjoy oneself, to have fun
פֿאַרוויקלען – to entangle
פֿאַרויסזען ✶ – to foresee
פֿאַרזיכטיק – careful
פֿאַרזיכערן – to insure that something will take place, to assure, to affirm
פֿאַרזען ✶ – to neglect, to overlook
פֿאַרחידושן (חידוש = וווּנדער) – to amaze
פֿאַרטויבן – to muffle, to deafen, to anaesthetize
פֿאַרטונקלען – to darken
פֿאַרטיידיקן (זיך) – to defend (oneself)
פֿאַרטיידיקער, דער (ס) – defender
פֿאַרטיילן – to distribute
פֿאַרטראָגן ✶ – to tolerate
פֿאַרטראַכטן זיך – to get lost in thought
פֿאַרטרײַבן ✶ – to drive off/out
פֿאַרטשעפּען – to hook, to catch, to snag
פֿאַרטשעפּען זיך מיט – to pick a quarrel with
פֿאַרכּישופֿט – bewitched, magic (adj.)
פֿאַרלאָזלעך – reliable, trustworthy
פֿאַרלאָזן ✶ – to depart from
פֿאַרלאָזן זיך אויף ✶ – to rely on
פֿאַרלאַנג, דער (ען) – request, desire
פֿאַרלאַנגען – to request, to desire
פֿאַרליבן זיך אין – to fall in love with
פֿאַרלייגן – to suggest
פֿאַרלירן ✶ (=אָנווערן) – to lose
פֿאַרלעצט – penultimate
פֿאַרמאָגן – to possess
פֿאַרמעגן, דאָס (ס) – estate, property
פֿאַרמעסט, דער (ן) – contest
פֿאַרמעסטן זיך – to compete
פֿאַרנעמען זיך מיט ✶ – to engage in
פֿאַרפּלאָנטערן – to muddle, to confuse
פֿאַרפֿירן – to mislead
פֿאַרצווייפֿלט – desperate
פֿאַרצייכענען – to note down, to make note of
פֿאַרקומען ✶ – to occur, to take place
פֿאַרקוקן – to overlook
פֿאַרקוקן זיך – to stare, to gaze
פֿאַרקלעמט – squeezed (also: oppressed)
פֿאַרקלענערונג, די (ען) – decrease
פֿאַרקלערן – to consider
פֿאַררופֿן זיך אויף ✶ – to refer to, to allude to
פֿאַרריכטן (=מאַכן צו רעכט) – to fix, to mend, to correct
פֿאַרשטייט זיך – obviously
פֿאָרשטעלן זיך – to imagine
פֿאַרשיידן – different, various
פֿאַרשפּאָרן – to spare, to save
פֿאַרשפּילן – to lose (in a game)
פֿאַרשפּרייט – widespread
פֿאַרשרײַבן ✶ – to write down
פֿויל – lazy
פֿוילן זיך – to laze around
פֿור, די (ן) (=דער וואָגן) – wagon
פֿײַער: אַ פֿײַער! – damn!
פֿײַפֿן – to whistle
פֿיל-ווייניק – approximately, more or less
פֿילן – to fill
פֿירן – to lead (transitive)
פֿירן זיך – to behave, to conduct oneself (intransitive)
פֿירעק(עכ/עכד)יק – square
פֿלײַסיק – industrious
פֿעט – fat
פֿעלער, דער (ן) – error
פֿענאָמען, דער (ען) – phenomenon
פֿרעמד – foreign

צאָל, די (ן) – number
צאַרט – tender, delicate
צאַרטקייט, די – tenderness
צאָרן, דער – wrath
צד, דער (צדדים) [TsAD - TsDO'DIM] – side of a family, side in a conflict
צואײַלן – to hurry up
צוגאַנג, דער (ען) – attitude, approach
צוגלײַכן ✶ – to compare
צוגעבן ✶ – to add
צוגעהעריקייט, די (ן) – state of belonging
צוגעטראַכט – invented
צוגעטשעפּעט – attached
צוגעפּאַסט – appropriate
צוהערן זיך צו – to listen to
צוהערער, דער (ס) – listener
צוּוווּקס, דער (ן) – increase
צוזאָגן – to promise
צוטראַכטן – to think up
צו ליב טאָן – to oblige
צונויפֿהעפֿט, דער (ן) – compound
צונויפֿזעצן – to compose
צונויפֿפֿאַלן זיך מיט ✶ – to coincide
צונויפֿקומען זיך ✶ – to come together
צונויפֿקלײַבן ✶ – to gather

צופּאַסן (זיך) – to fit
צופֿאַל, דער (ן) – coincidence
צופֿרידן – satisfied
צופֿרידנקייט, די – satisfaction
צופֿרידנשטעלן – to satisfy
צוציִען ✶ – to attract
צוקלעפּן זיך צו – to attach oneself to
צוקלערן – to invent, to think up
צוריקגעהאַלטן – aloof, reticent
צוריק געררעדט – on the other hand
צושטעלן – to add
צושמידן – to nail to the spot
ציטערן – to tremble
צײַג, דאָס – fabric
צײַטנווײַז – at times, part of the time
ציל, דער (ן) – goal
ציִען ✶ – to extend, to pull
צעבטלען [TsEBA'TLEN] – to squander, to idle away
צעגיין ✶ – to melt
צעגיין זיך ✶ – to disperse
צעגעבן ✶ – to distribute
צעוואַרפֿן ✶ – to scatter, to put in disorder
צעווערטלען זיך מיט – to exchange angry words with
צעטומלען – to confuse
צעטיילן – to divide
צעטרענצלען – to waste, to squander
צעלאָזן ✶ – to spoil (of a child), to melt
צעלויפֿן זיך ✶ – to scatter (running)
צעמישן – to confuse
צענעמען ✶ – to take apart (also: to move deeply)
צעעפֿענען – to open wide, to unroll
צעפּאַקן – to unpack
צעפּויקן – to spread a rumor
צעפּלאָנטערן – to muddle, to confuse
צעפּרטלען [TsEPRA'TLEN] – to itemize
צעפֿאַלן זיך ✶ – to fall apart, to decay
צעקאָכט – angry
צעקאָכן – to overboil
צעקאָכן זיך – to get all upset
צעקײַען – to chew
צעקלאַפּן – to break into pieces
צעקלאַפּן זיך – to get hurt
צעקריגט – estranged
צעקריגן זיך – to start a quarrel
צערודערן – to disorient, to upset
צערײַסן ✶ – to tear apart
צרה, די (–ות) [TsO'RE] – trouble

קאָטער, דער (ס) – tomcat
הערן אימעצן ווי דעם קאָטער – to pay no attention to someone
קאָלומנע, די (ס) – column
קאַליע – spoiled
קאַליע ווערן ✶ – to be spoiled
קאַליע מאַכן – to ruin
קאָמפּליצירט – complicated
קאָנטראָלירן – to check
קאָנקורירן – to compete
קאָפּ אויף קאָפּ – densely crowded
קאַפּיטל, דאָס/דער (עך/ען) – chapter
קאַפּעטשקע, דאָס (ס) – bit, tiny bit
קאָרב, דער (קערב) – basket
קאַרג – cheap
קבצן, דער (ים) [KA'PTsN, KAPTsO'NIM] – poor man
קודם-כל [KO'YDEM-KOL] – first of all
קוויטשען – to squeal, to squeak
קווענקלען זיך – to hesitate, to waver
קווענקלען זיך מיט דער דעה [DE'YE] – not to make up one's mind
קוימען, דער (ס) – chimney
קוליע, די (ס) – crutch
קומען צו גאַסט ✶ – to visit
קומען צו פֿאָרן ✶ – to arrive (by vehicle)
קומען צו ניץ ✶ – to be useful
קונה, דער (–ים) [KO'YNE - KO'YNIM] – customer
קונץ, די (ן) – trick, feat
קוצעניו-מוצעניו, דאָס (זײַן קוצעניו-מוצעניו) – intimacy, fondling (to be intimate)
קוקן פֿון אויבן אַראָפּ – to condescend
קורצזיכטיק – near-sighted
קיל – cool
קינאה, די (–ות) [KI'NE] – envy, jealousy
קירך, די (ן) – church
קירכנגלאָק, דער (ן) – church bell
קלאָגעדיק – pathetic
קלאַנג, דער (ען) – sound, rumor
קלאַפּער-געצײַג, דאָס – paraphernalia
קלאָץ-קשיא, די (–ות) [KA'ShE] – stupid question
קלאָרקייט, די – clarity
קלעפּן – to stick
קלעקן – to suffice
קלערן – to think
קנאַפּ – scant
קניפּל, דאָס (עך) – knot, savings sewn or knotted into cloth
קנעפּל, דאָס (עך) – button
קענטלעך – recognizable
קעניגין, די (ס) – queen
קעסל, דער (ען) – boiler
קער, דער (ן) – turn
קערן – to turn, to sweep
קראַפֿט, די (ן) – power
קראַצן – to scratch
קרום – crooked
קרײַז, דער (ן) – circle (of people)
קריכן ✶ – to crawl
קרעטשמע, די (ס) – road house, inn
ראָג, דער (ן) – street corner

ראַטעווען – to save
ראָלקע, די (ס) – bank roll
ראַמש, דער (ן/עס) – junk, odds & ends
ראָשי־פּרקים [ROShE-PRO'KIM] (מערצאָל) – outline
ראשית־כּל [RE'YShES-KOL] – first of all
רבונו־של־עולם [REBO'YNE-ShEL-O'YLEM] – Lord (of the World)
רדיפֿה, די (ות) [REDI'FE] – persecution
רו, די – rest, relaxation
רובֿ, דאָס [ROV] (=די מערהייט) – majority
רובֿ: על־פּי רובֿ – mostly
רוגזה, די [RU'GZE] – fury, anger
רודערן – to make noise, to row
רודפֿן [RO'YDEFN] – to persecute
רוי – raw, unripe
רויוואַרג, דאָס (-) – raw materials
רחבֿותדיק [RA'KhVESDIK] – roomy, spacious
רחמנות האָבן אויף – to have pity for
רײַבן (זיך) * – to rub, to hang out with
ריין – clean, pure
רײַסן * – to tear
רײַסן קריעה * [KRI'E] – ritual tearing of clothes in mourning
רייצן – to irritate
רייצן זיך מיט – to tease
ריכטן זיך (אויף) – to expect
ריכטער, דער (ס) – judge
רימען זיך – boast
רימער, דער (ס) – harness maker
רירן – to move
רעגירונג, די (ען) – government
רעווערענט, דער (ן) – cleric
רעטעניש, דאָס (ן) – riddle
רעקל, דאָס (עך) – jacket
רער, די/דער (ן) – tube
רעש, דער [RASH] – noise
רק [RAK] – (רק ער לאַכט – he laughs constantly) constantly

שאַד, דער – waste, pity, shame
אַ שאַד די צײַט – a waste of time
שאַט – hush (plural)
שאַטירונג, די (ען) – shade (of a color)
שאַטן – to harm
שאַך, דער – chess
שאַכטל, דער/דאָס (ען) – little box
שאַנד, די – disgrace
שאַפֿן * – to create
שאַרבן, דער (ס) – shard
שבֿט, דער (ים) [ShE'YVET - ShVO'TIM] – tribe
שואל־עצה [ShOYEL-EY'TsE] זײַן זיך מיט – to seek advice from, to take counsel with
שוואָגער, דער (ס) – brother-in-law
שוואַרצאַפּל, דאָס (ען) (פֿון אויג) – pupil
שוויגער, די (ס) – mother-in-law
שווײַגן * – to be silent
שוועגערין, די (ס) – sister-in-law
שוועל, די/דער (ן) – threshold
שווער, דער (ן) – father-in-law
שווערד, דער (ן) – sword
שוחט, דער (ים) [ShO'YKhET - ShO'KhTIM] – slaughterer
שוטה, דער (–ים) [ShO'YTE - ShO'YTIM] – fool, blockhead
שויב, די (ן) – window pane
שולדיק – guilty
שולדיק זײַן * – to owe
שופּן, די – dandruff
שור־הבר, דער [ShORABO'R] – wild ox, which will, with the leviathan, be eaten by the righteous at the coming of the Messiah, according to Jewish lore
שורש, דער (שרשים) [ShO'YRESh - ShERO'ShIM] – root
שושקען – to whisper
שותּף, דער (ים) [ShU'TEF - ShU'TFIM] – partner
שטאָך, דער (שטעך) – stitch
שטאָלץ – proud
שטאַם, דער (ען) – stem
שטאַמלען – to stammer
שטאַפּל, דער/די (ען) – step, stage, level
שטום – dumb
שטײַגן * – to ascend
שטייגער, דער – manner, way
אַ שטייגער – for instance, as if
שטילינקערהייט – quietly, to oneself
שטיפֿן – to carry on, to play pranks
שטענדיק – always
שטערן – to disturb
שטראַל, דער (ן) – ray
שטרויכלשטיין, דער (ער) (=מיכשול) – pitfall, stumbling block
שטרײַטן * – to quarrel
שטריך, דער (ן) – aspect, feature
שיטה, די (–ות) [ShI'TE] – doctrine, school of thought
שײַכות, דאָס [ShAY'KhES] – relation, connection, bearing
אָן קיין שום שײַכות – with utterly no bearing
שילדערן – to depict
שילטן זיך * – to curse (intransitive)
שינוי, די (ים) [ShI'NE - ShINU'IM] – change
שיסן * – to shoot
שכינה, די [ShKhI'NE] – the Divine Presence
שלאַכט, די – battle
שלווהדיק [ShA'LVEDIK] – tranquil
שלום־בית [ShOLEM-BA'YES] (=שלום אין דער היים) – domestic peace
שליח, דער (ים) [ShELI'EKh - ShLI'KhIM] – messenger
שלינגען * – to swallow
שליסלוואָרט – keyword
שמד, די [ShMAD] – conversion (out of Judaism)

to sniff around – שנאַפּן
to snore – שנאָרכן
daughter-in-law – שנור, די (ן/שניר)
cut – שניט, דער (ן)
secondly – [ShE'YNES] שנית
bashful – שעמעוודיק
to give (as a present) – שענקען
shard – שערבל, דאָס (עך)
column, fissure – שפּאַלט, דער (ן)
tension, strain – שפּאַנונג, די (ען)
to stroll, to walk – שפּאַצירן
spur – שפּאָר, דער (ן)
to argue – שפּאַרן זיך
food – שפּײַז, די (ן)
to spit – * שפּײַען
to feel – שפּירן זיך
touchy – שפּירעוודיק
proverb – שפּריכוואָרט, דאָס (...ווערטער)
to scream – * שרײַען
fear, horror – שרעק, דער/די
horrible! – אַ שרעק!
reason, sense, wit – [SE'YKhL] שׂכל, דאָס
to make sense – זיך לייגן אויפֿן שׂכל

abyss – [THOM] תּהום, דער (ען)
substance, core – [TOKh] תּוך, דער
essentially – אין תּוך
basic –[TO'KhIK] תּוכיק
justification, pretext – [TE'RETs - TERU'TsIM] תּירוץ, דער (ים)
an excuse that doesn't hold water – אַ תּירוץ פֿאַר די בענטשליכט
jewel, treasure, brat – [TA'KhShIT - TAKhShI'TIM] תּכשיט, דער (ים)
ruin, shambles – [TEL] תּל, דער
always – [TO'MID] תּמיד
condition – (=דער באַדינג) [TNAY - TNO'YIM] תּנאַי, דער (ים)
perceptiveness in study – [TFI'SE] תּפֿיסה, די (–ות) :דאָ
manners, politeness – [TA'RBES] תּרבות, דאָס
to act with respect (towards) – תּרבות האָבן (פֿאַר)

ENGLISH-YIDDISH

Transcriptions of Hebrew- and Aramaic-component words and information about the formation of past participles can be found in the Yiddish-English glossary.

to abandon – איבערלאָזן אויף גאָטס באַראָט
about, with reference to – מכּוח
to abridge – מקצר זײַן
absolutely – לחלוטין
absurdity – אַבסורד, דער (ן)
abyss – תּהום, דער (ען)
to accommodate, to satisfy – באַפֿרידיקן
to accomplish – אויפֿטאָן
according to – על-פּי
to accumulate – אָנקלײַבן (זיך)
accurate – פּינקטלעך
accusation – באַשולדיקונג, די (ען)
to accuse – באַשולדיקן
accuser – אָנקלאָגער, דער (ס)
action, activity – טוונג, די (ען)
actually – אייגנטלעך
to add – צוגעבן, צושטעלן
to be adequate, to suffice, to be worthwhile, to be of value – טויגן
adherent – אָנהענגער, דער (ס)
to admire, marvel at – באַוווּנדערן
to admit, to let ascend – אַרויפֿלאָזן
to admonish, to warn – מתרה זײַן
to advise – עצהן
to advise, to chastise, to scold – אויסמוסרן
again, once again – נאָך אַ מאָל
to agree, to come to an agreement – אויסקומען צווישן זיך
to agree on – אָפּרעדן אויף, אָפּשמועסן אויף
to agree (with) – מסכּים זײַן (מיט)
agreement – הסכּמה, די (–ות), מיטשטימונג, די (ען)
air conditioning – לופֿטקילונג, די
all in all, all told – סך-הכּל
all kinds of; various – כּלערליי, אַלערליי
all the more – אַלץ מער
all the same – אַלץ איינס
all the way (to) – אַזש (ביז/קיין)
alms – נדבֿה, די (–ות)
aloof, reticent – צוריקגעהאַלטן
although – הגם, כּאָטש
always – שטענדיק, תּמיד
to amaze – פֿאַרחידושן
ambitious – אַמביציעז
to anaesthetize; to muffle, to deafen – פֿאַרטויבן
analysis – אַנאַליז, דער (ן)
angry (at) – צעקאָכט, ברוגז, אין כּעס (אויף)
announcement, tidings – בשׂורה, די (–ות)

annoying – זלידנע
to be anxious to – זײַן להוט צו (פּלוס אינפֿיניטיוו)
anyway, nonetheless – סײַ ווי (אָדער סײַ ווי סײַ)
to appear, to seem – אויסזען
to appear, to come into view – באַווײַזן זיך
to appease, to calm (oneself) – אײַנשטילן, באַרויִקן (זיך)
applicable, valid – גילטיק
to approach – דערנענטערן זיך
to approach unnoticed, to catch up to or join a group – אונטערקומען
to be appropriate, to be proper, to fit – פּאַסן
appropriate, correct – געהעריק
appropriate, fitting – פּאַסיק, צוגעפּאַסט
approximately, more or less – אַן ערך, פֿיל-ווייניק
to argue something through, to present your arguments – אויסטענהן
to argue, to bicker – שפּאַרן זיך, אַמפּערן זיך
to argue, to claim, to complain, to maintain – טענהן
to argue, to instigate – מתווכּח זײַן זיך
aristocratic – יחסניש
army – חיל, דאָס (ות)
to arouse – אָנטוועקן
to arrange, to put in order – אויססדרן, אײַנאָרדענען
to arrange with – אָפּרעדן זיך מיט
arranged!, agreed!, self-evident! – אָפּגערעדט!, אָפּגעשמועסט!
arrangement, order – סדר, דער (ים)
to arrive – אָנקומען
to arrive (by vehicle) – קומען צו פֿאָרן
artificial – געקינצלט
as long as – כּל-זמן
to ascend – אַרויפֿגיין
asleep: to fall asleep – אַנטשלאָפֿן ווערן
aspect, feature – שטריך, דער (ן)
assurance – הבֿטחה, די (–ות)
at first – לכתּחילה
at least – לכל-הפּחות
to attach oneself to – צוקלעפּן זיך צו
attached – צוגעטשעפּעט
to attack – באַפֿאַלן
to attend, to be present – בײַזײַן
attic – בוידעם, די (ס/ביידעמער)
attitude, approach – צוגאַנג, דער (ען)
to attract – צוציִען
attribute, characteristic, peculiarity – אייגנקייט, די (ן)
audacious, arrogant – העזהדיק
audacious, to have a lot of nerve – חוצפּהדיק
auxiliary verb – הילפֿסווערב, דער (ן)
to avoid – אויסמײַדן

Babylon – בבֿל
back and forth – הין און צוריק
bald spot – פּליך, דער (ן)
bank roll – ראָלקע, די (ס)
banquet – סעודה, די (–ות)
to bare, to strip – אַנטבלויזן (טראַנסיטיוו)

to bark – בילן
bashful – שעמעוודיק
basic – גרונטיק, תּוכיק
basket – קאָרב, דער (קערב)
battle – שלאַכט, די (ן)
to be: there is, there are – עס איז/זײַנען פֿאַראַן
to bear, to put up with – אויסשטיין
beaten – געשלאָגן
beaten, depressed – דערשלאָגן, דעפּרימירט
to begin – אָנהייבן
to begrudge – זשאַלעווען זיך
not to begrudge (oneself) – פֿאַרגינען (זיך)
to behave, to conduct oneself (intransitive) – פֿירן זיך
to behave towards – באַציִען זיך צו
belong: state of belonging – צוגעהעריקייט, די (ן)
to belong – געהערן
belongings – האָב-און-גוטס, דאָס
to bend – אײַנבייגן
to bend, to inflect – בייגן
besides – אַחוץ, חוץ
better to ... than to – בעסער ... איידער
bewitched, magical – פֿאַרכּישופֿט
bickering argument – אַמפּערניש, דאָס (ן)
to bind (a book) – אײַנבינדן
bit, tiny bit – קאַפּעטשקע, דאָס (ס)
to blather (like a sheep) – בעבקען, בעבען
bless you – אַ לעבן אויף דיר
"Blessed Be the True Judge" (spoken on learning of someone's death) – ברוך דיין אמת
to blossom forth – אויפֿבליִען
boast – רימען זיך
boil – געשוויר, דאָס (ן)
boiler – קעסל, דער (ען)
border, limit – גרענעץ, דער/די (ן)
to bore, to nag – נודיען
to borrow – באָרגן בײַ, לײַען בײַ
both... and... – ... אי ... אי, הן ... הן
to bother – אַרן, טשעפּען
to bounce, to hop – אונטערשפּרינגען, שפּרינגען אַ ביסל
to bow – בוקן זיך
to brag – באַרימען זיך
braggart – באַרימער, דער (ס)
brains, mind – מוח, דער (ות)
to break a fast, to finish fasting – אָפּפֿאַסטן
to break into pieces – צעקלאַפּן
to break off – אָפּברעכן
to bribe – אונטערקויפֿן
bridge – בריק, דער (ן)
briefly, in brief – בקיצור
bright – העל
bright: not so bright – נישט אַזוי איבערגעשפּיצט
to bring/get across – אַריבערפּעקלען (פֿון, איבער, אין, קיין, ביז...)
to bring up – אַרויפֿפֿירן
broom – בעזעם, דער (ער/(ע)ס)

brother-in-law – שוואָגער, דער (ס)
brush – באַרשט, די (בערשט)
to bump into someone – אַרײַנבוצקען זיך אין
bunch, bundle – בינטל, דאָס (עך)
burden – עול, דער/דאָס (ן)
to burden oneself , to clothe oneself laboriously, to incur – אַרויפֿשלעפּן אויף זיך
to burglarize – באַגנבֿענען
business, concern – עסק, דער/דאָס (ים)
button – קנעפּל, דאָס (עך)
by the way – דרך-אַגבֿ

cabinet, closet – אַלמער, דער (ס)
to call down – אַראָפּרופֿן
to call off, to cancel – אָפּרופֿן
to call to the Torah, to make a public announcement – אויפֿרופֿן
to capitulate, to add small amounts of – אונטערגעבן
captivity – געפֿאַנגעניש, דאָס
to care about – אָנגיין (פֿלוס דאַטיוו)
to care for, to look out for – אַכטונג געבן אויף
careful – אָפּגעהיט, פֿאָרזיכטיק
to carouse – הוליען
to carry on noisily, to make a big noise – טומלען
to carry on, to play pranks – שטיפֿן
case, declension – בייגפֿאַל, דער (ן)
to catch, to hook, to snag – פֿאַרטשעפּען
to catch up with – דעריאָגן
ceiling – סטעליע, די (ס)
cemetery – בית-הקבֿרות, דער/דאָס (ן)
certainly, of course, definitely – אַוודאי
change – איבערבײַט, דער (ן); שינוי, די (ים)
to change – איבעראַנדערשן, בײַטן זיך
to change clothes – איבערטאָן זיך
to change, to redo – איבערמאַכן
changed – פֿאַרביטן
chapter – קאַפּיטל, דאָס/דער (עך/ען)
characteristic, peculiarity – באַזונדערקייט, די (ן)
charm, grace – חן, דער (ען)
charming – חנעוודיק
chart – טאַבעלע, די (ס)
to chase – יאָגן
to chatter, to babble – באַלאַבעטשען
cheap – קאַרג
cheap stuff – באָוול, דאָס
to check – קאָנטראָלירן
checker – דאַמקע, די (ס)
to cheer up, to encourage – אויפֿמונטערן
chess – שאָך, דער
to chew – צעקײַען
chimney – קוימען, דער (ס)
choice, alternative – ברירה, די (–ות)
church – קירך, די (ן)
church bell – קירכנגלאָק, דער (ן)
circle (of people) – קרײַז, דער (ן)

circulation, press run – טיראַזש, דער (ן)
citizen – בירגער, דער (ס)
clarity – קלאָרקייט, די
to clean out – אויסראַמען, אויסרייניקן
clean, pure – ריין
clearly, most definitely, explicitly – בפֿירוש
cleric – רעווערענט, דער (ן)
to climb over – אַריבערקלעטערן
to climb up onto – אַרויפֿקלעטערן
cloth – געוואַנט, דאָס (ן); טוך, דער (טיכער)
cloud – וואָלקן, דאָס (ס)
clumsy – אומגעלומפּערט
coast, shore – ברעג, דער (ן)
coin – מטבע, די (–ות)
to coincide – צונויפֿפֿאַלן זיך מיט
coincidence – צופֿאַל, דער (ן)
column – עמוד, דער (ן); קאָלומנע, די (ס)
column, fissure – שפּאַלט, דער (ן)
to come forward, to secede from – אַרויסטרעטן
to come to an understanding – דורכקומען
to come to feel at home – אײַנאַייגענען זיך
to come together – צונויפֿקומען זיך
to comfort a mourner (with a visit) – מנחם-אָבל זײַן
comfortable – באַקוועם
to compare – צוגלײַכן
compared (to) – געגליכן (צו)
comparison – פֿאַרגלײַך, דער (ן)
in comparison to – אין פֿאַרגלײַך מיט
to compel – נייטן
to compete – פֿאַרמעסטן זיך, קאָנקורירן
to complete – אָפּטאָן, דערגאַנצן
to complete the ceremony of *havdole* – אָפּמאַכן הבֿדלה
complicated – קאָמפּליצירט
to comply with – נאָכקומען
to compose – צונויפֿזעצן
compound – צונויפֿהעפֿט, דער (ן)
concept – באַגריף, דער (ן)
concerned, worried; equipped (with) – באַזאָרגט (מיט)
to condescend – קוקן פֿון אויבן אַראָפּ
condition – תּנאַי, דער (ים), באַדינג, דער (ען)
condition – מצבֿ, דער, סיטואַציע, די (ס)
conduct, behavior – אויפֿפֿיר, דער (ן)
to conduct, to carry out – דורכפֿירן
to conduct oneself – נוהג זײַן זיך, זיך פֿירן
conflict, feud, controversy – סיכסוך, דער (ים)
to confuse – צעטומלען, צעמישן
conjecture, supposition – השערה, די (–ות)
conjecture, guess – סבֿרא, די (–ות)
to conquer – אײַננעמען
to consider – פֿאַרקלערן
to consider, to observe, to look at closely – באַטראַכטן
to consist of – באַשטיין פֿון
consistent – אויסגעהאַלטן
consolation – נחמה, די (–ות), די טרייסט (ן)
to console – טרייסטן
constantly – כּסדר
constantly – רק
(he laughs constantly – רק ער לאַכט)
contemporary, current, modern – הײַנטצײַטיק
contempt, scorn, disparagement – ביטול, דער
contemptuous, derisive – ביטולדיק
to contend – האַלטן (אַז)
contest – פֿאַרמעסט, דער (ן)
to continue – ממשיך זײַן
contradictory – סתּירהדיק
contrary, opposite – היפּוך, דער (ים/הפּכים)
controversy, difference of opinion – חילוקי־דעות, דער/דאָס (ן)
conversion (out of Judaism) – שמד, די
conviction – איבערצײַגונג, די (ען)
to convince, to persuade – איבערצײַגן, אײַנרעדן
to cook to completion – אָפּקאָכן
cool – קיל
corner – ווינקל, דער (ען)
corny – האַמעטנע
to corroborate, to confirm – באַשטעטיקן
to cough slightly – אונטערהוסטן
courage: to take courage – אָננעמען זיך מיט האַרץ
course, process; manner – גאַנג, דער (גענג)
to covet, to be greedy for – זײַן להוט נאָך
to crack – טראַסקען, טרעשטשען
crafty – כיטרע
to crawl – קריכן
to create – שאַפֿן
crime – פֿאַרברעכן, דאָס (ס)
crooked – קרום
to cross out – אויסשטרײַכן
crowded, tight – ענג
crude, indelicate – גראָב
to crunch – כראָמטשען
crust (of bread), crumb – סקאָרינקע, די (ס)
crutch – קוליע, די (ס)
to cry over, to mourn for – באַוויינען
to curse (intransitive) – שילטן זיך
customer – קונה, דער (–ים)
cut – שניט, דער (ן)
to cut into – אײַנשנײַדן

damn! – צום טײַוול!; אַ פֿײַער!
dandruff – שופּן, די
danger – געפֿאַר, די (ן)
dangerous – געפֿערלעך
(to the point that it's) dangerous to the soul! – סכּנת־נפֿשות (דאָס)
to dare – אונטערשטעלן זיך
to darken – פֿאַרטונקלען
daughter-in-law – שנור, די (ן/שניר)
to be daydreaming – פֿאַרדמיונט זײַן
day in, day out – טאָג־אײַן טאָג־אויס
dear, beloved, popular – באַליבט, ליב
death – פּטירה, די

debt – חובֿ, דער (ות)
deceased – ניפֿטר, דער (ים)
declarative sentence – דערציילזאַץ, דער (ן)
decrease – אָפּקום, דער (ען); פֿאַרקלענערונג, די (ען)
to deduce, to learn – דרינגען
to defend (oneself) – פֿאַרטיידיקן (זיך)
defender – פֿאַרטיידיקער, דער (ס)
definite – באַשטימט
to defraud – אויסנאַרן
delicious, luscious – געשמאַק
delusion – פֿאַרבלענדעניש, דאָס (ן)
to demand, to request – פֿאָדערן, מאָנען, פֿאַרלאַנגען
to demonstrate, to show – באַווײַזן
to denigrate – מבֿטל מאַכן, אַרויסווײַזן ביטול
to denote – באַצייכענען
densely crowded – קאָפּ אויף קאָפּ
to deny – אָפּלייקענען
to depart from – פֿאַרלאָזן
dependent – אָפּהענגיק
to depict – שילדערן
derisive – אָפּלאַכעריש
to derive satisfaction from – אויסלעבן זיך אין
to descend (from) – אָפּשטאַמען (פֿון)
to describe – באַשרײַבן
desire, eagerness – חשק, דער
desolation, wasteland – וויסטעניש, די (ן)
to despair, to worry – מצער זײַן זיך
desperate – פֿאַרצווייפֿלט
dessert – פֿאַרבײַסן, דאָס (ס)
to destroy – חרובֿ מאַכן
to be destroyed – חרובֿ ווערן
to detach – אָפּטיילן זיך
detail – פּיטשעווקע, די (ס); פּרט, דער (ים)
with every little detail – מיט אַלע פּיטשעווקעס
to determine, to designate – באַשטימען
to develop, to unfold (intransitive) – אַנטוויקלען זיך
to devote oneself to – איבערגעבן זיך, אָפּגעבן זיך מיט
devoted – איבערגעגעבן
devotion – איבערגעגעבנקייט, די
to die – אויסגיין, אָפּשטאַרבן, נפֿטר ווערן
to differ – אונטערשיידן זיך
difference – חילוק, דער (ים), דער אונטערשייד (ן)
different, various – פֿאַרשיידן
difficult, hard, puzzling – האַרב
to digest – פֿאַרדײַען
diligent person – מתמיד, דער (ים)
to dilute – פֿאַרוואַסערן
dimple – חן-גריבעלע, דאָס (ך)
to disappear, to vanish – אַנטרונען ווערן, נעלם ווערן, פֿאַרגיין
disappointed – אַנטוישט
to discourage – אַנטמוטיקן
discouraged – אָפּהענטיק
to discuss – אַרומרעדן
to disentangle, to extricate (oneself) – אויספּלאָנטערן (זיך)

disgrace – שאַנד, די
disgusting – דערווידער
dish, treat – מאכל, דער/דאָס (ים)
to dismiss, to abolish, to repeal – אָפּשאַפֿן
to disorient, to upset – צערודערן
to disperse, to melt – צעגיין זיך
dissatisfaction – אומצופֿרידנקייט, די
to dissuade from – אָפּרעדן פֿון
distance – מהלך, דער (ן)
to distinguish – אונטערשיידן
to distinguish between the sacred and profane (interjection) – להבֿדיל
to distribute – צעגעבן, פֿאַרטיילן
to disturb – באַאומרויִקן, שטערן
to divide – צעטיילן, טיילן
the Divine Presence – שכינה, די
to divorce – גטן זיך
to do:
to be about to do – האַלטן בײַ
to be in the middle of doing – האַלטן אין
to do ceaselessly – האַלטן אין איין
doctrine, school of thought – שיטה, די (–ות)
doll – ליאַלקע, די (ס)
domestic peace – שלום-בית , דער/דאָס
to dominate – געוועלטיקן (איבער)
doubt – ספֿק, דער (ות)
to doze off – אײַנדרעמלען, אַנטדרעמלט ווערן
to drag down – אַראָפּשלעפּן
to draw, to mark – אָנצייכענען
to dress – אָנטאָן
to dress up – אויספּוצן (זיך)
to drive off/out – פֿאַרטרײַבן
to drone, to hum – הודזשען
to drop in for a short visit with someone – אַרײַנשמעקן צו אימעצן
to drown (transitive) – דערטרענקען
to drown (intransitive) – דערטרונקען ווערן
to drum – פּויקן
dry – טרוקן
dumb – שטום
duration – דויער, דער
during, in the course of – במשך

to earn – פֿאַרדינען
easy – גרינג, לײַכט
easy, smooth – גלאַט
to eat up (perfective) – אויפֿעסן
to eavesdrop – אונטערהערן זיך
edict, evil decree, calamity – גזירה, די (–ות)
to educate, to train – אויסשולן
to eject, to oust, to expel – אַרויסוואַרפֿן
elevator – ליפֿט, דער (ן)
to embrace – אַרומנעמען
to emerge – אַרויפֿשווימען
to emit, to omit, to send forth – אַרויסלאָזן

emphasis, stress – טראָפּ, דער (–)
to emphasize, to pick out, to bring out – אַרויסהייבן
to employ – באַשעפֿטיקן
employee – אָנגעשטעלטער, דער (אָנגעשטעלטע)
on an empty stomach – אויפֿן ניכטערן האַרצן
to enchant, to fascinate – באַכישופֿן
ending – ענדונג, די (ען)
to end – ענדיקן (זיך)
to endeavor – באַמיִען זיך
to engage in, to occupy oneself with – פֿאַרנעמען זיך מיט
to enjoy oneself, to have fun – לאָזן זיך ווילגיין, פֿאַרווײַלן זיך
enormous, boundless – אין־לשער
to entangle – פֿאַרוויקלען
enthusiastic – באַגײַסטערט
to entrance – באַצויבערן
to enumerate – אויסרעכענען
envy, jealousy – קינאה, די (–ות)
equal (to) – מסוגל (צו)
equally – גלײַך
to equip – אויסריכטן
to erase, to cross out – אויסמעקן
error – פֿעלער, דער (ן)
essentially – אין תּוך
estate, property – פֿאַרמעגן, דאָס (ס)
estranged – צעקריגט
et cetera – און אַזוי ווײַטער (אאַז״וו), וכדומה
eulogy – הספד, דער (ים)
to evaluate – אָפּשאַצן
event – געשעעניש, דאָס (ן)
everywhere – אומעטום
to exaggerate – איבערטרײַבן, מגזם זײַן
exaggerated – גוזמאדיק
to examine, to look at – באַקוקן
to examine, to search (a person) – באַזוכן
example – בײַשפּיל, דער (ן); דוגמא, די (דוגמות/דוגמאָות)
example, design, pattern – מוסטער, דער (ן)
example, fable – משל, דער/דאָס (ים)
to exasperate, to bring to a boil – אויפֿקאָכן
excellent, exceptional – אויסערגעוויינטלעך
exception to the rule – יוצא־מן־הכּלל, דער (ן)
excerpt – אויסצוג, דער (ן)
exchange – אויסבײַט, דער (ן); פֿאַרבײַט, דער (ן)
to exchange – בײַטן זיך (מיט)
to exchange angry words with – צעווערטלען זיך מיט
excited about – באַגײַסטערט פֿון
to exclude – אויסשליסן
an excuse that doesn't hold water – אַ תּירוץ פֿאַר די בענטשליכט
to exert oneself – אָנשטרענגען זיך
to exhaust – אויסמוטשען (אימעצן), אויסשעפּן (אַ קוואַל)
exhaustive – אויסשעפּיק
exhibition – אויסשטעלונג, די (ען)
to exhort – דוחק זײַן
the Jewish exile – גלות, דער/דאָס (ן)
in existence, extant – בנימצא
to expatiate – ברײַען
to expect – ריכטן זיך (אויף)
experience – איבערלעבונג, די (ען)
to experience, to live to see – דערלעבן
experienced – געניט
expert (in) –בקי, דער (אין)–
expertise, proficiency – בקיאות, דאָס (ן)
to explain – אויסקלערן, דערקלערן
to explode, to tear open – אויפֿרײַסן
to express (oneself) – אויסדריקן (זיך)
to express, to utter, to declare – אַרויסזאָגן
expression – אויסדרוק, דער (ן)
expulsion – גירוש, דער (ים)
to extend, to draw out – ווײַטער ציִען
to extend, to pull – ציִען
to extract, to withdraw – אַרויסציִען
to extricate (oneself) – אַרויסדרייען (זיך), אַרויספּלאָנטערן (זיך)
fabric – צײַג, דאָס
factory – פֿאַבריק, די (ן)
to fail – דורכפֿאַלן
to faint – חלשן
fair, just, correct – גערעכט
faith – גלויבן, דער (ס)
faithful, loyal – געטרײַ
to fall (under) – אַרונטערפֿאַלן (אונטער)
to fall apart, to decay – צעפֿאַלן זיך
to fall down (onto) (an object, a person) – אַרויפֿפֿאַלן (אויף)
to fall in love with – פֿאַרליבן זיך אין
fancy – געצאַצקעט
far, distant – ווײַט
fat – פֿעט
fate – גורל, דער/דאָס (ות)
father-in-law – שווער, דער (ן)
fault – חסרון, דער (ות)
fear – פּחד, דער (ים)
fear, horror – שרעק, דער/די (ן)
to feel – שפּירן זיך
to feel, to sense, to detect – דערשפּירן
few, limited number of – געציילט
to file – אײַנסדרן
to fill – פֿילן
finally, in the end – לסוף
to find – געפֿינען
to find, to guess – טרעפֿן
to find, to look up – אויפֿזוכן
to find, to search out – אָפּזוכן
to find out – דערגיין, דערוויסן זיך
to finish eating – אָפּעסן
first of all – קודם־כּל, ראשית־כּל
to fit – צופּאַסן (זיך)
to fix, to mend, to correct – פֿאַרריכטן, מאַכן צו רעכט
to flare up – אויפֿפֿלאַמען

to flash – אויפֿבליצן
to flatter – חנפֿענען
flowerpot – וואַזאָנע, די (ס)
to fold under – אַרונטערקנייטשן
following – ווײַטערדיק
food – אַכילה, די; שפּײַז, די (ן)
fool, blockhead – שוטה, דער (–ים)
to fool (oneself) – באַנאַרן (זיך)
to fool, to deceive (imperfective; rare) – נאַרן
to fool, to deceive (perfective) – אָפּנאַרן
for instance, as if – אַ שטייגער
for sure – אויף געוויס
to be forbidden to, "must not" [plus verb in infinitive] – טאָרן ניט
foreign – פֿרעמד
to foresee – פֿאָרויסזען
to forgive – מוחל זײַן
forgiveness – מחילה, די
to be found, to be located – געפֿינען זיך
foundation, base, basis – יסוד, דער (ות)
frankly – אָפֿן-האַרציק
frightening – מוראדיק
frivolous, thoughtless – לײַכטזיניק
to fulfill, to fill to the top – דערפֿילן
to be fulfilled, to come true – מקוים ווערן, פֿאַרווירקלעכט ווערן, דערפֿילט ווערן
full, sated – זאַט
full of holes – דורכגעלעכערט
fury, anger – רוגזה, די
future – עתיד, דער

garbage, refuse – אָפּפֿאַל, דער
garment – בגד, דער (בגדים), מלבוש, דאָס/דער (ים)
to gasp, to pant – סאָפּען
to gather – צונויפֿקלײַבן
(in) general – (אין) אַלגעמיין
generally, in general – בדרך־כּלל
generous – ברייטהאַרציק
genuine – עכט
to get, to find out, to bring out: usually with effort – אַרויסבאַקומען
to get all upset – צעקאָכן זיך
to get hurt – צעקלאַפּן זיך
to get lost in thought – פֿאַרטראַכטן זיך
to get up – אויפֿהייבן זיך
ghost, spirit – גײַסט, דער (ער)
to give back, to deliver – אָפּגעבן
gladly – גערן
glory, grandeur, exultation – גדולה, די
what's the big deal? – וואָס איז די גדולה?
glove – הענטשקע, די (ס)
to gnaw – גריזשען
to go down – אַראָפּגיין
to go into, to frequent – אַרײַנגיין (אין)
to go out, to evacuate the bowels, to set out, to be published – אַרויסגיין
to go smoothly – גיין ווי אַ מיזמור
goal – ציל, דער (ן)
goat (male) – דער באָק
good deeds – מעשׂים-טובֿים
government – רעגירונג, די (ען)
gradual – בהדרגהדיק
gradually – בהדרגה
to grant a request – נאָכקומען אַ בקשה
greedy – כאַפּעריש
to grow out, to evolve – אַרויסוואַקסן
to grow up – אויפֿוואַקסן
grown-up – דערוואַקסן
growth – וווקס, דער (ן)
to guarantee, to sign [at the bottom] – אונטערשרײַבן
to guard – אײַנהיטן
guest or visitor (from afar) – אורח, דער (ים)
guilty – שולדיק

habit – מידה, די (–ות)
hall – זאַל, דער (ן)
hand: on the other hand – צוריק געערעדט, אַ(נט)קעגן זשע
to hand over surreptitiously – אונטעררוקן
happiness – גליק, דאָס (ן)
happy – גליקלעך
to harm – שאַטן
harness maker – רימער, דער (ס)
to hatch – אויסזיצן
healthy – געזונט
healthy, in perfect health – בקו-הבריאות
to heed, to pay attention – אײַנהערן זיך
heir – יורש, דער (ים)
to hesitate, to waver – קווענקלען זיך
to hide (oneself) – באַהאַלטן (זיך)
to hold out – אויסהאַלטן
honest – ערלעך
to hop – האָפּקען
horrible! – אַ שרעק!
household – באַלעבאַטישקייט, די (ן)
to howl – וויען
to hum, to buzz – זשומען
hunter – יעגער, דער (ס)
hurriedly – אײַלנדיק, אין אײַלעניש, בחפזונדיק
hurry – אײַלעניש, דאָס
to hurry – אײַלן (זיך)
to hurry up – צואײַלן
hush (plural) – שאַט
hyphen – מקף, דער (ן)

idea – אײַנפֿאַל, דער (ן)
idle, empty – פּוסט
idle, impractical person – בטלן, דער (ים)
i.e. – ד״ה (=דאָס הייסט)
if not – אויב ניט, אַניט
ill man – חולה, דער (חולאָים/חוליאים)
ill woman – חולנית, די

imagination – כּוח־הדמיון, דער
to imagine – פֿאָרשטעלן זיך
impatient – אומגעדולדיק
important, respected – חשובֿ, אָנגעזען
to impose, to inflict, to place upon – אַרויפֿלייגן
inclination – נטיה, די (–ות), די נייגונג (ען)
increase – פֿאַרגרעסערונג, די (ען); צוּוווּקס, דער (ן)
indefinite – אומבאַשטימט
independence – אומאָפּהענגיקייט, די
independent – אומאָפּהענגיק
to indicate, show – אָנווייַזן
indifferent – גלייַכגילטיק
industrious – פֿלייַסיק
infant – עופֿעלע, דאָס (ך)
to infer – אַרויסדרינגען
inference, deduction – אויספֿיר, דער (ן)
to inflate, to exaggerate – אויפֿבלאָזן
to inform, to announce – מודיע זייַן
to inform, to hand over, to offer, to pass along – איבערגעבן
to inherit – ירשענען
inheritance – ירושה, די (–ות)
as an inheritance, by heredity – בירושה
in-law: son-/daughter-in-law's mother – מחותנתטע, די
in-law: son-/daughter-in-law's parents, nieces, nephews, cousins, grandparents – מחותּנים
in-law: son/daughter-in-law's father – מחותּן, דער
innocent – אומשולדיק
to inquire about someone – נאָכפֿרעגן זיך אויף אימעצן
to insist, to put one's foot down, to stubbornly persist – אייַנשפּאַרן זיך (אַז)
to inspire – באַגייַסטערן
instance – פֿאַל, דער (ן)
to insult – באַליידיקן
to insure that something will take place, to assure, to affirm – פֿאַרזיכערן
intention – כּוונה, די (–ות)
intentionally – בכּיוון
to interject, throw (into) – אַרייַנוואַרפֿן (אין)
interjection expressing sympathy – נעבעך
interlocutor – מיטשמועסער, דער (ס)
to interrupt – איבערשלאָגן, איבערשלאָגן די רייד
to interrupt (someone) – אַרייַנפֿאַלן (אימעצן) אין די רייד
intimacy, fondling – קוצעניו־מוצעניו, דאָס
to be intimate – זייַן קוצעניו־מוצעניו
to intrude, to invade, to break in – אַרייַנרייַסן זיך (אין)
to intuit, to sense – אונטערשפּירן
to invent, to think up – אויסטראַכטן, צוקלערן
invented – צוגעטראַכט
to invite – פֿאַרבעטן
to irk, to regret – (עס) [פֿלוס דאַטיוו] פֿאַרדריסן
(פֿאַרדריסט מיר אַז)
to irritate – רייצן
to issue, to release, to generate, to betray, to publish – אַרויסגעבן
to itemize – צעפּרטלען

itself – גופֿא
jacket – רעקל, דאָס (עך)
to be jealous (of) – [פֿלוס דאַטיוו] מקנא זייַן
jewel, treasure, brat – תּכשיט, דער (ים)
joined – באַהאָפֿטן
to joke, to be witty – ווערטלען זיך
journey – נסיעה, די (–ות); די רייַזע (ס)
judge – ריכטער, דער (ס)
to judge – פּסקענען
to jump or climb up to/on – אַרויפֿכאַפּן זיך (אויף)
junk, odds & ends – ראַמש, דער (ן/עס)
just, only – נאָר
just now, recently – נאָר וואָס
justification, pretext – תּירוץ, דער (ים)
justified – באַרעכטיקט

to keep, to take care of, to save – אָפּהיטן
to keep one's word – האַלטן וואָרט
keyword – שליסלוואָרט, דאָס (...ווערטער)
kind; gender – מין, דער/דאָס (ים)
to know one's stuff – יכלען

to labor, to work hard – האָרעווען
to last – געדויערן, דויערן
to laugh at – אָפּלאַכן
laughter, a cause for laughter – געלעכטער, דאָס (ס)
to lay seige to – באַלאַגערן
to laze around – פֿוילן זיך
lazy – פֿויל
to be a little lazy – אונטערפֿוילן זיך
to lead (transitive) – פֿירן
to leave behind – איבערלאָזן
leave me alone – טשעפּע זיך אָפּ
to lend – באָרגן, לייַען
to let down, to lower – אַראָפּלאָזן
to let go, to abandon, to give up – אָפּלאָזן
to let in – אַרייַנלאָזן (אין)
level, degree – מדרגה, די (–ות); שטאַפּל, דער/די (ען);
גראַד, דער (ן)
leviathan – לוויתן, דער
licentiousness, arbitrariness – הפֿקרות, דאָס
life – לעבן, דאָס (ס)
all his/her life – (אַ) לעבן לאַנג
to lift – הייבן
to lift, to pick up – אויפֿהייבן
lighting – באַלייַכטונג, די
to like – האָלט האָבן
likely: it is likely that – (עס איז) אַ סבֿרא אַז
limb; penis – אבֿר, דער (ים)
to limit – באַגרענעצן
lineage, parentage – ייִחוס, דער
listen! – הערט זיך צו
to listen to – צוהערן זיך צו
listener – צוהערער, דער (ס)
literal – פּראָסט־פּשוט
little box – שאַכטל, דער/דאָס (ען)

little by little – ביסלעכווײַז
to live life to the end – אויסלעבן
lively – לעבעדיק
loaf – לאַבן, דער (ס)
loan – הלוואה, די (הלוואות)
loan without interest – גמילות־חסד, דער (ים)
loin – לענד, די (ן)
to look up at – אַרויפֿקוקן (אויף)
loose – לויז
Lord (of the World) – רבונו־של־עולם
to lose – אָנווערן, פֿאַרלירן
to lose (in a game) – פֿאַרשפּילן זיך
loss – אָנווער, דער (ן)
low – נידעריק
luck, success – הצלחה, די (–ות)
luxury – ווילטאַג, דער

magic – כּישוף, דער (ים)
main – הויפּט
majestic – מאַיעסטעטיש
majority – מערהײַט, די
to manage, to get along (with) – אויסקומען (מיט)
to maneuver – מאַנעווּרירן
manner, way – שטייגער, דער
in such a manner – אַזוי
manners, politeness – תּרבות, דאָס
manure, garbage – מיסט, דער
mast – מאַסטבוים, דער (...ביימער)
matter – מער, דער
to be the matter – זײַן דער מער
meal – מאָלצײַט, דער (ן)
meaning – באַטײַט, דער (ן); טײַטש, דער/די (ן)
Mediterranean Sea – מיטלענדישער ים, דער
to meet unexpectedly – אָנגעגענען
to melt – צעגיין
memory – זכּרון, דער (ס)
to mention, to refer to, to remind – דערמאָנען
merchandise – סחורה, די (–ות)
merchant – סוחר, דער (ים)
messenger – שליח, דער (ים)
to mew – מיאַוקען
migrant, wanderer – נע־ונדניק, דער (עס)
to migrate – איבערוואַנדערן
migration – וואַנדערונג, די (ען)
not to make up one's mind – קווענקלען זיך (שלאָגן זיך) מיט דער דעה
miracle – נס, דער (ים)
misfortune – אומגליק, דאָס (ן)
to mishear (also: to examine) – פֿאַרהערן
to mislead – פֿאַרפֿירן
to misrepresent, to garble, to turn, (also: to turn off a switch or a faucet) – פֿאַרדרייען
mistake, error – טעות, דער/דאָס (ן)
to make a mistake – האָבן אַ טעות
to mix – מישן

modeled after, in imitation – נאָכגעמאַכט
modest – באַשיידן
modesty – באַשיידנקייט, די
Mohammedan (adj.) – מחמדאַניש
molar – באַקצאָן, דער (...ציינער)
mommies! (i.e., "goodness!") – מאַמעלעך מײַנע!
monosyllabic – איינטראַפּיק
moral – מוסר־השכּל, דער (ען)
to moralize – מוסר זאָגן
a morsel – כּזית, דער (ן/ים)
most, majority – רובֿ, דאָס; מערהייט, די
mostly – על־פּי רובֿ
mother-in-law – שוויגער, די (ס)
to move – באַוועגן זיך, רירן
to move away – אָפּרוקן זיך
to move (into a new house or locale) – איבערקלײַבן זיך, אַריבערקלײַבן זיך (אין, ביז, פֿון...)
to move out – אַרויסציִען זיך
movement (i.e., social), motion – באַוועגונג, די (ען)
mud – בלאָטע, די
to muddle, to confuse – צעפּלאָנטערן, פֿאַרפּלאָנטערן
to multiply by – כּפֿלען אויף
to mumble, to roar – ברומען
murder – מאָרד, דער (ן)
to murmur – מורמלען
museum – מוזיי, דער (ען)

to nag, to pester – דערקוטשען
to nail to the spot – צושמידן
near-sighted – קורצזעיִק
necessarily – דווקא
not necessarily – לאַוו־דווקא
neck – האַלדז־און־נאַקן, דער (ס)
to need – נייטיקן זיך אין
needy – נויט־באַדערפֿטיק
to neglect, to overlook – פֿאַרזען
neglected, abandoned – אָפּגעלאָזן
neighborhood – געגנט, דער/די (ן)
never mind; what can you do? – מילא
nevertheless – דאָך
nobleman – פּריץ, דער (ים)
noise – רעש, דער
to be noisy – ליאַרעמען
to make noise, to row – רודערן
non-Jew – ניט־ייִד, דער (ן)
non-Jew (pejorative) – ערל, דער (ים); ערלטע, די (ס)
to note down – פֿאַרצייכענען
to notice – באַמערקן
nuance – ניואַנס, דער (ן)
nuisance – אָנשיקעניש, דאָס (ן)
number – צאָל, די (ן)

to oblige – צו ליב טאָן (טו מיר צו ליב)
obvious – באַשײַמפּערלעך
obviously – פֿאַרשטייט זיך
occasionally – ווען ניט ווען

occasionally, sometimes, formerly – אַ מאָל
occupation – פֿאַך, דער (ן)
to occur, to take place – טרעפֿן זיך, פֿאָרקומען
odd, curious – טשיקאַווע
office – ביוראָ, דער/דאָס (ען)
often – אָפֿט
oil (edible) – בוימל, דער (ען)
O.K. – אין אָרדענונג
one and a half – אַנדערט האַלבן
one and only – איין־און־איינציק
one might, one might as well – כאָטש (מיט אימפּעראַטיוו)
only now – ערשט איצט
to open wide, to unroll – צעעפֿענען
opportunity – געלעגנהייט, די (ן)
opposite – אַנטקעגן
optional – ברירהדיק
orally – בעל־פּה, אויף אַ קול
order, arrangement – אָרדענונג, די (ען)
to order (from) – באַשטעלן (בײַ)
to order, to direct, to command, to denote – הייסן
orphan – יתום, דער (ים)
outcome – אויסגאַנג, דער (ען)
outline – ראָשי־פּרקים (מערצאָל)
to outlive, to survive; to experience – איבערלעבן
to outshout – איבערשרײַען
outstanding – אויסגעצייכנט
to overboil – צעקאָכן
to overcome, to bear – איבערטראָגן
to overdo it – איבערכאַפּן די מאָס
to overeat – איבערעסן זיך
to overestimate – איבערשאַצן
overgrown – באַוואַקסן
to overhear – אונטערהערן, איבערכאַפּן
to overload – איבערלאָדן
to overlook – פֿאַרקוקן
to owe – שולדיק זײַן

to pack (one's things) – אײַנפּאַקן (זיך)
painter – מאָלער, דער (ס)
painting – בילד, דאָס (בילדער)
pale – בלאַס
paraphernalia – קלאַפּער־געצײַג, דאָס
part – טייל, דער/די (ן)
in part – צום טייל
to part – געזעגענען זיך
part of the time, at times – צײַטנווײַז
participant – אָנטייל־נעמער, דער (ס)
particularly – באַזונדערש, בפֿרט
partner – שותּף, דער (ים)
past – עבֿר, דער (ס)
pathetic – קלאָגעדיק
patient – געדולדיק
pauper – קבצן, דער (ים); אָרעמאַן, דער (אָרעמע־לײַט)
to pay back – אָפּצאָלן
to pay no attention to someone – הערן אימעצן ווי דעם קאָטער
to peek – אונטערקוקן זיך
to pelt – באַוואַרפֿן
to penetrate – אַרײַנדרינגען, דורכנעמען
penultimate – פֿאַרלעצט
people, upstanding people – לײַט
perceptiveness in study – תּפֿיסה, די
perish the thought – חס־וחלילה
to permit – דערלאָזן, דערלויבן
to persecute – רודפֿן
persecution – רדיפֿה, די (–ות)
to persuade, to discuss – איבעררעדן
to persuade (someone), to prevail – פּועלן (בײַ אימעצן)
to pester – דערגיין (אימעצן) די יאָרן
petroleum, kerosene – נאַפֿט, דער
phenomenon – פֿענאָמען, דער (ען)
to pick over – איבערקלײַבן
picky – איבערקלײַבעריש
pitfall, stumbling block – מיכשול, דער (ים); שטרויכלשטיין, דער (ער)
pity: to have pity for – רחמנות האָבן אויף
place – אָרט, דאָס (ערטער)
to plan, to make plans – אויספּלאַנירן
to plate with silver – באַזילבערן
to plead, to persuade – אײַנבעטן (בײַ אימעצן ער זאָל...)
pleasant – אָנגענעם
to be pleasing to – געפֿעלן [מיטן דאַטיוו]; ליב זײַן (עס איז מיר ליב)
pleasure, fun – הנאה, די
polite – בנימוסדיקן
to possess – פֿאַרמאָגן
possessor – באַזיצער, דער (ס)
possibility – מעגלעכקייט, די (ן)
to postpone – אָפּלייגן
pot – טאָפּ, דער (טעפּ)
pouch, pocketbook – טאַש, די/דער (ן)
to pour into – אַרײַנגיסן (אין)
to pour out – אויסגיסן, אַרויסגיסן
to pout, to put on airs – בלאָזן זיך
poverty – דלות, דער
power – קראַפֿט, די (ן)
to power, to propel – באַכּוחן
powerful – מעכטיק
to practice – געניטן זיך
to praise – לויבן
precise – פּרעציז
predestined – באַשערט
predestined bride – באַשערטע, די
predestined groom – באַשערטער, דער
preferable – בילכער
to prepare – אָנגרייטן
to present – שענקען
pride: to take pride in – איבערנעמען זיך מיט
to print – דרוקן
to print (something specific) – אָפּדרוקן

prison – תּפֿיסה, די (–ות)
prisoner – אַרעסטאַנט(קע), דער (די) (ס)
privately, face to face – אויג אויף אויג
a privileged person – יחסן, דער (ים)
to procrastinate, to kill time; to gibber – באַלעמוטשען
to promise – צוזאָגן
to prompt, to whisper – אונטערזאָגן
prophet – נבֿיא, דער (ים)
to protect (oneself) – אויסהיטן (זיך)
proud – שטאָלץ
proverb – שפּריכוואָרט, דאָס (...ווערטער)
to provide, to attend to – באַזאָרגן
psalm – מיזמור, דער (ים)
to pull down – אַראָפּציִען
to pull in, to enlist – אַרײַנציִען
to pull oneself up – אַרויפֿשלעפּן זיך
pupil (of eye) – שוואַרצאַפּל, דאָס (ען)
purse – בײַטל, דער/דאָס (ען/עך)
pursuit, occupation – באַשעפֿטיקונג, די (ען)
to push through – דורכרײַסן זיך
to put (under) – אונטערשטעלן, אַרונטערטאָן (אונטער)
to put up (on) – אַרויפֿשטעלן (אויף)

to quarrel – שטרײַטן
to pick a quarrel with – פֿאַרטשעפּען זיך מיט
to start a quarrel – צעקריגן זיך
queen – קעניגין, די (ס)
to question, to poll – אויספֿרעגן
quietly, to oneself – שטילינקערהייט

to make a racket – פּילדערן
to rain very heavily – ליאַפּען
to raise (children, flowers, vegetables) – אויפֿהאָדעווען
to ramble, to wander – אַרומבלאָנקען
rarely, hardly ever – זעלטן ווען
rarity, a treasure – אַנטיק, דער (ן)
raw, unripe – רוי
raw materials – רויוואַרג, דאָס (–)
ray – שטראַל, דער (ן)
to reach, to accomplish, to attain – דערגרייכן
to reach, to extend – גרייכן
to reach an understanding – דעררעדן זיך (צו אַ טאָלק)
to reach by foot – דערגיין
to read into – אַרײַנטײַטשן (אין)
reading material – לייענוואַרג, דאָס, לייען־מאַטעריאַלן
to realize, to recognize, to understand – אײַנזען
really – באמת
to rearrange – איבערסדרן
reason – סיבה, די (–ות)
reason, sense, wit – שׂכל, דאָס
recently – אַנומלט, אָקערשט, לעצטנס
recognizable – קענטלעך
to recognize – דערקענען
to reconsider – באַקלערן זיך
to reconsider, to worry, to hesitate, to deliberate – איבערבאַטראַכטן, איבערקלערן
to refer to, to allude to – פֿאַררופֿן זיך אויף
with reference to – בנוגע
refined, diplomatic – איידל
to reflect – אָפּשפּיגלען
to reflect on, to be worried – איבערטראַכטן
to refuse – אָפּזאָגן זיך (פֿון)
regret – חרטה, די
to regret – באַנג טאָן [פּלוס דאַטיוו]
I regret – עס טוט מיר באַנג
to have regret (about) – חרטה האָבן (אויף)
relation, connection – שײַכות, דאָס (ן)
relationship – באַציִונג, די (ען)
reliable, trustworthy – פֿאַרלאָזלעך
to rely on – פֿאַרלאָזן זיך אויף
to remain – פֿאַרבלײַבן
remarkable thing, novelty – חידוש, דער/דאָס (ים)
renewed – באַנײַט
to repeat – איבערזאָגן, איבערחזרן
to replace – פֿאַרבײַטן
report – באַריכט, דער (ן)
request – בקשה, די (–ות)
request, desire – פֿאַרלאַנג, דער (ען)
to request, to desire – פֿאַרלאַנגען
to resemble, to take after – געראָטן זײַן אין
to resettle – איבערבאַזעצן (זיך)
resident – אײַנוווינער, דער (ס)
to act with respect (towards) – תּרבות האָבן (פֿאַר)
respectable, distinguished – אָנגעזען
to respond , to react (to) – אָפּרופֿן זיך (אויף)
rest, relaxation – רו, די
the rest – איבעריקע, דאָס
to rest – אָפּרוען זיך
restless – אומרויִק
to restrain (oneself) – אײַנהאַלטן (זיך)
result – ווירקונג, די (ען); פּעולה, די (–ות); רעזולטאַט, דער (ן)
result, consequence – פּועל־יוצא, דער (ס)
to retort – אָפּפּענטפֿערן
to reveal, to uncover – אַנטפּלעקן
rid: to get rid of – פּטור ווערן פֿון
ride: to get a ride – כאַפּן אַ געלעגנהייט
riddle – רעטעניש, דאָס (ן)
ridiculous – לעכערלעך
to rise, to swell – אויפֿגיין
to rise up – אויפֿשטיין
to risk, to stick up for – אײַנשטעלן זיך (פֿאַר)
road house – אײַנפֿאָרהויז, דאָס (...הײַזער); אַכסניא, די (–ות); קרעטשמע, די (ס)
to rob – באַגזלען, באַראַבעווען
robbery – גזילה, די (–ות)
roof – דאַך, דער (דעכער)
roomy, spacious – רחבֿותדיק
root – וואָרצל, דער (ען); שורש, דער (שרשים)
to rot a little – אונטערפֿוילן

to rove, to tramp, to move listlessly or without purpose – אַרומשלעפּן זיך
to rub, to hang out with – רײַבן (זיך)
ruin, shambles – תּל, דער
to ruin – קאַליע מאַכן
rule, law, standard – כּלל, דער (ים)
to rule – הערשן
to run away (from) – אַנטלויפֿן (פֿון)
running, a lot of running around; diarrhea – לויפֿעניש, דאָס (ן)

sad – געפֿאַלן, טרויעריק
sail – זעגל, דער (ען)
sailor – מאַטראָס, דער (ן)
satisfaction, pleasure– צופֿרידנקייט, די; נחת, דאָס/דער
satisfied – צופֿרידן
satisfied: to be satisfied with – באַנוגענען זיך מיט
to satisfy – צופֿרידנשטעלן
to save – ראַטעווען
to save, to preserve – אויפֿהיטן
saved, preserved – אויפֿגעטהיט
savings sewn or knotted into cloth; knot – קניפּל, דאָס (עך)
saying, proverb – ווערטל, דאָס (עך)
scant – קנאַפּ
to scare (to death) – איבערשרעקן (אויף טויט)
to scatter, to put in disorder – צעוואַרפֿן
to scatter (running) – צעלויפֿן זיך
to scratch – קראַצן
to scream – שרײַען
secondly – שנית
secret – סוד, דער (ות)
secretly – בסוד
to see one another – זען זיך [מיט אימעצן]
to seek advice from, to take counsel with – שואל־עצה זײַן זיך מיט
to seem to – דאַכטן זיך [פּלוס דאַטיוו]
to select – אויסקלײַבן
selected – אָפּגעקליבן
sense, meaning – זין, דער
to sense intuitively, to detect by smelling – דערשנאַפּן
to make sense – זיך לייגן אויפֿן שׂכל
sentence unit – סדר־איינס, דער (ן); זאַצאיינס, דער (ן)
serious – ערנצט
to serve – דינען
settlement, village – ישובֿ, דער (ים)
shade (of a color) – שאַטירונג, די (ען)
shaft (for a wagon) – דישעל, דער (...שלען)
to shake up (a person) – אויפֿטרייסלען
shameless – אומפֿאַרשעמט
shard – שאַרבן, דער (ס); שערבל, דאָס (עך)
shining – גלאַנצנדיק
to shoot – שיסן
to shoot to death, to execute – דערשיסן
to shove/slide over – אַריבערררוקן
shudder – גרויל, דער (ן)
shy, diffident – אומדרייסט
sick, ruined – פֿאַרדאַרבן
side of a family, side in a conflict – צד, דער (צדדים)
to sigh, to heave a sigh – אָפּזיפֿצן
to sign – אונטערחתמענען
to be silent – שווײַגן
to become silent – אַנטשוויגן ווערן
silken – זײַדן
similar – ענלעך
to sing a bit, to sing under one's breath – אונטערזינגען
to sink, to set, to go down, to go close to – אונטערגיין
sister-in-law – שוועגערין, די (ס)
to sit up – אויפֿזעצן זיך
situation – לאַגע, די (ס); סיטואַציע, די (ס)
size – גרייס, די (ן)
skill(fulness) – געניטשאַפֿט, די
skillful person – בריה, דער/די (־ות)
skinny – מאָגער
slaughterer – שוחט, דער (ים)
slaughterer's knife – חלף, דער (ים)
sleep: to fall asleep – אײַנשלאָפֿן, אַנטשלאָפֿן ווערן
to slide over – איבערררוקן
to slip out/away – אַרויסגנבֿענען זיך
to smoke out – אויסרייכערן
to snatch up – אויסכאַפּן
to sneak up on – אונטערגנבֿענען זיך
to sniff around – שנאַפּן
to snore – כראָפּען, שנאָרכן
so... – ...איז
so?; what's the point? – איז וואָס זשע?
so as to – כּדי
to sob – כליפּען
sober – ניכטער
social – געזעלשאַפֿטלעך
soft – ווייך
to soil (oneself) – אײַנריכטן (זיך)
some, part – טייל
someone – אימעצער, עמעצער
somewhat similar – עפּעס ענלעך
son-in-law – איידעם, דער (ס/עס)
soon, impending – באַלדיק
soon, shortly – בקרובֿ
to be sorry – באַנג טאָן [פּלוס דאַטיוו]
I'm sorry – עס טוט מיר באַנג
sound, rumor – קלאַנג, דער (ען)
to spare – זשאַלעווען
to spare, to save – פֿאַרשפּאָרן
to speak through the nose – פֿאָנפֿען
specialist – מומחה, דער (מומחים)
to spend (time) – פֿאַרברענגען
to spend money, to marry off a child – אויסגעבן
to spill, to shed (i.e., blood) – פֿאַרגיסן
spiritual, mental – גײַסטיק
to spit – שפּײַען
to spit out – אויסשפּײַען

splash – פליוך, דער (ן)
spoiled – קאַליע
spoiled (of a child) – צעלאָזן
to become spoiled – קאַליע ווערן
to spread a rumor – צעפויקן
spur – שפּאָר, דער (ן)
to squander, to idle away – צעבטלען
square – פֿירעק(עכ/עכד)יק
to squeal, to squeak – קוויטשען
squeezed; oppressed – פֿאַרקלעמט
to stammer – שטאַמלען
standard language – כלל־שפּראַך, די (ן)
to stare, to gaze – פֿאַרקוקן זיך
to start out – לאָזן זיך
state, kingdom – מלוכה, די (–ות)
to state – אָנגעבן (אַז)
to steal – גנבֿענען
to steal across – אַריבערגנבֿענען זיך (פֿון, איבער, אין, קיין...)
stem – שטאַם, דער (ען)
step, stage, level – שטאַפּל, דער/די (ען)
to stick, to adhere – קלעפּן
stitch – שטאָך, דער (שטעך)
stomach – מאָגן, דער (ס)
to stop, to cease (intransitive) – אויפֿהערן
to stop, to halt – אָפּשטעלן (זיך)
strained – אָנגעשטרענגט
strange, curious – מאָדנע
to strangle to death – אויסוואָרגן
street corner – ראָג, דער (ן)
street kid – גאַסניונג, דער (ען)
strength – כוח, דער (ות)
to stretch out – אויסציִען (זיך), אויסשטרעקן
to stroll, to walk – שפּאַצירן
stubborn person – עקשן, דער (ים)
to stun, to dazzle, to bore – פֿאַרדולן
stupid question – קלאָץ־קשיא, די (–ות)
substance, core – תוך, דער
to substantiate – באַגרינדן
to succeed – אויספֿירן
to succeed in – געראָטן [פלוס דאַטיוו: עס איז אים געראָטן]
to be successful – אָפּגילטן [פלוס דאַטיוו]
such (plural) – אַזעלכע
such a – אַזאַ
to suffer – לײַדן, מוטשען זיך, האָבן יסורים
to suffer, to slave – מאַטערן זיך
suffering – ליידן, דאָס; לייד, די (ן)
to suffice – קלעקן
to suggest – פֿאָרלייגן
suit – אָנצוג, דער (ן)
superfluous – איבעריק
supper – וועטשערע, די (ס)
to support – אונטערשטיצן
to support, to help a little – אונטערהעלפֿן

sure! certainly! certain – געוויס
surface – אויבנאויף, דער (ן)
surprise – סורפריז, דער (ן)
to express surprise – חידושן זיך
surreptitiously – בשתיקה
to swallow, to gobble – שלינגען, אײַנשלינגען, אַראָפּשלינגען
to sweep out – אויסקערן
sweet to excess, saccharine – לאַקרעצדיק
to swim (under) – אַרונטערשווימען (אונטער)
to swing – הוידען
to switch – איבערבײַטן
sword – שווערד, דער (ן)
syllable – טראַף, דער (ן); זילב, די (ן)

to take – נעמען
to take a dislike to – וואַרפֿן אַן אומחן אויף
to take apart (also: to move deeply) – צענעמען
to take down (from), to remove – אַראָפּנעמען
to take off (clothing); undress – אויסטאָן
to take off quickly (e.g., a hat) – אַראָפּכאַפּן
to take part in – באַטייליקן זיך אין
to take turns (at) – בײַטן זיך (בײַ)
talented – טאַלאַנטירט, טאַלאַנטפֿול
talk: to have a talk (with) – (אַ)דורכרעדן זיך (מיט)
taste, flavor, tone – טעם, דער (ען)
"a taste of Paradise," wonderful, delightful – טעם־גן־עדן
tasty – באַטעמט
to tear – רײַסן
to tear apart – צערײַסן
to tear down – אַראָפּרײַסן
to tear off – אָפּרײַסן
to tear one's clothes in mourning – רײַסן קריעה
to tear (oneself) away – אָוועקרײַסן (זיך)
to tease – רייצן זיך מיט
tender, delicate – צאַרט
tenderness – צאַרטקייט, די
tension, strain – שפּאַנונג, די (ען)
to test – אויספרווון
thank God – ברוך־השם
theft – גנבֿה, די (–ות)
then, afterward – דערנאָך
therefore – בכן, במילא, דעריבער
to think – קלערן
to think up – צוטראַכטן
thoroughly – דורך און דורך
to threaten – סטראַשען
threshold – שוועל, די/דער (ן)
to thrive – געדײַען
to throttle, to be carried away in song (pejorative) – פֿאַרגערגלען
to throw down, to overthrow – אַראָפּוואַרפֿן
thus, in this manner – אויף אַזאַ אופֿן
tiger – טיגער, דער (ס)
time, instance – מאָל, דאָס (–)

tinsmith – בלעכער, דער (ס)
tired – מיד
today; moreover – הײַנט
together, in partnership – בשותּפֿות
to tolerate – פֿאַרטראָגן
tomcat – קאָטער, דער (ס)
tone – טאָן, דער (טענער)
tool – מכשיר, דער (ים)
to torment – מוטשען
to toss across a space, to misplace – פֿאַרוואַרפֿן
to touch – אָנרירן, טאַפּן
touchy – האָנעראָווע, שפּירעוודיק
trace, remembrance – זכר, דער (ס)
trade – מלאָכה, די (–ות)
to trade – פֿאַרבײַטן זיך מיט
tranquil – שלוּוהדיק
to transplant – איבערפֿלאַנצן
to transport, to convey – אַריבערפֿירן (אין, פֿון, קיין...)
to travel a short distance – אונטערפֿאָרן
to travel over – אַריבערפֿאָרן (פֿון, ביז, אין, איבער...)
treasure – אוצר, דער (ות)
to tremble – ציטערן
trial – מישפּט, דער (ים)
tribe – שבֿט, דער (ים)
trick, feat – קונץ, די (ן)
trouble – צרה, די (–ות)
to trouble oneself, to take the trouble – מטריח זײַן זיך
truely – ממש
to trust – געטרויען
to try – פּרוּוון
tube – רער, די/דער (ן)
turn – קער, דער (ן)
to turn (to), to address – ווענדן זיך (צו)
to turn aside, to deflect – אָפּקערן
to turn out – אויסלאָזן זיך
to turn over, to invert – איבערדרייען
to turn over, to tip over – איבערקערן
to turn, to sweep – קערן
twisted, winding – געשלענגלט
type – טיפּ, דער (ן)
typical – טיפּיש

ugly – מיאוס
unavoidable – אומפֿאַרמײַדלעך
uncomfortable – אומבאַקוועם
to uncover, to discover – אויפֿדעקן
to underscore – אונטערשטרײַכן
to understand, to grasp – באַנעמען
to undertake – אונטערנעמען זיך
unexpectedly – אומגעריכט
unfortunately – לײדער
unnoticed – אומבאַמערקט
to unpack – צעפּאַקן
unrefined – אומאיידל, ניט איידל, גראָב
to untie – אָפּבינדן
to untie (but also: to tie together) – אויפֿבינדן
uproar, hubbub – סומאַטאָכע, די
upset – אויפֿגערודערט, אויפֿגערעגט
to upset, to stir up – אויפֿרודערן
to upset, to unscrew – אויפֿשרויפֿן
to use, to consult – באַניצן
to use, to make use of – באַדינען זיך מיט, באַניצן זיך מיט
to use up, to exploit, to make use of – אויסניצן
to get used to – געוווינען זיך צו
to be useful – קומען צו ניץ
to be useless, worthless – טויגן אויף כּפּרות, נישט טויגן
usually – געוויינ(ט)לעך

to be vacant, to stay vacant – פּוסטעווען
vague – מטושטש
to validate – באַגילטיקן
value – ווערט, די/דער (ן)
very – סאַמע
vessel – כּלי, די (ם)
village – דאָרף, דאָס (דערפֿער)
to visit – קומען צו גאַסט
to visit a sick person – מבֿקר־חולה זײַן
vivid – בולט
vowel – וואָקאַל, דער (ן)

wagon – בויד, די (ן)
wagon – וואָגן, דער (ס/וועגן/וועגענער); פֿור, די (ן)
waist – טאַליע, די (ס)
to wait – וואַרטן
to waken – אויפֿוועקן
to walk across, to cross over – אַריבערגיין (איבער)
to wander – וואַלגערן זיך, וואַנדערן
to wander, to be off the track – בלאָנדזשען, בלאָנקען זיך
to wander, to have no home – נע־ונד זײַן; אָפּריכטן גלות
to wander around – אַרומדרייען זיך
to warm oneself – וואַרעמען זיך
to wash (imperfective, general) – וואַשן
to wash (perfective, specific) – וואַשן זיך
to wash one's hands of – אָפּטרייסלען זיך פֿון
waste, pity, shame – שאָד, דער
waste of time – אַ שאָד די צײַט
to waste, to squander – צעטרענצלען
to watch – אָנקוקן
wave – כוואַליע, די
to wave, to gesture – אַ מאַך טאָן (אַ מאַך טאָן מיט דער האַנט)
way, manner – אופֿן, דער (ים)
wealthy man – גבֿיר, דער (ים), עושר, דער (עשירים)
to wean – אַנטוווינען (זיך)
weeds – ווילדגראָז, דאָס
weird – משונה
welcome, desirable – אָנגעלייגט
wet – נאַס
what else could it be?! of course! – וואָדען?!
while, during – בעת, בשעת

a while – אַ ווײַלע
to whisper – שושקען
to whistle – פֿײַפֿן
who knows (how many, when), – מי־יודע (וויפֿל, ווען)
it's hard to say (how many, when)
whole, entire, entirely – גאָר
why? – למאַי?
widespread – פֿאַרשפרייט
wild ox, to be eaten by the righteous at – שור־הבר, דער
the coming of the Messiah,
to win; to gain, to accrue, to bear (a child), to beget – געווינען
window pane – שויב, די (ן)
wine-colored – ווײַנפֿאַרביק
to withdraw – דערווײַטערן זיך
within, in it – דערינען
witness – עדות, דער (–)
wonderful! – אַ מחיה!
words – דיבורים
worm – וואָרעם, דער (ווערעם)
worn, well worn – אויסגעטראָטן
to worry – דאגהן, זאָרגן
don't worry! – נישט געדאגהט, זאָרג זיך נישט
worthwhile – כדאַי
would that, I wish – הלוואַי
wrath – צאָרן, דער
to write an exam – אָפגעבן אַן עקזאַמען
wrist, joint – געלענק, דאָס (ען)
to write down – אָנשרײַבן, פֿאַרשרײַבן
written, in written form – בכתבֿ

yard – הויף, דער (ן)
yawn – גענעץ, דער (ן)
to yearn for – בענקען נאָך, חלשן נאָך
to yield, to acquiesce – נאָכגעבן

06N962500 Gy G

N E Campion

25.00